이 책의 한국어판 저작권은 EYA(Eric Yang Agency)를 통해 케임브리지대학교 출판부(Cambridge University Press)와 독점계약한 (주)소와당에 있습니다. 저작권법에 의하여 보호를 받는 저작물이므로 무단전재와 복제를 금합니다.

Korean translation copyright © 2021 by SOWADANG
Korean translation rights arranged with Cambridge University Press through EYA(Eric Yang Agency)

CAMBRIDGE WORLD HISTORY: Volume Ⅱ (Ch.1~7)
Copyright © Cambridge University Press 2015

농업과 세계사 1

농업 이후의 사회 변화

그레이엄 바커 · 캔디스 가우처 편집 / 류충기 옮김

기원전 12,000년 – 기원후 500년

Cambridge World History
VOL. II Ch.1~7

소와당

케임브리지 세계사 시리즈 소개

케임브리지 세계사 시리즈는 활발한 연구가 펼쳐지고 있는 세계사 분야를 새롭게 개괄하는 권위 있는 개론이다. 세계사 및 지구사의 최근 연구 경향을 반영함으로써 포괄하는 시간적 범위를 확대했으며, 문헌 기록 이후의 역사뿐 아니라 인류의 전체 역사를 대상으로 했다. 국제적으로 다양한 분과 학문에서 선도적인 연구 업적을 내는 필자들을 섭외했고, 200명 이상의 저자들이 참여하여 오늘날까지 인류의 과거를 종합적으로 설명했다. 세계사는 다양한 방법론을 통해, 그리고 다양한 시공간적 범위에서 검토되어야 한다는 인식이 성장하고 있음을 감안하여, 시리즈의 각 권에서는 지역별 연구, 주제별 연구, 비교 연구의 성과를 수록했으며, 사례 연구를 더하여 넓은 시각의 연구를 깊이 있게 들여다볼 수 있도록 기획했다. 바로 이런 점이 케임브리지 세계사 시리즈의 특징이라 하겠다.

시리즈 편집 총괄
메리 위스너-행크스(Merry E. Wiesner-Hanks)
- Department of History, University of Wisconsin-Milwaukee

편집위원회
그레이엄 바커(Graeme Barker)
- Department of Archaeology, Cambridge University

크레이그 벤저민(Craig Benjamin)

- Department of History, Grand Valley State University

제리 벤틀리(Jerry Bentley)

- Department of History, University of Hawaii

데이비드 크리스천(David Christian)

- Department of Modern History, Macquarie University

로스 던(Ross Dunn)

- Department of History, San Diego State University

캔디스 가우처(Candice Goucher)

- Department of History, Washington State University

마니 휴스-워링턴(Marnie Hughes-Warrington)

- Department of Modern History, Monash University

앨런 캐러스(Alan Karras)

- International and Area Studies Program, University of California, Berkeley

베냐민 케다르(Benjamin Z. Kedar)

- Department of History, Hebrew University

존 맥닐(John R. McNeill)

- School of Foreign Service and Department of History, Georgetown University

케네스 포메란츠(Kenneth Pomeranz)

- Department of History, University of Chicago

베린 셰퍼드(Verene Shepherd)

- Department of History, University of the West Indies

산자이 수브라마니암(Sanjay Subrahmanyam)
- Department of History, UCLA and Collège de France

스기하라 가오루(杉原 薫)
- Department of Economics, Kyoto University

마르설 판 데르 린던(Marcel van der Linden)
- International Institute of Social History, Amsterdam

에드워드 왕(Q. Edward Wang)
- Department of History, Rowan University

노먼 요피(Norman Yoffee)
- Departments of Near Eastern Studies and Anthropology, University of Michigan; Institute for the Study of the Ancient World, New York University

한국어판 영어판 분권 대조표

케임브리지 세계사 시리즈 영어판은 7권 9책으로 구성되어 있지만, 번역본 한국어판은 18권으로 출간한다. 그 이유는 분량 때문이다. 분량이 워낙 많은 데다 번역하는 과정에서 페이지 수가 더욱 늘어나 때로는 1000페이지가 넘는 경우가 생기므로, 부득이 영어판 각 1권을 한국어판 2권으로 나눴다. 다만 세계사 서술에서는 시대구분 문제가 중요한 주제 중 하나이며, 영어판의 구성 자체가 시리즈 기획자들의 의도를 담고 있으므로, 페이지 분량 문제로 한국어판에서 부득이 분권을 하더라도 영어판의 구성을 최대한 존중하고자 했다. 그리하여 각 권의 표지에서 영어판의 분권 체제를 명시했으며, 또한 아래와 같이 한국어판과 영어판의 분권 구성과 시대구분을 정리했다. – 옮긴이

영어판		한국어판
Cambridge World Hostory Vol. I (to 10,000 BCE)	Part 1	케임브리지 세계사 01
	Part 2	케임브리지 세계사 02
Cambridge World Hostory Vol. II (12,000 BCE~500 CE)	Ch.1~7	케임브리지 세계사 03
	Ch.8~23	케임브리지 세계사 04
Cambridge World Hostory Vol. III (4000 BCE~1200 CE)	Part 1~3	케임브리지 세계사 05
	Part 4~6	케임브리지 세계사 06
Cambridge World Hostory Vol. IV (1200 BCE~900 CE)	Part 1	케임브리지 세계사 07
	Part 2	케임브리지 세계사 08

영어판		한국어판
Cambridge World Hostory Vol. V (1200 BCE~900 CE)	Part 1~3	케임브리지 세계사 09
	Part 4~5	케임브리지 세계사 10
Cambridge World Hostory Vol. VI (1400~1800 CE)	Part I Ch. 1~10	케임브리지 세계사 11
	Part I Ch. 11~18	케임브리지 세계사 12
	Part II Ch. 1~12	케임브리지 세계사 13
	Part II Ch. 13~18	케임브리지 세계사 14
Cambridge World Hostory Vol. VII (1750~Present)	Part I Ch. 1~10	케임브리지 세계사 15
	Part I Ch. 11~23	케임브리지 세계사 16
	Part II Ch. 1~11	케임브리지 세계사 17
	Part II Ch. 12~21	케임브리지 세계사 18

케임브리지 세계사 VOL. II 소개

농업의 발전은 대개 인류 역사상 가장 중요했던 변화로 일컬어진다. 케임브리지 세계사 VOL. II (한국어판 03~04권)에서는 농업과 농업 공동체의 기원 및 영향을 탐구하며, 농업 경제와 목축 및 수렵채집 경제의 관계 문제도 논의할 것이다. 세계 전역에 걸쳐 농업이 가져온 획기적 변화의 패턴을 포착하기 위하여 시간 범위는 기원전 1만 2000년에서 기원후 500년까지로 확대했으며, 신석기 시대부터 그 이후 시대까지 포괄했다. 고고학, 역사언어학, 생물학, 인류학, 역사학 등 여러 전공의 학자들이 필진으로 참여했다. 농업에서 비롯된 구조적으로 보다 복잡한 사회와 문화적 형태의 발달을 추적했으며, 예컨대 정주 마을의 형성과 고도화된 식량 확보 전략 등이 논의되었다. 덧붙여 지역별 개관도 수록했고, 세계 여러 지역에서 선정된 상세한 사례 연구 성과도 포함되었다. 지역별로는 서남아시아, 남아시아, 중국, 일본, 동남아시아, 태평양, 사하라 이남 아프리카, 아메리카, 유럽 등지를 망라했다.

책임 편집 / 그레이엄 바커(Graeme Barker)
케임브리지대학교 디즈니 고고학 명예교수, 맥도날드 고고학연구소 교수, 세인트존스칼리지(케임브리지대학교) 교수. 저서로 《유럽 선사 시대 농업 혁명과 선사 시대 농법(The Agricultural Revolution in Prehistory and Prehistoric Farming in Europe)》(CUP, 1985)이 있다.

책임 편집 / 캔디스 가우처(Candice Goucher)
워싱턴주립대학교 역사학과 교수. 저서로 《세계사: 과거로부터 현재까지의 여정(World History: Journeys from Past to Present)》(공저)이 있고, 멀티미디어 프로젝트 〈세계사의 연결 고리(Bridging World History)〉 공동 책임자이다.

03권 저자 목록
마리아 팔라(Maria Pala), University of Huddersfield
페드로 소아레스(Pedro Soares), University of Minho
갸네쉬워 초비(Gyaneshwer Chaubey), Estonian Biocentre
마틴 리처즈(Martin B. Richards), University of Huddersfield
크리스토퍼 에렛(Christopher Ehret), University of California, Los Angeles
샬럿 로버츠(Charlotte Roberts), University of Durham
에이미 보가드(Amy Bogaard), University of Oxford
앨런 우트램(Alan K. Outram), University of Exeter
다프네 갤러거(Daphne E. Gallagher), University of Oregon
로드릭 매킨토시(Roderick J. McIntosh), Yale University

04권 저자 목록

앨런 시몬스(Alan H. Simmons), University of Nevada, Las Vegas

게리 롤레프슨(Gary O. Rollefson), Whitman College

엘리너 킹웰-배넘(Eleanor Kingwell-Banham), University College London

캐머런 페트리(Cameron A. Petrie), University of Cambridge

도리언 풀러(Dorian Q. Fuller), University College London

유흠익(劉歆益, Xinyi Liu), Washington St. Louis University

마틴 존스(Martin Jones), University of Cambridge

조지군(趙志軍, Zhijun Zhao), Chinese Academy of Social Sciences

유국상(劉國祥, Guoxiang Liu), Chinese Academy of Social Sciences

사이먼 캐너(Simon Kaner), Sainsbury Institute for the Study of Japanese Arts and Cultures

야노 겐이치(矢野憲一), Ritsumeikan University

오카다 겐이치(岡田憲一), Archaeological Institute of Kashihara

휴 바턴(Huw Barton), University of Leicester

팀 데넘(Tim Denham), Australian National University

폴 레인(Paul J. Lane), Uppsala University

케빈 맥도널드(Kevin C. Macdonald), University College London

데버러 피어설(Deborah M. Pearsall), University of Missouri

톰 딜레헤이(Tom D. Dillehay), Vanderbilt University

앨러스데어 휘틀(Alasdair Whittle), University of Cardiff

피터 보거키(Peter Bogucki), Princeton University

리샤르트 그리기엘(Ryszard Grygiel), Museum of Archaeology and Ethnography, Łód

케임브리지 세계사 시리즈 서문

케임브리지 역사 시리즈는 오래전부터 역사학의 특정 주제를 선정하여 권위 있는 개론을 제공해왔다. 전문가들이 각 장별로 집필을 맡아서 여러 권으로 구성된 시리즈를 제작하는 방식이었다. 이런 방식으로 만들어진 첫 번째 시리즈는 〈케임브리지 근대사〉였다. 액턴 경(Lord Acton)이 기획을 맡았는데, 그가 사망한 직후 1902년부터 1912년까지 14권으로 출간되었다. 이는 이후 시리즈 구성의 모범이 되었다. 후속 시리즈로는 7권으로 구성된 〈케임브리지 중세사〉(1911~1936), 12권으로 구성된 〈케임브리지 고대사〉(1924~1939), 13권으로 구성된 〈케임브리지 중국사〉(1978~2009) 등이 있었다. 이외에도 국가별, 종교별, 지역별, 사건별, 주제별, 장르별로 전문화된 시리즈가 있었다. 이러한 시리즈들은 〈케임브리지 중국사〉가 표방했듯이 해당 주제에 대해서 영어로 된 "가장 방대하고 가장 종합적인" 역사서였고, 〈케임브리지 정치사상사〉가 주장했듯이 해당 분야의 "주요 주제를 모두" 포괄하고자 했다.

〈케임브리지 세계사〉 시리즈는 위대한 선배들의 업적을 본받았지만 동시에 차이도 있다. "가장 방대하고 가장 종합적인" 세계사 시리즈로서 "주요 주제를 모두" 포괄하려면 적어도 300권 규모가 필요할 것이다(시간은 100년쯤 걸리지 않을까?). 그 대신 이번 시리즈는 세계사 중에서 활발히 논의되는 분야를 개괄하고자 했고, 전체는 7권(volume) 9책(book)으로 구성되었다. 시간 범위는 문자 기록이 발달한 이후로 한정하지 않고 인류의 역사 전체를 포괄했다. 이러한 범위 설정은 최근 세계사 연구 경향을 반영한 것이다. 이처럼 폭넓게 시간 범위를 설정하면 고고학과 역사학의 경계가 모호해지고, 인류의 과거를 밝혀내기 위해 두 학문이 서로 보충적 관계에 놓이게 된다. 그래서 시리즈 각 권의 책임 편집에는 역사학자뿐만 아니라 고고학자도 참여했다. 이들은 미국, 영국, 프랑스, 오스트레일리아, 이스라엘 등지의 대학교에 재직하는 학자다. 또한 저자들의 연구 분야 역시 지역 범위 못지않게 폭이 넓다. 역사학, 미술사, 인류학, 고전학, 고고학, 경제학, 언어학, 사회학, 생물학, 지리학, 지역학 전문가가 참여했다. 이들은 오스트레일리아, 영국, 캐나다, 중국, 에스토니아, 프랑스, 독일, 인도, 이스라엘, 이탈리아, 일본, 네덜란드, 뉴질랜드, 폴란드, 포르투갈, 스웨덴, 스위스, 싱가포르, 미국 등지의 대학교에 재직하는 학자다. 연구를 통해 세계사 분야를 형성하는 데 기여한 원로 학자도 포함되어 있으며, 중견 및 소장 학자는 앞으로 세계사 분야를 만들어갈 사람들이다. 저자들 중 일부는 독립된 학문 분과이자 교육 분과로서의 세계사를 구축하는 데 긴밀한 노력을 기울였다. 학계에서는 이들의 활동을 지구사(global history), 초국사(transnational history), 국제사(international history), 비교사(comparative history) 등으로 일컬었다. (이들 분야는 서로 겹치거나 얽혀 있고 때로는 경쟁 관계에 놓여 있다. VOL. I 에 이 분야의 발전을 추적하는 글이 몇 편 수록되었다.) 대부분의 저자는 자기 분야의 전문가일 뿐이라고 생각하지만, 편집자들이 보기에는 폭넓은 대중에게 해당 분야를 가장 잘 설명할 수 있는 전문가, 혹은 자신에게 익숙한 영역을 넘어 새로운 영역으로 나아갈 수 있는 학자다.

세계사에 접근하는 길은 여러 갈래가 있고, 시공간적 범위를 다양하게 설정해야 한다는 인식이 날로 심화되고 있다. 이를 반영해서 각 권에는 다양한 분야의 글이 수록되었다. 지역 연구, 주제 연구, 비교 연구뿐만 아니라 사례 연구도 포함되었다. 사례 연구는 세계사 특유의 폭넓은 시야에 깊이를 부여해줄 것이다.

VOL. I(한국어판 01~02권)에서는 핵심적인 분석의 틀을 소개한다. 시대를 관통하는 세계사를 어떻게 서술할 것인지, 가장 중요한 접근 방법과 주제는 무엇인지 등에 대한 내용이다. 그리고 인류 역사의 95퍼센트를 차지하는 구석기 시대부터 기원전 1만 년까지를 다룬다. 이후로 각 권이 포괄하는 시간 범위는 갈수록 줄어들 것이며, 각 권별로 시간 범위가 다소 겹칠 수도 있다. 여기에는 복잡한 시대구분 문제가 반영되어 있다. 진정으로 글로벌한 역사를 다루려면 시대구분 문제가 복잡할 수밖에 없다. 편집자들은 겹치는 시간 범위를 억지로 조정하지 않았고, (예컨대 고전기, 근대 등의) 전통적 시대구분에 얽매이지 않았다. 이는 기존의 시대구분에 도전하고자 하는 의미도 있다. 또한 각 권별로 시간 범위를 조금씩 겹치게 함으로써 다양한 지역 간의 고립과 불균형, 서로가 서로에게 영향을 미치는 방식을 강조할 수 있었다. 각 권은 고유의 주제, 혹은 일정한 범위 내의 주제에 집중한다. 주제 선정은 편집자들이 맡았는데, 각 권에서 포괄하는 시대의 핵심인 동시에 세계사 전체를 이해하는 데 기본이 되는 주제들이 선정되었다.

VOL. II(한국어판 03~04권) "농업과 세계사(1만 2000 BCE~500 CE)"는 신석기 시대 이전부터 시작해서 이후 농업의 기원과 세계 여러 지역의 농경 공동체를 살펴본다. 더불어 유목 경제와 사냥·어로·채집 경제 관련 이슈들도 검토한다. 농업을 통해 형성된 더욱 복합적인 사회 구조 및 문화 양식의 공통점을 추적하고, 세계 여러 지역을 개관하며, 해당 지역의 사례 연구를 제시한다.

VOL. Ⅲ(한국어판 05~06권) "고대의 도시들(4000 BCE~1200 CE)"은 초기 도시에 초점을 맞춘다. 도시는 인류 사회 변화의 원동력이었다. 도시 및 공통 이슈 비교 연구를 통해 행정 및 정보 기술의 탄생과 전승, 의례, 권력의 분배, 도시와 그 배후지의 관계를 추적한다. 세계 여러 지역을 대상으로 도시의 발전과 일부 도시가 제국의 수도로 전환되는 과정을 살펴보기 때문에, VOL. Ⅲ이 포괄하는 시간 범위는 매우 폭넓다.

VOL. Ⅳ(한국어판 07~08권) "제국과 네트워크(1200 BCE~900 CE)"는 대규모 정치 단위와 상호 교환 네트워크가 형성되는 과정을 분석한다. 여기에는 "고대 문명"이라고 일컬어지던 내용이 포함된다. 그러나 세계의 다른 지역까지 포함하다 보니 시간 범위가 더 넓어졌다. 노예, 종교, 과학, 예술, 성차별에 대한 장을 포함해 사회·경제·문화·정치·기술 발전의 공통점을 분석한다. 또한 지역별 개관을 제시하는데, 지역별로 한두 군데 사례 연구도 포함되어 있다. 이는 해당 지역을 보다 깊이 있게 들여다보도록 하기 위함이다.

VOL. Ⅴ(한국어판 09~10권) "교역과 분쟁(500~1500 CE)"은 당시 1000년 동안 특징적으로 나타났던 무역 네트워크 및 문화 교류의 확장을 조명한다. 여기에는 경전 중심 종교의 확장과 과학, 철학, 기술의 전파도 포함된다. 사회 구조, 문화 제도, 환경, 전쟁, 교육, 가족, 법정 문화 같은 의미 있는 주제들이 전 지구적 차원 혹은 유라시아 차원에서 논의된다. 그리고 아시아, 아프리카, 유럽, 아메리카의 정치 및 제국 연구에서는 VOL. Ⅳ에서 시작된 국가 형성에 관한 논의가 계속 이어진다.

이상 VOL. Ⅰ~Ⅴ는 모두 각 1책(book)이다. 그러나 VOL. Ⅵ~Ⅶ은 각 2책이다. 기존의 시대구분으로 보면 근현대에 해당하는 부분이다. 최근 500년에 해당하는 이 시대의 특징은 갈수록 복잡해졌다는 데 있다. 전례 없는 세계화가 진행되었기 때문이다. 뿐만 아니라 그리 멀지 않은 과거이기 때문에 자료도 풍부하고 연구 성과도 많이 남아 있다.

VOL. Ⅵ(한국어판 11~14권) "세계화의 시대(1400~1800 CE)"는 갈수록 확대되는 생물학적·상업적·문화적 교류를 추적하고, 정치·문화·지성의 발달을 살펴본다.

VOL. Ⅵ 제1책(한국어판 11~12권)은 갈수록 상호 의존성이 심화되는 세계가 어떻게 만들어지게 되었는지 그 기초를 살펴본다. 여기에는 환경이나 기술 혹은 질병 등의 주제, 카리브해나 인도양 혹은 동남아시아처럼 특히 교류가 집중되었던 지역, 해양 제국이나 러시아 같은 육지 중심의 제국, 이슬람 제국, 대륙과 해양 모두 진출한 이베리아반도의 제국(포르투갈과 스페인) 같은 대규모 정치 체제 등이 연구 대상에 포함된다.

VOL. Ⅵ 제2책(한국어판 13~14권)은 전 세계적 혹은 지역적 이주와 서로의 만남을 검토한다. 이주를 일으킨 경제·사회·문화·제도적 구조를 살펴보고, 또한 이주를 통해 이러한 구조가 어떻게 바뀌었는지 검토한다. 여기에는 무역 네트워크, 법, 생필품 유통, 생산 과정, 종교 체제 등의 논의가 포함된다.

VOL. Ⅶ(한국어판 15~18권) "생산, 파괴, 접속(1750~현재)"은 세계가 화석 연료 사용 단계로 접어드는 과정을 추적하고, 인구 폭발과 세계화 과정을 통한 활발한 교류의 시대를 다룬다.

VOL. Ⅶ 제1책(한국어판 15~16권)은 인구 과잉의 지구가 만들어진 물질적 조건에 대해 논의한다. 여기에는 환경, 농업, 기술, 에너지, 질병 등의 주제와, 국가주의, 제국주의, 탈식민화, 공산주의 등 현대 사회를 만든 정치적 흐름, 그리고 몇몇 핵심 지역 연구가 포함된다.

VOL. Ⅶ 제2책(한국어판 17~18권)은 앞에서 논의된 주제들을 다시 검토한다. 가족, 도시화, 이민, 종교, 과학 등의 주제뿐만 아니라 스포츠, 음악, 자동차 등 이 시대에 특징적으로 나타난 글로벌한 현상, 냉전과 1989년 같은 변화의 특별한 계기 등에 대한 연구가 포함된다.

〈케임브리지 세계사〉 시리즈에는 모두 200여 편의 논문이 수록된 만큼 종합적이라고 할 수 있다. 그러나 결코 충분하지 않다. 각 권별 책임 편집자는 무엇을 포함하고 무엇을 배제할지 고심을 거듭했다. 이는 세계사 연구자라면 누구나 맞닥뜨리는 문제다. 2000년도 더 지난 과거에 헤로도토스(Herodotos)도 그랬고, 사마천(司馬遷)도 마찬가지였다. 각 권에서 논문의 배열 순서는 해당 시대의 특성을 고려하여 책임 편집자(들)가 판단했다. 그래서 각 권의 구성이 조금씩 다르다. 권별로 시대도 조금씩 겹치므로 어떤 주제는 여러 권에 걸쳐서 등장하기도 한다. 이는 각 권의 역사적 흐름을 이해하는 데 모두 중요하다고 판단되는 주제였기 때문이다. 특히 시리즈 편집자들은 중요한 요소의 발전 과정을 각기 다른 관점에서 살펴보는 것이 세계사 연구에 가장 적합한 방향이라고 생각했다. 각주는 다른 케임브리지 역사 시리즈들과 마찬가지로 상대적으로 가볍게 달았고, 처음 이 분야에 주목하는 독자들을 위한 배려로 각 장이 끝날 때마다 "더 읽어보기" 목록을 제시했다. 또한 이 시리즈는 이전의 시리즈들과 달리 전권이 한꺼번에 출간되었다.(영어판의 경우-옮긴이) 시리즈를 출간하는 데 10여 년씩 걸리던 출판계의 여유로운 속도가 21세기 디지털 시대에 이르러 달라진 것인지도 모르겠다.

다시 말해 〈케임브리지 세계사〉 시리즈는 책이 기획 및 생산되는 시점의 시대상을 반영하고 있다. 〈케임브리지 근대사〉 시리즈도 이와 다르지 않았다. 케임브리지대학교 출판부의 설명에 따르면, 액턴 경이 기획한 것은 "세계사"였다. 그러나 실제로 그 시리즈에 수록된 수백 편의 글 중에서 주인공이나 사건 혹은 정치 단위가 유럽과 북아메리카를 벗어난 경우는 손에 꼽을 정도에 불과했다. 〈새로운 케임브리지 근대사〉(1957~1979) 시리즈도 마찬가지로 세계사를 자처했지만 지역 편중은 별로 개선되지 않았다. 이는 놀라운 일이 아니다. 1957년, 심지어 시리즈의 마지막 권이 출간된 1979년에도 유럽은 곧 "세계"였고, 근대의 모든 것은 유럽에서 비롯되었다고 믿었다. 이런 관점을 우리는 "유럽 중심주의"라 부른다. (다른 언어권에서도 세계사가 집필되는 해당 지역을 중심으로 세계를 바라보는 관점이 없지 않았다.) 20세기 중반에도 유럽 중심은 지속되었고, 세계사와 지구사 분야는 미약했다. 강연회, 학회, 학술지 등 신생 분야를 형성해간 주역들은 1980년대에 이르러서야 등장했다. 그중에는 시작된 지 10년도 안 지난 것들도 있다. 가령 〈세계사 저널(Journal of World History)〉이 1990년 처음 출간되었고, 〈지구사 저널

《Journal of Global History》》이 2005년, 《뉴 글로벌 스터디즈(New Global Studies)》가 2007년 시작되었다.

　세계사 혹은 지구사의 발전은 다른 모든 학문 분과에서 치열한 자기반성이 이루어지던 시대와 맥을 같이했다. 자신의 존재를 돌아보지 않고는 어떤 연구도 불가능했고, 기존의 모든 범주가 혼란스러워졌다. 포함과 배제, 다양성에 대한 우려가 역사학의 하위 분야에서 기본으로 자리 잡았고, 이러한 분위기에서 역사학 관련 교육이 이루어졌다. 그래서 이 시리즈의 편집자들은 균형을 추구하려고 노력했다. 전통적으로 세계사 분야에서 중점을 둔 것은 거대 규모의 정치·경제적 과정이었고, 정부나 경제 엘리트들이 주체가 된 역사였다. 이것과 문화적 요인, 사고방식, 의미 등 새로운 관심 주제들의 균형을 고려해야 했다. 뿐만 아니라 우리는 세계 여러 나라의 역사에서 중요한 주제들도 포함시키고자 노력했다. 저자의 구성에서도 지역적 안배와 세대별 안배를 고려했다. 《케임브리지 근대사》와 비교하자면 저자군의 지역적 범위가 훨씬 더 넓고, 저자의 성별도 더 균형이 맞는다. 그러나 우리가 원한 만큼 글로벌하지는 못했다. 현재 세계사와 지구사 연구는 영어권에서 압도적으로 많이 진행되고 있다. 그래서 학자들의 분포 또한 영국과 미국의 대학교에 편중되어 있다. 현대 세계의 여러 가지 불평등한 현실도 그렇지만, 세계사 연구의 이 같은 격차는 그야말로 이 시리즈에서 서술하는 세계사의 결과다. 그중 어느 시대가 핵심 요인이었는가, 그리고 어느 정도 비중으로 기원의 문제를 다룰 것인가 하는 문제는 저자마다 의견이 다를 수 있다.

　나는 다만 이 시리즈가 액턴 경의 시리즈만큼 편차가 크지 않기를 바랄 뿐이다. 가능하면 2권으로 구성된 〈케임브리지 인도 경제사〉(1982) 정도였으면 좋겠다. 〈케임브리지 인도 경제사〉의 편집자들(Tapan Raychaudhuri, Irfan Habib)은 서문에서 이렇게 말했다. "우리는 감히 우리의 노력이 새로운 지식을 형성하는 데 촉매가 되기를 바랄 뿐이다. 그래서 머지않아 새로운 지식이 이 책에 수록된 내용을 대체할 수 있기를 기원한다." 세계사와 지구사는 활발한 분야라서 머지않아 틀림없이 새로운 지식이 등장할 것이다. 다만 우리의 시리즈가 21세기 초라는 시점에 한해서나마 세계사 분야로 들어가는 문이 되고 전체를 조망할 수 있는 유용한 개론이 되기를 기대해본다.

메리 위스너-행크스(Merry E. Wiesner-Hanks)

케임브리지 세계사 03 차례

케임브리지 세계사 시리즈 소개   4
한국어판 영어판 분권 대조표   7
케임브리지 세계사 VOL.Ⅱ 소개   9
케임브리지 세계사 시리즈 서문   13

CHAPTER 1   서론: 농업 이후의 세계   29
CHAPTER 2   고유전학   73
CHAPTER 3   언어학적 근거를 통해 본 농업의 기원   123
CHAPTER 4   농업은 우리에게 어떤 의미였을까?
               -고생물학을 통해 본 건강과 음식   183
CHAPTER 5   공동체   235
CHAPTER 6   목축   297
CHAPTER 7   농업과 도시화   339

케임브리지 세계사 04 차례

CHAPTER 8   서남아시아의 초기 농업
CHAPTER 9   요르단의 아인 가잘 유적
CHAPTER 10   남아시아의 초기 농업
CHAPTER 11   파키스탄의 메르가르 유적
CHAPTER 12   중국의 초기 농업
CHAPTER 13   중국의 흥륭구 유적
CHAPTER 14   일본의 초기 농업
CHAPTER 15   나라 분지의 논, 일본
CHAPTER 16   동남아시아와 태평양의 초기 농업
CHAPTER 17   뉴기니 쿠크 스왐프의 농부들: 뉴기니 고산 지대의 초기 농업
CHAPTER 18   사하라 이남 아프리카의 초기 농업(기원후 500년경 이전)
CHAPTER 19   서아프리카 사헬 지대의 티치트 문명
CHAPTER 20   아메리카 대륙의 초기 농업
CHAPTER 21   페루의 난촉 밸리
CHAPTER 22   유럽의 초기 농업 사회
CHAPTER 23   폴란드의 초기 농부들

그림 목록

2-1. 95개 유전자 마커 변화의 지리적 패턴　　85
2-2. 시기별 유럽인 mtDNA 기여도 분석　　87
2-3. 전 세계 인구의 전장유전체 SNP 혼합 유형 분석　　96
2-4. 유럽 aDNA에 기초한 mtDNA 하플로그룹 출현 빈도　　106
3-1. 나일사하라어족의 언어학적 층서　　134
3-2. 나일사하라어족 계통수　　141
3-3. 초기 쿠시어파 분화 계통수　　146
3-4. 니제르콩고어족 계통수　　151
4-1. 경골(脛骨) 형성 사례　　198
4-2. 척추 손상 사례　　199
4-3. 제1번 영구치의 충치 사례　　211
4-4. 안와 천공　　216
4-5. 늑골과 새로운 뼈의 형성　　219
4-6. 정상 척추와 골절 치료 후 형성된 가시돌기　　221
4-7. 근육-뼈 연결 부위 변형　　223
4-8. 대퇴골, 손상 부분 표시(Allen's fossa)　　225
4-9. 법랑질 저형성증　　228
5-1. 길갈 Ⅰ 유적　　249
5-2. 괴베클리 테페 유적　　252
5-3. MPPNB 주택 모형　　256
5-4. 호른슈타트-회른레 유적　　263
5-5. 공동 매장지(cairn) 유적　　268

5-6. 작돈(綽墩)의 초기 논 유적 274
5-7. 한국의 밭과 주거지 유적 277
5-8. 고인돌 구역 279
5-9. "공공" 건물 재구성 283
5-10. 뉴멕시코의 움막집과 샤빅에쉬체 유적 286

지도 목록

6-1. 카자흐스탄 고고 유적지 지도(중앙아시아) 325

그림 출처

[그림 2-1] L.L. Cavalli-Sforza et al., *The History and Geography of Human Genes*, ⓒ 1994 by Princeton University Press. [그림 2-2] M. Richards et al., 'Tracing European founder lineages in the Near Eastern mtDNA pool', *American Journal of Human Genetics*, 67 (2000), 1251-76. [그림 5-1] (a) O. Bar-Yosef et al. (eds.), *Gilgal: Early Neolithic Occupations in the Lower Jordan Valley: The Excavations of Tamar Noy* (Oxford: Oxbow Books, 2010), fig. 2.1 and 2.14. [그림 5-2] (a) photo N. Becker ⓒ DAI (b) photo K. Schmidt ⓒ DAI. [그림 5-3] *Journal of Anthropological Archaeology*, 30 (2011), 502-22, fig. 4, reprinted by permission of Elsevier. [그림 5-4] Schlichtherle 1995: figs. 2, 3; B. Dieckmann et al., 'Hornstaad-Zurinneren Dynamik einer jungneolithischen Dorfanlage am westlichen Bodensee', in A. Lippert et al. (eds.), *Mensch und Umwelt während des Neolithikums und der Frühbronzezeit in Mitteleuropa* (Rahden: Marie-Leidorf, 2001), fig. 19; U. Maier, 'Archäobotanische Untersuchungen in der neolithischen Ufersiedlung Hornstaad-Hörnle IA am Bodensee', in U. Maier and R. Vogt (eds.), *Siedlungsarchäologie in Alpenvorland*, vol. VI: *Botanische und pedologische Untersuchungen zur Ufersiedlung Hornstaad-Hörnle IA*. (Stuttgart: Konrad Theiss, 2001), Plate 5 (photo reproduced with the permission of the Landesamt für Denkmalpflege im Regierungspräsidium, Stuttgart). [그림 5-5] A. Saville, *Hazleton North: The Excavation of a Neolithic Long Cairn of the CotswoldSevern Group* (London: English Heritage,1990); A. Whittle, *Europe in the Neolithic* (Cambridge University Press, 1996), fig. 7.19. [그

〔그림 5-6〕 D.Q. Fuller and L. Qin, 'Water management and labour in the origins and dispersal of Asian rice', *World Archaeology*, 41 (2009), fig. 3 and plate 2, reprinted by permission of Taylor & Francis Ltd. 〔그림 5-7〕 courtesy of Mr Ho-Pil Yun, Chief Researcher, Historical and Archaeological Center, Gyeongnam Development Institute; courtesy of Mr Ho-Pil Yun and Dr G.-A. Lee, University of Oregon. 〔그림 5-8〕 photo by Sunwoo Kim. 〔그림 5-9〕 reprinted by permission of the publisher from K.V. Flannery and J. Marcus, *The Creation of Inequality: How Our Prehistoric Ancestors Set the Stage for Monarchy, Slavery and Empire*, 140 (Cambridge, MA: Harvard University Press, 2012). 〔그림 5-10〕 courtesy of the Field Museum, A88136; courtesy of National Park Service, Chaco Culture National Historical Park, CHCU 65708.

CHAPTER 1

서론: 농업 이후의 세계

그레이엄 바커 Graeme Barker
캔디스 가우처 Candice Goucher

이번 책(03~04권)에서는 전 세계적으로 농업의 기원과 초기 농업 공동체의 특징, 농업의 결과로 등장한 보다 복합적인 사회 구조와 문화적 형태를 살펴보기로 한다. 지질학적으로 보자면 대략 1만 1500년 전을 분기점으로 기후가 바뀌었다. 그 이전이 플라이스토세(홍적세洪積世, 보통 "빙하기"라고도 하며, 기온과 강우량의 변화 폭이 매우 컸던 시대)이며, 그 이후가 오늘날을 포함하는 홀로세(현세現世)다. 그 이전까지 인류는 수렵, 어로, 채집(이른바 "포레이징") 등의 방식을 적절히 섞어가며 식량을 확보했다. 그러나 수천 년이 지난 뒤 인류의 대부분은 거의 전적으로 농업에 의존하게 되었다. 유라시아, 아프리카, 아메리카 대륙에서 대부분의 사회가 마찬가지였다. 다른 의견도 있겠지만, 농업의 시작은 분명 세계사에서 가장 중요한 사건이었다. 농업은 자연 경관을 근본적으로 바꾸어놓았을 뿐 아니라 도시화와 복합적 사회 구조 및 불평등을 초래했고, 이후의 역사를 완전히 압도했다. 플라이스토세에 약 600만 명에 불과하던 인류가 오늘날 70억 명까지 늘어난 것도 농업 때문이었다. 전 세계적으로 수렵과 채집 경제에서 목축과 농업 경제로 변화하기까지는 수천 년이 걸렸다. 그러므로 농업의 기원과 세계적 확산을 살펴보고자 하는 우리 책에서는 세계적 관점을 필요로 함은 물론이며, 시간 범위 또한 대단히 폭넓게 설정하지 않을 수 없다. 우리 책에서 포괄하는 시간 범위는 기본적으로 홀로세 시작부터 기원후 시작까지다. 그러나 지역에 따라서는 더 늘어날 수도 있다. 농업의 전조가 플라이스토세부터 나타난 지역이 있는가 하면, 기원후 제1천년기 혹은 제2천년기가 되어서야 농업을 받아들인 지역도 있기 때문이다.[1]

옥스퍼드 영어 사전에서 "agriculture"는 "땅을 경작하는 과학과 기술. 곡물의 수확과 가축의 사육 포함"으로 정의되고, "farming"은 "토지를 경작하고 가축을 기르는 사업"으로 정의된다(한국어에서 "농업"이란 agriculture와 farming의 의미를 모두 포함한다. — 옮긴이). 영어 사전의 정의는 기술, 과학, 사업 개념을 적절히 포함했고, 식량 생산에 필요한 복잡한 경영 전략과 그에 따른 경제적 의미까지 깔끔하게 표현하고 있다. "domestication(재배 혹은 사육)"은 보통 동식물을 야생 상태에서 분리해 인간의 보호나 조작 없이는 생존과 번식이 불가능한 상태로 만드는 것을 가리킨다. 그러나 재배 혹은 사육이 일방적 과정이 아니었다는 인식이 점차 확산되고 있다. 이 과정을 통해 동물과 식물과 인간이 서로 가까이 지내게 되었고, 이는 세 요소 모두의 관계에 잠재적으로 영향을 미쳤다. 기존의 생각처럼 인간이 일방적으로 동식물을 관리하는 기술을 습득하는 문제만이 아니었던 것이다. 옥스퍼드 영어 사전은 또한 "pastoralism(목축)"을 특히 "산업화되지 않은 유목 사회"에서 "양, 소, 기타 초식 동물을 기르는 일"이라고 정의한다. 이는 식량의 대부분을 가축(즉 사육종 동물)에 의존하는 생활 경제를 의미하며, 곡물 기반 사회에

---

1 Graeme Barker, *The Agricultural Revolution in Prehistory: Why did Foragers become Farmers?* (Oxford University Press, 2006).

대립되는 개념이다. 곡물 기반 사회에서는 가축 사육도 곡물 재배와 잘 결합되어 있으며, 흔히 가축 사육이 보조적 역할을 하는 경우가 많다(제6장). 한때는 목축이 식물 재배보다 먼저 시작되고 더 원시적인 농업 형태였던 것으로 간주되었다. 그러나 오늘날에는 목축도 상당히 복잡한 경제 체제의 일부였던 것으로 인식되고 있다. 목축은 국가 차원의 농업 사회 출현과도 밀접하게 연결되어 있으며, 때로 결정적 역할을 하기도 했다.

농업이 등장한 이후의 세계를 탐구하려면 세계사를 조망해 보아야 하지만, 세계적이면서 동시에 지역적인 시각도 요구된다. 지금까지 식량 생산의 혁명적 변화를 연구해온 수많은 학자들은 대개 지역적 영향을 조사했으며, 주로는 고고학자들의 발굴 현장 연구가 많았다. 특별한 경우에만, 예컨대 무역이나 이주 등으로 농업이 확산된 증거가 발견되는 경우에만 주변의 맥락을 둘러보는 정도였다. 최근까지도 전 세계적 관점에서 농업의 역사를 서술하려는 시도는 극히 드물었다. 폭넓은 시각에서 농업의 기원을 연구하고자 할 때는 지역적 확산 패턴을 지도에 그리는 일뿐만 아니라, 선사 시대의 행동 양식을 결정한 그 지역 특유의 생태 환경을 이해하는 것이 중요하다. 선사 시대 세계의 생태 환경은 매우 다양했는데, 왜 어디서나 결국은 농업을 더 유리한 생활 경제로 받아들였을까? 얼핏 단순해 보이는 이 질문은 지금도 여전히 연구자들을 당황케 하는 문제로 남아 있다.

전통적 접근 방식

19세기 중반까지 고고학자들은 선사 시대를 구석기 시대와 신석기 시대로 구분했었다. 구석기 시대는 빙하기에 수렵채집에 의존하면서 서유럽에서 발견되는 동굴 벽화에 흔적을 남긴 사회로, 신석기 시대는 최초로 농경을 시작한 사회로 분류했던 것이다. 특히 신석기 시대에는 인류 최초로 간석기와 토기를 사용했으며, 동물 사육과 식물 재배가 등장했던 것으로 보았다. 그러다가 1872년에 중석기(Mesolithic)라는 용어가 등장했다. 영국의 고고학자 호더 웨스트롭(Hodder Westropp)이 《선사 시대의 여러 단계(Prehistoric Phases)》라는 책에서 처음으로 사용한 개념이다. 지질학적으로 오늘날과 마찬가지로 빙하기 이후에 속하지만, 아직 농경이 시작되기 전 유럽인이 수렵채집에 의존해서 살던 시기를 그는 중석기 시대라고 일컬었다. 그의 책에서 중석기 시대는 "인류가 호랑이처럼 지략과 힘, 용기에 의존해서 살아가던" 야만의 시대로, 신석기 시대는 "인류가 앞의 세 요소가 아니라 친근함을 이용해 젖소에게서 우유를, 양에게서 가죽을 얻어낸" 목축의 시대로 표현되었다.[2] 또한 식물 재배는 그보다 나중인 청동기 시대에 시작되었다고 주장했다. 그러나 1880년대에 이르러 식물 재배와 가축 사육이 대체로 같은 시기에 시작되었다는 증거들이 발견되었다. 이후 식물 재배도 청동기 시대가 아니라 신석기 시대의 특징으로 자리 잡았다. 애초 "중석기/신석기"라는 용어는 유럽의 역사를 설명하기 위해 도입된 개념이었는데, 20세기 들어 전 세계 여러 곳에서 선사 시대를 구분하는 기준으로 널리 사용되기 시작했다.

　이 용어가 폭넓게 받아들여지긴 했으나 크게 환영받은 것은 아니었다. 특히 "신석기 시대"라는 용어가 그랬다. 만족스럽지는 않지만 그냥

2　H. Westropp, *Prehistoric Phases* (London: Bell & Daldy, 1872).

사용하는 용어 대부분이 그렇듯, 딱히 나은 대안이 없었기 때문이다. 때로는 신석기가 하나의 "시대"를 지칭하는 용어로 사용되기도 했는데, 특정 지역 범위 안에서 모든 사람이 농사를 실시한 시대를 가리키는 의미였다. 그러나 오늘날 확보된 증거에 따르면 신석기 시대의 많은 사람들이 농사와 수렵채집을 겸했고, 또한 같은 시기에 수렵채집만으로 먹고 사는 사람들도 많았다. 또 때로는 신석기가 "생활 경제"를 지칭하는 용어로 사용되기도 했다. 예컨대 신석기 혁명을 서술할 때 "신석기인(즉 농부)과 중석기인(즉 수렵채집인)이 공존했다"는 식으로 서술하는 경우가 있었다. 또 때로는 신석기가 어떤 물질문화의 "패키지"를 지칭하는 용어로 사용되기도 했다. 즉 토기나 간석기 도끼 같은 도구, 정착지, 주거지, 매장지 등의 유적, 그리고 식물 재배와 동물 사육의 흔적을 모두 포괄하는 의미로 사용되었다. 그래서 "수렵채집인이 신석기 패키지의 일부를 받아들였다"는 식으로 서술하는 경우가 있었다. 가령 농업의 시작을 설명하고자 하는 연구자의 입장에서, 신석기란 무엇이며, "신석기"의 여러 의미 가운데 어떤 뜻으로 사용하는가 하는 것은 핵심적 문제다. 자칫 무의식적으로, 심지어 한 문장 안에서도 다른 의미로 사용될 위험이 있기 때문이다.

농업의 기원에 관심을 두는 고고학자들에게 고든 차일드(Gordon Childe)의 영향력은 막대했다. 오스트레일리아 출신의 그는 (영국 중심으로 활동하며) 주로 서남아시아(근동)와 유럽 신석기에 관한 저술을 많이 남겼다. 《인류는 인류가 만들어냈다(Man Makes Himself)》,《역사적 사건들(What Happened in History)》등의 저서에서 그는 기후 변화 대응 가설을 제시했다. 즉 빙하기 말에서 홀로세 초기의 기후 변화에 대한 대응으로 수렵채집인이 농사를 짓기 시작했다는 가설이다.[3] 비록 그가 서남아시아의 기후 변화 과정을 오해하긴 했으나(그는 홀로세가 시작되면서 기후가 건조해졌다고 생각했는데, 현재 알려진 바로는 오히려 더 습해졌다), 플라이스토세에서 홀로세로 넘어가는 이행기의 기후 변화에 적응하는 과정에서 대체로 수렵채집인이 농경으로 전환했다는 관점은 여전히 학계에서 보편적으로 받아들여지고 있다. 그는 채집에서 농경으로의 전환을 표현하기 위해 "신석기 혁명(Neolithic Revolution)"이라는 유명한 용어를 제안했다. 대규모 사회적 변화를 의미한다는 측면에서 산업 혁명(Industrial Revolution)이라는 어휘와 같은 맥락이었다(물론 신석기 혁명에는 수천 년이 걸렸으므로, 사회경제적 혁명이 완료되는 데 채 100년도 걸리지 않은 산업 혁명에 비하면 엄청나게 긴 시간이었다). 농업을 통해 인류는 수렵채집에 비해 안정적으로 식량을 확보할 수 있게 되었고, 그 결과로 한 곳에 정착했고(이른바 "sedentism"), 안정적 공동체를 형성했고, 충분한 식량을 생산하면서 인구가 증가했으며, 도시와 국가 형성의 기틀이 마련되기 시작했다(이른바 "Urban Revolution").

그가 제시한 신석기 혁명 개념은 여러 측면에서 발굴 조사의 영향을 많이 받았다. 1950~1960년대 서남아시아, 중앙아메리카, 페루 등지에서 고고학적 발굴 조사가 폭발적으로 증가했다. 당시의 조사에는 대체로 학제간 협력을 지향하는 고고학의 새로운 경향이 반영되어, 고고학 전문가 이외에도 보조적으로 과학 전문가들이 함께 참여했다. 과학 전

---

3 V.G. Childe, *Man Makes Himself* (London: Watts, 1936), and *What Happened in History* (Harmondsworth: Penguin, 1942).

문가들은 발굴 현장에서 동물 뼈, 탄화(炭化)된 곡물, 기타 식물의 흔적을 수집하여 동식물의 사육 혹은 재배의 기원을 추적했다. 또한 유적지 근처의 퇴적층에서 코어(core, 땅속에 원기둥을 박아 퇴적층을 뽑아낸 것 − 옮긴이)를 추출하여 초기 농업이 실시될 당시의 꽃가루(화분花粉) 화석이나 기후 및 환경 변화 지표를 수집했다. 이러한 자료 수집을 뒷받침한 연구 기법은 방사성탄소 혹은 탄소 14(^{14}C) 연대측정법이었다. 이 방법론 덕분에 처음으로 고고학자들은 다른 자료에 의존하지 않고 발굴 유적 자체만으로 연대를 확정할 수 있게 되었다. 반면 고든 차일드만 하더라도 유럽 신석기 유적의 연대를 확인하려면 외부 물질문화와의 직간접적 연관 관계를 살펴보지 않을 수 없었다. 예컨대 이집트 파라오 시대는 문헌 기록을 통해 기원전 3000년경까지 연대가 확정되어 있기 때문에 이집트와의 관계 비교를 통해 유럽 유적의 연대를 추정하는 방식이었다. (방사성탄소 연대측정 결과, 유럽에서 그리스 신석기 유적의 시작 시기는 기원전 3000년경이 아니라 기원전 6000년경이었다!) 이스라엘의 예리코(Jericho) 유적(Kathleen Kenyon 발굴), 이라크의 자르모(Jarmo) 유적(Robert Braidwood, Ann Braidwood 발굴), 이란의 알리 코시(Ali Kosh) 유적(Frank Hole, Kent Flannery 발굴) 같은 서남아시아 유적을 통해 확인된 바 그 지역 사람들은 기원전 8000년경 홀로세가 시작된 이후로 1000여 년이 경과한 시점에 이미 마을을 이루어 살고 있었다. 진흙으로 작은 집을 지어 거주했으며, (이 지역에서 신석기 토기를 처음 제작한 시기는 수천 년 뒤였으나) 간석기를 사용했고, 밀과 보리 및 채소 등의 작물을 재배했으며, 양과 염소와 돼지와 소 등의 가축을 사육했다.^{4}

    같은 시기의 발굴 작업을 통해 세계의 다른 지역에서도 비슷한 "농업 공동체 마을"이 발견되었다. 다만 작물과 가축의 조합이 지역별로 달랐다. 아메리카 일부 지역에서는 옥수수를 비롯한 여러 식물을 재배했고, 중국에서는 벼를 재배하고 돼지를 길렀다. 이러한 연구들을 종합함으로써 전 세계의 신석기 혁명이 몇 군데 "핵심" 지역에서 시작되었다는 사실을 알 수 있었다. 특히 서남아시아, 중국, 북아메리카 동부, 중앙아메리카, 페루, 아프리카 사헬(Sahel) 지대 등이 중심지였다. 이후 농업은 주변 지역으로 확산되어 나갔다. 대개는 농업인이 이주함으로써 농업도 확산되었지만, 수렵채집인이 농업인과 접촉하는 과정에서 농업 기술을 받아들이는 경우도 있었다.

농경의 시작

오늘날 전 세계의 사람들이 주로 먹는 식물의 종류는 그리 많지 않으며, 식용 동물의 종류는 그보다 더 적다. 그러므로 선사 시대 수렵채집인으로서는 되도록 농업에 참여하는 것이 더 편리했으리라고 쉽게 짐작할 수 있다. 그러나 고고학자들은 이러한 전제에 심각한 의문을 제기했다. 1960~1970년대에 현존하는 소수의 수렵채집인 부족을 상대로 한 민속 조사 보고서 때문이었다. 심지어 건조한 칼라하리 사막에서 소규

---

4 K. Kenyon, 'Earliest Jericho', *Antiquity*, 33 (1959), 5-9; R.J. Braidwood and B. Howe, *Prehistoric Investigations in Iraqi Kurdistan*, Studies in Oriental Civilization 31 (University of Chicago Press, 1960); F. Hole and K.V. Flannery, 'The prehistory of south-west Iran: a preliminary report', *Proceedings of the Prehistoric Society*, 33 (1967), 147-206; F. Hole et al., *Prehistory and Human Ecology of the Deh Luran Plain*, Memoirs of the Museum of Anthropology 10 (Ann Arbor: University of Michigan, 1969).

모 집단으로 생활하는 쿵산족(!Kung San people)의 경우 지금도 수렵채집을 하며 살아가고 있지만, 예상과 달리 그들은 근근이 먹고사는 정도가 아니라 좋아하는 음식을 마음껏 즐기고 비상식량에 별로 의존하지도 않았다. 이웃 지역에 사는 농업인과 달리 그들은 단지 먹고사는 일을 해결하기 위해 대부분의 시간을 사용하지도 않았다. (게다가 농업인은 안정적 식량 확보를 위해 사회 활동에도 많은 시간을 할애해야 했다.) 수렵채집인의 "불리한 점"은 이동식 생활이었다. 이리저리 옮겨 다녀야 하기 때문에 물건을 많이 소유할 수가 없었다. 인원도 적정 수 이하로 유지해야 했으므로 영아 살해도 심심치 않게 일어났다(이동할 때 엄마는 단 한 명의 아이만 데리고 다닐 수 있기 때문이다). 그럼에도 불구하고 쿵산족 민속 조사 결과는 고고학자들로 하여금 농업의 기원 가설을 다시 생각하게 만들었다. 수렵채집인이 농업의 장점을 명명백백히 인정했다기보다 무언가 외부적 "압박(push)"이 존재했을 가능성을 생각해보기 시작했다. 예를 들면 기후 변화나 인구 압력 같은 요인이 수렵채집인을 농경 생활로 내몰았을 수도 있다. 최근에는 내부적 "유인(pull)" 요소 가설도 제시되고 있다. 사회적 경쟁이나 이데올로기의 변화 때문에 수렵채집인이 의식적 혹은 무의식적으로 농업 경제에 참여하기 시작했을 수도 있다는 것이다.

초기 고고학자들은 발굴된 동물 뼈나 곡물 유체(遺體)를 육안으로 분석할 수밖에 없었다. 그래서 그들이 확인할 수 있는 집중화라든가 변화 과정의 모델은 경우의 수가 그리 많지 않았다. 열대 혹은 아열대 지역에는 특히 유라시아나 아프리카의 건조 지대에 비해 유물이 잘 보존된 유적지가 극히 드물었다. 오늘날은 이러한 한계가 상당히 극복되었다. 서식 환경의 근본적 차이를 모든 측면에서 체계적으로 조사하기 때문이다. 재배종을 검토하는 등 기존의 방법론도 사용하지만, (얌, 타로, 고구마 같은 열대 지역 구근 작물의 섭취 연구에 획기적인) 전분 잔류물 분석 같은 새로운 기법이 사용되고 있다. 분자생물학도 농업의 기원 및 초기 농업사 연구에 혁명적으로 기여했다. 현대 동식물의 DNA와, 발굴을 통해 확보된 과거 동식물 유물의 고(古)DNA(ancient DNA, aDNA)를 비교함으로써 재배종 및 사육종의 진화 과정을 역사적으로 밝혀냈으며, 인간과 동물의 뼈에서 동위원소를 분석하여 생존 당시에 섭취한 음식물을 밝혀내기도 했다. 또한 경우에 따라서는 이주의 역사도 확인할 수 있었다. 그리고 도구에 남아 있는 잔류 유기물을 분석하여 식량 자원을 확인했다. 예를 들면 분쇄 도구의 표면에 남아 있는 곡물의 잔류물이나, 직물이나 토기 파편에 남아 있는 우유, 우유 부산물, 동물성 지방(현재는 지방으로 품종 차이까지 확인 가능) 등의 자료가 이용되었다. 농업의 기원과 초기 역사를 연구하려면 다양한 분과 학문의 응용과, 고고학과 주변 학문의 협력이 필수적으로 요구되고 있다. 과학 기술을 통한 분석과 해석의 폭을 넓힘으로써 고고학은 전례 없이 풍부한 성과를 올리고 있다.

농업의 기원과 관련해서는 대중적으로뿐만 아니라 학계에서도 흔히 받아들여지는 강력한 전제가 하나 있었다. 즉 수렵채집에서 농업으로 이행하는 과정이 "일방통행"이었다는 가설이다. 인류는 농축산물을 생산하는 방식을 하나씩 배워 나갔고, 그 결과물이 오늘날 우리가 슈퍼마켓 진열대에서 볼 수 있는 상품들이라는 것이다. 농축산물의 집중적 생산에 이르기까지 단계론적 발전 모델이 학술서에도 등장하곤 했다. 우연한 기회에 포레이징에서 출발하여 한 걸음씩 체계적인 농업으로 나아가는 방향이었다. 이는 1872년에 호더 웨스트롭이 제시한 가설과 크게 다를 바 없는 관점이었다. 그러나 오늘날 밝혀진 사례에 따르면, 플라이스토세 말기에서 홀로세 초기에 수렵채집인이 식량 생산을 시도한 흔적이 남아 있었다. 그 흔적은 주변 환경 및 자연 자원과 인간의 관계라는 측면에서 우리가 나중에 농업이라고 부르게 되는 관행과 비슷한 행동 양식이었다. 또한 오늘날 야생종으로 분류되는 동식물을 관리하려다 실패한 흔적도 있었다. 또 다른 사례에 따르면, 수렵채집인이 식량 생산을 시도하여 한때는 농업인 혹은 목축인이 되었다가 결국 실패하고 다시 포레이징으로 되돌아간 경우도 있었다.

오늘날의 과학자들과 마찬가지로 당시 농경 실험을 하던 사람들도 의도적으로든 아니든 좀 더 생산적이거나 좀 더 좋아 보이는 특성을 선별하는 방식으로 동식물의 유전자 구성을 조작했다. 우연한 역사적 결정이 복합적으로 얽히다 보니 초기 식량 생산자들은 결국 지구의 생태 환경을 바꾸어놓게 되었다. 그들의 식량 확보 전략은 행동 양식의 혁명적 변화를 반영한 것이었다. 그들은 건조한 사헬 지대부터 수목이 무성한 강변에 이르기까지 특정 생태 환경의 니치(niche)에 적극적으로 파고들었다. 농사를 짓기 위해서 정착 인구가 필요했고, 정착 인구는 다시 주변 환경을 더욱 적극적으로 바꾸어 나갔다. 때로는 정착 생활 때문에 (동물보다) 식물을 섭취하는 비중이 늘어났고, 식량 저장 관행이 강화되기도 했다. 이처럼 인류는 농업 이전의 중간 단계 식량 생산 시스템을 거친 뒤 완전한 재배 및 사육의 단계로 나아가게 되었다. 안데스 지역에서 라마나 알파카 같은 낙타과 동물을 사육한 시기는 퀴노아(*Chenopodium*) 재배 시기와 비슷했다. 서남아시아의 농업인은 텔(tell, 인공 언덕) 위에 건설된 정착 마을에서 살았고, 여전히 사냥으로 획득한 고기를 먹었다. 다른 지역에서도 수렵채집과 농업을 겸하는 가운데 점차 작물 재배와 가축 사육의 비중을 늘려갔다. 그러나 새로운 재배와 사육의 시도는 쉽지 않았고, 결과도 각양각색이었으며, 예측하기도 어려웠다. 세계적으로 식물 재배 및 곡물 생산이 먼저 시작되고 나서 나중에 가축 사육이 시작된 경우가 많았으나, 아프리카에서는 이 순서가 정반대로 나타났다(제18장). 식량 생산 단계로 가는 길이 전 세계적으로 다양했다는 것, 그것이 아마도 우리 책에서 말하고자 하는 주된 메시지일 것이다.

농업의 발전은 철저히 인간 중심적인 여정이었다. 그 과정은 매우 혼란스러웠고, 결과가 상충되는 경우가 많았다. 홀로세에 와서는 인간과 자연환경의 관계가 플라이스토세의 균형에서 벗어나, 지구상 다른 모든 존재의 희생을 딛고 오직 인간의 생존과 인구 확장에 유리한 방식으로 바뀌었다. 농업이 등장한 이후의 세계는 인류에게 자연계에 대한 종주권과 주도권을 안정적으로 보장해주었지만, 이외에 지속 가능한 지구의 건강과 관련된 모든 것은 불안해졌다. 대표적으로 선택된 동식물의 산업적 개발 및 이와 관련된 인구 증가 문제가 있다. 농업이 등장한 이후 발전을 거듭한 결과, 세계의 역사는 곧 인간의 역사가 되고 말았다.

이 책에 수록된 각 장의 내용은 세 종류지만, 크게 두 부류로 나뉜다. 첫 번째 부류(제2~7장)는 폭넓은 범위에서 연구 기법과 방법론을 소개하는 글들이다. 고고학도 있고, 농업의 기원과 확산 연구에 도움이 되는 다른 분과 학문도 있다. 저자들은 전 세계적 차원에서 본인 연구의 핵심 문제와 특징적인 방법론을 소개해달라는 요청을 받았다. 이 책에서 논의되는 시간 범위에서 1차 자료는 고고학 자료다. 문자 기록의 시대가 시작되기 전까지는 유물을 통해 정보를 얻을 수밖에 없기 때문이다. 그러나 고고학 이외에도 유전학과 언어학 등 다양한 분과 학문의 도움을 받는다. 서론이 끝나고 바로 이어지는 글들에서 확인할 수 있듯이, 재배 및 사육의 역사, 재배종 및 사육종의 확산, 그와 관련된 사람들의 빈번한 이동 등에 관해서 다른 분과 학문은 중요한 통찰을 제공하고 있다. 두 번째 부류(제8~23장)는 고고학에 기반을 두며, 농업의 시작과 초기 농경 사회의 특성에 관한 오늘날의 연구 성과를 보여준다. 순서는 지역별로 배치되는데, 각 지역을 개괄하는 글들(제8~22장 짝수 장)이 있고, 보충적으로 지역별 대표적 사례 연구(제9~23장 홀수 장)가 있다. 사례 연구를 통해 특정 유적에 관한 보다 자세한 내용이 소개된다. 지역별 개괄과 사례 연구를 함께 수록한 이유는, 사례 연구를 통해 고고학 전문가가 아닌 일반 독자들도 유적지에서 발굴된 "고고학 자료"가 무엇인지 어느 정도 상세히 들여다볼 수 있는 기회를 제공하고 싶었기 때문이다. 더불어 고고학자들이 이런 자료들을 가지고 얼마나 엄밀하고 촘촘하게 추론을 이끌어내는지, 자료들 속에서 어떻게 패턴을 추출해내는지, 또한 이런 방식이 대중 매체에서 소개되는 낭만적인 스토리-텔링이나 근거 없는 주장과 얼마나 다른지 보여주고자 했다.

유전학과 언어학의 기여

제2장은 "고유전학(archaeogenetics)"에 관한 글이다. 농업의 기원과 확산 연구에서 고유전학의 기여를 이보다 더 잘 설명하기는 어려울 것이다. 이 글에서는 고고학과 유전학의 혁명적 협력 관계를 소개하고 있

다. 협력의 결과로 하나의 생물학적 종에 속하는 특정 계보들의 시공간적 위치 변화를 밝혀낼 수 있었다. 유전학에서는 1980년대 초부터 현대인을 대상으로 유전자를 연구했다. 그 결과 그야말로 세계사적 차원의 의문을 해결할 실마리를 찾아내기 시작했다. 현대인 중에서 유전적 계보를 구분하고, 각 계보의 지리적 분포와 돌연변이 비율로 추산하는 시간적 간격 등의 정보를 종합했다. 아프리카를 벗어나 각 대륙으로 확산된 인류의 이주 문제도 이들이 밝혀낸 성과 중 하나였다. 고유전학의 홀로세 연구는 농업과 목축의 확산이라는 지난한 문제에 초점을 맞추어 왔다. 특히 유럽 중심의 연구가 많았다. 시간이 지나면서 고고 유적에서 발굴된 인간 및 동물의 유골과 곡물의 씨앗 등으로부터 추출한 고DNA(aDNA) 자료가 축적되었다. 현대인 연구를 통해 밝혀낸 유전자의 역사 자료와 aDNA 자료를 대조해보니, 기존의 신석기 이론은 완전히 새로 써야 할 지경이었다. 더 넓은 차원에서 말하자면, 유전학 연구와 형태학 연구를 통해 얻어낸 과학적 자료들을 근거로 볼 때 농업 혁명의 과정은 기존에 생각했던 것보다 훨씬 더 연속적이었다. 최근 10여 년 동안 안정동위원소 연구를 비롯한 고유전학 연구 자료는 현생인류의 이동과 식생활의 변화, 식량 자원으로 이용된 동식물에 관해 가장 신뢰할 만한 정보를 제공했다.

　유럽의 경우, 신석기인의 진출 및 현지 수렵채집인의 동화 과정에 대해 지금까지 유전학 연구를 통해 밝혀진 가장 유력한 모델은 "등 짚고 넘기(leapfrogging)" 가설이었다. 이러한 가설은 고고학자들의 발굴 유적 해석(제22장)과도 일치하는 결과를 보여주었다. 유럽에서는 다행히도 현대인의 유전자 자료와 비교할 수 있는 aDNA 자료가 갈수록 풍부하게 축적되고 있다. 그러나 아메리카, 아프리카, 동남아시아 등은 사정이 좀 다르다. 이들 지역에서 오늘날 살아 있는 동식물의 유전자 연구를 통해 재배종 및 사육종의 역사와 확산 과정을 추적하는 일도 매우 흥미롭기는 하지만, 유전자 자료만 가지고 신석기 이후 최근 수천 년 동안의 이동과 신석기 시대의 이동을 분리해내기란 생각처럼 쉬운 일이 아니다. 예를 들어 유라시아 스텝 지역에서 사육종 말의 진화 과정은 몽골의 침략 같은 주요 역사적 사건과는 상당히 동떨어진 결과를 보여주었다. 이는 20세기 세계대전의 와중에, 그리고 특히 1920~1930년대 소련의 집단 농장 프로그램 때문에 말 수백만 마리가 스텝 지역으로 이동했기 때문이다. 제2장의 결론에서도 말했듯이, 유럽 이외의 다른 지역에서도 향후 연구를 통해 현대의 유전자 자료와 비교할 수 있는 aDNA 자료가 체계적으로 수집되어야 할 것이다.

　제3장은 역사언어학과 고고학의 공통 지평에 관한 글이다. 고고학의 입장에서는 자연과학보다 역사언어학과 더 익숙한 관계였다. 양자의 관계는 19세기부터 시작되었고, 크리스토퍼 에렛(Christopher Ehret)을 비롯한 여러 연구자들이 최근 30여 년 동안 이 분야에 몰두해왔다.[5] 고고학이 과거 공동체의 물질문화를 밝혀내는 것이라면, 언어학은 기술과 사상 같은 무형 문화의 변화를 밝혀내는 것이었다. 시공간에 따른 변화의 과정을 밝혀낼 수 있는 역사언어학의 잠재력은 아프리카 연구에서 특히 성공적으로 발휘되었다. 현대인을 대상으로 하는 유전학 연구와

---

5 C. Ehret and M. Posnansky (eds.), *The Archaeological and Linguistic Reconstruction of African History* (Berkeley: University of California Press, 1982).

마찬가지로, 역사언어학 또한 현대 언어를 대상으로 일련의 계보를 구분하고 그로부터 역사적 변화의 패턴을 해석해낸다. 이들의 해석은, 과거 어느 시점에 어느 지역에서 언어의 변화가 생겨났다면 현대 언어에 그 흔적이 남아 있으리라는 전제로부터 출발한다. 예컨대 농업 시스템이 자리 잡는 과정에서 번식, 가축 몰이, 작물 재배 등과 관련된 기술적 의미를 표현하는 어휘도 새롭게 생겨났다. 저자는 조상들의 원시 언어를 재구(再構)하는 과정으로 독자들을 안내한다. 원시 언어는 농업과 관련된 초기 어휘의 보물 창고다. 언어의 역사가 그 언어 사용자들의 이주 역사를 추적하는 데 사용될 수 있다면, 지리적으로 농업의 기원과 확산을 밝히는 데에도 똑같이 사용될 수 있을 것이다. 그리하여 논의는 다음과 같이 이어진다. 원시-니제르콩고어족의 확산(혹은 "반투어군의 이주") 과정에서 농경과 목축 기술도 확산되었다. 결국 아프리카에서 동쪽과 남쪽으로 문화가 전파되었고, 확산 과정에서 그들이 현지의 수렵-채집-어로 공동체를 대체하게 되었다. 저자는 두 가지 핵심 자료, 즉 언어학과 고고학 자료의 상호 보충적 성격을 설명했고, 농업의 기원과 확산 연구에 새로운 세계사적 관점이 필요하다고 역설했다. 언어학 연구 성과는 이후 지역별 개관을 할 때도 언급되겠지만, 기존 언어학에서는 분명 농업의 기원과 확산 문제를 너무 단순하게 보는 경향이 있었다. 고고학 연구를 통해 확인되듯이, 농업 시스템의 발전은 같은 지역 안에서도 다양한 것은 물론이거니와 변화의 비율도 상당히 다양했다. 일부 언어학에서 가정했던 것처럼 그것은 일방통행의 단선적 과정이 결코 아니었다.

집단 정착 생활: 영양 섭취, 건강, 공동체

정주 생활(sedentism)이란 1년 내내 혹은 1년의 대부분 기간을 한곳에 모여 사는 생활 방식을 말한다. 이러한 생활 방식은 플라이스토세 말기에 세계 일부 지역에서 시작되었다. 자주 언급되는 사례 중 하나가 요단강 유역에 있는 갈릴리 호숫가 오할로(Ohalo) 캠프 유적이다. 연대는 약 1만 9000년 전이며, 1년 중 몇 개월을 고정적으로 머무르는 캠프였던 것으로 추정된다.[6] 상당히 큰 규모의 정착지(사실상 마을)도 있었는데, 사냥과 채집, 특히 어로 작업과 관련된 유적이었다. 예를 들면 유럽 대서양 연안의 자원이 풍부한 강어귀에 그런 유적들이 있다.[7] 농업 비슷한 관행이 있는 사회라고 해서 모두가 정주 생활을 했던 것은 아니다. 특히 농업과 함께 사냥이나 채집을 겸한 경우는 더더욱 그러했다. 그러나 세계 여러 지역에서 농업에 참여하는 대부분의 사람들은, 정도의 차이는 있지만 어쨌든 함께 모여 사는 영구 정착지와 결부되어 있었다. 제4장과 제5장에서는 이러한 정주 생활과 식생활의 상반되는 두 얼굴을 보여주고 있다. 식량은 주로 재배 및 사육에 의존했는데, 이것이 건강과 사회 생활에 영향을 미쳤다.

---

6 M.E. Kislev et al., 'Epipalaeolithic (19,000 BP) cereal and fruit diet at Ohalo II, Sea of Galilee, Israel', *Review of Palaeobotany and Palynology*, 73 (1992), 161-6; D. Nadel and E. Werker, 'The oldest ever brush hut plant remains from Ohalo II, Jordan valley, Israel (19,000 BP)', *Antiquity*, 73 (1999), 755-64.
7 P. Rowley-Conwy, 'Sedentary hunter-gatherers: the Ertebølle example', in G.N. Bailey (ed.), *Hunter-Gatherer Economy in Prehistory* (Cambridge University Press, 1983), 111-26; M. Zvelebil et al. (eds.), *Harvesting the Sea, Farming the Forest: The Emergence of Neolithic Societies in the Baltic Region*, Sheffield Archaeological Monographs 10 (Sheffield Academic Press, 1998).

제4장에서는 이른바 "고생물학"이라는 이름 아래 분류되는 과학적 방법론을 설명했다. 이는 농업이 식생활, 건강, 인간의 수명에 미친 영향을 분석하는 방법들인데, 예를 들면 유골(치아 포함)의 육안 관찰, DNA 조사, 방사선영상 촬영, 안정동위원소 분석 등이다. 이를 통해 농업 이전 공동체와 농업 이후 공동체의 건강, 식생활, 질병 등을 비교할 수 있었다. 연구 결과 영구 정착지의 인구 밀집 공동체가 결코 "풍족한" 곳이 아니었다는 명백한 결론에 도달했다. 농업 경제로 넘어갔다고 해서 식생활이 개선되지는 않았다. 농업으로 가는 길에는 간과할 수 없는 수많은 문제들이 있었다. 쓰레기 처리, 해충, 식수 오염, 열악한 위생과 오수 처리, 흉년, 토양 영양분 고갈 등이 문제였다. 대개는 농업 경제로 이행한 뒤에 식량 자원의 다양성이나 양과 질이 저하되었다. 또한 식량 수급을 예측할 수 있었지만 그렇다고 영양 결핍을 피할 수는 없었다. 특히 철분, 니아신(niacin), 비타민 B와 C가 부족했다. 식량 자원이 곡물에 집중되면서 다양한 식물 자원을 잃은 것도 문제였다. 곡물을 갈거나 괭이질을 할 때처럼 무리하게 반복되는 동작들, 농경과 수확 작업 과정에서 발생하는 사고 등의 문제로 초기 식량 생산자들 가운데 치명적인 문제를 겪은 사람들도 있었다. 이를 극적인 문체로 표현한 글이 있었다. "신석기 시대의 삶은 힘겨웠다. 당시 사람들은 죽을 때까지 묵시록의 네 기사, 곧 죽음, 기근, 질병, 타인과의 적대적 전투를 피할 수 없다는 것을 잘 알고 있었다."[8] 같이 모여 사는 데 따른 잠재적인 문제와 식량을 몇 안 되는 재

---

8 P. Akkermans and G.M. Schwartz, *The Archaeology of Syria: From Complex Hunter-Gatherers to Early Urban Societies (ca. 16,000-300 BCE)* (Cambridge University Press, 2003).

배종 혹은 사육종 자원에 의존해야 했던 문제를 고려할 때, 정주 생활로 나아가는 길은 많은 고고학자들이 예견했듯이 대개는 수월한 직행로가 아니었다.

그러나 예상치 못한 모든 부정적인 결과에도 불구하고 농업은 많은 사회에 안정적인 기반을 제공했다. 시간이 갈수록 응집되고 체계화된, 소수의 자원에 기반을 둔 사회가 늘어났다. 하나의 사회 형태로서는 이런 사회가 상당히 안정적인 모델이었다.[9] 제5장에서는 농업 공동체가 만들어낸 물질문화를 다루었다. 이러한 물질문화는 예컨대 농지의 경계, 논의 구조, 테라스 지형, 바닥면을 높인 농지의 조성 등과, 식물 유체(遺體, 곡물이나 잡초의 잔류물)나 도살된 동물의 뼈 같은 생물학적 자료, 무덤을 비롯하여 자연 경관과는 확연히 차이 나는 건축물 등을 통해 드러났다. 이러한 자료들을 종합함으로써 세계 여러 곳에서 농업과 관련된 의사 결정이 어떠했는지 알 수 있고, 초기 농부들의 "공동체 관습"도 파악할 수 있다. 집단행동과 문화적 행동 양식을 이해해야 하는 이유는 당시 농업에 의해 변화된 사회적 및 자연적 풍경을 재구성하기 위함이었다. 제5장에서는 몇몇 지역(동남아시아, 유럽, 중국, 한국, 중앙아메리카, 북아메리카의 남서부)의 발굴 성과를 통해 그러한 "공동체 관습"의 구체적 사례를 보여주었다. 세계의 여러 지역에서는 공통적으로 주거 단위의 구성이 핵가족 중심이었다. 또한 대부분의 농가에서는 고강도의 노동력 투입이 이루어졌다. 이러한 공통점에도 불구하고 농업 기반 정주 마

9　J. Robb, 'Material culture, landscapes of action, and emergent causation: a new model of the origins of the European Neolithic', *Current Anthropology*, 54/6 (2013), 657-83.

을 생활은 다양한 형태를 띨 수 있었고, 실제로도 그랬다. 유라시아 전역을 비롯하여 아메리카 대륙에서도 가정의 단위, 복합 가구의 구성, 공동체 공유 공간 등은 각각 다른 양상으로 나타났다. 정주 마을이 형성되는 시기에 토지에 대한 장기적 투자 관행도 생겨났고, 소유권과 상속권 개념으로 이어졌다. 이는 나중에 출현할 사회적 불평등의 씨앗이 되었다.

유목에서 도시로

이어지는 두 개 장에서는 농업이 사회적·경제적 불평등을 조장하고 유지하는 경향성을 집중적으로 논의했다. 논의를 위하여 선택된 주제는 "살아 있는 재산(wealth on the hoof)"의 획득(제6장)과, 초기 도시 사례 중 일부(제7장)였다. 여러 가지 품목 가운데 일부로 가축을 사육하는 경우와 대규모 가축 무리를 사육하는 경우를 막론하고 해결하지 않으면 안 될 핵심 문제는 목초지를 확보하는 일이었고, 1년 중 풀이 부족한 시기에는 적절한 양의 사료를 공급하는 일이었다. 전문 목축업자의 입장에서는 이 같은 핵심 문제를 해결하기 위해 이동이 필수적이었다. 제6장에 따르면, 이동 방식은 여러 가지가 있을 수 있었다. 기본적으로 유목(遊牧)과 이목(移牧)이 있었는데, 이목이란 겨울 초지와 여름 초지를 번갈아 왕복하는 방식이었다. 인류학자 팀 인골드(Tim Ingold)는 민속 조사에 근거하여 목축민을 세 부류로 나누었다. 첫째, "고기 위주 목축민"이 있었다. 이들은 사냥꾼과 마찬가지로 고기를 얻기 위해서 동물을 기르는 사람들이었다. 둘째, "우유 위주 목축민"이 있었다. 이들은 소, 말, 양, 염소, 라마 같은 동물을 길렀는데, 단지 고기를 얻기 위해서뿐만 아니라 살아 있는 동물의 "제2차 생산물", 예를 들면 이동 수단이나 견인 수단으로 이용하거나 우유 혹은 양털을 얻기 위해 동물을 길렀다. 셋째, "목장주"가 있었는데, 이들은 현금 수입을 목적으로 동물을 길렀다.[10] 제6장에 따르면, 이 같은 범주를 고대 목축업에 단순히 대입할 수는 없으며, "과거 삶의 방식이 언제나 근현대와 비슷하지는 않았으리라는 사실을 기억할 필요가 있다." 또한 인간의 관리를 받는 동물과 주변의 자연에서 서식하는 야생 동물의 경계가 언제나 확연히 구분되는 것은 아니었다. 예컨대 말은 오늘날의 DNA와 aDNA를 비교해볼 때, 유라시아 스텝 지역에서 사육종 말은 심지어 최근 수십 년 전까지도 야생종 말과 교배가 이루어진 사례가 있었다. 제6장에서는 "제2차 생산물 혁명(secondary products revolution)"(예컨대 말을 이동 수단 혹은 수레나 전차를 끄는 견인 수단으로 활용하거나, 소를 쟁기나 수레를 끄는 견인 수단으로 이용하거나, 소와 양과 염소를 우유와 우유 가공품 생산에 이용하거나, 양을 털 생산에 이용하거나, 이 모두를 농장의 현금 수입에 이용하는 것을 의미한다)을 언급하는데, 이 개념은 1981년 앤드루 셰라트(Andrew Sherratt)의 뛰어난 논문에서 처음 언급되었다. 그러나 사실상 제2차 생산물이란, 애초에 앤드루 셰라트가 제한된 자료를 바탕으로 예상한 것보다 시공간에 따라 경우의 수가 훨씬 다양했다. 앞에서 언급한 건강과 질병 연구가 그랬던 것처럼, 과학적 방법론 혁명을 통해 고고학의 가축 관련 내용도 획기적으로 개선되었다. 결국 농업 사회건 목축 전문 사회건 "살아 있는 재산"의 발달로 중요한 한 걸음을 내디뎠던 것만은 틀림없는 사실이다.

---

10 T. Ingold, *Hunters, Pastoralists and Ranchers* (Cambridge University Press, 1980).

농업 사회의 가장 일관된 특성 중 하나는, 공간적 측면에서 볼 때 갈수록 정착 생활을 촉진했다는 점이다. 농업인들이 일단 정착하게 되면 인구가 급증하기 시작했다. 그리고 세계 전역에서 공동체의 크기와 밀도가 증가했고, 사회 구조의 복잡성이 더해졌다. 제7장에서는 농업과 도시의 관계를 다루었다. 저자들이 보기에 전통적 도시 개념의 근본에는 농업이 자리하고 있었다(도시에 관해서는 또한 이 시리즈의 05~06권 참조). 애초 마을이나 도시가 출현한 것은 성공적인 식량 생산의 결과였고, 뿐만 아니라 대규모 정착지가 농업의 혁신을 자극했다고 보는 관점이었다. 그러나 제7장의 관심은 조금 달랐다. 농업이 사회를 문명과 엘리트의 잉여 생산물 통제와 복잡한 정치적·사회적 구조를 향해, 단순하고 불가역적인 방향으로 이끌었다는 식의 설명을 넘어서, 제7장의 저자들은 중심부와 주변부, 도심과 배후지의 순환적 관계에 주목했다. "전통적 견해에 따르면 도시는 고도로 중앙 집중화된 시스템이고 배후지로부터 이익을 착취하며 전제 군주의 통제 아래 있었다." 그러나 저자들이 보기에 언제나 그런 것은 아니었다. 초기 도시의 농업 시스템에서 의사 결정이 엘리트에 의해 톱다운 방식으로만 이루어지지는 않았다. 오히려 다양한 중심점들이 있었고, 이들의 협상에 의해 복잡한 의사 결정과 통제가 이루어졌다. 니제르강 중류 지역의 유적 제니-제노(Jenne-Jeno)에 대한 연구는 수직 체계가 아닌 수평 체계가 어떻게 작동했는지를 잘 보여주는 사례였다. 제니-제노에서는 도시의 중심이 잉여 생산물이 아니라 전문 생산자 집단 간의 상호적 관계에 의해 형성되었다.

지역별 특징, 비교 및 연결

이어지는 장(04권 제8장부터 - 옮긴이)에서는 세계의 주요 지역들을 다룬다. 지역별 농업 관습 및 확산 연구에서도 대체로 세계적 차원의 패턴이 그대로 드러날 것이다. 장별 구성은 지역 전체 개괄이 먼저 나오고, 뒤이어 그 지역 내의 사례 연구가 짝을 이루어 배치되어 있는데, 후자에서는 해당 지역의 대표적 유적이나 지역 개괄에서 언급된 사례를 보여줄 것이다. 또한 고고학자들이 특정 유적지에서 어떻게 증거를 수집하여 과거를 해석하는지도 보게 될 것이다. 개괄과 사례 연구를 종합해볼 때, 지역 연구에서는 고고학 자료의 다양성과 한계가 모두 강조되고 있다. 연구가 어느 정도 축적된 지역이라고 하면 유럽이 유일하다(제22장). 유럽은 자료가 풍부한 편이기 때문에 다양한 공동체의 모습을 들여다볼 수 있고, 농업과 관련해서 공동체 내부의 개별 의사 결정 과정을 그나마 조금씩 엿볼 수 있다. 앞에서 살펴본 주제별 연구에서는 유전학이나 언어학 같은 방법론을 사용하면서 대륙 차원 혹은 대륙 간 비교 차원의 논의를 (때로 위험을 감수하면서) 펼쳐 보였다. 그러나 원래 고고학이란 특정 유적지에 국한되는 특성이 있고, 또한 작물 재배와 가축 사육은 특수한 생태 환경에 국한되는 특성이 있다. 그렇기 때문에 대륙 차원의 거대한 논의와 지역별 재배 및 사육의 논의는 지리적으로 뚜렷한 대비를 보여주게 될 것이다.

현지 조사를 하는 고고학자들로서는 아마도 가장 크게 관심을 기울이는 지역이 서남아시아(이른바 "근동")일 것이다. 또한 세계사 연구자들이 농업의 기원과 영향을 고려할 때도 서남아시아는 여전히 강력한 모델로 간주되고 있다. 이 지역에서 재배종 혹은 사육종으로 진화한 대표적 품종은 양, 염소, 소, 돼지, 보리, 그리고 "원시적" 에머밀과 외알밀 등이었다. 건조한 기후 덕분에 이 지역에서는 유물 보존이 용이한 편이었다. 또한 농업과 관련하여 시각적으로 두드러지는 건축물들(인공 언덕이나 세계 최초의 도시들에서 건설된 기념비적 건축물) 때문에 서남아시아는 신석기 이론 형성에도 가장 강력한 영향을 미쳤으며, 지금도 여전히 마찬가지다. 고든 차일드가 언급한 신석기 혁명이란 야생종 식량 자원을 재배종 혹은 사육종으로 바꿔 나가는 과정에서 발생한 경제, 기술, 사회의 혁명적 변화를 일컫는 말이었다. 그러나 제8장에서 지적했듯이, 오늘날까지 밝혀진 자료로 볼 때 신석기 "패키지" 중에서는 농사를 짓지 않은 반(半)정주 마을과, 농사를 짓지만 마을을 형성하지 않은 사례들이 농업 마을 못지않게 많이 발견되었다. 또한 후기 플라이스토세 문화(나투프 문화)와 초기 홀로세 문화(토기 이전 신석기-A 문화)에서 일부 "수렵채집인"은 일종의 농업 비슷한 일을 했고, 아마도 오랜 시간에 걸쳐 동식물을 관리했던 것으로 추정된다. 그들의 관행 때문에 결국 일부 동식물 품종이 야생종과는 형태적으로 다르게 진화했고, 이를 식물고고학 혹은 동물고고학에서 재배종 혹은 사육종이라고 일컫게 되었다. 농업이 등장한 이후 인간에 의해 자연환경도 바뀌었지만, 인류 스스로도 새로운 경험을 하게 되었다. 아인 가잘('Ain Ghazal) 유적(요르단의 자르카 강 유역) 연구 성과에 따르면, 신석기 시대에 건축물의 뚜렷한 변화가 나타났다(제9장). 이는 기원전 제8천년기에서 제6천년기 사이의 사회적 변화와 의례적 관습을 반영한 결과였으며, 이 장 서두에서 언급한 "상호 순화(mutual domestication)" 과정의 증거로 간주되었다. 거의 한 세기에 가까운 연구 결과, 서남아시아가 농업의 기원지였다는 사실에는 변함이 없었지만, 이 지역의 신석기 "패키지"는 상당히 유연했던 것으로 드러났다. 밀/보리/양/염소가 혼합된 복합 영농에 유리한 자연환경은 서남아시아에만 존재했던 것이 아니다. 여기서부터 동쪽으로 이란고원을 거쳐 아프가니스탄과 파키스탄까지, 그리고 북서부 인도의 히말라야 아래까지 비슷한 자연환경이 이어져 있었다는 사실을 간과해서는 안 될 것이다. 그중 적지 않은 지역에서 고고학 현지 조사가 가로막혀 있었고, 지금도 여전히 그런 곳이 많이 남아 있다. 그래서 전통적 관점에서는 "비옥한 초승달 지대의 산기슭"(레반트 지역의 고고도 지대, 터키의 토로스산맥, 이란과 이라크의 자그로스산맥)이 곡물/양/염소 혼합의 복합 영농이 시작된 배타적 중심지로 알려져 있었다. 그러나 이러한 관점은 전혀 사실이 아닌 것으로 밝혀졌다. 이미 동식물의 유전자 연구에서 전통적 견해에 대해 회의적인 연구 성과가 제출된 적이 있다.

남아시아 농업의 기원은 오래전부터 서남아시아 중심의 전통적 관점으로부터 영향을 받아왔다. 그리하여 남아시아의 농업은 서아시아로부터 이주해 온 사람들 혹은 그들로부터 영향을 받은 사람들에 의해 시작된 것으로 알려져 있었다. 이주 농업인과, 농업에 적응한 토착 수렵채집인 가운데 어느 쪽이 더 주도적이었는지는 쉽게 단언하기 어렵다. 그러나 확실히 제10장에서 들려주는 이야기는 이 지역의 농업에 관한 기존 가설보다 훨씬 더 역동적이다. 농업으로 이행하는 과정에 최소한 서로 다른 세 가지 경로가 명백하게 나뉘어 있었다. 첫 번째 경로는 북서부 지역에서 발달했던 농업인데, 그 결과로 발루치스탄의 메르가르(Mehrgarh) 유적 같은 영구 정착지가 건설되었다. 이 유적에 대해서는 제11장에 자세한 설명이 있다. 메르가르에서는 이른바 "신석기 패키지"

가 모두 등장했는데, 근동 지역 방식의 곡물을 원료로 한 빵과 흙벽돌로 건물을 지은 마을 등이 포함되어 있었다. 다만 (초기에는) 토기가 없었다. 유전자 연구를 통해 밝혀진 바에 따르면, 재배종 보리의 조상 야생종은 기원지가 여러 곳이었던 것으로 나타났다. 그리고 외알밀과 에머밀의 조상 야생종의 원산지는 이 지역이 아닌 다른 지역으로 확인되었다. 유전자 분석을 통한 사육종 동물의 확산 연구도 비슷한 결과를 보였다. 오늘날 소와 양뿐만 아니라 사육종 염소와 그 조상의 위석(胃石)을 가지고 유전자 분석한 결과, 외부에서 유입된 동물의 확산과 토종 야생종의 개량 가능성이 모두 나타났다. 메르가르 유적의 후기 단계에서는 (토기, 구리 제련, 바구니 등의) 물품 생산이 활발했던 것으로 확인되었다. 이를 근거로 멀리 떨어진 지역과 사회적·경제적 교류가 지속되었다는 사실을 알 수 있었다. 메르가르 같은 정착지는 그러한 네트워크 속에 위치하고 있었다. 인도 중부 및 북동부에 걸친 갠지스 평원은 몬순 지역으로, 그곳에 있었던 수렵-어로-채집 사회에서도 토기와 석기를 만들었다. 그들이 채집한 식물 중에는 야생 벼도 포함되어 있었다. 그러나 그곳 사람들이 벼 재배를 시작한 시기는 그로부터 수천 년이 지난 뒤였고, 그때가 되어서야 언덕 위에 대규모 정착지를 조성했다. 이 지역은 재배종 비둘기콩(*Cajanus cajan*)의 원산지로 추정된다. 남쪽으로 더 내려오면 사바나 초원 지대가 있는데, 그곳 수렵채집인은 시간이 지나면서 자신들의 전통적 생활 방식에 양, 염소, 소 사육을 추가했다. 또한 현지에서 얻을 수 있었던 기장류와 콩류 작물을 재배했다. 이 지역의 연구 성과를 깊이 들여다볼수록, 한편으로는 지역 간의 연결과 상호 교류, 다른 한편으로는 현지에서 자생적으로 출현한 경험이 각각 어떤 역할을 했는지 더욱 심도 있는 질문을 마주하게 된다.

남아시아는 인류 역사상 뿌리 깊은 요리 방식의 차이가 뚜렷하게 나타나는 중요한 지역 중 하나다. 곡물 가루를 이용하여 빵을 만들고 식재료를 굽거나 볶아서 요리하는 전통은, 최초로 농업 마을이 들어섰던 서남아시아부터 인도 북서부까지 펼쳐져 있다. 한편 동아시아 전통은 곡물과 기타 식재료를 끓이거나 쪄서 요리하는 방식이다. 이런 차이가 특히 의미심장한 것은 토기 때문이다. 중국의 일부 지역에서 플라이스토세의 수렵채집인이 최초로 토기를 만들기 시작했는데, 이는 세계의 다른 대부분 지역보다 빠른 시기로 약 1만 8000년 전이었다. 처음 만들어진 토기는 물고기나 식물을 끓여 먹는 데 사용되었다. 이처럼 서남아시아와 동아시아의 요리 방식이 달라졌던 이유는 분명하지 않다. 다만 이러한 차이로 볼 때 농경과 사육은 단지 칼로리와 경제적 효율성 등의 문제만은 아니며, 문화적 규범과 입맛도 달라지는 문제였다. 이 문제에 관해서는 서론 말미에 다시 돌아오기로 하겠다. 제12장에서 보여주는 것처럼, 유전자 연구 결과 중국 북부 지역에는 오랜 시간에 걸친 재배종 진화의 중심지(들)가 있었다. 재배종 출현 기간은 홀로세가 시작될 때부터 대략 기원전 8000년경 사이에 걸쳐 있었다. 서남아시아의 밀과 보리 재배의 사례에서도 명확히 확인된 것처럼, 중국 북부 지역에서도 "재배종 출현 이전의 작물 재배" 과정이 있었다. 제13장에서 보여주는 사례 연구에 따르면, 조(粟)와 기장은 중국의 기원지에서 서쪽으로 전파되었고, 유라시아 스텝 지대를 거쳐 마침내 유럽까지 전해졌다. 중국 북부의 초기 재배종 및 사육종 진화 품목 중에는 돼지, 콩, 대마가 포함되어 있었다. 발굴된 돼지 뼈를 가지고 동위원소 분석을 해본 결과, 중국 북부 지역 농업 공동체의 농부들이 기장을 재배해서 어디에 사용했는지 간접적 증거를 확보할 수 있었다. 기원전 4500년경 이전은 아니었지만 이후로 기장은 돼지의 주요 사료로 공급되었다.

중국 중부 및 남부 지역에서 지나치게 일찍(플라이스토세 말기)부터 벼를 재배했다는 주장이 일부 중국 문헌에서 제기된 적이 있었다. 그러나 고고 유적의 퇴적층 흙을 체계적으로 재처리하여(방법론에 대해서는 제12장 그림 참조) 찾아낸 탄화 볍씨와 왕겨를 대량으로 분석해본 결과, 재배종 벼의 형태가 등장한 시기는 기원전 4000년경이었다. 논 유적도 이 시기부터 등장하는 것으로 확인되었다. 그 이전 시기의 볍씨 유물은 야생 벼로, 홀로세의 포레이징 시스템 품목 중에 야생 벼도 포함되어 있었다. 즉 당시 사냥과 어로, 그리고 도토리나 물밤 같은 야생종 식물 채취와 함께 야생 벼 채취도 있었던 것이다. 도토리나 물밤 대신 벼가 주요 식량 자원으로 자리 잡은 시기는 기원전 3000년경이었다. 이 무렵에 재배종 벼와 벼 재배 기술이 남쪽으로, 양자강 유역에서 중국 남부 지역으로 확산되었다. 상나라 유적인 안양에서 출토된 갑골문에는 기원전 2000년경에 이르러 이른바 "오곡(五穀)"이라는 목록이 등장했다(기장, 조, 콩, 밀/보리, 대마 등 경우에 따라 목록이 조금씩 달랐다). 이들 작물이 당시 중국에서 재배되는 품목이었다. 밀과 보리는, 사육종 양, 염소, 소와 마찬가지로 아마도 기원전 제3천년기에 서쪽의 스텝 지역에서 중국으로 전파되어 들어간 것 같다(이러한 품목들의 기원지는 서남아시아와 유럽이었다).

제14장에 따르면, 중국에서처럼 일본에서도 플라이스토세 후기부터 수렵채집인(조몬 문화)이 토기를 만들어 조리 도구로 사용했다. 시기

는 기원전 1만 4000년경이었다. 전통적 이론에서는 조몬인이 수렵, 어로, 채집 활동을 한 것으로 알려져 있었다. 중석기 시대 유럽인과 마찬가지로 그들은 호수와 강, 숲과 해안 등 자원이 풍부한 지역에 살았고, 오랜 시간 유지 및 존속되는 영구적인 마을을 건설했다. 야요이(弥生) 문화를 일구었던 농부들은 기원전 500년경에 한반도와 중국 대륙에서 건너온 사람들이었다. 이들은 수도작(水稻作) 및 돼지 사육 기술과 함께 새로운 물질문화 패키지를 가지고 들어갔다. 제14장에 따르면, 조몬 문화의 식량 자원과 관련된 증거가 갈수록 풍부하게 밝혀지고 있는데, 그중에는 밤나무 같은 과수나무를 재배 및 관리한 흔적뿐만 아니라 일본피(Japanese barnyard millet)나 콩류를 재배한 흔적도 있었다. 기원전 900년경 처음 벼농사가 일본에 소개되었을 당시, 일본에서 벼농사는 중국에서와 마찬가지로 기존의 포레이징 시스템 속 일부로 편입되었다. 벼농사는 조몬 시대의 포레이징을 완전히 대체한 것이 아니었다. 벼는 피, 기장, 조, 보리, 콩류, 과수 등 밭작물이나 원경(園耕, horticulture) 작물과 함께 재배되는 하나의 품목이었다. 제16장에서 언급되는 동남아시아의 경우도 이와 비슷한 상황이었다. 제15장에서는 놀라운 논 유적 사례를 소개하고 있다. 나라 분지(奈良盆地)에서 고속도로를 건설하던 중 발견된 유적이었는데, 시기는 야요이 시대 초기였다. 야요이 시대의 농업인이 새로 이주해 들어간 사람들이었는지, 아니면 기존에 일본에 있던 조몬 문화인의 생활 경제가 변한 것인지(조몬인이 벼가 전파되기 전에 이미 농업에 적응한 상태였다는 이론이 있다), 혹은 양쪽 모두의 혼합인지는 뜨거운 논란거리였다. 분명한 것은 벼농사가 본격적으로 발달하면서 인구가 급성장했고, 기원후가 시작될 무렵에 이르러서는 면적 100헥타르 이상,

주민 수 1500명가량 되는 마을들이 이미 존재했다는 사실이다. 마을에서는 방대한 면적의 논을 관리했는데, 많은 노동력을 투입하여 관개 시설을 건설했고, 이를 통해 논에 물을 공급했으며, 이 모든 것을 통제하는 지배 계층이 거주하는 별도의 공간이 조성되어 있었다. 이때가 공동체 간 폭력의 흔적이 뚜렷이 등장하는 최초의 시기였다. 또한 물에 잠긴 유적이나 하수 오물 퇴적층을 분석한 결과(이를 "화장실 고고학"이라 하는데, 사실 정확한 명칭이다)를 보면, 다양한 질병과 장내(腸內) 기생충이 뚜렷이 증가한 시기였다.

대륙동남아(mainland Southeast Asia) 지역 최초의 벼농사 흔적은, 제16장에 따르면 양자강에서 중국 남부로 벼농사가 전파된 시기보다 1000년이나 더 늦었다. 전통 이론에서는 일본의 경우와 마찬가지로 동남아 지역에서도 새로운 신석기 농업인이 이주해 옴으로써 벼농사가 시작되었다고 설명했다. 그들이 대만을 거쳐 섬동남아(island Southeast Asia) 지역과 더 멀리 태평양 지역까지 진출했다고 보았다. 오늘날 이 지역 인구 중에는 오스트로네시아어를 사용하는 사람들이 많기 때문에 오스트로네시아어족의 기원지 및 확산의 시기를 연구하려는 시도가 많았다. 최근 수십 년 동안 가장 주도적인 이론은 피터 벨우드(Peter Bellwood)의 연구 성과였다.[11] 그는 원시-오스트로네시아어 사용자들이 태평양으로 확산되면서 벼농사와 돼지 사육 기술을 전파했고, 시기는 기원전 3000~1500년경이었다고 했다. 일본에서 포레이징을 하던 조몬

---

11 Peter Bellwood, *First Farmers: The Origins of Agricultural Societies* (Oxford: Blackwell, 2004).

문화인이 그랬던 것처럼, 홀로세 기간 동안(또한 플라이스토세 후기도 포함되며, 주요 유적지는 보르네오섬 사라왁 지역의 니아 그레이트Niah Great 동굴과 뉴기니 고산 지대의 코시페Kosipe 유적) 섬동남아 토착 현지인이 다양한 "수목 재배(arboriculture)"와 "근경류 재배(vegeculture)"를 실시했다는 증거가 갈수록 풍부하게 발견되고 있다. 근경류 재배를 통해서는 특히 타로나 사고야자, 바나나, 죽순 등이 재배되었다. (이러한 연구 성과는 놀라운 식물고고학 방법론에 의해 밝혀졌다. 식물고고학에서는 전통적 방법론에 따라 육안 관찰로 식물 씨앗을 분석할 뿐만 아니라 현미경으로 전분 잔류물을 분석해낸다.) 뉴기니 고산 지대에는 쿠크 스왐프(Kuk Swamp)라는 독특한 습지 유적이 있는데, 제17장에서 그 연구 성과를 보여주고 있다. 잭 골슨(Jack Golson)이 1970년대부터 그곳에서 현지 조사를 벌였다. 그 결과 수목 재배와 근경류 재배 등 그 지역에서 전통적인 농법과 함께, 놀랍게도 현지에서 토착 야생종이 재배종으로 진화한 흔적(예를 들면 바나나, 빵나무, 사탕수수, 사고야자, 이들 작물과 관련된 재배 기술)이 속속 발견되었다.

　과연 오스트로네시아어족 농업인에 의해 섬동남아에서 최초로 농업이 등장했는지, 아니면 대륙동남아 연안 사람들과 섬동남아 사람들의 해양 교류를 통해 농업이 전파되었는지 학자들은 아직 결론을 내리지 못했다. 어쨌든 섬동남아에 처음 농업이 등장한 시기는 홀로세 초기였다(이 무렵 동남아에서는 해수면 상승으로 오늘날 서유럽 면적만큼의 육지가 물에 잠겼다). 오늘날 발굴 유물과 식물의 흔적, 그리고 인류 유골의 동위원소 분석으로 식생활 변화 자료를 종합적으로 감안할 때, 중국이나 일본과 마찬가지로 대륙동남아 혹은 섬동남아 지역에서도 포레이징(수목 재배와 근경류 재배의 관행을 고려하자면 "포레이징 플러스"에서 벼농사로 급작스런 변화가 있었던 것 같지는 않다. 또한 새로운 식량 자원에 대한 오랜 저항이 있었던 것 같다. 이 문제에 대해서는 우리 논의의 결론에서 다시 거론하기로 한다. 오늘날 돼지의 DNA와 고고 유적에서 발굴된 돼지 뼈의 aDNA를 비교해본 결과, 섬동남아에서 사육종 돼지의 전파는 벼농사의 전파와 경우가 달랐다. 유라시아 돼지와 달리 섬동남아 토종 돼지가 후대에 사육종으로 진화한 흔적이 발견되었다. 제16장의 논의에 따르면 섬동남아 지역에서 재배종 혹은 사육종을 동반하지 않은 신석기 물질문화의 확산은 (예를 들면 엘리트 계층의 출현에 따른) 사회 조직 내부의 수요 혹은 당시의 신앙 체계에 따른 수요 때문이었을 것으로 추정된다. 그러나 그 내용이 무엇이었는지, 그 당시 왜 그런 일이 일어났는지는 구체적으로 알 수 없다. 그럼에도 불구하고 저자는 다음과 같은 결론을 내렸다. "예컨대 '토기 이전 신석기 문화'라거나, '농업으로부터 독립적인 토기 사용 신석기 문화'라거나, '벼농사로부터 독립적인 수렵 채집 문화'라는 등의 짜인 개념 속에 사실을 맞추기보다는, 모순되는 사실 그 자체를 있는 그대로 받아들이고(우리 모두는 사실 그러한 모순 속에서 만들어져왔다) 있는 그대로의 다양성을 탐구해야 할 것이다. 그래야만 우리는 이 놀라운 세계에 적응해온 인간의 복잡다단한 과거를 풍부하게 이해할 수 있을 것이다." 다만 여기서 포레이징의 다양한 측면을 감안하여 우리가 한마디만 덧붙이자면, 전 세계의 농업 이행 과정이 모두 이와 같았을 것이다.

사하라 이남 아프리카는 굉장히 광대한 지역이지만, 이를 단일한 하나의 지역으로 볼 수 있는 이유는 연구가 부족했기 때문이며, 그래서 확보된 초기 농업 관련 자료가 빈약하기 때문이다. 제18장에서는 이 지역의 농업 이행 과정을 재검토하는 것이 왜 중요한지 설명해주고 있다. 예컨대 동남아시아 일부 지역의 경우 (물론 다른 지역에서 그랬던 것처럼 지역 전체가 통일적으로 움직이지는 않았지만) 재배종 및 사육종의 확산과 농업 이행 시기는 홀로세 초기부터 기원후 제1천년기가 한참 진행되었을 때에 이르기까지 매우 길었다. 다른 많은 지역에서도 연구가 부족했던 탓으로 농업 이행과 관련해서는 주로 "언제, 어디서, 무엇을" 재배 혹은 사육했는가 하는 질문에 연구가 집중되었을 뿐 "어떻게"라는 질문은, 더욱이 "왜"라는 질문은 제기하기가 어려웠다. 예를 들면 인구, 작물, 가축의 이동에 따라 해당 지역의 사회 및 인구 변화의 메커니즘이 어떻게 달라졌는지, 특히 포레이징 인구가 거주하던 지역의 변화가 어떠했는지에 대해서는 거의 질문을 하기가 어려웠다. 그러나 최소한 지금까지 확인된바, 곡물 재배에 앞서 동물 사육과 목축이 선행되는 경우가 (일반적이지는 않지만) 흔히 있었다. 이는 단순히 연구 자료의 편향이 빚어낸 결과가 아니었다. 나일강 유역은 사하라 지역과도 가깝고 서아시아에서도 멀지 않은 곳이다. 그래서 북동부 아프리카는 재배종 혹은 사육종의 전파에서 중요한 중심지가 되었다. 초기 목축업이 시작될 때부터(사헬 지대에서 토종 소가 사육종으로 진화한 시기가 기원전 6000년경이었다) 아프리카 사람들은 이주나 무역을 통해 지역의 경험과 신기술을 널리 전파했다. 기원전 1500년경 사헬 지대에서는 이미 기장(millet) 재배가 널리 확산되어 있었다. 다르 티치트(Dhar Tichitt) 유적 연구에서 보듯이(제19장) 기장이 사헬 지대에서 어떻게 재배되기 시작했는지에 관한 이론은 매우 다양했다. 한때는 토종 식물이 재배종으로 진화한 것으로 믿었다.

다르 티치트 지역에서 강우량이 급감하면서 그 지역의 포레이징 인구가 기장에 의존하도록 내몰렸다는 주장이다. 그러나 당시의 동물 유적으로 볼 때 수렵채집인과 목축인이 그 지역에 널리 퍼져 있었고, 재배종 기장은 그곳에 처음 거주한 사람들도 이용했던 작물이며, 말리나 가나 등 다른 지역에서는 더 이른 시기(c. 2500~1900 BCE)에 재배한 기장이 확인되었다. 서아프리카 지역 연구가 진행될수록 이 같은 상식의 변화는 더욱 빈번히 일어날 것이다.

아프리카에서 토종 곡물이 재배종으로 진화한 사례는 적어도 한 군데 이상 존재했다. 예를 들면 에티오피아 고원 지대에 테프(tef)라는 곡물이 있었고, 서아프리카에는 동부(cowpea), 기름야자, 아프리카벼, 땅콩, 포니오 등이 있었다. 또한 홀로세에 기름야자, 감람나무, 침향나무를 관리했던 오랜 역사가 있었다. 이는 섬동남아의 수목 재배나 근경류 재배와 비슷한 경우였다. 기원후 500~700년에 이르러 중부 아프리카에는 지역별로 수렵채집인 공동체, 농업인 공동체, 목축민 공동체가 나뉘어 있었다. 오늘날의 민속학 조사 결과를 단순히 과거에 대입할 수는 없겠지만, 적어도 농업과 가축 사육 시스템은 최근까지도 충분히 공존할 수 있는 성질의 것이었다. 재배 및 사육의 관행은 공존하면서 때로 결합된 형태로 남쪽으로 전파되었다. 그에 따라 생태 환경의 니치(niche)는 농경이나 사육에 적합하도록 조정되었다. 서던케이프(Southern Cape) 지역에 농업이 전파된 시기는 약 2000년 전이었다. 농업의 확산과 관련하여 아직 해결되지 않은 주요 논점 중 하나는, 반투어군 농업인이 직접 이주함으로써 농업이 전파되었는가, 아니면 섬동남아에서 오스트로네시아어족의 확산이 그랬던 것처럼 다른 복잡한 시나리오가 있었는가 하는 의문이다.

　아프리카와 비교했을 때 아메리카 대륙에서 농경의 시작은 최근 연구가 집중된 지역이었다(제20장). 물론 그 안에서도 지역별 편차는 있었다. 몇몇 핵심 작물에 대해서 기원지의 지리적 분포를 확인하는 연구는 극적인 성과를 보여주었다. 예를 들면 테오신테가 옥수수로 진화하는 과정을 조사한 결과, 멕시코 남부와 서부에서 재배종이 탄생한 것으로 밝혀졌다. 한편 카사바(manioc)의 기원지는 아마존 분지였다. 오늘날 카사바는 전 세계 수백만 인구의 주식 작물로 자리 잡았다. 아메리카 대륙에서 식물 재배는 여러 곳의 독립적인 장소에서 이루어졌다. 작물 재배에 따라 세계의 다른 지역에서 나타난 것과 같은 식의 변화가 나타나기도 했다. 예를 들면 이동식 생활이 줄어들고 마을이 출현했으며, 토기를 생산했고, 정교한 의례가 거행되었다. 페루의 난촉 밸리(Nanchoc Valley) 연구는 이러한 사례를 구체적으로 보여주었다(제21장). 그곳에서 포레이징과 화전을 하던 집단의 사람들이 약 7000~4000년 전 극단적인 건조 기후에 접어들자 작물을 집중적으로 재배하기 시작했다. 그러나 변화의 동력을 단순히 생태 환경의 변화만으로 한정하기는 어렵다. 사회적 변화의 측면을 고려할 때, 의사 결정 전략, 위험 관리, 자원의 공동 이용, 기술 혁신 등이 모두 식량 생산으로 가는 길에서 핵심적 역할을 했기 때문이다. 다만 일반적으로는 농업 이행에서 가장 중요한 역할을 한 요인을 기후 변화로 인식하고 있었다. 농업인이 새로운 생태 환경으로 확산될 수 있었던 비결은 충적선상지와 범람원을 성공적으로 관리했기 때문이다. 이 같은 인구 성장과 주변 환경의 적극적 이용 패턴은 환경 위기가 없을 때에도 지속되었다.

메소아메리카의 일부 지역에서 농업은 관개 시설, 테라스형 농지, 화전, 농지조성, 운하 건설 등의 작업 때문에 자연 경관에 변화를 가져왔다. 재배종 식물의 진화 과정도 각각 개별적으로 확인되었다. 즉 토종 호박, 체노포디움, 마쉬엘더(marshelder), 해바라기 등이 기원전 3000년 경 북아메리카 동부 지역에서 재배되었던 것으로 확인되었다. 유럽의 식민지 개척자들이 들어오기 전까지 아메리카 대륙에서 재배종 옥수수는 북쪽으로 캐나다 프레리 평원까지 확산되어 있었다. 불을 일으키는 화전 농법은 흔히 사용되는 방식이었다. 그리하여 제20장의 저자는 "유럽인이 도착했을 때는 이미 아메리카 대륙에 인위적으로 개조한 자연 경관이 존재했다"라고 선언했다.

아메리카나 아프리카 지역 연구가 비교적 최근에 이루어진 것과 달리, 유럽의 초기 농경 사회 발전에 관한 연구는 한 세기를 넘어섰다. 농업의 기원과 그에 따른 신석기 공동체의 생활 및 세계관 변화와 관련해서는 놀라울 정도로 활발한 논의가 진행되어왔다. 제22장의 설명에 따르면, 오늘날 유럽 신석기 연구 상황은 연구가 미진한 다른 지역 못지않게 역동적이다. 이제는 과거의 선입관을 넘어서서 "복합적이고, 상세하고, 분명하고, 지역적으로 특화된 설명"으로 넘어갈 시기가 무르익었다는 것이 저자의 의견이다. 기존에는 고고학적 기록을 단지 규모가 큰 복합 사회와 불평등 구조로 나아가는, 단일하고 직선적인 발전으로만 해석하는 경향이 있었다. 다시 말해서 이제는 세계의 다른 지역과 다른 "유럽"의 특성이 무엇인지를 질문해야 할 시기가 되었다는 의미다. 초기 신석기 농업이나 농업의 기원은 유럽의 각 지역별로 확연히 달랐다. 중부, 남동부, 서부 유럽이 달랐고, 알프스 지역과 지중해 지역이 달랐다. 그럼에도 불구하고 저자는 이들 지역이 서로 단절되지 않고 연결되어 있었다는 사실을 강조하고 있다. 유럽 고고학 발굴 현장에서 수집된 자료의 수준이 어느 정도인지는 제23장에서 구체적으로 보여주고 있다. 여기서는 폴란드 북부에 있는 브제시치 쿠야프스키(Brześć Kujawski) 유적의 사례를 볼 수 있는데, 기원전 제6천년기의 유적이다. 정착지 유적에서는 공통적으로 드러나는 양상들(롱하우스longhouse, 부장품, 토기, 자연 경관의 변화)과 함께, 그곳에서만 행해진 독특한 활동의 결과(플린트flint 석기, 간석기, 골각기, 장신구, 구리 등)와 사회적 계층 구분의 자료들이 발견되었다. 그들의 생활 경제는 농경과 사육이 혼합되어 있었지만 빈약한 식생활, 고된 노동, 만연한 폭력에 시달려야 했다. 브제시치 쿠야프스키의 농업인은 수렵채집인과 이웃해서 살았다. 그들의 관계는 서로 단절되었다기보다 서로가 약간의 거리(며칠 정도 여행하면 만날 수 있는 거리)를 두고 살아가는 정도였다. 이처럼 서로 다른 문화권의 경계선은 단절선이 아니라 서로의 문화가 스며드는 점이 지대였다. 농경과 수렵채집을 하던 집단은 서로가 문화적 영향을 주고받으며 매우 오랜 시간 동안 유연한 관계를 유지했다.

    최초의 곡물 농사는 집약적인 대규모 농사가 아니라 소규모의 원경(園耕) 농업 중심이었다. 그러나 전혀 다른 방식의 농업 시스템도 있었다. 기원전 6000년경부터 이후 1000여 년 동안 유라시아 대륙에서 농경의 양상은 매우 다채로웠다. 이러한 혼란 속에서 (다양한 사례들 덕분에 세계의 다른 지역과 비교하기 좋은 데이터가 확보되었고) 저자는 신석기 생활의 공통 토대를 발견했는데, 이는 서로를 분열시키기보다 하나로 통합하는 요소였다. "내가 보기에 유럽의 신석기 시대 사람들이 공통적으로 가졌던 가치관 중에는 경쟁을 강화하는 탐욕과 불평등에 저항하는 견제와 균형의 심리가 있었던 것 같다"라는 것이 저자의 견해다. 신석기인의 생활에서는 공동체 활동과 의례가 풍부했다. 저자에 따르면, 이와 관련되는 증거들을 종합해볼 때, 유럽의 초기 농부들은 시간에 대한 관념이 있었으며 미래-현재-과거의 연장선에서 자신이 일시적 존재임을 자각하고 있었다.

농경의 시대

비록 일부 품종의 식물을 관리한 역사는 플라이스토세 말기까지 거슬러 올라가기도 하지만, 기원전 1만 2000년 이전에는 전 세계를 통틀어 농업의 흔적이 거의 존재하지 않았다. 특히 농업 공동체나 목축으로 살아가는 사람들의 사회는 전혀 없었다. 이후 1만 년 동안 세계의 인구는 극적으로 증가했다. 이는 농업 시스템(얼마나 다양한지는 헤아릴 수도 없지만)의 확립과 깊은 관련이 있었다. 농업 시스템을 기반으로 인류는 거의 모든 대륙으로 확산될 수 있었고 인류만의 성취가 가능했다. 농업이 등장한 이후의 사회는 셀 수 없이 많은 개인들의 의사 결정과, 그들이 속한 공동체가 감당했던 막대한 실험의 결과였다. 그들은 농업의 지식과 관행을 다음 세대로 전하기 위해 노력과 수고를 아끼지 않았다. 고고학을 통해 드러난 농업의 적용 방식은 세계적으로 놀라울 만큼 다양했다. 그럼에도 불구하고 자료들이 점차 축적되면서 세계적 양상과 주요 논점이 드러나고 있다. 초기 농업인은 기존의 식량 생산 전략에 농업의 방식을 덧붙이기도 했고, 혹은 전혀 새로운 생산 방식으로서 농업을 선택하기도 했다. 어떤 경우든 이들은 지구의 자연환경을 바꾸어놓았다.

홀로세가 시작될 무렵, 사람들에게 익숙한 식량 자원은 매우 다양했다. 사람들은 수렵채집과 어로를 해서 먹고 살았다. 그들의 삶은 특수한 생태적 니치(niche)에 국한되어 있었다. 이러한 생활은 이미 수천 년 동안 유리한 생태 환경 조건을 탐색하고 또한 성공적으로 개척한 결과였다. 새로운 식량 확보 방식이 시작되면서 이러한 삶의 방식은 극적인 변화를 맞이했다. 그 결과 인류가 가진 인구 성장의 잠재력도 극대화되었다. 새로운 식량 자원은 재배종 벼나 퀴노아일 수도 있었고, 돼지나 기니피그일 수도 있었다. 그 종류가 무엇이었든 새로운 식생활은 그 지역에서 집중적으로 생산된 품목에 중점을 두게 되었다. 식량 생산은 점차 주식 작물로 집중화되는 경향이 있었다. 상당한 저항이 있었을 테지만, 결국 문화권별로 식량 자원의 슈퍼스타가 탄생했다. 나중에는 식량 자원의 교역도 활성화되어, 어느 한 지역의 부엌이나 들판에서 생산되는 식량 자원에 이국적인 향을 더하게 되었다.

특히 연구의 경향을 바꾸어놓은 과학의 한 분야가 있었다. 바로 안정동위원소 분석법이었다. 이는 유골을 통해 식생활과 이동/이주의 흔적을 밝혀내는 방법론이었다. 우리 책에서도 몇 가지 사례들이 소개되겠지만, 이 방법론을 통해 인류가 섭취한 음식물이 어떻게 달라졌는지를 엿볼 수 있었다. 말하자면 어떤 공동체가 해산물에 의존하다가 육지에서 생산되는 식량 자원으로 식생활이 바뀌었을 경우 이 방법론을 통해 밝혀낼 수 있었다. 또한 공동체 내부에서 일어나는 변화도 감지할 수 있었다. 나이나 성별 혹은 공동체 간의 차이를 밝혀냈는데, 예를 들면 서로 이웃한 마을에 살던 농업인과 수렵채집인이 결혼을 통해 이동한 경우도 확인이 가능했다.

기존 고고학에서는 흔히 사육종 동물이나 재배종 식물이 한 지역에서 다른 지역으로 전파되는 주된 요인을 농업인의 이주로 보았고, 심지어 이외의 전파 경로는 있을 수 없다고 믿기도 했다. 그러나 점차 관련 증거들이 많이 확보되면서 이웃 사회 간의 새로운 확산 경로들이 밝혀지기 시작했다. 또한 거대한 지역 범위 안에서 특이한 연관 관계도 드러났다(바나나 식물규소체 분석이 그러한 사례. 바나나가 처음 재배종으로 진화한 지역은 거의 틀림없이 뉴기니였다. 그러나 스리랑카나 서아프리카에서도 너무 이른 시기에 재배종 바나나가 확인되어서 연구자들을 당황케 했다). 이러한 사례들로 보건대 전파 내지 확산의 과정은 그렇게 단순하지 않았을 것이다. "식량 자원의 세계화" 과정을 보면 이웃한 지역뿐만 아니라 멀리 떨어진 공동체와도 어떤 식으로든 사회적 연결 고리가 있었을 것으로 짐작된다. 이러한 측면은 앞으로의 연구에서도 기본 전제가 되어야 할 것이다.

새로운 식량 자원과 새로운 관리 기술에 대한 오랜 저항의 증거들도 확인되었다. 그러므로 계몽주의 이후 근현대의 합리주의를 선사 시대 사람들의 의사 결정에 투영해서는 곤란할 것이다. 농업의 시작에 관하여 오래전부터 경제적 요인이 의사 결정에 중요한 역할을 했을 것이라는 전제가 있었다. 그러나 이는 예를 들어 우리가 새로운 자원을 실험하거나 받아들일 때 기준으로 삼는, 우리에게 익숙한 방식일 뿐이다. 오늘날 세계의 모든 사람이 불과 몇몇 주식 작물에 의존하게 된 이유는, 그 작물이 다른 식물보다 더 많은 사람을 먹여 살릴 수 있기 때문이 아니었다(심지어 수렵채집인의 식량 자원보다 더 못한 경우도 있었다). 밀, 보리, 수수, 쌀, 옥수수 등의 곡물은 공통적으로 발효하여 알코올을 만들 수 있는 작물이었다. 민속 조사 결과를 보면 공동체의 행사, 통과 의례, 계절에 따른 축제, 사회적 회합 등의 대부분 의례에서는 맥주가 굉장히 중요한 요소로 등장하는 사례도 있었다. 그리하여 일부 학자들은 수렵채집 사회에서 이러한 작물 재배를 선택하게 된 이유가 빵이나 죽 때문이 아니라 술 때문이라고 주장하기도 했다(제8장 참조).

과거 수많은 사회에서 새로운 식량 자원을 마법과 신비의 시선으로 바라보았을 가능성은 충분히 예상해볼 수 있다. 오늘날의 우리가 슈퍼마켓 진열대에서 볼 수 있는 단조로운 포장 상태가 전혀 아니었기 때문이다. 일부 초기 유적에서는 실제로 놀라운 증거가 발견되기도 했다. 서남아시아 지역 "최초의 농업 유적"에서 곡물 씨앗, 곡물을 수확할 때 사용한 낫 모양의 돌날, 곡물을 수확한 후 가루로 만드는 데 사용한 갈돌 등이 나왔는데, 모두가 의례와 굉장히 밀접하게 연결된 맥락에서 발굴되었다. 이로 보아 당시 복잡한 의례나 행사의 과정에서 곡물이 사용되었던 것으로 추정된다(제8장). 우리가 특별히 구체적인 자료를 발견하여 세계적으로 초기 농경 사회의 세계관 연구에 착수할 수 있는 것은 아니며, 이미 풍부하게 발굴된 유럽의 자료들을 재해석할 수 있는 것도 아니다. 비록 그렇다 할지라도 한편으로는 오늘날 우리에게 익숙한 경제적 관점에서 최초의 농업인을 이해함으로써 그들을 가정과 농경지 및 합리적 의사 결정의 테두리 안에 가두고, 또 다른 한편으로는 그들의 매장지와 기념비적 건축물 같은 유적을 비합리적 신앙의 맥락에서 이해한다면, 이는 결코 현명한 해석이라 할 수 없을 것이다. 그러므로 우리는 과거 수많은 수렵채집인 사회가 신비롭고 마술 같은 식량 생산에 참여한 이유에 대해, 최소한 칼로리 증진과 배를 채우고자 하는 측면 못지않게 사회적 관계를 발전시키고자 하는 측면에도 초점이 맞추어져 있었다는 사실을 잊지 말아야 한다.

CHAPTER 2

고유전학

마리아 팔라 Maria Pala
페드로 소아레스 Pedro Soares
갸네쉬워 초비 Gyaneshwer Chaubey
마틴 리처즈 Martin B. Richards

고유전학과 생물계통지리학

렌프루(Renfrew)는 고유전학(Archaeogenetics)을 이렇게 설명했다. "분자유전학(molecular genetics)을 이용한 인류의 과거 연구." 사실은 분자유전학뿐만 아니라 유전학과 고고학, 인류학, 역사언어학, 기후학 등과의 협력도 포함되어 있다. 또한 렌프루는 고유전학의 기원을 1960년대 카발리-스포르차(Cavalli-Sforza)의 연구에서 찾았다. 유전자 마커(genetic markers, 예컨대 혈액형 등)를 이용했던 그의 고전적 연구 업적 때문이었다. 암메르만(Ammerman)과 카발리-스포르차는 지역에 따른 유전자 변이의 분포를 찾아내기 위해 일련의 새로운 연구 방법론을 개발했었다. 유전자 분포 지도(principal component maps)가 그 대표적인 방법론이었다. 유럽에 관한 그들의 연구 성과에는 특히 대규모 개체군 확산이 포함되어 있었다. 신석기 시대에 들어서 근동 지역으로부터 유럽으로 대규모 농업 공동체의 이동이 확인되었던 것이다. 그후 1980년대에 이르러 고유전학은 새로운 전기를 맞이했다. 윌슨(Wilson)의 미토콘드리아 DNA 연구 성과 덕분이었다. 이때부터 DNA 분석법은 고유전학 연구의 기본이 되었고, 그 결과 최초로 특정 지역 내에서 생물학적 종의 계통수(genealogical trees)를 그릴 수 있게 되었다.[1]

고유전학의 연구 주제가 확대되면서 새로운 방법론 개발 문제가 더욱 심각하게 제기되었다. 현재 고유전학에서 진행되고 있는 논쟁의 핵심도 이 부분이다. 연구자들의 학문적 배경이 각자 다른 만큼 모두가 같은 방법론을 채택할 수는 없을 것이다. 고유전학은 기본적으로 분자 문제를 연구하는데, 윌슨 연구팀은 특히 분자 마커 시스템(molecular marker systems)을 이용하여 생물계통지리학(phylogeographic)을 발전시켰다. 동물학과 분자생태학(molecular ecology)에서는 이미 분자 마커 시스템을 활용하고 있었다. 윌슨 연구팀은 이를 인간의 미토콘드리아 DNA 변이 연구에 적용했다. 생물계통지리학은 유전자 마커의 지리적(공간적) 분포에 계통적(시간적) 차원을 덧붙인 것이었다. 예전에도 그랬듯이 이번에도 고유전학은 다양한 분과 학문으로부터 방법론을 빌려 왔고, 이를 종합하여 고유전학 데이터를 처리하는 데 활용한 셈이다. 동시에 이런 식의 접근에 대한 비판적 목소리도 높아졌다. 반대측에서는 그런 식의 방법론보다는 표준적인 집단유전학(population-genetics) 방법론을 사용하자는 입장이었다. 집단유전학은 생물계통지리학과는 기본적으로 전혀 다른 의도에서 발전해온 것이었다. 이와 같은 고유전학 내부의 논쟁은, 때에 따라 논점이 달라지기는 했지만 오늘날까지도 계속해서 이어지고

1 C. Renfrew, 'Archaeogenetics: towards a population prehistory of Europe', in C. Renfrew and K. Boyle (eds.), *Archaeogenetics* (Cambridge: McDonald Institute for Archaeological Research, 2000), 3-11; A.J. Ammerman and L.L. Cavalli-Sforza, *The Neolithic Transition and the Genetics of Populations in Europe* (Princeton University Press, 1984); L.L. Cavalli-Sforza et al., *The History and Geography of Human Genes* (Princeton University Press, 1994); L.L. Cavalli-Sforza, 'The spread of agriculture and nomadic pastoralism', in D.R. Harris (ed.), *The Origins and Spread of Agriculture and Pastoralism in Eurasia* (London: UCL Press, 1996), 51-69; A.C. Wilson et al., 'Mitochondrial DNA and two perspectives on evolutionary genetics', *Biological Journal of the Linnaean Society*, 26 (1985), 375-400.

있다. 그러다 보니 신석기 근동 지역의 유럽 이주 규모 같은 1차원적 문제도 합의가 되지 않고 있다. 고유전학에서 이 문제는 여전히 가장 중심적인 주제로 남아 있다.[2]

생물계통지리학의 기초

미토콘드리아 DNA(이하 mtDNA)와 남성 고유 Y 염색체(Man Specific part of the Y chromosome, 이하 MSY)는 단친성 염색체다. 즉 부와 모의 유전자가 조합되지 않고 양친 중 한쪽에서만 물려받는 염색체다. 계통학 혹은 생물계통지리학은 이러한 단친성 염색체 분석을 근거로 한다. 이들 두 염색체는 성별에 따라 한 방향으로만 유전된다. mtDNA는 모계를 통해서만, MSY는 부계를 통해서만 이어진다. 세대를 거듭하는 과정에서 돌연변이가 생겨나는데, 돌연변이가 누적되면서 계통상 곁가지로 구분이 되는 계보가 형성된다. 이를 하플로그룹(haplogroups)이라 한다. 각각의 하플로그룹을 역추적하면 공통의 조상을 파악할 수 있다.

세포 연구가 획기적으로 발전하기 시작한 초창기부터 애비스(Avise)

---

2 L.L. Cavalli-Sforza and E. Minch, 'Paleolithic and Neolithic lineages in the European mitochondrial gene pool', *American Journal of Human Genetics*, 61 (1997), 247-51; M. Richards et al., 'Paleolithic and Neolithic lineages in the European mitochondrial gene pool - reply', *American Journal of Human Genetics*, 61 (1997), 251-4; H.-J. Bandelt et al., 'What molecules can't tell us about the spread of languages and the Neolithic', in C. Renfrew and P. Bellwood (eds.), *Examining the Farming/Language Dispersal Hypothesis* (Cambridge: McDonald Institute for Archaeological Research, 2002); M.B. Richards et al., 'Analyzing genetic data in a model-based framework: inferences about European prehistory', in Renfrew and Bellwood (eds.), *Examining the Farming/Language Dispersal Hypothesis*, 459-66; R. Pinhasi et al., 'The genetic history of Europeans', *Trends in Genetics*, 28 (2012), 496-505.

와 그의 동료들은 mtDNA에 주목했다. "mtDNA를 여느 평범한 분자 마커 중 하나로 볼 수는 없다"라는 주장이었다. mtDNA만의 어떤 특별한 능력이 있기 때문이다. 이를 이용하면 어떤 생물 종의 계통수를 추적할 수 있고(그 안에서 세부적으로 특정 유전자 유형의 계보도 파악이 가능하다), 계통수에 포함되는 각 유전자 유형의 지리적 분포와 시기를 구분할 수 있다.[3] 곧이어 MSY를 가지고도 동일한 작업을 수행할 수 있게 되었다. 집단유전학(population genetics) 내부적으로 일부 이견이 없지 않겠지만, 언젠가 인간의 mtDNA 게놈("미토유전체") 전체가 해독될 때 유전자 분석은 훨씬 더 놀라운 정보를 전해줄 것으로 예상된다. 애비스가 연구할 당시에는 mtDNA의 조절 영역(control-region)에서 밝혀진 시퀀스 (sequence)가 매우 짧았고(논코딩 영역의 염기쌍 수백 개 정도에 불과했다), 전체 mtDNA 게놈에서 제한효소 지도(restriction map)도 정밀하지 못할 때였다. 오늘날 조절 영역의 밝혀진 시퀀스는 15만 개 이상이며, 2000년도 이후 전체 mtDNA 게놈 시퀀스도 점차 축적되어 공개된 것만 이미 1만 5000개를 넘어섰다.[4] 1980년대 이래 고유전학에서 제기한 모든 의문을 해결하려면 훨씬 더 수준 높은 유전자 분석 작업이 필요하겠지만, 이미 모계 유전자 계통에 대해서는 상당히 정교한 분석 결과가 도출되었다. 여기에다 부계 유전자 연구 결과도 더해지기 시작했다. 모든 인간의 게놈에는 물론 부계 유전자가 포함되어 있기 때문에,[5] 모계 유전자

---

3 J. Avise et al., 'Intraspecific phylogeography: the molecular bridge between population genetics and systematics', *Annual Review of Ecological Systems*, 18 (1987), 489-522.
4 M. van Oven and M. Kayser, 'Updated comprehensive phylogenetic tree of global human mitochondrial DNA variation', *Human Mutation*, 30 (2009), E386-94.

를 근거로 한 계통수 연구에 기존의 부계 유전자 연구 결과가 더해진다면 훨씬 더 수준 높은 계통수가 밝혀질 수 있을 것이다.

인간 게놈의 미해독 부분에 대한 연구가 진행되면서 시퀀스 분석 기술은 놀라운 속도로 발전해왔다. 아마도 의학계에서 연구를 주도했기 때문일 것이다. 이에 반해 고유전학 분석 기술은 상대적으로 발전 속도가 느린 편이다. 고유전학은 여전히 소수파의 영역(그래서 예산 배정이 적은 영역)으로 남아 있다. 인간의 염색체는 이질염색체(allosome, 예를 들면 mtDNA 혹은 MSY가 해당된다. - 옮긴이)와 상염색체(autosome)로 구성되는데, 상염색체는 각 세대마다 부계와 모계 유전자가 결합되어 만들어진다. 그래서 계통 분석의 근거로 이용하려면 상염색체가 훨씬 더 복잡하다. 최근 인간 게놈 연구가 발달하면서 인간에 대한 놀라울 정도의 새로운 이해를 제공해주는 것은 맞지만, 주로 상염색체 연구 비중이 높다. 상염색체 연구 자료를 가지고 고고학에서 궁금해하는 문제의 해답을 찾기란 상당히 어렵다.

mtDNA는 인류의 계통 발생을 재구성하고 진화의 역사를 이해하는 데 매우 중요한 역할을 하고 있다. 그런데 유전학에서 mtDNA가 결정적 역할을 하는 또 하나의 주제가 있다. 바로 유전적(발생론적) 시간 측정 분야다. 1960년대부터 이른바 "분자시계(molecular clock)"라고 하는 이론이 제기되었다. 이 이론은 처음부터 엄청난 논쟁을 불러일으켰

---

5 W. Wei et al., 'A calibrated human Y-chromosomal phylogeny based on resequencing', *Genome Research*, 23 (2012), 388-95; P. Francalacci et al., 'Low-pass DNA sequencing of 1200 Sardinians reconstructs European Y chromosome phylogeny', *Science*, 341 (2013), 565-9.

다. 게놈의 각 구간은 잠재적 변화율의 차이가 매우 크다. 그리고 긴 시간을 두고 볼 때 각각의 변화율은 계통에 따라 달라진다. 그러나 여기에 영향을 미치는 인자도 매우 다양하다. 예를 들면 자연선택도 그러한 인자 가운데 하나다. 게놈의 특정 구간에 시간을 설정하는 문제에 대해서는 수많은 반론이 제기되었다. 현미부수체(microsatellite, 짧은 염기서열이 반복되는 구간으로, 반복 횟수는 다양하다)를 중심으로 이 문제를 해결하려는 시도도 있었다. 그러나 현미부수체가 진화하는 과정이 거의 밝혀지지 않았고, 다음 세대로 전해질 때의 변화도 너무 크다. 한편 시퀀스 블록 안에서 상염색체 구간은 상대적으로 변화가 적다. 상염색체의 돌연변이 비율이 매우 낮기 때문이다. 그러나 비-재조합 영역의 염기쌍 16.5kb(kilo-base) 안에서 mtDNA는 풍부한 변이를 포함하고 있다. 물론 반대하는 의견도 있지만, mtDNA를 이용하여 자연선택의 결과나 그것이 발생한 시기를 파악할 수 있다.[6]

더욱이 mtDNA의 경우 기준 시점이 존재한다. 고고학적으로 발굴된 화석을 통해 인간과 침팬지가 분리된 시점, 그리고 섬으로 인류가 진출한 시점을 기준으로 삼는다. 고고학적 기준 시점을 잡는 일이 생각처럼 쉽지는 않다. 그러나 적어도 인간과 침팬지가 갈라진 때에 관해서는 정확한 기준 시점이 존재한다(약 700만 년 전으로 추정되는데, 근거는 사

---

[6] T. Kivisild et al., 'The role of selection in the evolution of human mitochondrial genomes', *Genetics*, 172 (2006), 373-87; P. Soares et al., 'Correcting for purifying selection: an improved human mitochondrial molecular clock', *American Journal of Human Genetics*, 84 (2009), 740-59; F. Balloux, 'The worm in the fruit of the mitochondrial DNA tree', *Heredity*, 104 (2010), 419-20.

헬란트로푸스Sahelanthropus의 유골이다).[7] 또한 mtDNA는 변이가 워낙 풍부하기 때문에 비교적 최근의 사건들, 예컨대 태평양 한가운데 있는 섬에 인류가 정착한 사건들도 mtDNA 기준 시점을 설정하는 데 활용된다.[8] "mtDNA 시계"는 아직 보편적 기준으로 인정되지 않지만, 갈수록 이를 인정하는 사람들이 늘어나고 있다.

생물계통지리학에서는 세 가지 영역을 연구한다. 계통수(계보)의 재구성, 각 계통별 지리적 분포, 특정 유전자 유형의 시기 파악이 그것이다. 기본 개념은 간단하다. 돌연변이에 의해 DNA 시퀀스에 변화가 생겼다면, 그 사건이 발생한 시간과 장소가 있을 것이다. 이를 기준으로 삼고, 계통수에서 해당 돌연변이의 선조와 후손의 분포를 추적한다. 예를 들어 약 7만 년 전 동아프리카에서 발생한 mtDNA 계통 하나를 살펴보자(이 하플로그룹을 L3라 한다).[9] 여기서 수많은 계통이 갈라져 나왔다. 그중에서 두 계통은 아프리카 바깥에서 발견되었다. 이들이 전 세계로 확산되었기 때문이다. 이들이 처음 아프리카를 벗어난 시기는 5만~6만 년 전으로 추정된다. 그 근거는 이들 두 계통에 축적된 돌연변이에 있다. 각 계통에 축적된 돌연변이들 가운데 가장 오래된 돌연변이의 발생 시기가 근거가 되는 것이다. 이런 연구 방법론이 "창시자 분석법(founder

---

7 P. Mellars et al., 'Genetic and archaeological perspectives on the initial modern human colonization of southern Asia', *Proceedings of the National Academy of Sciences*, 110 (2013), 10699-704.
8 P. Soares et al., 'Ancient voyaging and Polynesian origins', *American Journal of Human Genetics*, 88 (2011), 239-47.
9 P. Soares et al., 'The expansion of mtDNA haplogroup L3 within and out of Africa', *Molecular Biology and Evolution*, 29 (2012), 915-27.

analysis)"의 기초가 된다.[10]

창시자 분석법은 생물계통지리학에서 인류가 어느 지역에 언제 진출했는지를 확인하기 위한 방법론이었다. 그러나 실제 연구 범위는 상당히 폭넓었다. 단지 한 집단이 갈라져 두 개의 후손 집단으로 나뉘는 과정을 유전적으로 밝히려는 것이 아니었다. 현실에서 상황은 그렇게 전개되지 않기 때문이다. 대개는 원래 속해 있던 집단(출신지)에서 소수 집단이 떨어져 나와 새로운 환경(도착지)을 찾아 나선다. 현생인류의 조상들이 전 세계로 퍼져 나가는 상황은, 물론 개별 사건에 따라 다르겠지만, 대체로 이러한 과정을 거쳤을 것이다. 창시자 분석법은 출신지와 도착지 양측 모두에서 샘플을 추출할 수 있다는 전제에서 출발한다(주로 도착지는 유전적 배경이 다른 곳이다). 도착지에서 샘플 유전자를 뺀 나머지를 연구해보면, 새로운 유전자가 언제 처음 도착지에 출현했는지를 밝혀낼 수 있다.

생물계통지리학은 집단유전학 내부에서 필요 이상의 비판을 받았던 것 같다. 그러나 비판하는 입장에서 흔히 간과하는 사실이 있다. 예컨대 폴리네시아나 남아프리카 지역처럼 비교적 단순한 사례에서 생물계통지리학 방법론은 인구사 연구를 통해 이미 검증되었다. 또한 mtDNA에 근거한 많은 시나리오들이 이후 폭넓은 게놈 연구로 재확인되었다. 현생인류의 기원과 확산을 알려주는 근거로 게놈만큼 확실한 것은 없다. 생물계통지리학이 "스토리텔링"에 의존하고 있고, "인구 통계 분석"이나

---

10 V. Macaulay and M. Richards, 'Mitochondrial genome sequences and phylogeographic interpretation', in *Encyclopedia of Life Sciences*, www.els.net (Chichester: Wiley), doi:10.1002/9780470015902.20843.pub2 (2013).

"명확한 인구사(history of population) 모델" 같은 "보다 충실한" 근거에 바탕을 두지 않았다는 비판도 있다. 그러나 이는 생물계통지리학의 방법론을 너무 단순화한 비판이다. 생물계통지리학의 불확실성을 강조하는 비판이 계속되고 있지만, 그렇다고 비판하는 측에서 더 나은 해답을 제시한 적도 없다. 통계학에 근거해서 생물계통지리학을 비판한 어느 저자가 지적했듯 "생물계통지리학은 인구의 유전자 자료를 분석하는 매우 강력한 도구"를 가지고 있다. 아마도 비판하는 측에서도 생물계통지리학 연구의 핵심(기본적인 창시자 분석)이 큰 틀에서 사실에 부합한다는 점을 인정하고 있는 듯하다.[11]

탐색적 자료 분석(exploratory analysis)이나 심지어 "스토리텔링", 그리고 통계적 가설 검증(hypothesis testing) 등이 언제나 절대적으로 반대해야 할 방법론들은 아니다(탐색적 자료 분석 기법은 세부 사항을 대폭 축약하고 핵심만 정리하여 시각적으로 보여주는 것이고, 통계적 가설 검증은 제기된 가설에 대하여 관련 데이터를 수집하여 검증하는 것을 말한다. 이는 데이터에 근거한 수학적 연산이 아니라 연구자의 주관이 많이 개입될 수밖에 없는 방법론이라는 측면에서 비판의 대상이 된다. — 옮긴이). 생물계통지리학에서는 가설 검증 방법을 이용해왔고, 여러 가지 방법론을 이용해서 결론을 추론해왔다. 우리는 학제간 연구(심지어 학문 분과를 초월한 연구)를 지지한다. 여기서 제기되는 주제는 고고학, 고인류학, 고기후학 등 각 분야의 학문적 방법론을 통해 검증되어야 한다. DNA 추출 기법이 향상되

---

11 R. Nielsen and M.A. Beaumont, 'Statistical inferences in phylogeography', *Molecular Ecology*, 18 (2009), 1034-47.

면서 고고학적으로 발굴된 유골에 대해서도 향상된 기법이 적용되고 있다. 다만 불행하게도 이러한 성과는 유럽에 국한되어 있다. 기본적 방법론의 문제를 거론하려면 불가피하게 유럽에 초점을 맞출 수밖에 없다. 그래서 우리는 먼저 유럽을 논의한 다음에 세계의 다른 지역에서 유럽보다 더 앞선 연구 상황을 일부 언급하려 한다.

현대 유럽의 고유전학

현대인의 기원 문제와 더불어 유럽의 신석기 이행 문제는, 카발리-스포르차의 연구 이후로 고유전학의 역사를 사실상 좌우했다고도 할 수 있는 내용이다. 유럽인 유전자의 지리적 패턴을 세밀하게 추적한 결과, 남동쪽에서 북서쪽으로 향하는 경향성이 나타났다. 이는 신석기 유물의 방사성탄소 연대측정 그래프와 같은 방향의 그림이었다. 이러한 경향성은 신석기 시대가 시작될 무렵 근동 지역에서 유럽으로 대규모 인구 팽창이 있었던 결과로 해석되었다(그림 2-1). 그래서 고유전학에서는 초기 농업 인구가 중석기 시대의 토착 포레이징 인구를 밀어내고 유럽에 진출했다는 점을 강조했다. 그러나 이에 대한 반론이 적지 않았고, 지금도 논쟁은 계속되고 있다.

유럽의 신석기 이행을 이렇게 단순화하면 당연히 고고학자들의 반론이 있을 수밖에 없다. 특히 신석기 이전의 유럽 포레이징 인구를 연구하는 고고학자들의 반론이 많았다.[12] 유전자 문제에 관해서도 DNA 연

---

12 G. Barker, *The Agricultural Revolution in Prehistory: Why did Foragers Become Farmers?* (Oxford University Press, 2006).

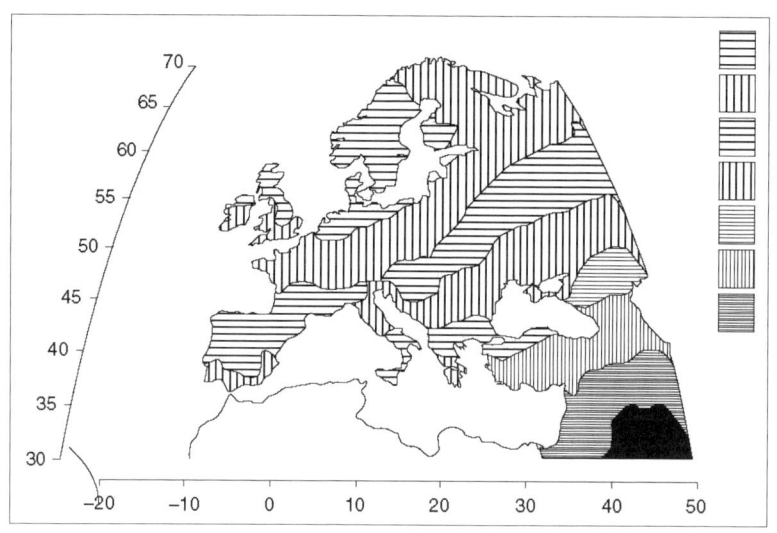

(그림 2-1) 95개 유전자 마커 변화의 지리적 패턴

구자들 사이에서 반론이 제기되었다. 특히 1990년대 중반 mtDNA 연구 결과가 그랬다. 당시 mtDNA 연구 수준은 조절 영역(control region)의 아주 짧은 구간에 집중되어 있었다. 리처즈 연구팀(Richards et al.)에 따르면, 1만 년 전 이후 신석기 시대에 근동에서 유럽으로 확산되어 들어온 mtDNA는 10~15퍼센트에 불과했다.[13] 1만 년 전 당시 유럽의 mtDNA 분포 구조는 이미 확립되어 있었다. 그들은 중석기 시대 및 그 이전 구석기 시대부터 유럽 전역에 정착해 있었던 사람들이다.

---

13 M. Richards et al., 'Paleolithic and Neolithic lineages in the European mitochondrial gene pool', *American Journal of Human Genetics*, 59 (1996), 185-203.

이후 훨씬 더 많은 샘플이 추가되었고, 더욱 정밀한 제한효소 지도가 만들어졌으며, 특히 표준화된 "창시자 분석법" 관련 소프트웨어가 발달했다. 이 모두가 기존의 mtDNA 연구를 더욱 보강해주었다.[14] 신석기 시대 이후 유입된 유럽인의 mtDNA는 10~22퍼센트였다(그림 2-2). 한편 토로니 연구팀(Torroni et al.)은 하플로그룹 V라고 하는 특정 집단에 초점을 맞추고, 빙하기 말기에 빙하 피난처였던 남서부 유럽 지역에서 해당 유전자가 확산되는 과정을 추적했다. 시점은 1만 4000년 전쯤으로, 최후빙하기가 끝날 무렵이었다.[15] 후속 연구에서는 훨씬 더 자주 발견되는 하플로그룹 H와 U5에 초점을 맞추었다. 시기는 비슷한 빙하기 말기였다.[16] 최근의 인구 이동 시뮬레이션 연구에서도 mtDNA 연구와 같은 결론이 도출되었다. 최후빙하기에 빙하가 확산되면서 인류가 남쪽으로 내려왔고, 초기 연구에서 확인한 분자 마커의 남동-북서 방향 패

14 M. Richards et al., 'Tracing European founder lineages in the Near Eastern mtDNA pool', *American Journal of Human Genetics*, 67 (2000), 1251-76.
15 A. Torroni et al., 'mtDNA analysis reveals a major late Paleolithic population expansion from southwestern to northeastern Europe', *American Journal of Human Genetics*, 62 (1998), 1137-52; A. Torroni et al., 'A signal, from human mtDNA, of post-Glacial recolonization in Europe', *American Journal of Human Genetics*, 69 (2001), 844-52.
16 A. Achilli et al., 'The molecular dissection of mtDNA haplogroup H confirms that the Franco-Cantabrian glacial refuge was a major source for the European gene pool', *American Journal of Human Genetics*, 75 (2004), 910-18; L. Pereira et al., 'High-resolution mtDNA evidence for the late-Glacial resettlement of Europe from an Iberian refugium', *Genome Research*, 15 (2005), 19-24; K. Tambets et al., 'The western and eastern roots of the Saami – the story of genetic "outliers" told by mitochondrial DNA and Y chromosomes', *American Journal of Human Genetics*, 74 (2004), 661-82; B. Malyarchuk et al., 'The peopling of Europe from the mitochondrial haplogroup U5 perspective', *PLoS ONE*, 21 (2010), e10285.

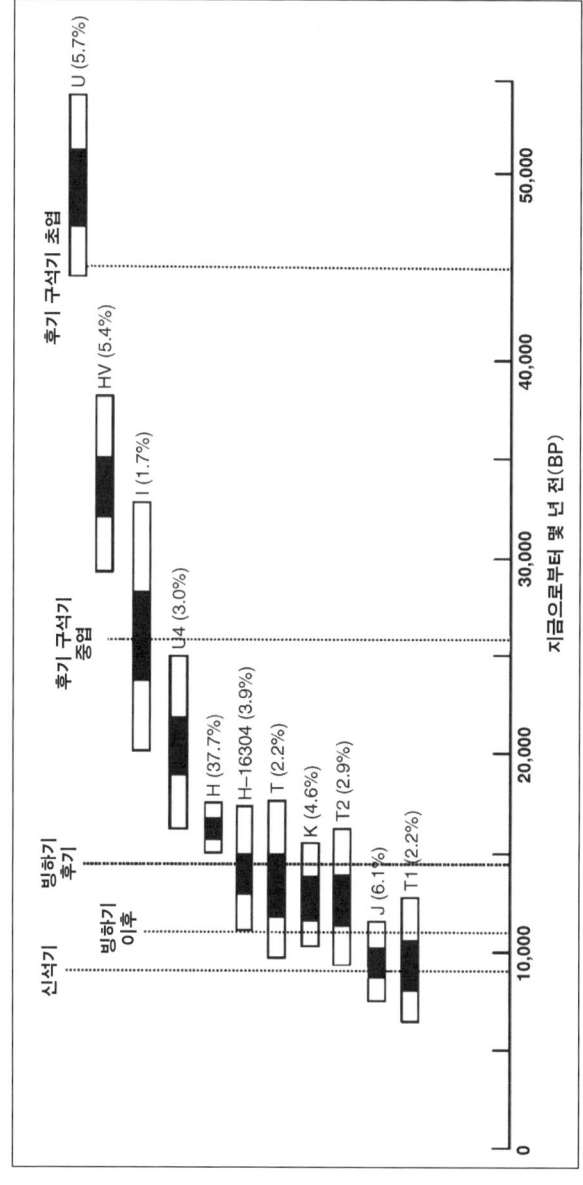

[그림 2-2] 시기별 유럽인 mtDNA 기여도 분석

유럽인 주요 mtDNA 창시자 계통(founder cluster)의 변화. 조절 영역 시퀀스를 통한 창시자 분석법으로 계산. 유럽인에게서 나타나는 변이의 4분의 3(75퍼센트)이 여기에 포함된다. 창시자 계통이란, 도착지 인구의 여러 DNA 유형에서 공통적으로 나타나는 조상 유형의 계통을 말한다. 하나의 출발지(근동 지역)에서 도착지(유럽)로 이주하는 사건이 발생했다면, 이후 도착지에서 돌연변이에 걸리는 시간을 근거로 계산하여 이주 사건이 언제 발생했는지를 알 수 있다. 위 막대그래프는 신뢰도 95퍼센트를 기준으로 한 것이며, 가운데 검정색 막대는 신뢰도 50퍼센트 기준이다. 창시자를 확인하는 방법은, 출발지(근동 지역)에서 나타나는 변이를 도착지(유럽)에서 나타나는 변이와 비교해보는 것이다. 이 방법으로 계산한 결과, 유럽인의 약 13퍼센트가 신석기 시대에 근동에서 온 조상의 후손으로 나타났다. 그러나 이후 전체 mtDNA 시퀀스가 보다 분명하게 해독되면서, 이러한 계산은 다소 과장된 결과로 평가되었다(본문 내용 참조).

턴은 이러한 인류의 이동을 반영한 결과였던 것이다. 그것이 빙하기의 흔적이라면, 신석기 농업 인구의 이주가 분자 마커 패턴에 미친 영향은 미미했을 수밖에 없다. 이는 고전적 이론과 정반대되는 결과였다.[17]

이러한 결론 때문에 흔히 "원주민 우선주의자(indigenist)"라는 비판을 받기도 하지만, 사실 mtDNA 연구에서 주장하는 결론은 정복자 모델이다. 신석기 시대에 근동 지역에서 유럽 지역으로 상당한 규모의 이주가 있었고, 그들이 차례차례 등 짚고 넘기(leapfrogging) 식으로 유럽 전역에 확산되었다는 주장이다. 그러나 이들은 결국 원주민 포레이저 집단에 동화되어 오늘날 같은 유전자 분포가 형성되었다고 본다. 이는 고고학의 연구 결과와도 일치하는 주장이다.[18]

mtDNA 연구를 통해 밝혀낸 시점을 문제 삼는 비판도 없지 않다. 유명한 비판 중 하나로 다음과 같은 주장이 있다. "내년에 유럽인이 화성을 정복했다고 가정해보자. 그리고 언젠가 그들의 인구도 늘어났다고 치자. 먼 미래의 연구자가 화성인 화석의 mtDNA를 연구해보면, 그들은 지구의 구석기 인류의 mtDNA와 일치하는 결과를 얻을 것이다. 그렇다고 해서 미래의 연구자가 화성 정복을 구석기 시대의 사건이라고 해석하는 것은 현명하지 못한 일이다." 그러나 이러한 비판은 창시자 분

---

17 M. Arenas et al., 'Influence of admixture and paleolithic range contractions on current European diversity gradients', *Molecular Biology and Evolution*, 30 (2013), 57-61.
18 M. Richards, 'The Neolithic invasion of Europe', *Annual Review of Anthropology*, 62 (2003), 135-62; M. Zvelebil, 'The social context of the agricultural transition in Europe', in Renfrew and Boyle (eds.), *Archaeogenetics*, 57-79; P. Rowley-Conwy, 'Westward ho! The spread of agriculture from central Europe to the Atlantic', *Current Anthropology*, 52, Supplement 4 (2011), S431-51.

석법을 오해한 결과다. 창시자 분석법에서는 도착지의 유전자 다양성 속에서 창시자의 유전자를 비교한다. 그러므로 창시자의 유전자를 분별해내는 과정을 무시하고 이야기해서는 곤란하다. 그러나 실망스럽게도 이 같은 오해는 오늘날까지 끈질기게 남아 있다.[19] 솔직히 말해서 어떤 계통이 도착지에 도달한 시점은 얼마든지 거슬러 올라갈 수 있다. 멀게는 그 계통의 유전자가 모집단에서 갈라져 나온 시점까지 올라갈 수 있다. 그래서 신석기 시대 유럽에 유입된 것으로 알려진 유전자의 창시자들은 사실 신석기 시대보다 훨씬 이전에 들어왔을 수 있다. 최근에 그런 사례들이 실제로 밝혀지기도 했다. 이런 점에 비추어 보면, 초창기 연구자들의 결론은 근동 지역에서 유입된 신석기 이주민의 유전자를 과대평가했던 것 같다.

인간의 미토게놈 전체를 밝히는 연구가 진행되면서 기존의 mtDNA 연구 결론은 여러 측면에서 수정이 불가피했다. 그중 가장 중요한 지점은 "mtDNA 시계"에서 시간을 완전히 새롭게 계산한 것이었다. 많은 연구자들이 mtDNA의 돌연변이 비율이 시간에 따라 달라진다는 점을 지적했다. 그중 가장 설득력 있는 연구는 키비실드 연구팀(Kivisild et al.)에서 발표한 결과였다. 계통수에서 과거로 거슬러 올라갈수록 mtDNA에서 코딩 시퀀스의 진화 속도가 느려진다는 사실을 밝혀낸 연구였다. 유약한 돌연변이 개체를 적극적으로 제거하는 행동 때문이었다. 그렇다면 최근(신석기) mtDNA의 유입 사건을 기존 연구에서 과대평가했을 가능

---

19 G. Barbujani et al., 'Evidence for Paleolithic and Neolithic gene flow in Europe', *American Journal of Human Genetics*, 62 (1998), 488-91; G. Barbujani, 'Human genetics: message from the Mesolithic', *Current Biology*, 22 (2012), R631-3.

성이 있다. 소아레스 연구팀(Soares et al.)은 최초로 미토게놈 시계 전체의 변화율을 계산해냈다. 여기에는 기존 mtDNA 연구에서 가정했던 시간을 수정하는 내용도 포함되었다. 시간 계산을 수정한다고 해서 일부 연구자들의 예측처럼 이주와 관련된 결론에 큰 변화가 생긴 것은 아니다. 다만 빙하기 후기에 유입된 것으로 간주되었던 mtDNA 계통이 유럽으로 들어온 시기가 수정되었다. 기존에는 그 시기를 1만 3000~1만 5000년 전으로 보았는데, 수정을 거친 뒤에는 약 1만 1000년 전으로, 빙하기가 끝난 직후 혹은 중석기 시대로 바뀌었다. 이 같은 시간 보정은 mtDNA 계보 전체에 대해 적용이 가능할 것이다. 기존에 논란이 되었던 일부 계보(하플로그룹 J와 T)는 신석기 시대가 아니라 빙하기 말기에 근동 지역의 빙하 피난처에서 유럽으로 들어왔던 것 같다. 그렇다면 결과적으로 신석기 시대 유럽의 mtDNA 다양성에 영향을 미친 근동 지역 출신 계보는 더욱 줄어들게 된다. 하플로그룹 J와 T의 유입 시기가 아니라 팽창 시기가 (사실은 확산으로 보아야 할 것 같지만) 주로 신석기였던 것이다.[20]

    MSY 계보 연구는 더욱 심각한 논란을 불러일으켰다. mtDNA 창시자 분석 결과가 제출될 무렵, 세미노 연구팀(Semino et al., 카발리-스포르차도 포함)은 MSY 변이와 관련된 중요한 연구 성과를 발표했는데, 결론은 mtDNA 연구와 대체로 비슷했다. MSY 연구에서도 신석기 시대에

---

[20] M. Pala et al., 'Mitochondrial DNA signals of late Glacial re-colonization of Europe from Near Eastern refugia', *American Journal of Human Genetics*, 90 (2012), 915-24.

근동 지역에서 유럽으로 유입된 비율을 약 22퍼센트로 계산했다. 이러한 결론은 유입된 22퍼센트의 MSY가 원래 근동 지역에 주로 분포하는 하플로그룹이라는 전제에 바탕을 두고 있었다. 이들이 유입된 시기는 신석기 시대의 이주와 그보다 조금 앞선 시기의 확산 과정을 통해 들어온 경우를 모두 합한 결과였다. 그리고 후속 연구로 이들 MSY가 지중해 연안 신석기 초기 유적에서 흔히 발견되는 사람들과 관련이 있다는 연구 결과가 제출되었다.[21]

그러나 머지않아 집단유전학에서 혼합 모델(admixture model)을 도입하면서 이들의 연구는 곧바로 폐기되었다.[22] 새로운 계산에서는 신석기 시대 유럽 MSY 가운데 근동 지역 출신 비율이 50퍼센트 이상이었다. 특히 남동부 유럽에서는 거의 100퍼센트에 가까운 수치가 나왔다. 그러나 과연 혼합 모델을 적용하는 것이 옳은가 하는 문제가 남아 있다. 혼합 모델은 원래 두 개의 모집단 인구가 섞여 제3의 혼합 집단을 형성했을 때, 애초의 모집단과 혼합 집단을 비교해서 두 개의 모집단이 혼합 집단에 얼마만큼 기여했는가를 파악하기 위한 방법론이었다. 그러나 신석기 시대 유럽의 경우 혼합 모델의 적용 방식이 조금 다르다. 하나의

---

21 O. Semino et al., 'The genetic legacy of Paleolithic *Homo sapiens* sapiens in extant Europeans: a Y chromosome perspective', *Science*, 290 (2000), 1155-9; R. King and P. Underhill, 'Congruent distribution of Neolithic painted pottery and ceramic figurines with Y-chromosome lineages', *Antiquity*, 76 (2002), 707-14.
22 G. Barbujani and I. Dupanloup, 'DNA variation in Europe: estimating the demographic impact of Neolithic dispersals', and L. Chikhi, 'Admixture and the demic diffusion model in Europe', both in Renfrew and Bellwood (eds.), *Examining the Farming/ Language Dispersal Hypothesis*, 421-33, 435-47; L. Chikhi et al., 'Y genetic data support the Neolithic demic diffusion model', *Proceedings of the National Academy of Sciences*, 99 (2002), 11008-13.

모집단(근동 지역)에서 떨어져 나온 그룹이 다른 모집단(유럽 지역)에 섞여 들었다. 결과적으로 우리가 비교할 수 있는 세 개의 집단이 존재하지 않는다. 그래서 유럽에 있는 일부 민족들(예컨대 바스크인, 사르데냐인, 사미인)을 신석기 이전 유럽인 모집단으로 간주할 수밖에 없다. 또한 유럽에서 근동 지역으로 되돌아간 이주민은 없다는 전제도 포함되어 있다.

이러한 두 가지 전제는 모두 합리적이지 않다. 중석기 유럽인 모집단을 대표하는 민족은 실제로는 설정할 수가 없다. 중석기 시대 유럽은 변동이 매우 적었다. 예컨대 바스크인이 남서부 유럽의 토착 민족이라고 인정하더라도, 그들의 유전자가 북동부나 남동부 인구의 유전자를 대신할 수는 없다. 게다가 mtDNA 연구에서는 최근 1만 년 동안 근동 지역에서 유럽으로 대규모 인구 이동이 있었다는 사실이 뚜렷하게 나타난다. 그 결과로 혼합 모델에서 근동 지역 유입 인구 비율이 그토록 높게 나오는 것이다.[23] 혼합 모델 방법론의 결정적 약점은 기원이 되는 주

---

23 E.W. Hill et al., 'Y-chromosome variation and Irish origins', *Nature*, 404 (2000), 351-2; J.F. Wilson et al., 'Genetic evidence for different male and female roles during cultural transitions in the British Isles', *Proceedings of the National Academy of Sciences*, 98 (2001), 5078-83; S. Rootsi et al., 'Phylogeography of Y-chromosome haplogroup I reveals distinct domains of prehistoric gene flow in Europe', *American Journal of Human Genetics*, 75 (2004), 128-37; P. Balaresque et al., 'A predominantly Neolithic origin for European paternal lineages', *PloS ONE*, 8 (2010), e1000285; L. Morelli et al., 'A comparison of Y-chromosome variation in Sardinia and Anatolia is more consistent with cultural rather than demic diffusion of agriculture', *PLoS ONE*, 5 (2009), e10419; N.M. Myres et al., 'A major Y-chromosome haplogroup R1b Holocene era founder effect in central and western Europe', *European Journal of Human Genetics*, 19 (2011), 95-101; G.B. Busby et al., 'The peopling of Europe and the cautionary tale of Y chromosome lineage R-M269', *Proceedings of the Royal Society B*, 279 (2011), 884-92.

요 구성원(principal component) 문제에 있다. 혼합의 사건들이 구분되지 않고, 언제 혼합이 발생했는지도 밝히지 못한다. 그래서 생물계통지리학에서는 비록 "창시자 분석법"이 매우 어렵기는 하지만 신석기 근동 지역 인구의 유입 사건을 분석하는 데는 그것이 더욱 적절한 방법론이라고 평가한다. 예컨대 최근의 mtDNA 연구, 즉 카발리-스포르차가 신석기 시대에 근동에서 유럽으로 들어왔다고 주장했던 유전자가 사실은 빙하기 말기에 유입되었음을 밝혀낸 연구가 좋은 사례가 될 것이다.

그러나 mtDNA가 아닌 MSY에 대해서는 생물계통지리학에서도 적절한 해답을 제시하지 못하고 있다. 과거에는 빙하기에 남서부 빙하 피난처에 살던 사람들이 빙하기 이후 올라와서 서유럽에 분포했다고 알고 있었다. 이는 mtDNA 연구에서 말하는 빙하기 말기 및 빙하기 직후 팽창 모델과 비슷한 모양새였다. 그러나 발라레스크 연구팀(Balaresque et al.)에 의하면, 현미부수체(microsatellite) 다양성이 가장 큰 지역은 아나톨리아였고, 북부와 서부 유럽은 다양성이 낮게 나타났다. 이는 신석기 시대 인구가 동쪽에서 서쪽으로 팽창했음을 의미하는 결과다. 이들의 연구에는 신석기 이전의 훨씬 더 오래된 과거 유럽에 대한 논의, 그리고 이후 아나톨리아로 되돌아간 "역방향" 이주 사건에 대한 논의도 포함되었지만, 주요 논점은 유럽 신석기 LBK(Linienbandkeramik) 문화(선형토기 문화)의 팽창과 관련된 유전자 계보였다. 결국 이들의 연구가 확인한 바는, 현재로서는 MSY 돌연변이 연구가 해당 문제의 해답을 제기할 만큼 충분한 수준으로 발전하지 못했다는 사실이다. 그러나 머지않아 전체 MSY 시퀀스가 밝혀지면 상황은 달라질 것이다. 이를 위해서는 충분한 사례 데이터가 축적되어 변이의 시점을 계산할 수 있을 정도의 연구가 이루어져야 할 것이다.

게놈 연구가 발달하면서 상염색체 연구 사례가 엄청나게 늘어났다. 수십만 개의 SNPs(단일 염기 다형성, DNA 염기서열 중에서 하나의 서열에 돌연변이가 생겨서 다른 서열로 치환되고, 이후 집단 내에서 일정한 빈도로 존재하는 유전변이 — 옮긴이)가 분석되었고, 전체 게놈의 사례가 엄청난 수로 축적되기 시작했다. 처음 유럽 인구를 대상으로 GWAS(전장유전체상관성분석, SNP 수십만 건의 데이터를 축적하여 개별 유전자형을 결정하고 변이의 확률을 계산한다. — 옮긴이)를 실시하자 놀라운 결과가 나타났다. 수많은 유전자 유형 가운데 상위 2개의 주요 구성원(principal component) 분포는 유럽의 지리적 상황과 거의 일치했다.[24] 이들 구성원의 비율은 0.5퍼센트도 안 되지만, 그 분포 패턴이 무엇을 의미하는지는 누구나 한눈에 알 수 있을 것이다. 유럽인의 조상을 밝혀내기 위해 "구조적" 알고리듬 연구에 더 많은 관심이 모아졌다. 즉 유럽인의 조상으로 추정되는 인구의 데이터를 모아 유전자 유형으로 구분하는 알고리듬을 개발하는 것이었다.[25] 이제 유전자 유형(K)은 컴퓨터 소프트웨어를 이용해서 확인이 가능해졌다(물론 유형을 얼마나 세분화할지는 사용자가 결정한다).

근동 지역 인구와 유럽 지역 인구를 모두 포함하는 방대한 데이터 자료가 몇 차례에 걸쳐 발표되었다.[26] 크게 보아서 (전 세계 유전자 유형

---

24 J. Novembre et al., 'Genes mirror geography within Europe', *Nature*, 456 (2008), 98-101.
25 N.A. Rosenberg et al., 'Genetic structure of human populations', *Science*, 298 (2002), 2381-5.

을 5~10개로 나누는데) 유럽과 근동 지역의 샘플은 세 가지 유형에 포함된다(그림 2-3). 유럽에서 주로 발견되는 유형 가운데 하나(그림 2-3에서 검은색으로 표시)는 북유럽, 서유럽, 동유럽(바스크인과 사미인 포함)에서 모두 75퍼센트가 넘는다. 그러나 근동 지역에서는 소수파에 불과하다. 아라비아에는 거의 없고, 비옥한 초승달 지대 근처의 인구에서는 약 10퍼센트 정도로 나타난다. 그러나 북서부 아프리카(북동부는 아니다)에서는 약 25퍼센트로 나타난다. mtDNA 연구를 통해 유럽에서 비옥한 초승달 지대로 상당 규모의 유전자가 유입되었다는 사실이 밝혀졌는데, 이에 비추어 과감히 추론해보건대 유럽에서 75퍼센트로 나타나는 유전자 유형이 곧 유럽에서 가장 오래된 조상의 유전자로 짐작된다. 두 번째 유전자 유형(그림 2-3에서 회색으로 표시)은 흔히 유럽 고유의 민족으로 거론되었던 바스크인과 사르데냐인을 포함하여 서유럽(특히 지중해 연안)에서는 소수파로 드러난다. 이들은 근동 지역(특히 아라비아를 비롯한 남부)과 북아프리카에서도 흔히 나타나지만, 동유럽에서는 거의 나타나지 않는다. 세 번째 유형(그림 2-3에서 흰색으로 표시)은 서유럽과 동유럽에서는 소수파로 나타나지만, 근동 지역에서는 흔히 볼 수 있다. 다만 근

---

26 D.M. Behar et al., 'The genome-wide structure of the Jewish people', *Nature*, 466 (2010), 238-42; C. Chaubey et al., 'Population genetic structure in Indian Austroasiatic speakers: the role of landscape barriers and sex-specific admixture', *Molecular Biology and Evolution*, 28 (2010), 1013-24; J.R. Huyghe et al., 'A genome-wide analysis of population structure in the Finnish Saami with implications for genetic association studies', *European Journal of Human Genetics*, 19 (2011), 347-52; M. Pala et al., 'The archaeogenetics of European ancestry', in *Encyclopedia of Life Sciences*, doi:10.1002/9780470015902.a0024624 (2014).

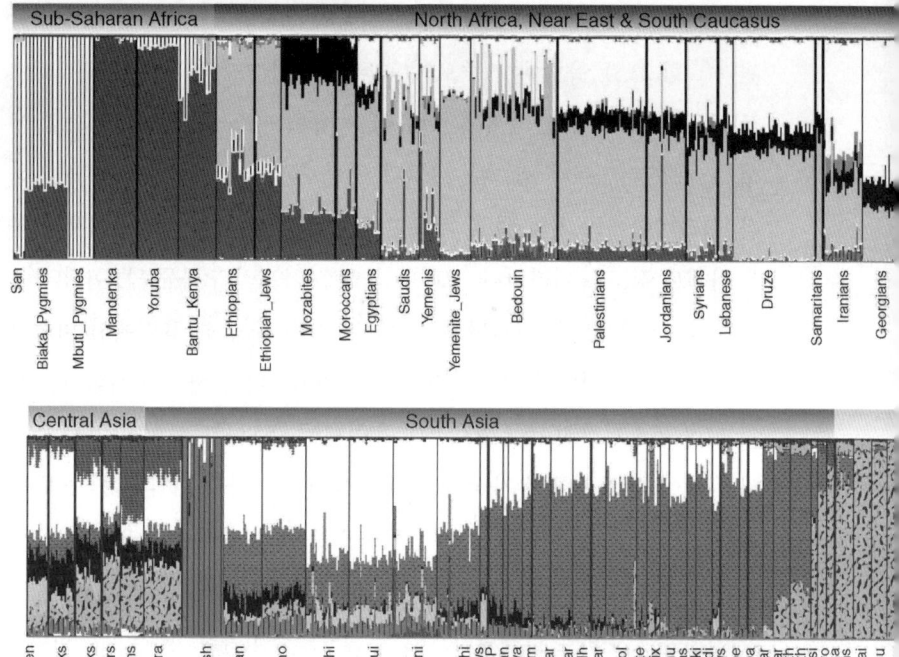

[그림 2-3] 전 세계 인구의 전장유전체 SNP 혼합 유형 분석

혼합 유형 분석(ADMIXTURE analysis)이란 "구조적" 모델을 바탕으로 유전자 유형을 밝혀내는 컴퓨터 알고리듬이다. 이는 기본적으로 대립형질 유전자 빈도(allele frequency)를 측정하여 하플로그룹의 유전자 유형을 판별하도록 설계되었다. 각 개인의 유전자 자료를 입력하면 수직 방향의 좁은 막대그래프가 나타나는데, 컬러로 그래프 안에 구간이 나뉘어 있다. 이는 해당 개인의 유전자가 전체 14가지 유전자 유형 중 어디에 속하는지에 따라서 다르게 나타난다. 서로 다른 집단에 속하는 개인들은 검정색 선으로 구분된다. 집단의 명칭이 그림 아래 나타나고, 관계도가 그 위에 나타난다. 연관불균형(LD)을 제거한 데이터 세트(독립적 대립형질이 아닌 경우를 제거한 데이터 세트)에 임의의 시드값 K=2부터 K=16까지를 부여함으로써 분석이 시작된다. 실험자가 얻을 수 있는 가장 낮은 CV 스코어는 K=14이다. 모든 자료는 컴퓨터 소프트웨어 Illumina 610K와 650K에서 산출. SNPs 544,193, LD pruning SNPs 234,699.

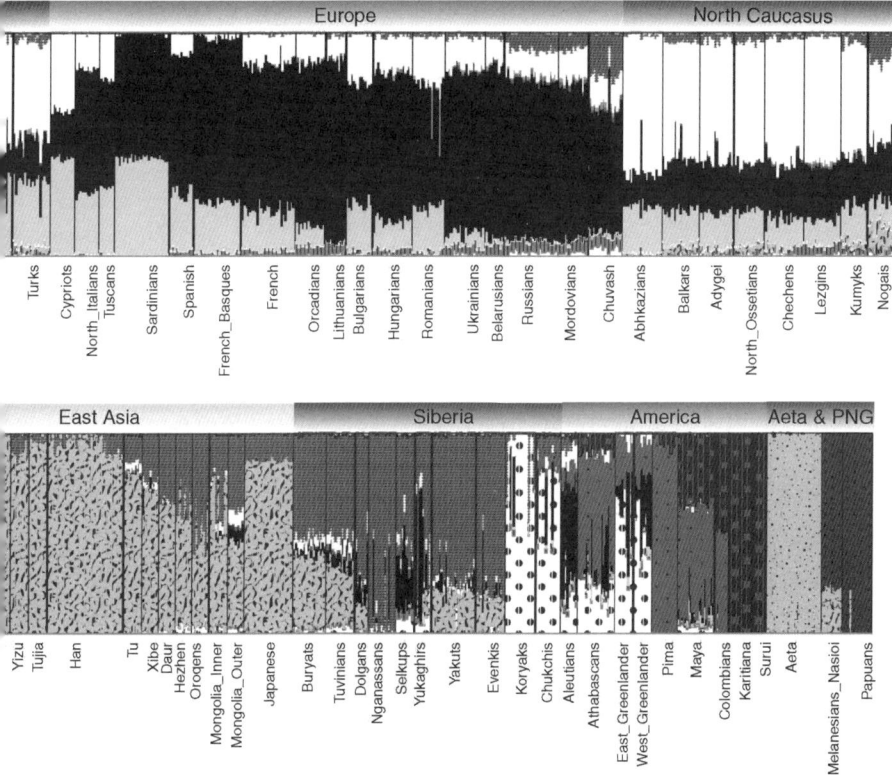

동 지역의 경우 북부, 특히 캅카스 지역 및 일부 비옥한 초승달 지대에서 주로 나타나며 아라비아나 북아프리카에서는 출현 빈도가 훨씬 떨어진다. 또한 이들은 중앙아시아 및 남아시아까지도 분포하고 있다. 이들 두 유형이 근동 지역의 원주민이었을 것으로 짐작되는데, 두 번째 유형은 남서부(지중해 연안), 세 번째 유형은 북동부가 거점이었을 것이다.

이러한 추론이 너무 지나치지 않다면, 근동 지역에서 유럽으로 유입된 유전자의 비율은 북서부 및 북동부 유럽의 경우 10퍼센트 미만에서, 이탈리아 및 남동부 유럽의 경우 40퍼센트까지 분포하는 것으로 볼 수 있겠다. 신석기 시대 유입된 유전자의 비율은 최대한도로 잡더라도 이보다 많을 수는 없다. 따라서 상염색체 분석을 통해 신석기 시대 이전의 유럽 원주민이 대체로 오늘날 유럽 인구의 조상이라고 말할 수 있다. mtDNA 분석에 근거하여 신석기 시대 이전 빙하기 말기에 근동 지역에서 유럽의 지중해 연안으로 유입된 인구가 있었다는 사실이 드러났지만, 그 흔적이 아마도 상염색체의 두 번째 "지중해 유형"이었던 것으로 추정되며, 세 번째 유형이 신석기 시대에 유입된 인구의 유전자였을 것이다. 만약 이러한 추론이 옳다면, 신석기 시대 근동 지역에서 유럽으로 유입된 인구가 유럽인(즉 사미인뿐만 아니라 바스크인과 사르데냐인에게서도)의 상염색체 유전자에 남긴 영향은 거의 제로에 가깝고, 남동부 유럽과 이탈리아 본토에서는 약 25퍼센트 정도로 남겨져 있다.

하지만 우리가 간과하지 말아야 할 점이 있다. 오늘날 인구의 유전자 분석을 통해 모든 고고학적 질문에 결론을 내릴 수는 없다는 사실이다. 자료를 다른 식으로 보면 결론도 달라진다. 오늘날 유럽인의 모계 유전자 가운데 20퍼센트가 신석기 시대에 유입된 인구의 후손이라고 하더라도, 이것만 가지고 당시에 무슨 일이 일어났는지 어떻게 알겠는가? 단순히 인구의 혼합이 있었다는 사실 이외에 20 대 80이 인구학적으로 별 의미가 없을 수도 있다. 예컨대 당시 유럽으로 들어온 사람의 수가 유럽 전체 인구의 1퍼센트였더라도, 이후 유럽에 살면서 20퍼센트까지 인구가 증가했다가, 그 과정에서 혹은 그 뒤에 현지인과 섞였을 수도 있다. 같은 자료를 두고도 어느 정도까지는 다른 식의 가설을 제시할 수 있다.

그중에서 무엇을 선택하는가 하는 것은 또 다른 문제다. 고대의 유전자 분석이 해줄 수 있는 역할은 그 선택 이전까지일 뿐이다.

유럽의 고DNA

고(古)DNA(ancient DNA, aDNA)는 생물계통지리학의 마지막 퍼즐 조각이다. 최근 수십 년 동안 유전학의 발전 못지않게 aDNA 연구 또한 혁명적 변화를 겪었다. 소프트웨어 기술의 발전도 연구의 발전에 주도적 역할을 담당했다. 기존의 이론적 모델은 현대인의 유전자 분석이나 고고학을 바탕으로 만들어졌다. 이에 대한 실질적 검증은 aDNA 분석을 해봐야 한다. 뿐만 아니라 앞에서도 언급했듯이 aDNA 연구는 훨씬 더 세부적인 문제들까지 밝혀낼 수 있는 잠재력을 가지고 있다. 더욱이 aDNA 연구는 현대인의 유전자 변이 연구만으로는 접근할 수 없는 새로운 주제를 열어주기도 한다. 예를 들면 선사 시대 후기의 소규모 이동 같은 사건들이다. 무엇보다도 인구 소멸처럼 시간에 의해 흔적도 없이 지워져버린 사건의 과정을 드러낼 수 있다는 점에서 특히 흥미를 더한다.

aDNA 연구 덕분에 고유전학은 새로운 단계로 접어들었다. 다시 한 번 뜨거운 논쟁이 일어났다. 1990년대 말에서 2000년대 초에는 현대인을 대상으로 하는 mtDNA와 MSY 연구가 학계를 주도했다. 여기서는 유럽에서 중석기 시대와 신석기 시대 인구의 연속성이 강조되었다. 그런데 2005년 이후로는 aDNA 연구가 주도적 역할을 맡았다. 이제는 불연속성이 강조되고 있다.

판도를 바꾸어놓은 것은 하아크 연구팀(Haak et al.)이 발표한 논문이었다. 이들은 중부 유럽의 LBK 문화에 속하는 무덤 유적에서 출토된 유골을 가지고 mtDNA의 조절 영역 시퀀스(control-region sequence)를 연구했다.[27] 이들이 연구 논문을 발표했던 2005년은 "차세대" DNA 시퀀스 분석 기술이 발표된 해이기도 하다. 그러나 하아크 연구팀은 지난 15년 동안 사용되어온 기존의 기술을 사용했다. 다만 기존의 aDNA 분석 기술을 변형하여 신중히 적용했다. 혁명적이었던 것은 연구 방법이 아니라 연구 결과였다. LBK 문화에서 큰 비중을 차지했던 하플로그룹 N1a가 있는데, 이들의 mtDNA 유전자는 현대인의 유전자에서 거의 나타나지 않았다. 어느 하나의 샘플이 오염되어서 이런 결과가 나왔다고 보기는 어려웠다. N1a 계보에 속하는 샘플이 상당히 많았기 때문이다. 이들의 연구는 단번에 두 가지 문제에 대답을 해주었다. 기존의 aDNA 연구에서 샘플 오염 의혹이 수차례 제기되었지만 이를 불식시켰고, 또한 전혀 새로운 시각을 열어 보였다.

기존 연구에서는 중석기-신석기 인구의 불연속성보다 연속성에 주목했다. 그러나 중석기 시대 샘플과 후기 구석기 시대 샘플을 직접 비교하기 시작하면서 기존의 시각은 수정이 불가피했다.[28] 현대 유럽인의 mtDNA는 하플로그룹 U에 속하는 것으로 알려져 있었다. 특히 하플로그룹 U5가 현대 유럽인의 유전자 가운데 가장 오래된 유전자로, 그 기원은 후기 구석기 시대까지 거슬러 올라간다. U5b는 빙하기 말기 남서부에서 북동부 유럽으로 확산되었고, U4는 거의 같은 시기에 동유럽 평

---

27 W. Haak et al., 'Ancient DNA from the first European farmers in 7500-year-old Neolithic sites', *Science*, 310 (2005), 1016-18.
28 B. Bramanti et al., 'Genetic discontinuity between local hunter-gatherers and central Europe's first farmers', *Science*, 326 (2009), 137-40.

원까지 팽창했다.[29] 새로 추가된 중석기 시대 샘플과 후기 구석기 시대 샘플에는 하플로그룹 U가 풍부하게 포함되어 있었다. 특히 U5와 U4가 많았고, 지역적으로는 동유럽이 많았다. 폴란드, 리투아니아, 러시아에서 출토된 샘플 16점은 모두가 U4 혹은 U5에 속했다. 독일에서 출토된 중석기 시대 샘플에서도 하플로그룹 U의 비중이 높았지만, 하플로그룹 J, T, K도 포함되어 있었다(이들은 중석기 시대 고립된 지역 한 군데에서만 나왔음을 감안해야 한다). 신석기 시대 중부 유럽의 유전자 구성은 매우 다양했지만, 이러한 새로운 샘플의 분포는 중석기-신석기의 극명한 불연속성을 의미했다. 즉 신석기 시대에 새로 유입된 인구가 기존의 중석기 시대 포레이징 인구를 밀어낸 결과로 해석되었다.

중석기 시대 유전자와 현대 유럽인 유전자의 극명한 차이는 이 같은 해석에 더욱 힘을 실어주었다. 샘플의 오염 가능성은 여전히 중요한 문제로 남아 있지만, 그래도 전체적 흐름을 바꾸어놓을 수는 없다. 분석에 아무리 주의를 기울인다 해도 분석에 사용된 샘플 자체가 박물관에서 제공된 것이고, 대개는 오래전, 그러니까 불완전한 방식으로 발굴된 것들이다. 현대인의 DNA가 섞여 들어갔을 가능성은 어느 샘플에서나 존재하기 때문에, 완벽한 조건에서 발굴된 샘플만으로 한정한다는 원칙을 적용하기란 현실적으로 불가능하다. 예컨대 몇 건의 서로 다른 연구에서 동일한 하플로타입 시퀀스가 도출된 적이 있었다. 이를 보더라도 샘

---

29 M.B. Richards et al., 'Phylogeography of mitochondrial DNA in western Europe', *Annals of Human Genetics*, 62 (1998), 241-60; B. Malyarchuk et al., 'Mitochondrial DNA phylogeny in eastern and western Slavs', *Molecular Biology and Evolution*, 25 (2008), 1651-8.

플 오염에 신중을 기할 필요는 여전히 남아 있다.

그럼에도 불구하고 새로운 연구 결과를 폄훼할 수는 없다. mtDNA 하플로그룹 N1a는 특히 LBK 문화와 결부된 것으로 알려져 있다. 중부 유럽 이외 지역에서 신석기 시대 샘플 가운데 N1a가 발견된 사례는 단 한 건에 불과했다. 서부 프랑스에 있는 신석기 시대 무덤 유적이었다(LBK 문화 지대에서 그곳으로 이주한 사람의 것으로 추정된다).[30] 중부 유럽 신석기인 계보의 기원은 여전히 논란의 와중에 있다. 하아크 연구팀은 아나톨리아 기원설을 주장했지만, 아나톨리아에서 출토된 N1a는 드물고 중앙아시아 및 남아시아에서는 출토된 사례가 있다. 한편 LBK 문화의 유전자 샘플은 모두가 유럽인의 하플로그룹 N1a1에 속한다. 창시자 분석법(founder analysis)에 의하면, N1a는 이르면 빙하기 말기에 근동 지역에서 유럽으로 들어왔던 것으로 추정된다. 유럽에 특유한(근동에서 유럽으로 들어와 토착화된) 이들의 유전자를 분석해본 결과, 이들이 유럽으로 들어온 시기는 약 1만 7000년 전이었다.[31]

이상의 연구는 유전자 조절 영역(control region) 변이 연구를 바탕으로 한 것이었다. 더욱 흥미로운 연구가 이들의 뒤를 이었다. 중부 유럽에서 출토된 39건의 선사 시대 유전자 샘플 연구였다. 이들은 모두 하플로

---

30 M.F. Deguilloux et al., 'News from the west: ancient DNA from a French megalithic burial chamber', *American Journal of Physical Anthropology*, 144 (2011), 108-18.
31 M.G. Palanichamy et al., 'Mitochondrial haplogroup N1a phylogeography, with implication to the origin of European farmers', *BMC Evolutionary Biology*, 10 (2010), 304; V. Fernandes et al., 'The Arabian cradle: mitochondrial relicts of the first steps along the southern route out of Africa', *American Journal of Human Genetics*, 90 (2012), 347-55.

그룹 H에 포함되는 것으로, 시기는 신석기 초기부터 청동기 시대까지 다양했다.[32] 하플로그룹 H는 현대 유럽인에게서 가장 많이 발견되는 유전자 유형이다. 발생 빈도는 40퍼센트 이상이다. 그럼에도 불구하고 조절 영역 시퀀스 분석 결과가 가장 부족한 유전자이기도 하다. 그래서 전체 mtDNA 시퀀스 분석은 특히 더 중요한 의미를 지닌다. 이번 연구에서는 유전자 샘플의 오염 문제가 제기될 가능성이 거의 없었다.

이상하게도 H 계보는 신석기 중기(약 6000년 전) 혹은 신석기 후기부터 더욱 다양하게 갈라졌다. 이는 신석기 시대를 거치는 동안 유럽의 유전자 구성에 모종의 변화가 있었음을 의미한다. N1a의 소멸도 이러한 변화와 관련이 있었을 수도 있다. 신석기 초기 근동 지역의 샘플과 신석기 후기 이베리아반도 지역의 샘플을 PCA 기법으로 분석(주요 구성 요소 위주로 분석)해본 결과, 신석기 초기 근동 지역에서 이주민이 유입되었다는 가설이 다시 대두되었고, 그 직후 남서부 유럽에서부터 뚜렷한 변화가 있었다는 결론에 이르렀다. 그러나 이러한 분석은 조절 영역 돌연변이 발생 빈도를 기준으로 한 것인데, 이 방법론으로 결론을 도출하기에는 데이터가 턱없이 부족하다는 약점이 있다. 초기 신석기 하플로그룹 H1의 기원지는 이베리아반도로 추정된다. 그들은 중석기 시대에 이베리아반도를 출발하여 주변 지역으로 확산된 유전자였다.[33] 이는 곧 중석기 시대 유럽인의 유전자가 신석기 시대까지 이어졌음을 의미한다.

---

32 P. Brotherton et al., 'Neolithic mitochondrial haplogroup H genomes and the genetic origins of Europeans', *Nature Communications*, 4 (2013), 1764.
33 P. Soares et al., 'The archaeogenetics of Europe', *Current Biology*, 20 (2010), R174-83.

게다가 전반적인 유전자 구성의 맥락에서 보더라도, 초기 신석기 시대에 존재했던 여러 유전자 계보들의 기원지는 주로 근동 지역이 아니라 유럽이었다. 이처럼 낮은 다양성은 소수 창시자의 후손이 극적으로 늘어난 결과였다.

이 문제에 대해서는 결론이 확정되지 않았다. 그러나 신석기 시대에 등 짚고 넘기 식으로 아나톨리아에서 남동부 유럽으로 진출한 사람들이 있었다. 고고학적으로 확인된 바로는 농업 기술의 현지 적응 과정이 있었고, 원주민과 동화되는 과정도 있었다(예를 들면 N1a와 H 계보). 그 뒤 이들이 중부 유럽으로 급속히 확산되면서 LBK 문화를 이루었다는 가설이 전체적 패턴을 가장 잘 설명해주는 것 같다.[34] 이들의 조상이 소와[35] 돼지를[36] 근동 지역에서 들여온 것으로 추정된다. 사육 돼지의 유전자 계보는 (인간으로 치면 N1a 계보와 마찬가지로) 중석기 시대에 유럽 고유의 종으로 토착화되었다. 그 과정이 약 500년 남짓 걸렸다. 기원전 제1천년기 무렵에는 토착화된 돼지가 남동쪽으로 아르메니아까지 확산되었다.

신석기 초기 중부 유럽에서 중요한 문화적 변화가 일어났을 가능성

---

[34] M.F. Deguilloux et al., 'European Neolithization and ancient DNA: an assessment', *Evolutionary Anthropology*, 21 (2012), 24-37.
[35] C.S. Troy et al., 'Genetic evidence for Near-Eastern origins of European cattle', *Nature*, 410 (2001), 1088-91; C.J. Edwards et al., 'A complete mitochondrial genome sequence from a Mesolithic wild aurochs (*Bos primigenius*)', *PLoS ONE*, 5 (2010), e9255; A. Achilli et al., 'Mitochondrial genomes of extinct aurochs survive in domestic cattle', *Current Biology*, 18 (2008), R157-8.
[36] G. Larson et al., 'Worldwide phylogeography of wild boar reveals multiple centers of pig domestication', *Science*, 307 (2005), 1618-21; G. Larson et al., 'Ancient DNA, pig domestication, and the spread of the Neolithic into Europe', *Proceedings of the National Academy of Sciences*, 104 (2007), 15276-81.

도 배제할 수 없다. 하플로그룹 N1a와 하플로그룹 H에 속하는 일부 계열이 심지어 남동부 유럽에서도 출토된 바 있듯이, LBK 문화 그룹에 속하는 유전자 계열은 매우 다양했다. 중석기 시대 서부 유럽에서 기원하는 유전자 계보(예를 들면 H1) 중 일부도 LBK 문화 그룹에 포함되었다. 고고학적으로 발굴되는 비율로 보자면, LBK 문화 그룹은 상당한 인구 규모를 이루었던 것으로 추정된다. 신석기 시대의 인구 구성을 감안할 때, 중석기 시대에 LBK 문화 그룹이 다른 주요 계보들을 흡수하지 않고서는 그 정도의 인구 성장을 이루지 못했을 것이라는 시뮬레이션 연구 결과도 있었다.[37] 어쨌든 오늘날 유럽 인구 가운데 N1a (그리고 LBK 문화 그룹 소속 H 계열 중 일부) 유전자가 없다는 사실은, 유럽으로 들어왔던 LBK 문화 그룹 중 일부가 다른 계보에 흡수되었음을 의미한다. 가장 유력한 가설은 중석기 시대 (중부 유럽인지 유럽 다른 지역인지 알 수 없지만) 유럽에 살았던 원주민 계보에 흡수되었다는 추정이다. 이후 실증적인 사례 연구도 있었다. 신석기 후기에 중부 유럽에서 중석기 시대 mtDNA 계보(포레이저)와 농업인 계보가 혼인을 통해 동화되었던 사례다.[38] LBK 문화 초기에 적지 않은 비율로 분포했던 일부 계보들이 절멸에 가까울 정도로 끊어졌다는 사실을 뒷받침하는 근거가 사육 돼지의 유전자 연구나 고식물학 연구에서도 발견되었다. 이러한 모든 근거를 종합해볼 때, 후대의 누군가가 그들을 대체한 것은 분명하다.[39] 중부 유

---

37 P. Galeta et al., 'Modeling Neolithic dispersal in central Europe: demographic implications', *American Journal of Physical Anthropology*, 146 (2011), 104-15.
38 R. Bollongino et al., '2000 years of parallel societies in Stone Age central Europe', *Science*, 342 (2013), 479-81.

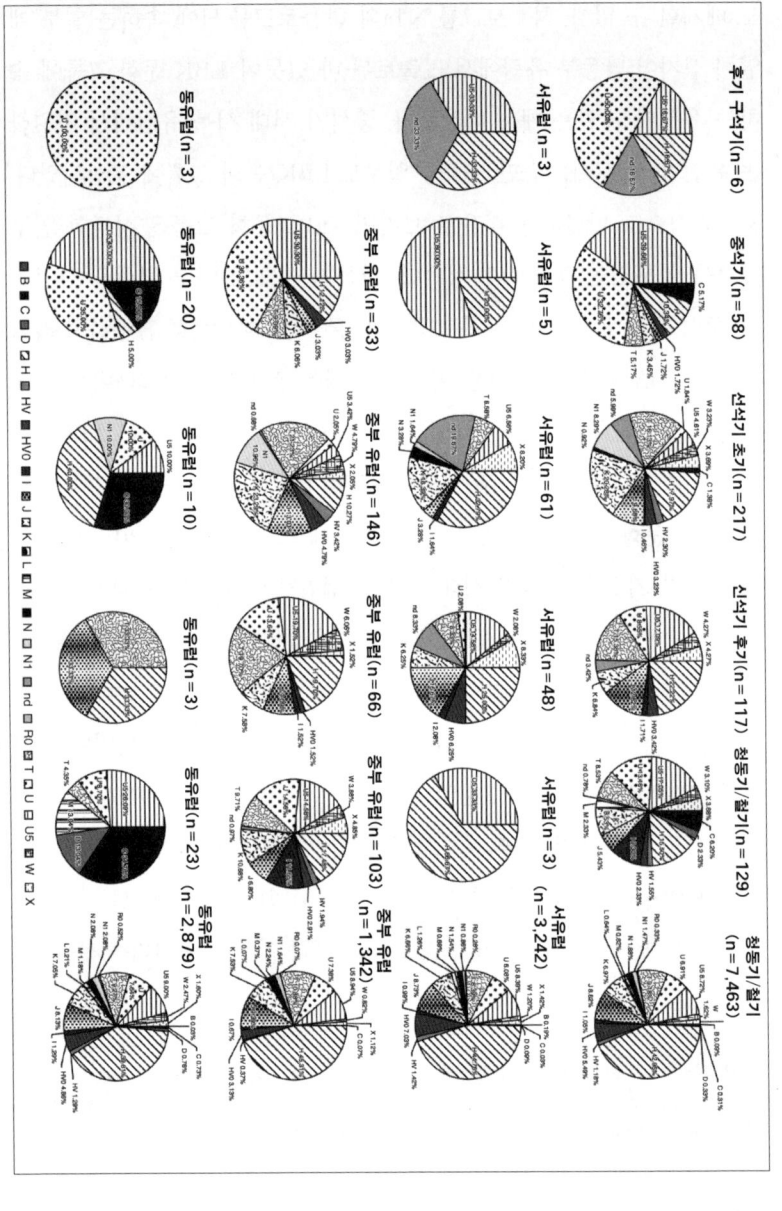

(그림 2-4) 유럽 aDNA에 기초한 mtDNA 하플로그룹 출현 빈도(동일 지역 현대 인구 자료(2014년)와 비교)

럽의 경우, 특정 계보의 조상들이 들어와서 등 짚고 넘기 식으로 확산되었고, 이후 시간이 지나면서 원주민 수렵채집 인구에 동화 흡수되었을 가능성이 또다시 가장 설득력 있는 가설로 제시되었다. 만약 그들을 대체한 인구가 어딘가 외부에서 들어온 신석기 문화인이라면, 그들은 과연 어디에서 왔는가 하는 의문이 다시 남을 수밖에 없다.

신석기 이전 상황을 좀 더 명확히 이해하려면 유럽의 다른 지역들도 연구해봐야 할 테지만, 기본적으로 자료가 충분하지 못하다는 문제가 있다(그림 2-4). 남서부 유럽에서 발굴된 후기 구석기 및 중석기 시대의 유골에서 mtDNA를 추출했다는 보고도 몇 차례 있었다. 여기서 하플로그룹 H가 발견되었는데, 신석기 이전 북동부 유럽에서는 전혀 나타나지 않는 유전자 유형이다. 하플로그룹 H 유전자는 이베리아반도의 마들렌기 문화에 속하는 유전자들, 예컨대 U5 등과 함께 나왔다. 이베리아반도 지역 중석기 시대 샘플에서 이미 U5b 세 건이 확인된 바 있었다. 기존 연구에 일부 의심스러운 부분이 없지 않지만, 어쨌든 하플로그룹 U5는 신석기 이전부터 남서부 지역에 존재했던 것으로 추정된다.[40] 포르투갈의 중석기 샘플 연구에서 U4 및 U5와 함께 H가 발견되었다는 보고가 이미

---

39 S. Shennan and K. Edinborough, 'Prehistoric population history: from the late Glacial to the late Neolithic in central and northern Europe', *Journal of Archaeological Science*, 34 (2007), 1339-45; F. Coward et al., 'The spread of Neolithic plant economies from the Near East to northwest Europe: a phylogenetic analysis', *Journal of Archaeological Science*, 35 (2008), 42-56.
40 M. Hervella et al., 'Ancient DNA from hunter-gatherer and farmer groups from northern Spain supports a random dispersion model for the Neolithic expansion into Europe', *PLoS ONE*, 7 (2012), e34417; F. Sánchez-Quinto et al., 'Genomic affinities of two 7,000-year-old Iberian hunter-gatherers', *Current Biology*, 22 (2012), 1494-9.

발표된 적이 있었다.⁴¹ 물론 이 연구 또한 신중히 받아들일 필요는 있다.

신석기 이전 선주민의 유전자로 추정되는 샘플은 북유럽에서도 나왔다.⁴² 스칸디나비아반도 남부 지역이 신석기 시대로 진입한 시기는 약 6000년 전이다. PWC(Pitted Ware Culture) 같은 수렵채집 문화는 사실 신석기 초기 이후에 등장해서 신석기 중기까지 발견된다. 그러니까 수렵채집 문화가 신석기 문화와 함께 약 4000년 전까지 지속되었다. PWC에 속하는 유전자 샘플 19건 가운데 3분의 1이 (기존에는 최후빙하극성기 이후 동유럽 평원에서 이주해 온 사람들의 유전자로부터 파생된 변이형으로 알려져 있었던⁴³) 하플로그룹 U4였다. U5는 이보다 조금 적었고, T2와 V도 일부 나왔으며, 미분류 샘플도 약간 있었다. 이 연구에서도 신석기 혹은 신석기 이후에 스칸디나비아 남부 지역에서 인구 교체가 있었던 것으로 추정했다. PWC는 발트해 동부 지역으로부터 스칸디나비아 지역으로 유입된 것인데, 발트해 동부 지역은 중석기 시대부터 오늘날까지 유전자 연속성이 매우 강해서 U4의 출현 빈도가 특히 높다. 중석기 후기 러시아에서는 하플로그룹 (U4와 U5뿐만 아니라 U2도 포함하여) U가 주류였고, H와 일부 동아시아 계보도 포함되어 있었다. 후기 구석기 초기에 그곳에 있었던 유전자는 하플로그룹 U2, pre-U5, pre-U8b,

---

41 H. Chandler et al., 'Using ancient DNA to examine genetic continuity at the Mesolithic-Neolithic transition in Portugal', *Prehistoricas de Cantabria*, 1 (2005), 781-6.
42 H. Malmström et al., 'Ancient DNA reveals lack of continuity between Neolithic hunter-gatherers and contemporary Scandinavians', *Current Biology*, 19 (2009), 1758-62.
43 See footnote 29 above.

그리고 기타 U 계열 등이었다.[44]

중부 유럽과 마찬가지로 남서부 유럽에서도 초기 신석기 시대의 유전자 샘플은 별로 없다. 최소한 후기 신석기에 이르러서야 오늘날 유럽인의 유전자 분포와 비슷한 구조가 나타난다. 가장 초기의 신석기 유적에서도 N1a는 발견되지 않았지만 하플로그룹 U5는 있었다. 이는 초기 신석기의 인구 구성이 중석기 시대와 공통점이 있었음을 알려준다. MSY 분석에서는 몇 가지 수수께끼 같은 결과가 나왔다. 오늘날 근동 지역에서 흔히 분포하는 남성 유전자가 유럽 신석기 유전자에서 발견된 것이다. 이러한 결과는 신석기 시대 근동 지역에서 지중해 지역으로 인구가 유입될 때 남성의 역할이 특히 중요했음을 의미한다. 외치(Ötzi, Chalcolithic Tyrolean Iceman, 알프스 빙하에서 발견된 5300년 전의 미라 — 옮긴이)에게서도 이 범주의 유전자 중 하나가 발견되었다. 그의 유전자는 정밀 검사가 가능했는데, 상염색체 일치 여부를 조사한 결과 오늘날 코르시카나 사르데냐 지역에 분포하는 유전자와 연관이 있는 것으로 드러났다.[45]

44 C. Der Sarkissian et al., 'Ancient DNA reveals prehistoric gene-flow from Siberia in the complex human population history of North East Europe', *PloS Genetics*, 9 (2013), e1003296; Q. Fu et al., 'A revised timescale for human evolution based on ancient mitochondrial genomes', *Current Biology*, 23 (2013), 553-9.
45 M. Lacan et al., 'Ancient DNA reveals male diffusion through the Neolithic Mediterranean route', *Proceedings of the National Academy of Sciences*, 108 (2011), 9788-91; M.L. Sampietro et al., 'Palaeogenetic evidence supports a dual model of Neolithic spreading into Europe', *Proceedings of the Royal Society B*, 274 (2007), 2161-7; M. Lacan et al., 'Ancient DNA suggests the leading role played by men in the Neolithic dissemination', *Proceedings of the National Academy of Sciences*, 108 (2011), 18255-9; C. Gamba et al., 'Ancient DNA

신뢰할 수 있는 더 많은 aDNA 데이터를 [그림 2-4]에서 요약했다. 그 결과가 유럽 전역에서 중석기와 신석기의 유전적 불연속성을 뒷받침한다고 보기는 어렵다. 또한 일부 연구자들이 주장했던, 현대 유럽인이 "신석기 이주민에서 파생된 후손"이라는 가설도 받아들이기 어렵다. 중석기 시대 유럽의 "지리적 유전자 구성이 단순"했으며, 중석기 수렵채집인은 "공통 조상의 후손"이라는 주장도 성숙한 논의를 거쳤다고 보기 어렵다. 이 또한 몇몇 의심스러운 사례 연구에 기초하여 수립된 가설일 뿐이다. 일부 연구자들은 신석기 이전의 인구 구성을 고려하지 않았는데, 이는 유전학 및 고고학적 근거를 무시하는 셈이다. 확인된바 중석기 시대 유럽 인구 구성은 빙하기 말기 및 빙하기 직후 인구 팽창 및 분화의 결과였다.[46] 그러나 aDNA 연구 결과로 드러난 패턴은 매우 충격적이면서 동시에 수수께끼였다. 오늘날 같은 유럽인의 유전자 구성이 신석기 시대 말기가 되어서야 형성되었다는 사실은 새롭고도 흥미로운 연구 결과였다.[47] 물론 [그림 2-4]에서 보듯이, 중부 유럽 LBK 문화 지대 바깥에서는 아직 충분한 근거가 확보되지 못했다. 바깥 지역에서는 오히려

    from an early Neolithic Iberian population supports a pioneer colonization by first farmers', *Molecular Ecology*, 21 (2012), 45-56; A. Keller et al., 'New insights into the Tyrolean Iceman's origin and phenotype as inferred by wholegenome sequencing', *Nature Communications*, 3 (2012), 698.

46 C. Gamble et al., 'The archaeological and genetic foundations of the European population during the late Glacial: implications for "agricultural thinking"', *Cambridge Archaeological Journal*, 15 (2005), 193-223.

47 G. Brandt et al., 'Ancient DNA reveals key stages in the formation of central European mitochondrial genetic diversity', *Science*, 342 (2013), 257-61; F.-X. Ricaut et al., 'A time series of prehistoric mitochondrial DNA reveals western European genetic diversity was largely established by the Bronze Age', *Advances in Anthropology*, 2 (2011), 14-23.

시간과 장소에 따라 발생 빈도가 유동적으로 나타나는데, 부분적으로는 유전자 이동이 그 원인이겠지만 대체로 샘플이 부족하기 때문에 나타난 결과로 보인다.

최근 aDNA의 전장유전체 분석은 기술적으로 더욱 놀라운 발전의 성과인데, 그 결과도 비슷한 해석을 보여주었다. 다만 지금까지 전장유전체 분석에 사용된 샘플은 손가락으로 꼽을 정도에 불과하다. 스칸디나비아 PWC에서 발굴된 샘플은 오늘날의 핀란드인이나 러시아인과 가장 닮았다. 이는 기존의 mtDNA 분석과 일치하는 결과로, PWC의 기원이 발트해 동부 지역에 있었다는 사실을 재확인해주었다. 한편 신석기 푼넬비커 문화(Funnel Beaker Culture)에서 출토된 샘플이 하나 있었다(시기는 약 5000년 전이고, mtDNA 하플로그룹 H로 분류되었다). 이 샘플의 전장유전체 분석 결과는 남부 유럽인과 가장 비슷했다. 이베리아반도에서 출토된 중석기 시대의 샘플 두 건(mtDNA는 U5b)은 오늘날 중부 및 북부 유럽인의 중간쯤에 위치했고, 오늘날 이베리아반도 지역의 사람들과는 상당히 차이가 있었다.

이러한 결과로 미루어 보아 남부 유럽 지역에서는 최후빙하기 이후에 근동 지역에서 유입된 인구에 의해 인구의 구조 조정이 일어났던 것 같다(일부는 신석기 시대에 유입된 인구도 있었다). 이는 현대인의 mtDNA 연구 및 MSY 연구와도 일치하는 결과다. 또한 신석기 시대 유럽 내부적으로 남부에서 북부로 인구 확산이 있었다는 근거도 된다. 유럽의 주요 유전자 계보는 신석기 이전부터 전해 내려오는 것이지만, 그들의 분포는 장거리 이주와 단거리 이주가 모두 섞여서 나타난 결과다. 토착화된 인구의 팽창으로 주요 유전자 계보가 확산되기도 했고, 중부 유럽의

LBK 문화에 소속되었던 일부 계보들처럼 소멸되기도 했다. 전체적인 그림은 다양한 지역에서 다양한 역사적 계기를 거치면서 형성된 것이다. 소규모 확산(등 짚고 넘기 식의 이동), 서로 다른 유전자 계보들의 동화, 다른 인구에 의한 인구 대체 등의 사건들이 있었다. 이는 방사성탄소 연대측정의 결과에도 부합한다. 신석기 시대 확산의 과정이 단기적으로 폭발했다가 멈추는 식으로 간헐적으로 이어졌다는 것이 방사성탄소 연대측정의 결과였다.

aDNA는 농업의 확산에서 일부 측면을 밝혀주는 데도 기여하기 시작했다. 예컨대 현대 유럽인은 특정 DNA 변이의 결과로 락토스 내성(우유에 함유된 유당을 소화하는 능력) 비율이 매우 높다. 이는 세계의 다른 지역에서 전해지는 내성과도 다른 독특한 것으로, 아마도 옛날 유럽의 목축 인구로부터 전해 내려온 것으로 추정된다. 중석기 시대 유전자 샘플 1건과 초기 신석기 시대 유전자 샘플 8건을 분석해본 결과, 이러한 락토스 내성 유전자가 없었다. 즉 내성 유전자가 생기기 이전에 목축이 뿌리내렸다는 의미다.[48] 농업이 인간 게놈에 미친 영향(혹은 그 반대) 연구는 이제 시작일 뿐이다.

아시아와 아프리카

사실상 유럽 이외 지역에서는 신석기 이행과 관련된 aDNA 연구가

---

48 J. Burger et al., 'Absence of the lactase-persistence-associated allele in early Neolithic Europeans', *Proceedings of the National Academy of Sciences*, 104 (2007), 3736-41; Y. Itan et al., 'The origins of lactase persistence in Europe', *PLoS Computational Biology*, 5 (2009), e1000591.

이루어지지 않았다. 그러나 몇몇 지역에서 현생인류를 주제로 집중적인 연구 성과들이 있었으며, 그중 두 지역의 경우 유럽에서는 볼 수 없는 과정이 포함되었다. 그러므로 이들 연구와 유럽의 연구가 상호 보충적인 역할을 하리라 기대할 수 있었다. 둘 중 하나는 동남아시아·태평양 지역, 또 하나는 사하라 이남 아프리카 지역이었다. 이들 지역에는 각기 하나의 어족이 널리 확산되어 있었다. 동남아시아·태평양에는 오스트로네시아어족, 사하라 이남 아프리카에는 반투어군이었다. 또한 이들 지역의 확산 과정은 비교적 최근의 일이고 자료도 잘 보존된 편이었다. 언어 분포 및 고고학적·역사학적 증거들을 참조하여 유전자 연구의 방향을 잡을 수 있었다. 또한 유전자 분석을 근거로 하는 연대 추정을 검증해볼 수도 있었다. 동시에 특히 하나의 어족은 그에 속하는 하위 계열 전체를 망라하기 때문에, 언어적 증거를 살펴보면 인구 팽창의 전체 과정이 단순한 그림으로 표현된다.[49] 이와 달리 유전자 증거는 훨씬 더 복잡한 패턴을 내포하고 있다. 이러한 패턴은 태평양의 섬들이나 남부 아프리카로 인구가 확산되기 이전에 발생했던 것들이다.

동남아시아 연구의 주안점은 섬동남아 지역과 태평양 섬 지역에 있었는데, 언어적으로는 오스트로네시아어권이다. 그러나 (쌀농사로 가속화된) 농업의 확산을 연구하면서 중국 중부 및 남부, 그리고 대륙동남아 지역도 연구 대상에 포함되었다. 유전자 연구는 주변부 지역부터 시작되었다. 즉 태평양 섬 지역 연구에서 출발하여 거꾸로 거슬러 올라왔다.

---

49 J. Diamond and P. Bellwood, 'Farmers and their languages: the first expansions', *Science*, 300 (2003), 597–603.

오세아니아 지역의 상황이 더 단순했기 때문이다. 태평양 섬 지역의 유전자 다양성은 매우 낮을 것으로 예상되었다. 언어학과 고고학을 기반으로 한 초기 연구는 이러한 가설을 지지했다. 멀지 않은 과거에 그곳에서 창시자 효과(founder effect, 유전자 유형이 다양한 모집단에서 특정 유전자 유형을 지닌 소수자들이 떨어져 나와 새로운 지역에서 많은 후손을 남기면, 결과적으로 그들의 유전자 유형은 모집단과 달라지는 현상을 가리킨다. ─옮긴이) 발생이 확인되었기 때문이다. 특히 "폴리네시안 모티프"라고 일컬어지는 mtDNA가 형성되었다. 이 하나의 계보가 태평양 섬 지역 전체에 퍼져 발생 빈도가 매우 높게 나타났다. 초기 연구에서는 이 유전자가 농경과 언어의 확산과 일치한다고 보았다. 즉 중국·대만 지역에서 출발한 사람들이 약 6000년 전 동남아시아를 거쳐 갔고, 멀리 태평양 섬 지역에 도달한 때는 약 3000년 전이었다. 뉴기니는 대체로 우회했는데, 뉴기니의 진화 과정은 수만 년 전부터 동남아시아와는 별도로 떨어져 있었다. 수많은 유전자 연구가 지금도 태평양 지역에 초점을 맞추고 있으며, 이상과 같은 틀에서 유전자 자료를 해석하고 있다.

    그러나 섬동남아 지역은 처음부터 태평양의 미크로네시아나 폴리네시아보다 유전자 다양성이 훨씬 더 컸다. mtDNA 연구가 더욱 심화되고 MSY 연구 자료 또한 밝혀지면서, 중국·대만에서 출발하는 이른바 "고속열차" 확산 모델은 더 이상 유지될 수 없었다. 대신 인도네시아 동부와 근접오세아니아(Near Oceania, 뉴기니 지역)가 유전자 기원지로 밝혀졌다. 이는 mtDNA 연구나 MSY 연구 모두 마찬가지였다. "폴리네시안 모티프"의 가까운 기원지는 비스마르크 제도였고, 시기를 더 거슬러 올라가면 섬동남아 지역이 기원지였다.[50] 그러나 이들이 원격오세아니아

(Remote Oceania)로 팽창하기 이전, 홀로세 후기에도 섬동남아 지역에서 유입된 인구가 일부 있었다. 홀로세에 섬동남아 지역과 뉴기니 지역이 밀접하게 연결되었던 사실이 밝혀지면서, 기존의 단순한 혼합 모델은 구식이 되어버렸다. 기존에는 태평양 섬의 주민들을 아시아인(오스트로네시아인) 계열과 멜라네시아인 계열로 구분했으나, 이후로 고대인들의 항해를 강조하는 새로운 고고학 모델이 중요한 역할을 담당하게 되었다.[51]

마찬가지로 MSY 변이들의 기원지 역시 대부분 인도네시아 동부 혹은 근접오세아니아 지역으로 분명하게 밝혀졌다. 대만이나 보르네오섬에서 건너온 소수파도 있었다. 이들은 아마도 남성을 매개로 북부와 서부에서 들어온 "농경 및 언어의 확산" 과정을 반영하는 것 같다. 그러나 세부 사항이 확실히 밝혀지지는 않았다. 유럽 연구에서 지적된 것과 비슷한 문제점을 여기서도 지적할 수 있다.[52] 언어학에서는 대만이 섬동남아 지역 사람들의 기원지라고 추정했지만, mtDNA 연구와 일부 상염색체 분석에서는 오히려 남쪽의 사람들이 대만으로 진출했던 것으로 드러

50 J.S. Friedlaender et al., 'The genetic structure of Pacific islanders', *PloS Genetics*, 4 (2008).
51 M. Kayser et al., 'Genome-wide analysis indicates more Asian than Melanesian ancestry of Polynesians', *American Journal of Human Genetics*, 82 (2008), 194-8; J.E. Terrell and R.L. Welsch, 'Lapita and the temporal geography of prehistory', *Antiquity*, 71 (1997), 548-72.
52 T.M. Karafet et al., 'Major east-west division underlies Y chromosome stratification across Indonesia', *Molecular Biology and Evolution*, 27 (2010), 1833-44; M. Kayser, 'The human genetic history of Oceania: near and remote views of dispersal', *Current Biology*, 20 (2010), R194-201; M. Kayser et al., 'The impact of the Austronesian expansion: evidence from mtDNA and Y chromosome diversity in the Admiralty Islands of Melanesia', *Molecular Biology and Evolution*, 25 (2008), 1362-74.

났다.⁵³ 소수파 mtDNA 계보가 없지는 않다. MSY 계보에서도 소수파는 존재한다. 이들이 섬동남아 지역을 거쳐 오스트로네시아어나 신석기 문화를 전해주었을 수도 있다. 그러나 ("폴리네시안 모티프"의 조상을 포함한) 주류는 오래전부터 섬에서 살았던 조상의 후손이었다. 이들은 최후빙하기가 끝나고 해수면이 상승할 때 그곳에 자리를 잡았을 것이다.⁵⁴ 신석기의 확산과 오스트로네시아어의 확산은 유전자 구성에 그다지 큰 영향을 미치지 못했던 것 같다. 그 영향은 오히려 사회적 네트워크와 상호 교류의 세계를 구축하는 데 있었다.⁵⁵ 이 같은 패턴은 빙하기 후기와 빙하기 직후에 형성된 것이지만, 중국인의 미토유전체(mitogenomes)에서 보이는 바와 같이 신석기 시대 직전에도 이런 일이 있었다.⁵⁶ 그러나 이때까지도 생물계통지리학적 구성이 아직 완성되지는 않았다.

대륙동남아(주요 언어는 오스트로아시아어)의 패턴은 섬동남아와 사뭇 달랐다. 중국 남부와의 연관성은 분명하게 드러났지만, 이들이 쌀농사가 확산되면서 인도차이나반도로 들어왔는지, 아니면 그 이전에 수렵채집 단계에서 기후 변화 때문에 해안선을 따라 내려온 사람들인지에 대해서는 논쟁의 여지가 남아 있다. 말레이반도의 세노이족(Senoi)은 화

---

53 P. Soares et al., 'Climate change and post-Glacial human dispersals in Southeast Asia', *Molecular Biology and Evolution*, 25 (2008), 1209-18; M.A. Abdulla et al., 'Mapping human genetic diversity in Asia', *Science*, 326 (2009), 1541-5.
54 K.A. Tabbada et al., 'Philippine mitochondrial DNA diversity: a populated viaduct between Taiwan and Indonesia?', *Molecular Biology and Evolution*, 27 (2010), 21-31.
55 G. Barker and M.B. Richards, 'Foraging-farming transitions in island Southeast Asia', *Journal of Archaeological Method and Theory*, 20 (2013), 256-80.
56 H.X. Zheng et al., 'Major population expansion of East Asians began before Neolithic time: evidence of mtDNA genomes', *PLoS ONE*, 6 (2011), e25835.

전민이면서 동시에 원주민과 융합된 민족으로 알려져 있다. 이들이 오스트로아시아어를 남쪽으로 전파하는 통로 역할을 했을 수도 있다. 오스트로아시아어는 인도에서 동쪽의 대륙동남아로 전파된 것으로 알려져 있었으나, MSY 및 상염색체 패턴으로 볼 때 실제 전파 방향은 그 반대였다. 인도아대륙에는 동남아시아(주로 부계 유전자)와 서남아시아(부계와 모계 유전자 모두) 양쪽에서 유전자가 유입되었다. 동쪽에서 전파된 쌀과 서쪽에서 전파된 밀·보리가 여기서 뒤섞였을 수도 있다. 다만 서쪽에서 밀·보리가 전파되어 들어온 시기는 신석기 이전이었다.[57]

아프리카에서 중부 및 남부 대부분 지역으로 농업이 확산될 때 동시에 중앙아프리카 서부의 반투어군도 함께 확산되었다. 최근 수천 년 사이에 일어난 일이다. 리모트오세아니아 지역에서와 마찬가지로 남아프리카 지역의 상황도 비교적 단순해서 대강의 과정을 충분히 이해할 수 있다. 코이족 원주민과 산족 원주민은 흡착음이 포함된 언어인 이른바 "코이산어"를 사용하며, 전통적으로 수렵과 목축 경제를 운용했다. 그들의 mtDNA와 MSY 계보는 매우 독특하며, 상염색체 프로파일로 뚜렷하게 구별이 된다. 이와 달리 남아프리카의 반투어군 사용자들에게는 약 2000년 전 모계의 창시자 효과가 발생했던 흔적이 있다. 이들과 중앙아프리카의 반투어군 사용자들은 다양한 mtDNA 및 MSY 계보를 공유하고 있으며, 상염색체 프로파일도 같다.[58]

---

57 C.Hill et al., 'Phylogeography and ethnogenesis of aboriginal Southeast Asians', *Molecular Biology and Evolution*, 23 (2006), 2480-91; G. Chaubey et al., 'Peopling of South Asia: investigating the caste-tribe continuum in India', *BioEssays*, 29 (2007), 91-100.

그러나 남아프리카는 반투어군 확산 범위의 끄트머리였다. 북쪽의 상황은 좀 더 복잡했다. 반투어군의 기원지는 서부 카메룬 및 남동부 나이지리아 부근이다. 반투어군은 여기서부터 남쪽과 동쪽으로 퍼져 나갔다. 동쪽으로 진출한 사람들은 동아프리카에서 곡물을 재배하는 정착민들과 만났다. 그곳에서, 혹은 중앙아프리카의 동부 어디쯤에서 그들은 새로운 유전자 유형의 사람들을 받아들여 융화되었다. 최소한 모계 유전자가 다른 사람들을 받아들였던 것만은 확실하다. 결국 남동부 반투어군은 다양한 조상의 결합으로 형성되었다. 중앙아프리카 서부, 동아프리카, 남아프리카 출신의 유전자 계보들이 포함되었다. 당시 남아프리카에서는 "코이산 제어"의 조상들이 급격히 늘고 있었다.[59]

한편 남서부의 반투어군에게서는 중앙아프리카 계보들이 우세했다. 이는 남동부 반투어군에게서는 거의 나타나지 않는 유형들이었다. 아마도 남서부 반투어군이 처음에 서쪽으로 진출하는 과정에서 중앙아프리카 삼림 지대에 살던 사람들에 동화된 것으로 추정된다. 이상한 것은 중앙아프리카 삼림 지대 사람들보다 반투어군에 동화된 이들의 유전자 유

---

58 D.M. Behar et al., 'The dawn of human matrilineal diversity', *American Journal of Human Genetics*, 82 (2008), 1-11; T. Rito et al., 'The first modern human dispersals across Africa', *PLoS ONE*, 8 (2013), e80031; B.M. Henn et al., 'Hunter-gatherer genomic diversity suggests a southern African origin for modern humans', *Proceedings of the National Academy of Sciences*, 108 (2011), 5154-62; V. Montano et al., 'The Bantu expansion revisited: a new analysis of Y chromosome variation in Central Western Africa', *Molecular Ecology*, 20 (2011), 2693-708; S.A. Tishkoff et al., 'The genetic structure and history of Africans and African Americans', *Science*, 324 (2009), 1035-44.
59 A. Salas et al., 'The making of the African mtDNA landscape', *American Journal of Human Genetics*, 71 (2002), 1082-111.

형이 훨씬 더 다양하다는 사실이다. 이는 직관적 추측과 상반되는 결과다. 흔히 예상하기로는 대규모 동화 작용이 일어나 반투어군으로 통합되는 과정에서 포레이저의 유전적 특성을 대폭 상실했을 것으로 보았다. 동아프리카에서도 부계 유전자에서, 그리고 특히 상염색체 패턴에서 비슷한 문제가 드러났다.[60] 반투어군의 확산이 아프리카의 유전자 분포를 완전히 바꾸어놓았던 것은 분명해 보인다. 그러나 이 논문을 통해서도 드러났듯이, 세부 과정을 밝히려면 앞으로 많은 과제가 남아 있다. 우리는 급성장하고 있는 방대한 연구 성과 가운데 설득력 있다고 여겨지는 몇 가지를 뽑아서 대강의 줄거리를 소개했을 뿐이다. 현재의 연구 성과는 고유전학의 잠재력에 비하면 표면을 긁는 정도에 불과하다. 방대한 양의 유전자 데이터가 쏟아져 나오고, 또한 갈수록 가속화되고 있다. 그러나 대부분의 연구 성과들은 아직 큰 그림을 그리는 정도에 지나지 않는다. 이는 유전자 연구가 주로 오늘날의 자료를 바탕으로 하기 때문이기도 하다. 현대인의 유전자에는 수천 년 전 신석기의 흔적이 모호할 수밖에 없고, 지역 연구는 더욱 어려울 수밖에 없다. 그러나 aDNA 연구가 시작되면서 이러한 한계를 극복할 수 있는 단초가 마련되었다. 아마도 거대 서사의 한계로부터 벗어나기 위해서는 유전학자와 고고학자의 협력으로 다시금 연구의 초점을 조정해야 할지도 모르겠다. 그래야 뜬구름 잡는 이야기가 땅으로 내려올 수 있을 것이다.

---

60 S. Plaza et al., 'Insights into the western Bantu dispersal: mtDNA lineage analysis in Angola', *Human Genetics*, 115 (2004), 439-47; L. Quintana-Murci et al., 'Maternal traces of deep common ancestry and asymmetric gene flow between Pygmy hunter-gatherers and Bantu-speaking farmers', *Proceedings of the National Academy of Sciences*, 105 (2008), 1596-601.

더 읽어보기

Ammerman, A.J. and L.L. Cavalli-Sforza. *The Neolithic Transition and the Genetics of Populations in Europe*. Princeton University Press, 1984.
Avise, J.C. *Phylogeography*. Cambridge, MA: Harvard University Press, 2000.
Bellwood, P. and C. Renfrew (eds.). *Examining the Farming/Language Dispersal Hypothesis*. Cambridge: McDonald Institute for Archaeological Research, 2002.
Bramanti, B., M.G. Thomas, W. Haak, et al. 'Genetic discontinuity between local huntergatherers and central Europe's first farmers.' *Science*, 326 (2009), 137-40.
Brandt, G., W. Haak, C.J. Adler, et al. 'Ancient DNA reveals key stages in the formation of central European mitochondrial genetic diversity.' *Science*, 342 (2013), 257-61.
Brotherton, P., W. Haak, J. Templeton, et al. 'Neolithic mitochondrial haplogroup H genomes and the genetic origins of Europeans.' *Nature Communications*, 4 (2013), 1764.
Busby, G.B., F. Brisighelli, P. Sánchez-Diz, et al. 'The peopling of Europe and the cautionary tale of Y chromosome lineage R-M269.' *Proceedings of the Royal Society B*, 279 (2011), 884-92.
Cavalli-Sforza, L.L., P. Menozzi, and A. Piazza. *The History and Geography of Human Genes*. Princeton University Press, 1994.
Deguilloux, M.F., R. Leahy, M.H. Pemonge, and S. Rottiér. 'European Neolithization and ancient DNA: an assessment.' *Evolutionary Anthropology*, 21 (2012), 24-37.
Gamble, C., W. Davies, P. Pettitt, L. Hazelwood, and M. Richards. 'The archaeological and genetic foundations of the European population during the late Glacial: implications for "agricultural thinking".' *Cambridge Archaeological Journal*, 15 (2005), 193-223.
Haak, W., P. Forster, B. Bramanti, et al. 'Ancient DNA from the first European farmers in 7500-year-old Neolithic sites.' *Science*, 310 (2005), 1016-18.
Itan, Y., A. Powell, M.A. Beaumont, J. Burger, and M.G. Thomas. 'The origins of lactase persistence in Europe.' *PLoS Computational Biology*, 5 (2009), e1000491.
King, R. and P. Underhill. 'Congruent distribution of Neolithic painted pottery and ceramic figurines with Y-chromosome lineages.' *Antiquity*, 76 (2002), 707-14.
Lacan, M., C. Keyser, F.X. Ricaut, et al. 'Ancient DNA suggests the leading role played by men in the Neolithic dissemination.' *Proceedings of the National Academy of Sciences*, 108 (2011), 18255-9.

Larson, G., U. Albarella, K. Dobney, et al. 'Ancient DNA, pig domestication, and the spread of the Neolithic into Europe.' *Proceedings of the National Academy of Sciences*, 104 (2007), 15276-81.

Macaulay, V. and M. Richards. 'Mitochondrial genome sequences and phylogeographic interpretation.' In *Encyclopedia of Life Sciences*, www.els.net. Chichester: Wiley. doi: 10.1002/9780470015902.20843.pub2. 2013.

Malmström, H., M.T.P. Gilbert, M.G. Thomas, et al. 'Ancient DNA reveals lack of continuity between Neolithic hunter-gatherers and contemporary Scandinavians.' *Current Biology*, 19 (2009), 1758-62.

Nielsen, R. and M.A. Beaumont. 'Statistical inferences in phylogeography.' *Molecular Ecology*, 18 (2009), 1034-47.

Pala, M., G. Chaubey, P. Soares, and M.B. Richards. 'The archaeogenetics of European ancestry.' In *Encyclopedia of Life Sciences*, www.els.net. Chichester: Wiley. doi:10.1002/ 9780470015902.a0024624. 2014.

Pala, M., A. Olivieri, A. Achilli, et al. 'Mitochondrial DNA signals of late Glacial re-colonization of Europe from Near Eastern refugia.' *American Journal of Human Genetics*, 90 (2012), 915-24.

Renfrew, C. and K. Boyle (eds.). *Archaeogenetics*. Cambridge: McDonald Institute for Archaeological Research, 2000.

Richards, M. 'The Neolithic invasion of Europe.' *Annual Review of Anthropology*, 62 (2003), 135-62.

Richards, M., V. Macaulay, E. Hickey, et al. 'Tracing European founder lineages in the Near Eastern mtDNA pool.' *American Journal of Human Genetics*, 67 (2000), 1251-76.

Salas, A., M. Richards, T. De la Fe, et al. 'The making of the African mtDNA landscape.' *American Journal of Human Genetics*, 71 (2002), 1082-111.

Semino, O., G. Passarino, P.J. Oefner, et al. 'The genetic legacy of Paleolithic *Homo sapiens sapiens* in extant Europeans: a Y chromosome perspective.' *Science*, 290 (2000), 1155-9.

Skoglund, P., H. Malmström, M. Raghavan, et al. 'Origins and genetic legacy of Neolithic farmers and hunter-gatherers in Europe.' *Science*, 336 (2012), 466-9.

Soares, P., A. Achilli, O. Semino, et al. 'The archaeogenetics of Europe.' *Current Biology*, 20 (2010), R174-83.

Soares, P., L. Ermini, N. Thomson, et al. 'Correcting for purifying selection: an improved human mitochondrial molecular clock.' *American Journal of Human Genetics*, 84 (2009), 740-59.

Soares, P., T. Rito, J. Trejaut, et al. 'Ancient voyaging and Polynesian origins.' *American Journal of Human Genetics*, 88 (2011), 239-47.

Troy, C.S., D.E. MacHugh, J.F. Bailey, et al. 'Genetic evidence for Near-Eastern origins of European cattle.' *Nature*, 410 (2001), 1088-91.

CHAPTER 3

언어학적 근거를 통해 본 농업의 기원

크리스토퍼 에렛
Christopher Ehret

의도적 식량 생산을 향한 초보적 시도는 최후빙하기가 끝난 뒤에 바로 시작되었다. 새로운 식량 확보 전략은 어느 한 지역에서만 실행된 것이 아니었다. 기원전 1만 1000년에서 기원전 5000년 사이 세계의 여러 곳에서 독립적으로 새로운 전략이 개발되기 시작했다.

이 시기의 인류 역사를 들여다보기 위해서 전형적인 역사학자들은 고고학적 성과에 의존할 수밖에 없다. 고고학만큼은 아니지만 그다음으로 의존하는 또 하나의 학문적 도구가 있다. 바로 역사언어학이다. 이를 통해 역사학자들은 먼 옛날에 관한 지식을 더욱 넓힐 수 있다. 학문적 도구로서 역사언어학을 배우고 이를 적용하는 것 자체가 하나의 독립적인 분과 학문이다. 그래서 이 짧은 글에서는 해당 분야의 핵심적 사상을 간략히 소개하는 정도로 만족할 수밖에 없다.[1]

옛날 인류의 식량 확보 전략에 대하여 언어학적 연구를 통해 얼마나 멀리까지 거슬러 올라갈 수 있을까? 이는 오늘날 어떤 어족(language

---

[1] C. Ehret, 'Linguistic archaeology', *African Archaeological Review*, 29/2 (2012), 109-30에 간략한 개론이 포함되어 있다. 또한 C. Ehret, *History and the Testimony of Language* (Berkeley: University of California Press, 2011)에서는 상당히 길게 역사언어학의 방법론을 설명하고 인류의 역사를 재구성할 때 역사언어학이 어떻게 활용되는지, 특히 아프리카 사례 연구를 통해 보여주고 있다.

family)의 재구(再構, reconstruction)가 시간적으로 얼마나 먼 옛날까지 가능한가에 달려 있다. 지역에 따라 아주 먼 옛날까지 가능한 경우도 있다. 나일사하라어족, 니제르콩고어족, 쿠시어파 같은 아프리카 언어의 재구는 초기 홀로세까지 거슬러 올라간다. 세계의 다른 지역에서는 이렇게까지 멀리 올라가는 경우가 별로 없다. 예컨대 오스트로네시아어족과 이 어족의 오세아니아어파는 남아시아의 섬과 오세아니아 지역에서 중기 홀로세 후기까지 거슬러 올라간다. 중동, 인도, 메소아메리카 지역의 경우 초기 농업과 관련된 언어학적 근거는, 현재 확인된바 중기 홀로세의 중기 혹은 후기까지 거슬러 올라간다.

언어학적 근거를 통해 역사를 알아보려면, 연구하고자 하는 지역에서 사용되는 여러 언어들이 어느 어족에 속하는지 파악한 뒤 그 어족에 속하는 여러 언어들의 관계 및 음운론적 역사를 체계적으로 재구해보아야 한다. 기초 자료를 구축하는 일 자체가 매우 오래고도 고된 작업을 필요로 한다. 그러나 일단 언어들 간의 관계가 구조적으로 파악되면, 그들에서 언어학적 근거를 이용하여 체계적으로 역사에 접근할 수 있다.

개별 언어들이 서로 연관되어 있다는 것은 곧 그들이 공통의 조상, 즉 과거 어느 시점에 사용되었던 하나의 조어(祖語, protolanguage)로부터 갈라져 내려온 후손이라는 의미다. 후손 언어는 분열된 세포와 같다. 단세포 생물이 세포 분열을 하듯이, 조어는 여러 개의 파생 언어(daughter language)로 갈라진다. 조어는 파생 언어와 같은 시대에 사용되는 법이 없다. 조어 자체가 이미 여러 파생 언어로 변화되었기 때문이다. 그다음 시대에는 파생 언어가 다시 조어가 되고, 또다시 여러 파생 언어로 갈라질 수도 있다. 하나의 조어는 수백 년 동안 점차 새로운 어휘와 문법적 양상이 축적되고 기존의 특성을 상실하면서 여러 파생 언어로 변해간다. 단세포 생물의 세포 분열과 달리, 하나의 조어가 여러 개의 파생 언어로 변해가는 과정은 동시에 진행될 수 있다.

역사언어학적 방법론을 적용함으로써 하나의 어족이 1000여 년 동안 갈라져온 과정을 밝혀낼 수 있고, 이를 근거로 언어의 계통수를 그릴 수 있다. 언어의 계통수가 인간의 역사를 추적하는 밑바탕을 제공할 수 있는 이유는, 무릇 언어란 그 언어를 사용하는 인간 사회를 전제로 하기 때문이다. 어떤 언어를 사용하는 공동체가 민족적 정체성을 잃어버리고 시간이 지나면서 다른 사회에 흡수된다면 그들의 언어도 곧 소멸하고 만다. 반대로 어떤 하나의 언어를 사용하는 공동체가 내분으로 갈라지더라도, 혹은 일부 집단이 갈라져 나와서 멀리 다른 곳으로 이주를 하더라도 각각의 집단은 기존 언어를 계속 사용할 것이다. 그러나 어휘나 문법은 지역에 따라 달라지게 마련이며, 언어 분화의 과정이 비로소 시작되는 것이다. 따라서 언어 계통수의 구성(언어학적 층서학)은 관련 언어들 사이의 관계도를 그리는 것일 뿐만 아니라, 그 언어 사용자들의 공동체가 역사적으로 어떻게 분화되어왔는지를 보여주는 것이다.

시간에 따른 언어의 변화를 알려주는 핵심 열쇠는 바로 어휘(lexicon)다. 구체적으로 말하자면 특정 사물이나 행위를 일컫는 단어의 변화, 새로운 단어의 추가, 기존 단어의 쇠퇴나 소멸 등이다. 사람들은 생활 경제의 구성 요소가 되는 사물이나 행동은 물론 자신의 생활과 지식 모두를 단어로 표현하고자 한다. 식물을 채집하든지 경작하든지, 사냥을 하든지 식용으로 동물을 기르든지, 어쨌든 사람들은 주변에서 일어나는 활동, 특성, 사상, 물질에 대해 소통하는 데 필요한 모든 어휘를 갖추고 있어야 한다. 언어학적 층서상 특정 어근이 재구된다면, 즉 언어의 계통수에서 어느 구간(시기)에 특정 행위나 사물을 지칭하는 단어의 어근이 존재했다면, 그 시기 언어를 사용한 사회에서는 실제로 그 어휘가 지칭하는 대상(지식)이 존재했다는 의미가 된다. 그들은 해당 내용을 가지고 있었거나 실행하고 있었을 것이다. 혹은 적어도 그 내용이 무엇을 의미하는지 알고 있었을 것이다.

조어(protolanguage)에 특정한 곡물이나 사육 동물 관련 어휘가 있다고 해서 곧바로 그 조어를 사용한 공동체가 그 곡물을 재배하거나 동물을 사육했다고 결론 내릴 수는 없다. 이유는 간단하다. 모든 식용 작물이면 옛날 재배가 시작되기 전에는 야생 상태로 채집되었고, 모든 사육 동물은 원래 야생 동물이었다. 만약 조어를 사용한 사회가 그 동식물의 원산지에 존재했다면, 그 어휘는 야생 상태의 동식물을 일컫는 말이었을 가능성이 높다. 이 같은 경우에는 경작 혹은 목축 행위를 의미하는 동사나 명사가 있어야만 재배 혹은 사육의 근거로 인정될 것이다. 가축을 증명할 수 있는 가장 강력한 지표는 사육 관련 어휘들이다. 전 세계의 초기 농업 관련 연구들이 축적되면서 재배 및 사육과 관련된 다양한 범주의 수많은 어휘 사례들이 축적되었다.

물론 어떤 동식물이 야생에서 자라지 않는 지역이라면 분석은 달라진다. 해당 조어에 그런 어휘가 포함되어 있다는 것은 곧 그 언어 사용자들이 재배 혹은 사육 지식을 공유하고 있었다는 증거가 된다. 왜냐하면 이는 이미 다른 지역의 사람들이 재배 혹은 사육을 시작했다는 의미가 되기 때문이다. 이 경우 그 조어의 사용자들은 최소한 그 동식물을 사육 혹은 재배하는 사람들과 이웃해 있기라도 해야 한다. 그러나 사육이나 재배를 의미하는 특정 어휘를 가졌다 하더라도 그들의 공동체에서 직접 그 행위에 참여했다는 증거를 찾아내는 것이 여전히 중요하다.

또 하나의 측면으로 문화적 현출성(cultural salience) 또한 고대 어휘의 역사적 해석과 관련이 있다. 어떤 대상이 과거 어느 사회의 문화적 맥락에서 대단히 돌출된 의미를 지녔다면, 역사학에서 그러한 맥락은 두 가지 경우로 해석될 수 있다. 첫째, 어떤 대상이 문화적으로 크게 대두(현출)되었을 경우, 그 어휘는 쉽게 사라지지 않고 오래도록 전해질 가능성이 크다. 또한 그러한 대상을 다른 어휘로 지칭하는 경우는 별로 없다.[2] 둘째, 문화적으로 대두(현출)된 대상과 연관 지어 언급 혹은 설명하는 보조적 어휘들이 많이 등장하게 된다. 앞으로 이 글에서는 두 가지 사례가 모두 언급될 것이다.

19세기 학자들이 이런 식의 체계적 방법론을 처음 사용했고, 오늘날 학자들은 이를 응용하여 언어학적 근거로부터 역사를 추론하고 있다. 연구자들은 자신의 연구 방법론을 가다듬고 널리 확장해서, 이 학문은 이제 모든 대륙에서 일정 정도 적용되고 있다. 최근 25년여 동안 이 분야의 학문적 열정이 다시금 부각되었다. 그 결과 단지 물질적 생활 양상을 밝히는 데 그치지 않고 먼 옛날의 문화적 영역까지 드러낼 수 있게 되었다. 예컨대 정치적 사상,[3] 종교적 신앙,[4] 젠더 관계,[5] 친족 체제[6] 등이었다. 언

---

2 이러한 양상은 아프리카 연구에서 폭넓게 확인된다. 아메리카 연구의 경우 다음을 참조. B. Berlin et al., 'Cultural significance and lexical retention in Tzeltal-Tzotzil ethnobotany', in Munro S. Edmonson (ed.), *Meaning in Mayan Languages* (The Hague: Mouton, 1973), 143-64.
3 Notably J. Vansina, *Paths in the Rainforests* (Madison: University of Wisconsin

어학적 근거가 가장 방대하고도 자세하게 적용된 사례는 바로 아프리카 역사,⁷ 그리고 남아시아 및 오세아니아 섬 지역의 역사 연구였다.⁸

    Press, 1990), and *How Societies are Born* (Charlottesville: University of Virginia Press, 2004); and D.L. Schoenbrun, *A Green Place, A Good Place: Agrarian Change, Gender, and Social Identity in the Great Lakes Region to the 15th Century* (Portsmouth, NH: Heinemann, 1998).
4 R.M. Gonzales, *Societies, Religion, and History: Central-East Tanzanians and the World they Created, c. 200 BCE to 1800 CE* (New York: Columbia University Press, 2009).
5 C. Saidi, *Women's Authority and Society in Early East-Central Africa* (University of Rochester Press, 2010).
6 E.g. P. McConvell, 'Omaha skewing in Australia: overlays, dynamism, and change', in T. Troutmann and P. Whiteley (eds.), *Crow-Omaha: New Light on a Classic Problem of Kinship Analysis* (Tucson: University of Arizona Press, 2012), 243-60, among other works; C. Ehret, 'Reconstructing ancient kinship in Africa', in N.J. Allen et al. (eds.), *Early Human Kinship: From Sex to Social Reproduction* (Oxford: Blackwell, 2008), 200-31, and 'Deep-time historical contexts of Crow and Omaha systems: perspectives from Africa', in Trautmann and Whiteley (eds.), *Crow-Omaha*, 173-202; P. Hage and J. Marck, 'Proto-Bantu descent groups', and J. Marck and K. Bostoen, 'Proto-Oceanic society (Austronesian) and proto-East Bantu society (Niger-Congo) residence, descent, and kin terms, c. 1000 BC', both in D. Jones and B. Milicic (eds.), *Kinship, Language, and Prehistory* (Salt Lake City: University of Utah Press, 2011), 75-8, 83-94.
7 E.g. C. Ehret, *Southern Nilotic History: Linguistic Approaches to the Study of the Past* (Evanston, IL: Northwestern University Press, 1972), and *An African Classical Age: Eastern and Southern Africa in World History, 1000 BC to AD 400* (Charlottesville: University of Virginia Press, 1998); J. Vansina, *The Children of Woot: A History of the Kuba Peoples* (Madison: University of Wisconsin Press, 1978), *Paths in the Rainforests, and How Societies Are Born*; Schoenbrun, *A Green Place, A Good Place;* K. Klieman, *'The Pygmies Were Our Compass': Bantu and Batwa in the History of West Central Africa, Early Times to c. 1900 CE* (Portsmouth, NH: Heinemann, 2003); R.M. Gonzales, *Societies, Religion, and History; Saidi, Women's Authority;* R. Stephens, *A History of African Motherhood: The Case of Uganda, 700-1900* (Cambridge University Press, 2013).
8 R. Blust, 'The prehistory of the Austronesian-speaking peoples: a view from language', *Journal of World Prehistory*, 9 (1995), 453-510에서는 오스트로네시아어족

아프리카

식량 생산과 관련해서 아프리카에는 두 군데의 중심지가 있었다. 하나는 사하라 극동 지역, 다른 하나는 서아프리카 지역이다. 세 번째까지 예를 든다면 남서부 에티오피아 고원 지대가 포함될 것이다. 영거드라이아스기 이후로 사하라 이남 아프리카의 강우 및 기후대는 급격히 북쪽으로 올라갔다. 계절에 따른 강우량의 변화와 함께 열대 지방의 스텝과 사바나 지대 식물들이 북쪽으로 올라가, 과거 극도의 건조 지대였던 사하라 중심부까지 차지했다. 동시에 지중해성 기후도 아열대의 스텝과 초원 지대를 남쪽으로 밀어 내렸다. 두 개의 기후대는 사하라의 중간 지대에서 마주하게 되었다.[9] 동부 사하라에서 새로운 방향의 변화가 처음 등장한 때는 기원전 8500년 이후였다. 열대 스텝 동식물이 사하라 중심부에 도착한 때는 그보다 조금 더 늦었다. 서부 아프리카에서 인류가 환경 변화에 처음 반응을 보였던 흔적이 나타나는 시기는 조금 더 이른 기원전 9500년이었다. 장소는 니제르강의 만곡(great bend of the Niger) 남부 지역이었다.

전체와 관련된 증거를 제시했다. M. Ross et al. (eds.), *The Lexicon of Proto Oceanic: The Culture and Environment of Ancestral Oceanic Society*, vol. 1: *Material Culture* (Canberra: Research School of Pacific and Asian Studies, 1998)에서는 오스트로네시아어족 오세아니아어군과 관련된 연구 성과를 일목요연하게 정리했다. 오스트레일리아 원주민 연구도 비교적 체계적으로 이루어졌다. 예를 들면 P. McConvell and N. Evans, *Archaeology and Linguistics: Aboriginal Australia in Global Perspective* (Melbourne: Oxford University Press, 1998)가 있다. 그러나 18세기 이전까지 오스트레일리아는 농업 이전 사회였으므로, 이번 장의 논제와는 직접적 연관이 없다.

9 식물 생장 지역의 한계선은 강우대를 뒤에서 따라가게 된다. 이유는 단순하다. 씨앗이 매년 새나 포유동물, 바람, 혹은 물줄기를 따라 이동하더라도 식물이 자라기까지는 일정한 시간이 필요하기 때문이다. 인간의 먹이사슬에는 초식 동물이 연결되어 있고, 식물 생장 지역의 변화에 따라 당연히 인간의 먹이가 되는 동물의 서식지도 바뀌게 된다.

동부 사하라에 두 개의 어족, 곧 나일사하라어족과 쿠시어파가 있었다. 이들이 동물 사육과 식물 재배로 넘어가는 시기를 이끈 주역이었다. 이 지역에서는 식물 재배보다 동물 사육이 먼저 시작되었다. 이는 세계사적으로 드문 사례였다. 나일사하라어족의 경우, 이 점에 대해서는 고고학과 언어학의 증거가 일치한다. 어휘의 역사를 분석해보건대 쿠시어파에게서도 같은 일이 일어났다. 이곳과는 분리되어 있었던 서아프리카 중심지에서 이러한 이행의 주역은 니제르콩고어족이었다. 여기서는 동물 사육보다 식물 재배가 먼저 시작되었다.

나일사하라어에 남겨진 기록

나일사하라어의 초기 단계 식량 관련 어휘들을 살펴보면 어느 정도 역사가 드러난다. 식량 채집 단계에서 식량 생산 단계로 이행했던 그들의 역사는 매우 느리긴 했지만 단계적으로 변해갔다. 나일사하라어 어휘의 역사를 알 수 있는 이유는 해당 언어가 방대하고도 체계적으로 재구(reconstruction)되어 있기 때문이다.[10] 여기에는 음운론적 측면뿐만 아니라 형태론적(의미론적) 측면까지 포함된다.

---

10 C. Ehret, *A Historical-Comparative Reconstruction of Nilo-Saharan* (Cologne: Rüdiger Köppe, 2001); 'Language contacts in Nilo-Saharan prehistory', in H. Andersen (ed.), *Language Contacts in Prehistory: Studies in Stratigraphy* (Amsterdam, PA: John Benjamins, 2003), 135-57; 'A guide to cognate discovery in Nilo-Saharan', in J. Adelberger and R. Leger (eds.), *Language, History and Reconstructions*, Frankfurter Afrikanistische Blätter 18 (Köln: Rüdiger Köppe, 2014), 9-89. 잘 알려진 어족들의 경우, 음운 대응(sound correspondences)이 분명히 확인된다. 그러나 잘 알려지지 않은 어족들의 경우, 아직 해명되지 않은 불분명한 부분이 많이 남아 있다.

나일사하라어족 계통수(그림 3-1)는 어족의 역사상 언어의 계통과 사회의 분화를 그린 것이다. 세로선은 모두 언어와 문화의 역사적 전승 관계를 나타낸다. 이러한 전승 관계는 과거 나일사하라어 사용자들의 공동체에서 오늘날 존재하는 다양한 나일사하라어 사용자들의 공동체까지 이어지고 있다.[11]

나일사하라어족 계통수에서 보듯이, 계통수에는 각 언어와 사회의 역사적 선후 관계가 표시되어 있다. 그 시기를 절대 연대와 연결시키려면 계통수의 핵심 매듭마다 시기를 특정할 수 있어야 한다. 머나먼 옛날의 연대를 특정할 수 있는 가장 좋은 근거는 고고학이다. 고고학을 통해 물질문화의 발달 정도가 드러나는데, 그 세부 내용을 언어학적으로 재구성한 역사적 발전 과정과 서로 비교해볼 수 있다. [그림 3-1]에서 우측 여백에 절대 연대로 1만 500년 전(cal BP)에서 6000년 전(cal BP)까지의 시기가 특정되어 있고, 이는 계통수의 초기 몇몇 단계에 대응한다. 이러한 대응 관계는 고고학과 언어학의 분석 결과 비교에 근거를 두고 있다.[12] 우리는 먼저 언어학적 분석 결과를 논의한 뒤에 고고학적 성과

---

11 지면 관계상 나일사하라어족에 속하는 모든 언어를 포함하지는 못하고 대체적 윤곽만 그렸다. 그래서 대부분의 경우 하나 혹은 몇몇 언어가 해당 어군을 대표한다. 그 안에서 나일어파의 경우 세로선이 다시 세 어군의 조상어로 연결된다. 즉 나일어파 안에 다시 세 개의 어군이 들어 있다. 그러나 이를 모두 표현하려면 도표가 너무 복잡해진다. 게다가 식량 생산 시기와 관련된 우리의 논의 범위는 나일어파의 분기 이전 시기에 해당한다.
12 [그림 3-1]에서 3000년 전(cal BP) 시점이 표시되어 있는데, 이는 특히 학계에서 오래전부터 인정되었던 원시-남부나일어파(Proto-Southern Nilotic) 사회를 염두에 둔 것이다. 이들과 관련해서는 별도의 상세한 고고학적 성과가 밝혀져 있다. 최초로 발표된 관련 연구 성과는 다음과 같다. S.H. Ambrose, 'Archaeology and linguistic reconstructions of history in East Africa', in C. Ehret and M. Posnansky (eds.), *The Archaeological and Linguistic Reconstruction of African History* (Berkeley: University of California Press, 1982), 104-57.

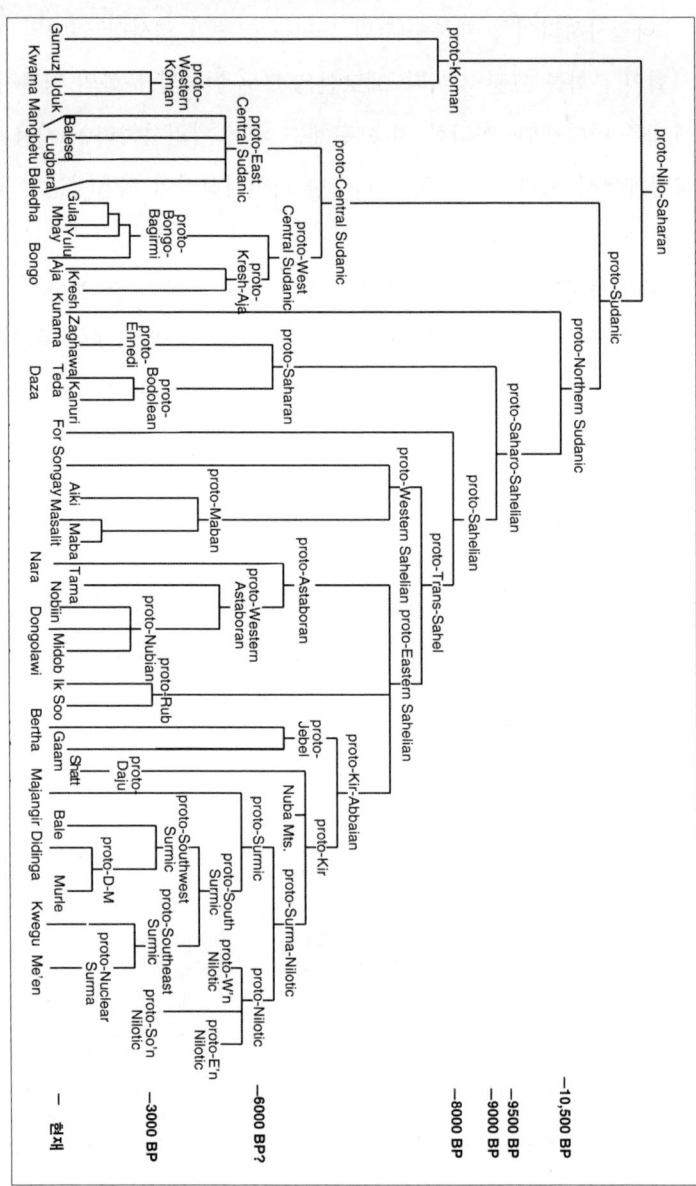

[그림 3-1] 나일사하라어족의 언어학적 층서

를 고려하도록 하겠다.

　나일사하라어족 계통수에서 처음 두 단계까지는 아직 식량 채집에 의존하는 경제였다. 의도적 식량 자원 조작과 처리를 의미하는 최초의 단어는 원시-북수단어(proto-Northern Sudanic, 이하 PNS) 단계에 등장한다. 이를 전문 용어로 말하자면, 나일사하라어족 계통수의 PNS 시기라 한다. 당시의 어휘를 재구(reconstruction)한 결과들은 별도의 연구 성과들을 참조하기 바란다.[13] 다만 어떤 단어를 식량 생산의 증거로 보고 또 어떤 단어는 그렇지 않다고 판단하는지 구체적으로 보여주기 위해, PNS 단계의 식량 관련 어휘 재구의 몇 가지 사례를 살펴보기로 한다. 몇 가지 어휘(어근)의 사례는 다음과 같다. 각각 의미하는 식량의 종류에 따라 분류했다.

PNS 식량 관련 어휘(식량 생산의 근거는 아니다)
(아래에서 ★표시는 해당 어휘의 출처가 문헌 자료가 아니라는 의미다. 즉 소리를 추적하여 재구한 어휘를 가리킨다. —옮긴이)

1. ★yaayr(소): 기존 PNS ★yaay(고기)에 나일사하라어 명사형 어미 ★r을 추가.
2. ★way 혹은 ★'way(곡식): PNS 신규 어휘.

13　C. Ehret, 'Linguistic stratigraphies and Holocene history in northeastern Africa', in M. Chlodnicki and K. Kroeper (eds.), *Archaeology of Early Northeastern Africa* (Posnan Archaeological Museum, 2006), 1019-55; 'A linguistic history of cultivation and herding in northeastern Africa', in A.G. Fahmy et al. (eds.), *Windows on the African Past: Current Approaches to African Archaeobotany* (Frankfurt: Africa Magna, 2011), 185-208.

3. *keen(이삭): PNS 신규 어휘.

4. *pʼɛl(갈돌): PNS 신규 어휘.

PNS 가축 사육 관련 어휘

5. *yaaṯ(물로 〈동물을 몰고 가다〉): 기존 PNS *yaa(마시다)에 PNS 사역형 접미사 *ṯ를 추가하여 "마시게 하다"라는 의미가 된다.

6. *sʸuuk(〈동물을 몰고 가다〉 몰고 가다): 기존의 PNS *sʸuu(시작하다, 선두가 되다)에 PNS 사역형 접미사 *k를 추가하여 "시작하다, 시작하게 하다"의 의미가 된다.

7. *ndʸɔw(젖을 짜다): PNS *ndʸɔ(압착하다)에 PNS에서 집중된 행위를 의미하는 접미사 *w를 추가한다.

8. *ɔroh(가시나무로 만든 짐승 우리): PNS 신규 어휘.

기타 물질문화 관련 PNS 신규 어휘

9. *ted(토기를 만들다): PNS 신규 동사.

어근 1번은 소를 의미하는데, 그 자체로는 식량 생산의 징후로 보기 어렵다. 초기 홀로세에 북수단어군 사용자들이 살던 지역에도 야생 소가 서식했다. 어근 2~4번도 마찬가지로, 그 자체로는 농업의 징후로 보기 어렵다. 곡식을 재배할 때 사용되는 어휘들이지만 야생 곡물을 채집할 때에도 사용될 수 있기 때문이다. 그러나 어근 5~8번은 사정이 다르다. 이들은 식량 생산의 징후로 해석될 수 있다. 처음 두 개의 동사는 직접적으로 동물을 기르고 보살핀다는 의미를 가지고 있다. 어근 7번은 최소한 부분적으로라도 길들여져서 인간과 긴밀한 관계에 놓인 동물을 전제로 해야 의미가 통한다. 어근 8번은 밤에 야생 동물로부터 가축을 보호하기 위한 구조물을 지칭한다.[14]

소를 가리키는 단어가 있다고 해서 그것이 곧 가축 사육의 증거가 되지는 않는다. 어근 5~8번과는 경우가 다르다. 그러나 PNS에 소를 지칭하는 단어만 있고 다른 가축을 지칭하는 단어는 전혀 없었던 것으로 보아, 북수단어 사용자들이 처음 길들인 가축은 바로 소였을 가능성이 크다. 북수단어 사용자들은 식량으로 곡물을 사용했고, 곡물을 가루로 만들 줄도 알았다. 그러나 그들이 곡물을 재배했다는 근거는 없다. 고고학적으로 밝혀진 내용 가운데 가장 흥미로운 사실은, 그들이 토기를 만들어 사용했다는 점이다.

계통수에서 다음 두 단계, 즉 PSS(원시-사하라사헬어)와 PS(원시-사헬어) 시기에 가축 사육의 증거가 될 만한 새로운 어휘들이 추가되었다. 특히 소를 사육하는 의미와 관련된 어휘들이 많았다. PSS 시기에 "수소"와 "젊은 암소"를 가리키는 명사가 존재했다. 사육 관련 어휘들 중에서도 특히 아직 새끼를 출산하지 않은 젊은 암컷을 가리키는 단어가 별도로 존재한다는 사실은 가축 사육의 결정적 근거로 간주된다. 가축을 가두는 가시덤불 울타리를 가리키는 명사도 이때 추가되었고, 동물 사육과 관련되는 일반 동사들과 "소젖을 짜다"라는 의미의 동사가 추가된 것도 이 시기였다.

같은 PSS 시기에 주거와 관련된 중요한 발전이 있었던 것으로 추정

---

14 Ehret, 'Linguistic stratigraphies'.

된다. PSS에 추가된 몇몇 새로운 명사들(주거지의 개방 공간을 지칭하는 어휘를 비롯하여 담장이 둘러진 농장, 집, 저장고를 지칭하는 어휘들)은 이전보다 규모가 큰 정착지가 출현했음을 의미한다.

계통수에서 PSS 다음 단계인 PS에 이르러서는 특히 거세한 수소를 가리키는 어휘가 등장했다. 젊은 수소를 가리키는 어휘 또한 사육을 확인해주는 근거가 된다. 뿐만 아니라 외부의 멀리 떨어진 곳에 임시로 설치하는 소 우리를 가리키는 어휘도 추가되었다. 이로 보아 그들은 주기적인 이동식 방목을 했을 가능성이 있다. 어휘의 역사에서 충격적인 사실은, 새로운 가축을 지칭하는 어휘들이 PS 단계에서 등장했다는 점이다. 최초로 염소와 양을 뜻하는 어휘가 이 시기에 추가되었다. 일반 명사뿐만 아니라 이들 동물의 사육과 관련되는 어휘들도 함께 추가되었다. 염소와 양은 초기의 나일사하라어족이 살던 곳에서 야생으로 자생하던 동물이 아니었다. 중동 지역에서 이미 가축화된 동물을 들여왔던 것이다. 이러한 어휘들이 존재했다는 사실은, 언어학적 계통수에서 최소한 PS 단계에 해당하는 시기에 나일사하라어 사용자들이 염소와 양을 널리 사육했음을 의미한다. 이는 또한 역사적 추론과도 부합하는데, 계통수의 이전 두 단계에서 소를 사육하기 시작했던 사람들이 기존에 확립된 목축 경제에 염소와 양을 받아들였던 것으로 보인다(제18장 참조).

나일사하라어족의 갈래는 [그림 3-1]에 잘 표현되어 있다. 언어지리학에서는 분화의 초기 단계에 PNS 사회가 사하라 동부의 남반부에 분포해 있었다고 추정한다. PSS 단계에 이들의 활동 범위는 상당히 넓었지만 주거 지역은 그리 넓지 않았다. 이들의 활동 범위는 나일강 유역에서 서쪽 티베스티산맥(Tibesti Range) 방향으로 뻗어 나갔다. PS 단계가 지난 뒤에는 PS 하위 갈래의 여러 언어들이 매우 광대한 지역에 분포했다. 동쪽으로 에티오피아 고원 지대의 서쪽 끄트머리에서부터, 서쪽으로 오늘날 말리(Mali)에까지 이르렀다.

언어학을 통해 밝혀진 여러 가지 사실들은 초기 홀로세 사하라 남반부 지역의 고고학적 성과와 놀랍도록 일치한다.[15]

(1) 기원전 8500~7500년: 토기를 제작할 줄 알았던 사람들이 사하라 동부의 남반부에 살았다. 이들은 어떤 식으로든 소를 길들였고, 한곳에서 오래 머무르지 않았다. 대표적 유물은 오늘날 이집트의 남쪽 끄트머리에 있는 나브타 플라야(Nabta Playa) 유적에서 출토되었다. 이보다 더 남쪽과 서쪽, 즉 오늘날 수단 남부 및 리비아 남동부 끄트머리에서도 이들이 거주했던 것으로 추정되지만, 고고학적으로 충분히 확인되지는 않았다.

(2) 기원전 7200~7000년: 같은 지역에서 새로운 발전 단계가 확인되었다. 소를 사육한 흔적이 더욱 분명해졌고, 저장고 및 원형 주거지 등 무엇보다 규모가 크고 장기로 거주한 유적이 발견되었다.

(3) 기원전 6400~6000년: 이 지역에서 가장 오래된 염소와 양의 뼈가 발

---

15 F. Wendorf and R. Schild, 'Nabta Playa and its role in the northeastern African history', *Anthropological Archaeology*, 20 (1998), 97-123; F. Wendorf and R. Schild (eds.), *Holocene Settlement of the Egyptian Sahara*, 2 vols. (New York: Kluwer Academic/Plenum, 2001-2); R. Kuper and S. Kröpelin, 'Climate-controlled Holocene occupation in the Sahara', *Science*, 313 (2006), 803-7; M. Honegger et al., 'Archaeological excavations at Kerma (Sudan)', *Documents de la mission archéologique suisse au Soudan* (Université de Neuchâtel, 2009).

굴되었다.

(4) 기원전 6000~4500년: 이들의 목축 경제가 사하라 남반부 및 그 아래 사헬 지대(Sahel zone)까지 광활한 공간으로 팽창했다. 에티오피아 고원 지대 끄트머리에서, 서쪽으로는 호가르산맥(Hoggar mountains)과 오늘날 말리에 있는 니제르강 만곡(great bend of the Niger River)까지 이어졌다.

[그림 3-2]에서는 사하라의 고고학 발굴 결과와 어휘의 재구를 통해 복원한 생활사의 내용을 하나씩 요약 비교했다.

최근 고고학 발굴 결과는 더욱 심오한 연결 고리를 짐작케 한다. 남부 리비아에서 발굴된 기원전 5000년경 토기의 잔류물을 화학적으로 분석해본 결과, 우유를 재처리한 부산물이 발견되었다.[16] 나일사하라어족 어휘의 역사에서 우유를 재처리하여 만든 기(ghee), 즉 액상 버터를 지칭하는 단어는 PS 단계가 분화된 이후에 등장했다.[17] 그러므로 언어학에서 추정하는 연대는 기원전 5000년경인데, 이는 사하라 지역 토기에 남아 있는 우유의 흔적이 가리키는 연대와 정확히 일치한다. 그 이전에 "젖을 짜다"라는 의미의 동사가 있었으므로, 목축을 하던 북수단어 사용자들이 우유를 먹기 시작한 시기는 더 이전 단계였다고 볼 수 있다. 그러므로 고고학을 통해 밝혀져야 하겠지만, 사하라 동부에서 발견

---

16 J. Dunne et al., 'First dairying in green Saharan Africa in the fifth millennium BC', *Nature*, 48 (2012), 390-4.
17 이와 같은 결론에 이르게 된 근거는 다음을 참조. discussion in Ehret, *A Historical-Comparative Reconstruction of Nilo-Saharan*, under Nilo-Saharan root #1118.

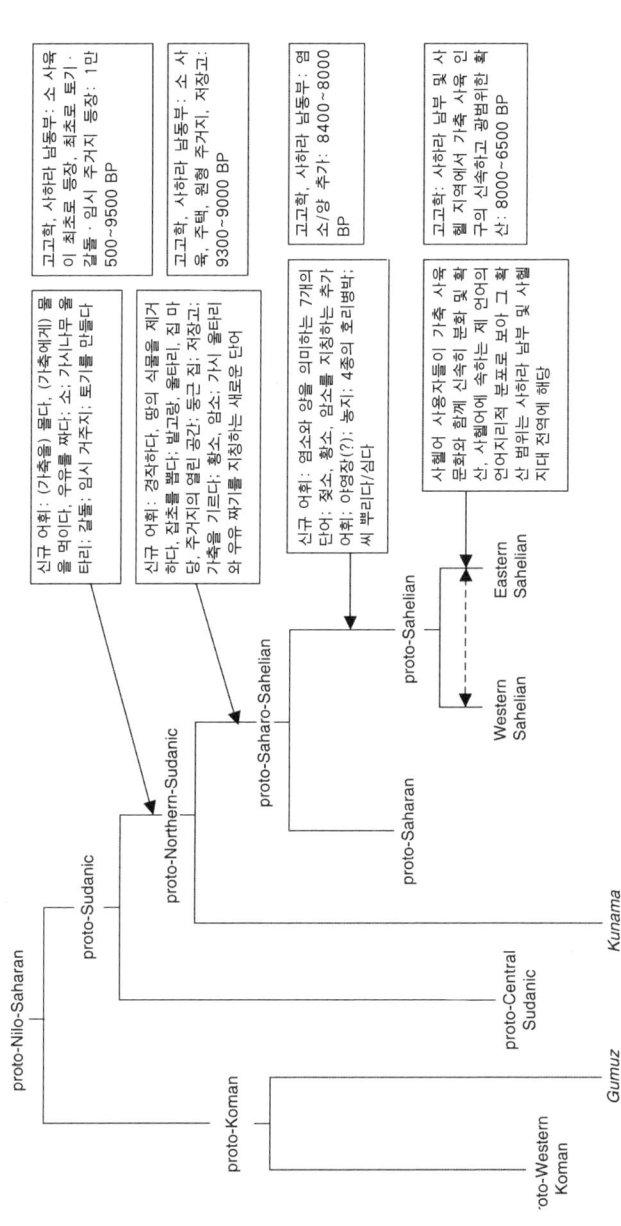

(그림 3-2) 나일사하라어족 계통수(식량 관련 신규 어휘, PNS에서 PS까지)

CHAPTER 3 - 언어학적 근거를 통해 본 농업의 기원   141

된 기원전 제8천년기경 토기에서도 우유 잔류물이 발견될 것이라는 추정이 더욱 힘을 얻게 되었다.

초기 나일사하라어족의 식량 관련 어휘에 근거하여 향후 고고학이 밝혀내야 할 또 하나의 과제가 있다. 바로 식물 채집 단계에서 곡물 재배 단계로의 이행 시기를 밝히는 것이다. PNS에는 곡물을 식량으로 사용했음을 의미하는 단어가 포함되어 있지만, 알려진 바로는 곡물 재배와 관련된 단어가 존재하지 않았다. 식량으로 사용할 식물을 보호하고 돌보는 행위와 관련된 단어는 PNS 다음 단계인 PSS 초기에 등장했다. 그중에는 식물 재배를 의미하는 동사 세 개와, 밭고랑을 의미하는 명사 한 개가 포함되어 있었다(그림 3-2).[18] 기원전 제8천년기 말에 이르러 주요 주거지는 더욱 복잡한 구조로, 그리고 더욱 정주적인 방향으로 발달했다. 이는 역사상 최초로 식물 재배 단계에 접어들었던 것과 일치하는 측면이다. 유적지에서 저장고의 흔적이 발굴되었는데, 이는 PSS 단계에서 최초로 저장고를 가리키는 어휘가 등장한 것과 시기적으로 맞아떨어진다. 물론 야생 곡물을 엄청나게 많이 수집해서 저장고가 필요했다고 해석할 수도 있겠지만, 최소한 저장고의 등장 시기를 곡물 재배의 초창기로 볼 수 있을 것이다.

한편 식물고고학에서 결정적 증거는 아직 발견되지 않았다. 고고학자들은 기원전 제8천년기 말기의 수수(sorghum) 씨앗을 발굴했는데, 그것이 야생 수수인지 재배한 수수인지는 확인되지 않는다.[19]

18 Ehret, 'Linguistic stratigraphies'.
19 J.A. Dahlberg and K. Wasilykowa, 'Images and statistical analyses of early

의도적 작물 재배를 의미하는 두 개의 동사가 PSS 다음 단계인 PS에서 등장했다. PS 단계에서 양과 염소를 가리키는 단어가 출현한 시기가 기원전 6400~6000년경이었다(그림 3-2). PS 단계에서 멜론과 박을 지칭하는 네 개의 단어가 있었다.[20] 특정 식물을 가리키는 어휘가 여러 개 존재했다는 사실은 당시 그 식물이 문화적으로 중요했음을 의미한다. 식물을 처음 재배하는 단계에서 곡물 재배도 시작되었던 것으로 추정된다. 그리고 그 곡물의 원산지는 아프리카 수단 지역이었던 것 같다. 그러나 이 문제에 대해서는 아직 식물고고학적으로 가부가 확정되지 않았다.

북동부 아프리카에서 동물 사육과 식물 재배

동부 사하라 남반부에서 식량 생산의 발전에 참여한 두 번째 주요 그룹은 아프리카아시아어족에 속하는 쿠시어파였다. 원시-쿠시어 사용자들의 공동체는 동부 사하라 남반부 중에서도 산악 및 구릉 지대를 차지하고 있었다. 나일강 동부와 홍해에 가까운 내륙 지역으로, 시기는 기원전 6500년 이전 어느 즈음이었다. 원시-쿠시어가 분화되면서 쿠시어 사용자들의 생활 문화가 남쪽과 남동쪽으로 전파되었다. 처음에는 에리트레아 지역 및 에티오피아 고원 지대의 북부 변경 지역으로 들어갔고, 이후 에티오피아 지구대를 따라 고원 지대의 남쪽으로 내려갔다. 그중에서 남쪽으로 가장 많이 내려간 갈래가 남부쿠시어 사용자들이었는데,

sorghum remains (8000 BP) from the Nabta Playa archaeological site in the Western Desert, southern Egypt', *Vegetation History and Archaeobotany*, 5 (1996), 293-9.
20 Ehret, 'Linguistic stratigraphies'.

이들이 케냐 북부 지역으로 진출한 시기는 기원전 3000년경 혹은 그 직전이었다.[21] 이들의 활동 시기와 장소를 보다 분명하게 추정할 수 있는 근거는 바로 원시-쿠시어 사용자들의 생활 경제다.

원시-쿠시어 사용자들은 이미 가축을 본격적으로 사육하고 있었다. 그들의 어휘에는 동물 사육과 관련된 동사 두 개(*galaal-; *der-), 그리고 암소(*šaʕ-), 수소(*yaw-), 수송아지(*leg-)와 함께 울타리 친 가축우리(*dall-)를 의미하는 명사가 있었다. 또한 염소와 양을 통칭하는 집합명사(*ʕayz-)와 염소(*anaaʕ-, -ʕaaan), 숫양(*ʔorg-), 새끼 양(*ʔaff-)을 의미하는 단어, 염소와 양을 막론하고 젊은 암컷(*rangan-)을 의미하는 단어가 있었다. 이 같은 명사 및 동사는 동물 사육의 직접적 근거들이다. 이외에 원시-쿠시어에는 당나귀(*harle-)를 의미하는 단어도 있었다. 홍해 연안의 구릉 지대는 예로부터 야생 당나귀의 원산지였다. 이 단어는 쿠시어파에 속하는 여러 언어에서 말과 동물을 통칭하는 의미를 가졌다. 이로 보아 원시-쿠시어 사용자들이 당나귀를 사육하지는 않았던 것 같다.

그렇다면 원시-쿠시어 사용자들이 곡물도 재배했을까? 곡물이 그들의 식생활에 포함되었던 것만큼은 분명하다. 수수 종류의 곡물 두 가지를 지칭하는 단어들(*ʕag-; *harr-)이 있었고, 또한 곡물을 지칭하는 것은 분명하지만 어떤 곡물인지 알 수 없는 두 단어(수수의 일종으로 추정되는 *ʕayl-; *maʕaar-), 그리고 음식 준비 과정을 거친 곡물을 지칭하는 단어(*dif-)가 있었다. 그러나 원시-쿠시어에서 농업을 통해 이러한 곡

---

21 Ehret, 'Linguistic history of cultivation'에 이를 입증할 상세한 근거가 수록되어 있다. 더불어 어휘 재구의 타당성을 뒷받침할 쿠시어파 음운 비교 연구 성과도 포함되어 있다.

물을 재배했음을 의미하는 단어는 확인되지 않는다. 그래서 지금으로서는 그들이 곡물을 채집했을 것으로 추정할 수밖에 없다.[22]

작물 재배의 징후가 될 만한 어휘는 쿠시어파의 계보도상 그다음 단계, 원시-아그웨(Agaw)-동부-남부 쿠시어(아그웨어, 동부쿠시어, 남부쿠시어의 공통 조상)에서 등장한다. 특히 작물 재배를 의미하는 동사들, 즉 재배하다(*ʔibr-/*ʔabr-) 및 잡초를 제거하다(*ʔarum-), 그리고 경작지를 의미하는 명사(*baayr-)가 등장한다. 이 시기에 곡물을 의미하는 새로운 명사 두 개가 추가되었는데, 하나는 분명 손가락기장(finger millet)을 지칭하는 단어(*dangaws-/*dingaws-)였고, 또 하나는 테프를 지칭하는 단어(*tl'eff-)였다. 이 두 작물은 모두 에티오피아 고원 지대의 자생 식물이 재배로 연결된 것이다. 즉 당시에 곡물 채집과 재배가 동시에 이루어졌던 것으로 추정된다. 또한 이 시기 이후의 모든 쿠시어에서 당나귀 사육과 관련된 어휘들이 등장한다. 따라서 당나귀 사육도 이 시기에 처음 시작되었던 것으로 짐작된다. [그림 3-3]의 계통수는 쿠시어 분화의 초기 단계와 어휘의 층서학적 선후 관계를 동시에 표현한 것이다.

아프리카의 뿔(Horn of Africa) 지역에서는 이처럼 채집에서 농경으로의 이행 단계가 언제쯤 시작되었을까? 고고학적으로 결정적이라 할 만한 발굴은 아직 알려진 바가 거의 없다. 그러므로 지금으로서는 언어학적 층서학을 통해 그와 관련된 시기를 추정할 수밖에 없는데, 각 단계의 절대 연대 추정은 상당히 느슨한 편이다. 최근의 연구 성과로 쿠시어

---

22 앞에서 제시된 쿠시어파 어근 각각의 재구(reconstruction)와 관련해서는 Ehret, *History and the Testimony of Language* 참조.

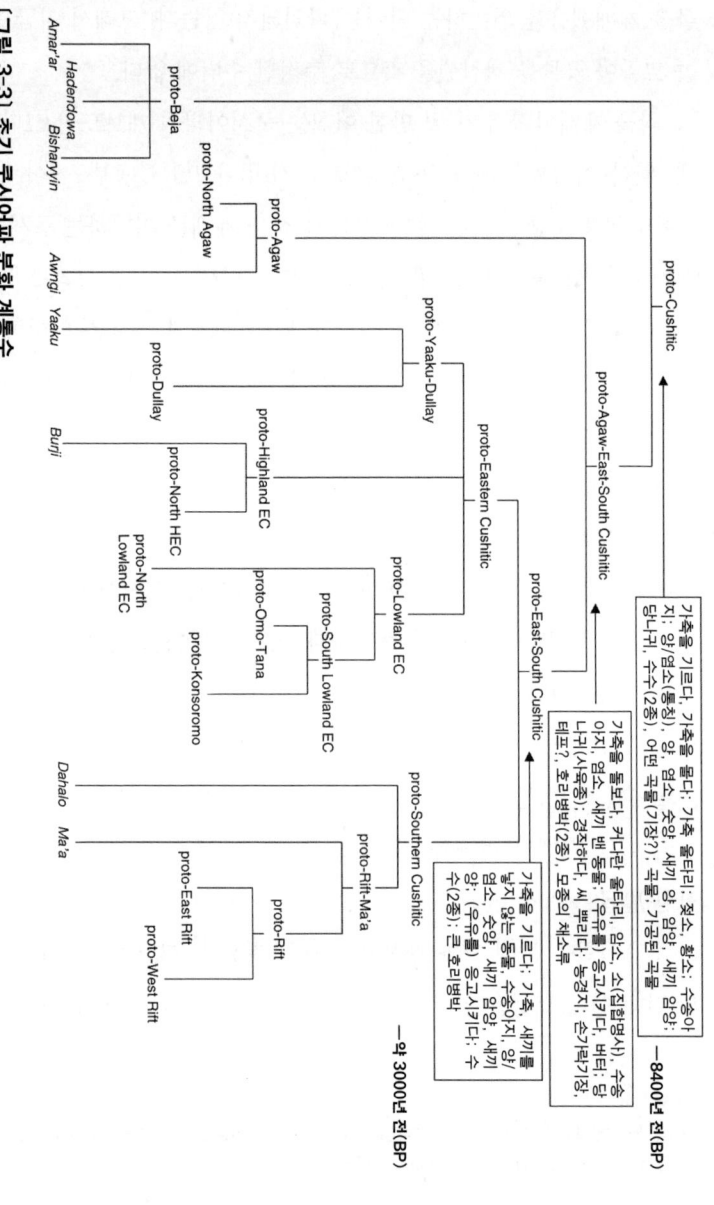

(그림 3-3) 초기 쿠시어파 분화 계통수

146   농업과 세계사 1: 농업 이후의 사회 변화

파의 역사와 관련된 연대 추정이 조금 더 엄밀해졌다고 볼 수 있다. 고고학에서는 케냐 지역에서 사바나 목축 신석기 문화가 있었던 것으로 알려져 있는데, 초기의 남부쿠시어 사용자들이 그 문화를 받아들였던 것 같다.[23] 사바나 목축 신석기 문화의 가장 오래된 유적지는 북부 케냐에서 발견되었는데, 유적지의 연대는 기원전 3000년경 혹은 그 이전으로 추정된다.[24] 그렇다면 쿠시어 사용자들이 에티오피아 지구대를 거쳐 남쪽으로 진출한 시기는 아무리 늦어도 기원전 3000년경 이전이었던 셈이다.

절대 연대를 추정할 수 있는 또 하나의 시점이 있는데, 이는 동물 사육과 관련된 두 개의 어휘와 관련이 있다. 언어학적으로 볼 때 나일사하라어족이 염소와 양을 본격적으로 사육하기 시작한 시기는 원시-사헬어(PS) 단계였다(그림 3-2). 동부 사하라 지역에서 고고학적으로 발견된 가장 오래된 염소와 양의 뼈는 기원전 6400~6000년의 것이었다. 원시-사헬어 사용자들이 염소와 양을 기르기 시작했을 때, 그들이 염소를 가리키는 데 사용한 두 개의 어휘(★ay; ★nay)는 쿠시어에서 빌려 온 차용어였다. 그러므로 나일사하라어족에게 염소와 양이 전파될 때 초기 쿠시어 사용자들이 그 매개가 되었을 것으로 추정할 수 있다.

원시-쿠시어 어근을 차용한 두 개의 원시-사헬어 단어는, 앞에서 말

---

23 Ambrose, 'Archaeology and linguistic reconstructions'.
24 연대(보정 전)와 관련해서는 앞의 책 및 다음을 참조. J. Barthelme, 'Early evidence for animal domestication in eastern Africa', in J.D. Clark and S.A. Brandt (eds.), *From Hunters to Farmers* (Berkeley: University of California Press, 1984), 200-5; and *Fisher-Hunters and Neolithic Pastoralists in East Turkana, Kenya* (Oxford: British Archaeological Reports, 1985).

했듯이 *ʔayz-(염소, 양)와 *anaaʕ-(염소)였다. 두 차용어를 분석해보면 특히 두드러지는 음운의 흔적이 나타난다. 이들은 원시-쿠시어에서 바로 넘어온 단어가 아니라, 원시-쿠시어로부터 매우 이른 시기에 분화된 다른 언어에서 넘어온 단어였다. 원시-사헬어의 어근 *ay(염소)는 궁극적으로는 원시-쿠시어 *ʔayz-에서 유래한 단어다. 그러나 그 발음에는 북부쿠시어 발음이 반영되어 있다. 이는 오늘날에도 사용되고 있는 베자어(Beja language)를 통해 확인되는데, 베자어는 북부쿠시어에 속하는 한 언어다. 원시-쿠시어 *z는 고대 북부쿠시어에서 *y로 변한다. 오늘날 베자어에서 작은 동물을 지칭하는 일반 명사는 ay(염소, 양)인데, 원시-사헬어에서는 이 어근을 차용하여 *ay라 했다. 마찬가지로 원시-사헬어 *nay(염소)에서도 음운 변화 규칙이 엿보인다. 같은 단어의 베자어 대응형은 naʔi(염소)다. 이는 원시-쿠시어 *anaaʕ-가 북부쿠시어로 바뀔 때의 음운 변화 규칙을 그대로 따른 결과다.[25]

원시-사헬어에서 염소를 가리키는 일반 명사가 초기 북부쿠시어에서 빌린 차용어라는 사실은 두 가지 의미를 함축한다. 하나는 지리적 의미고, 또 하나는 시간적 의미다.

(1) 원시-쿠시어의 후손인 초기 북부쿠시어 사용자들은, 고고학적으로 발견된 염소와 양의 뼈를 근거로 추정한 시기, 즉 기원전 6400~6000년에 가축을 사육하던 나일사하라어족과 인접한 지역에서 살았다. 가

---

25 Ehret, 'Linguistic history of cultivation'; 고대 이집트 기록에 등장하는 Medjay는 명백히 베자어 사용자들이었다.

장 유력한 장소는 누비아의 나일강 동쪽부터 홍해 연안 구릉 지대까지로 추정된다.

(2) 북부쿠시어가 쿠시어파에 속하는 다른 언어들과 갈라진 시기는 아무리 늦어도 기원전 제7천년기 중반 이전이었을 것이며, 기원전 제8천년기가 가장 유력하다.

이로 미루어 보아 염소와 양이 중동 지역의 남부에서 누비아의 나일강 유역으로 전파된 시기는, 아직 고고학적으로 밝혀진 바는 거의 없지만, 기원전 제7천년기 전반 혹은 그 이전이었던 것으로 추정된다.

서아프리카 농경 시작의 역사적 배경

서쪽으로 멀리 떨어진 곳에 아프리카의 농경 시작과 관련하여 핵심 지역이 또 하나 있었다. 그곳의 주인공은 니제르콩고어족이었다. 오늘날 사하라 이남 아프리카 전체 인구의 3분의 2가 사용하는 언어가 바로 니제르콩고어족에 속한다.[26] 원시-니제르콩고어 전체 음운의 재구(reconstruction)는 아직 미완성 단계로, 연구가 진행 중이다.[27] 다만 기존에 확인된 어휘나 문법에 대해서만큼은 타당성에 관한 이견이 없는 상태다.[28] 니제르콩고어의 하위분류(그림 3-4)를 보면, 니제르콩고어족의 역

---

26 서아프리카를 독자적인 농업 기원지로 파악한 최초의 연구 성과는 G.P. Murdock, *Africa: Its Peoples and their Culture History* (New York: Putnam, 1957)였다.

27 J.M. Stewart, 'The potential of proto-Potou-Akanic-Bantu as a pilot proto-Niger-Congo, and the reconstructions updated', *Journal of African Languages and Linguistics*, 23 (2002), 197-224; 또한 C. Ehret에 의해 예비 연구가 진행 중이다.

사는 사용자들의 확산 과정상 크게 3단계로 나뉜다.

첫 번째 시기는, 원시-니제르콩고어 사용자의 후손들이 사바나 및 스텝 환경에서 동서로 확산되었던 때다. 대개는 북위 15도 내지 20도 선상에 걸쳐 있었는데, 중심지는 오늘날 말리 지역이었다.[29] 원시-니제르콩고어는 [그림 3-4]의 계통수에서 보듯이 두 갈래로 나뉘어 두 개의 주요 계통이 형성되었다. 하나는 만데어파(Mande), 다른 하나는 대서양콩고어파(Atlantic-Congo)였다. 원시-대서양콩고어는 대서양콩고어파의 모태가 되었던 언어다. 이는 다시 두 갈래로 나뉘었는데, 하나는 원시-대서양어(proto-Atlantic)고 또 하나는 원시-이조콩고어(proto-Ijo-Congo)였다. 원시-이조콩고어는 오래지 않아 다시 세 갈래로 나뉘었다. 오늘날 도곤어파(Dogon cluster)의 조상어, 이조어파(Ijo group)의 조상어, 그리고 멀리 떨어진 곳에 분포하는 볼타콩고어군(Volta-Congo branch)의 조상어가 그 셋이다.

니제르콩고어족 확산의 두 번째 시기는 하위 갈래 언어의 사용자들이 남쪽으로 확산되었던 때다. 볼타콩고어, 베누에콰어(Benue-Kwa) 사용자들은 서쪽으로 오늘날의 코트디부아르 남부, 동쪽으로 카메룬 중부 사이 삼림 지대와 열대우림 지대에 걸쳐 있었다. 언어학자들은 베누

---

28 K. Williamson and R. Blench, 'Niger-Congo', in B. Heine and D. Nurse (eds.), *African Languages* (Cambridge University Press, 2000), 11-42; D. Nurse et al., *Verbal Categories in Niger-Congo* (St Johns: Memorial University of Newfoundland, 2008), 57-72.

29 이와 관련된 연구 성과의 전모는 다음을 참조. C. Ehret, 'Holocene migrations as determined from linguistics in sub-Saharan Africa', in I. Ness and P. Bellwood (eds.), *The Encyclopedia of Global Human Migration*, vol. I (Chichester: Wiley-Blackwell, 2013), chap. 13.

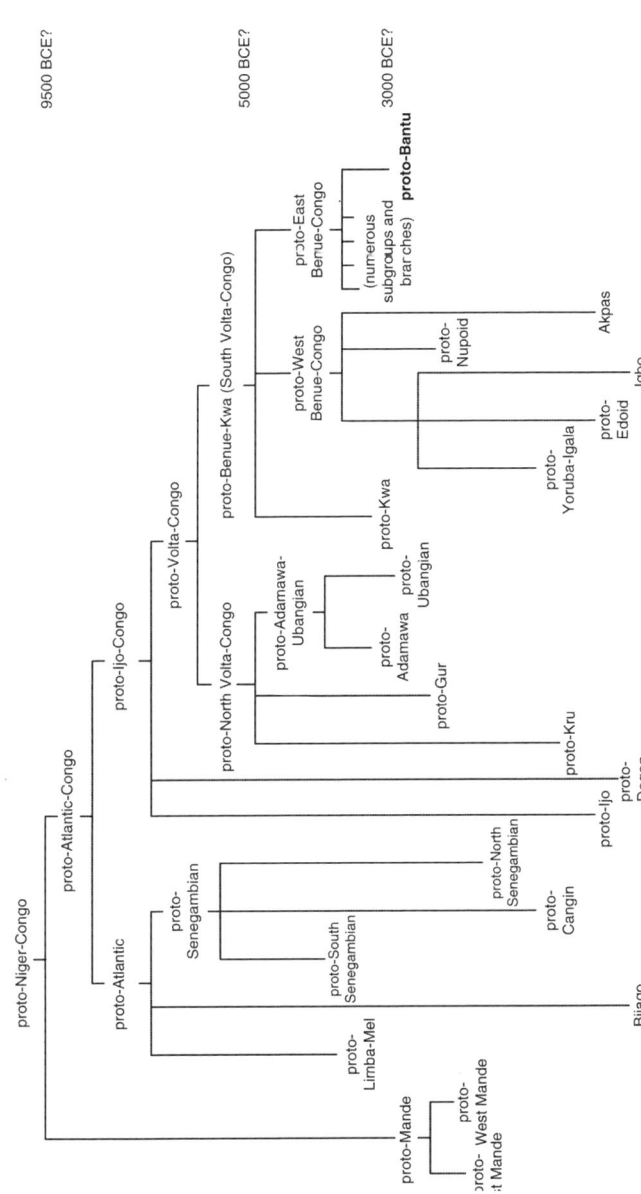

[그림 3-4] 니제르콩고어족 계통수

CHAPTER 3 - 언어학적 근거를 통해 본 농업의 기원에콰어의 분화가 대략 기원전 제5천년기에 시작된 것으로 추정하고 있다.[30] 이는 니제르콩고어족이 최초로 확산되던 시기에 비하자면 수천 년 뒤에 일어난 일이다.

니제르콩고어족 확장의 세 번째 시기는 기원전 제3천년기에 시작되었다. 베누에콰어의 하위 그룹인 동부베누에콩고어(East Benue-Congo)에서 원시-반투어가 갈라져 나왔다(그림 3-4). 이들은 다시 기원전 3000년에서 기원전 1000년 사이에 수많은 하위 갈래로 나뉘었다. 이 무렵 반투어 사용자들이 중앙아프리카 적도의 열대우림 지대로 잇달아 진출했다.[31] 같은 시기 볼타콩고어의 하위 그룹인 우방기어(Ubangian language) 사용자들이 오늘날 중앙아프리카 공화국에 있는 우방기강 유역(Ubangi river basin)의 동부로 뻗어 나갔다. 그들의 분포 지역에서 동쪽으로 가장 멀리까지 진출한 때가 기원전 제2천년기였다.[32] 이후 기원전 제1천년기와 기원후 제1천년기에 반투어 사용자들이 동아프리카와 중앙아프리카 남부, 그리고 남아프리카 지역으로 잇달아 진출했다. 결국 일련의 확산 과정을 거쳐 니제르콩고어족이 대륙 전체로 퍼져 나가게

---

30 R.G. Armstrong, *The Study of African Languages* (Ibadan: Institute of African Studies, 1964); Ehret, *History and the Testimony of Language*, chap. 5.
31 B. Heine et al., 'Neuere Ergebnisse zur Territorialgeschichte der Bantu', in W.J.G. Möhlig et al. (eds.), *Zur Sprachgeschichte and Ethnohistorie in Afrika* (Berlin: Reimer, 1977); C. Ehret, 'Bantu expansions: re-envisioning a central problem of early African history', *International Journal of African Historical Studies*, 34/1 (2001), 5-41. C. Ehret, 'Linguistic testimony and migration histories', in J. Lucassen et al. (eds.), *Migration History in World History* (Leiden: Brill, 2010), 113-54, maps the stages of Bantu expansion.
32 D.E. Saxon, 'Linguistic evidence for the eastward spread of Ubangian peoples', in Ehret and Posnansky (eds.), *Archaeological and Linguistic Reconstruction*, 66-77.

되었다.³³

초기 니제르콩고어족의 확장과 고고학

초기 니제르콩고어족을 이동하게 만든 원인은 무엇일까? 서아프리카 핵심 지역에서 펼쳐지고 있는 고고학적 발굴을 통해 아마도 가장 유력한 답변이 나올 것이다. 말리공화국 동부 도곤(Dogon)주에 있는 반디아가라 단층(Bandiagara escarpment)에서 은주구(Ounjougou) 유적이 발굴되었는데, 기원전 제10천년기의 유적이었다. 그곳에서 새로운 식량 확보 방식과 불 조작 기술의 발전을 엿볼 수 있는 흔적이 드러났다. 이 유적에서는 채집 기반 생활 경제와, 기원전 9400년 이전에 이미 토기 제작 기술을 보유하고 있었던 것도 확인되었다.³⁴ 이 같은 기술 혁신을 일구어낸 사람들이 사용한 도구는, 고고학적으로 확인된바 이미 오래전부터 전통적으로 내려왔던 것이다. 이를 서아프리카 잔석기 문화(West African Microlithic)라 하는데, 초기 니제르콩고어 사용 지역 전반에 걸쳐 그 흔적이 발견되었다. 발굴팀에 따르면, 그 문화의 기반은 포니오(fonio, *Digitaria exilis*) 같은 아프리카 자생 식물이었다. 포니오는 스텝이나 사바나 지역에서 엄청난 군락을 이루는 경우가 많았다. 당시 사람들이 곡물을 가루로 만들어 먹지는 않았고, 다만 그대로 토기에 넣고 끓여서 먹었다. 그러므로 토기 제작 기술은 그들의 생활 경제 범주에 핵심 요소로

---

33 이와 관련한 역사는 이 글의 각주 3~5번 참조.
34 E. Huysecom et al., 'The emergence of pottery in Africa during the tenth millennium cal BC : new evidence from Ounjougou (Mali)', *Antiquity*, 83/322 (2009), 905-17.

포함되어 있었다.

결론적으로 해당 유적에 흔적을 남긴 사람들은 니제르콩고어족이었다. 고고학을 통해 예상된 바가 언어학을 통해서도 확인되었다. 즉 원시-니제르콩고어(proto-Niger-Congo language, PNC)에는 포니오라는 곡물을 지칭하는 어근(**phóndé)이 포함되어 있었다.[35] 원시-니제르콩고어 자음과 모음의 재구 작업은 아직 해결해야 할 문제가 많이 남아 있다. 단어 앞의 별표 두 개(**)는 아직 재구가 확정되지 않은 잠정적 어휘를 표시하는 부호다. 원시-니제르콩고어의 동사 두 개가 또한 추가적 가능성을 내포하고 있다. 포니오를 비롯하여 기타 곡물들을 채취하던 사람들은 이미 더 많은 곡물을 수확하기 위한 도구를 사용하고 있었다. 원시-니제르콩고어 어근 중에 **kʰɔkʰ가 있는데, 오늘날 사용되는 여러 언어들로부터 유추해보건대 그 의미는 특정 식물의 생장을 돕기 위하여 다른 식물을 제거한다는 뜻이다.[36] 원시-니제르콩고어에서

35 이 어근의 중간 단계의 재구로 **pʰóndé도 있다. 이는 만데어파와 대서양어파에서 공통적으로 나타나며, 도곤어파와 볼타-콩고어파에 속하는 우방기어군에서도 보인다. 원시-그바야어(우방기어) 대응형은 *fón이다. 여기서 그 의미는 수수(sorghum)로 변했다. 그바야어 사용자들이 살던 습한 사바나 환경에서는 포니오(fonio)가 자라지 않았기 때문이다. R. Blench, *Archaeology and the African Past* (Lanham, MD: AltaMira Press, 2006)에서 만데어파와 대서양어파에 나타나는 이 어근의 대응형 사례를 방대하게 수집했다. 이 책의 서평이 C. Ehret, *Journal of African Archaeology*, 6/2 (2008), 259-65에 수록되어 있다. 여기서 차용어의 확산 가능성을 부정하지 않았지만, 이 어근 자체가 원시 니제르콩고어족의 어근이기 때문에, 멀리 떨어진 우방기어군에서 같은 어근이 등장하는 문제와 더불어 음운의 역사적 변화를 고려하는 편이 이 책의 결론에 보다 튼튼한 근거를 제공할 것으로 제안했다. 저자가 언급하지 않았던 이 어근의 변이형 중에 도곤어 fɔ도 있다. 민감한 독자께서는 이미 눈치채셨겠지만, 영어의 포니오(fonio) 또한 고대 어근의 풀라어 대응형에서 차용된 것이다.
36 이 어근의 대표적 대응 사례는 다음과 같다. Serer (Atlantic branch): *khokh* 'to cultivate'; More (Volta-Congo, Gur subgroup): *kó* 'to weed, cultivate'; Benue-

같은 식으로 볼 수 있는 두 번째 동사는 **ba이다. 이는 굳이 경작을 한다는 의미보다 땅을 판다는 의미에 가깝다. 그러나 오늘날 사용되고 있는 여러 언어에서는 이 어근의 변형이 경작을 위한 땅파기를 의미하는 경우가 많다.[37]

원시-볼타콩고어 시기에 이르러(그림 3-4) 농업으로의 이행이 보다 확실하게 진행되었던 것 같다. 농경을 의미하는 새로운 두 개의 동사와 한 개의 명사가 이 시기부터 등장했다. 동사 **kpa(개간하다), 동사 **gbiɛ(경작하다), 그리고 명사 **pʰùkʰo(경작지 들판)가 그것이다.[38] 이 시기는 기원전 제6천년기 혹은 그 이전에 해당하는데, 정확한 연대는 아직 밝혀내지 못했고, 식량 생산을 입증할 결정적 유적지도 발굴된 것이 없다. 언어학을 통해 예측하는 이 같은 이론을 입증해줄 만한 고고학적 발굴 성과가 지금으로서는 시급한 학문적 과제다. 주식으로 이용한 최초의

Kwa: Edo kɔ 'to plant'; and proto-Bantu: *kok-ud-'to clear away (vegetation)'.

[37] 이 어근의 대표적 대응 사례는 다음과 같다. Busa (Mande branch): *ba* 'to cultivate'; Ngala (Volta-Congo, Ubangian subgroup): *ba* 'to plant seeds'; Day (Volta-Congo, Adamawa subgroup): *va-* 'to cultivate'; and Igbo (Benue-Kwa): *ba* 'to dig, break up soil'.

[38] **kpa의 대응형은 다음과 같다. Buli (Volta-Congo, Gur subgroup): *kpa* 'to clear ground for new crops, hoe between growing plants'; Ngbaka and Gbanziri (Volta-Congo, Ubangian subgroup): *kpa* 'to weed'; Yoruba (Benue-Kwa): *kpakpa* 'cultivated field'. **gbiɛ의 대응형은 다음과 같다. Fon (Benue-Kwa): *gbe* 'to weed'; Yoruba (Benue-Kwa): *agbɛ* 'farmer'; and Ngbaka and Gbanziri (Volta-Congo, Ubangian subgroup): *gbie* 'cultivated field'. **pʰùkʰo의 대응형은 모두 '들판을 경작하다'라는 의미가 있다. 예를 들면 다음과 같다. More *fuyu*, Dagbani *pua* (Volta-Congo, Gur subgroup); proto-Gbaya *fɔ* (Volta-Congo, Ubangian subgroup); and Brong *vwo*, Twi *afuw* (Benue-Kwa group); 이 명사형은 다음의 동사형에서 파생된 것이다. proto-Bantu: *-pùk-'to dig up (earth)' and Pambia (Volta-Congo, Ubangian subgroup): *fuwu* 'to hoe a field'.

농작물은 포니오 같은 곡물 종류였을 것이다.

서아프리카 지역에서 농사가 처음 시작된 시기는 아무리 늦어도 기원전 제5천년기 이전이었을 것이다. 이 문제에 관한 한 고고학 성과는 간접 증거에 불과하다. 즉 기존의 서아프리카 잔석기 문화에서 사용되던 석기에 갈돌과 표면을 매끈하게 다듬은 돌도끼가 추가되었다. 이 같은 새로운 석기가 처음 등장한 곳은 가나에서부터 카메룬에 이르는 삼림 지대 및 열대우림 지대였다.[39] 언어학적으로 보자면 니제르콩고어족에 속하는 베누에콰어 초기 사용자들이 확산되어 나갔던 곳이 바로 그곳이다. 그리고 시기적으로 보더라도 이들의 확산 시기와 새로운 석기의 출현 시기가 대체로 일치한다.[40] 그러므로 초기 베누에콰어 사용자들이 바로 새로운 석기 개발의 주인공이었던 것으로 추정할 수 있겠다.

같은 시기에 새롭게 재배가 시작된 주요 작물 두 가지가 있는데, 둘 다 강우량이 매우 많았던 현지의 토착 식물이다. 하나는 얌이고, 또 하나는 기름야자(팜유의 원재료)였다. 기름야자는 열매를 짜서 기름을 얻을 뿐만 아니라 그 수액을 발효시켜 술을 만들 수도 있었다. 이 작물들을 재배함으로써 초기 베누에콰어 사용자들은 사바나를 떠나 남쪽으로, 즉 서아프리카 해안에서 내륙으로 들어가 있는 삼림 지대 및 열대우림 지대로 진출할 수 있었다. 얌과 기름야자는 모두 햇볕을 직접 받아야 하는 식물이었으므로, 돌도끼를 이용해서 삼림을 걷어내고 경작지를 조성해

---

39 T. Shaw and S.G.H. Daniells, 'Excavations at Iwo-Eleru, Ondo State, Nigeria', *West African Journal of Archaeology*, 14 (1984), 7-100.
40 Armstrong, *Study of African Languages*; Ehret, *History and the Testimony of Language*, chap. 5.

야만 재배가 가능했다.

　기원전 3000년 이후 베누에콰어족의 문화처럼 토기와 주먹도끼를 갖춘 문화가 카메룬에서 다시 남쪽으로 이동하여 적도에 걸쳐 있는 아프리카 열대우림 지대로 확산되기 시작했다. 언어학적으로 볼 때 이는 반투어속의 확산과 시기 및 지역이 겹친다. 언어학을 비롯한 여러 분과 학문에서 다양한 지역별 역사와 인구의 이동을 세부적으로 연구했고, 그 결과 반투어 계열이 아프리카의 3분의 1을 차지할 때까지 확산되는 과정이 밝혀졌다. 확실한 근거를 기반으로 밝혀진바, 반투어 사용자들이 강줄기를 따라 적도의 열대우림 지대로 진출한 시기는 기원전 3000년에서 기원전 1000년 사이였다.[41] 원시-반투어 어휘 재구를 통해 본 결과, 농작물 재배와 동물 사육이 시작된 시기는 바로 이때였다. 원시-반투어 어휘 중에는 서아프리카에서 자생하는 개별 곡물을 지칭하는 단어들이 많이 포함되어 있었다. 그러나 그들이 확산되어 진출했던 다른 지역에서 자생하는 곡물을 지칭하는 단어는 없었다. 또한 염소 사육과 관련된 어휘들도 존재했다. 예를 들면 다음과 같다. ＊-sad-(경작하다), ＊-gṵnda(들판을 경작하다), ＊-kua / ＊-pama(각각 얌의 일종), ＊-kondɛ(검은눈완두콩), ＊-jogo(아프리카땅콩), ＊-sopa(호리병박), ＊-bila / ＊-ba(기름야자), ＊-gadị(팜유), ＊-bolị(염소), ＊-bɔkɔ(숫염소).

　이들이 주요 강의 연안을 벗어나 내륙의 열대우림 깊숙이 진출한 시기는 오랜 세월이 지난 뒤였다. 이주 경로는 몇몇 강줄기를 거슬러 올라가는 길이었는데, 마지막으로 이동한 사람들은 몽고어(Mongo) 사용

41　Klieman, 'The Pygmies Were Our Compass'.

자였다. 이들이 콩고 분지 중심부에 진출한 시기는 기원후 400년에서 1100년 사이였다. 언어학과 함께 고고학이나, 때로는 화분학(花粉學) 혹은 구술 전통을 참조하여 반투어족이 적도를 넘어 더 남쪽의 동아프리카 및 남아프리카로 진출한 역사도 연구했는데, 그 시기는 기원전 1000년 이후였다.[42]

오모어파와 농업

아프리카에서 작물 재배가 발달했던 또 다른 한 지역이 있는데, 아마도 틀림없이 외부와의 연관성 없이 독립적으로 농사가 시작되었던 것 같다. 그곳은 바로 에티오피아 고원 지대의 남서부 열대우림 산악 지대로, 깊은 계곡에 의해 외부와 단절되어 있다. 이 지역에서 작물 재배가 시작된 시기는 기원전 6000~3000년이었다. 역사의 주인공은 아프리카아시아어족에 속하는 오모어파 사용자들이었다. 그들의 최초 재배 작물은 엔세트(enset)였으며, 이외에도 보조 작물로 에티오피아 지역에서 자생한 얌을 재배했던 것 같다. 엔세트는 바나나 나무와 매우 비슷하게 생겼지만 먹는 방식은 전혀 다르다. 엔세트는 열매가 아니라 알줄기와 속줄기를 먹는다. 최근 오모어파의 농업사를 연구한 성과에 따르면, 오모어에는 엔세트라는 작물 자체를 지칭하는 어휘는 물론 그중 식용으로 유용한 부분을 지칭하는 어휘, 작물의 각 성장 단계를 지칭하는 어휘, 식물을 식용으로 처리하는 도구와 경작하는 도구를 지칭하는 어휘 등이

---

42 Ehret, *African Classical Age*; Schoenbrun, *A Green Place, A Good Place*; Gonzales, *Societies, Religion, and History*; Saidi, *Women's Authority*.

있었다.[43] 원시-오모어에는 엔세트의 세부 명칭으로 최소한 두 개 이상의 단어가 있었다. 먹을 수 있는 부분을 지칭하는 명사와, 속줄기를 지칭하는 명사였다. 그리고 엔세트를 재처리하는 과정에서만 사용되는 도구를 지칭하는 명사도 있었다. 그러나 실질적인 재배의 의미를 담은 어휘는 오모어파의 역사상 두 번째 단계, 즉 원시-북부오모어(proto-North Omotic language) 시기에 등장했다. 그때가 기원전 제4천년기로 추정된다. 동사 *tokk-는 특히 식물을 심는 행위를 나타내며, 씨뿌리기와는 다른 의미였다. 그러므로 엔세트 같은 작물을 재배하는 의미를 내포한다고 볼 수 있다. 원시-북부오모어에는 엔세트 성장의 주요 4단계를 가리키는 단어가 포함되어 있었다. 이는 문화적으로 엔세트가 특히 중요한 존재였음을 짐작케 한다.

또한 최근 연구에서 같은 시기 오모어파의 농업 체계에 몇 가지 추가 요소가 섞여 들어간 사실도 밝혀졌다. 우유를 생산하는 소와 양을 가리키는 어휘가 등장했고, 수수를 가리키는 어휘도 등장했다. 그 흔적을 추적한 결과 원시-북부오모어까지 거슬러 올라갔다. 양을 가리키는 최초의 어휘는 남수단 지역의 나일사하라어족에게서 빌린 차용어였다. 남수단 지역은 초기 오모어파의 활동 지역으로부터 그리 멀리 떨어진 곳이 아니었다. 또한 수수도 나일사하라어족으로부터 도입되었다. 수수를 전해준 사람들은 에티오피아 고원 지대 남부에서 바로 인접해 살던 사람들이었다. 최근 연구에 의하면, 초기 오모어파의 농부들은 특히 다양

---

43 Shiferaw Assefa, *Omotic Peoples and the Early History of Agriculture in Southern Ethiopia*, unpublished PhD thesis (University of California, Los Angeles, 2011).

한 환경 지역을 개척했다. 수수는 산악 지대 중에서도 낮은 지역의 들판에서 재배했고, 엔세트는 높은 지역에서 재배했다. 이 지역에서 농사가 시작되었음을 나타내는 고고학적 흔적은 아직 발견된 바가 전혀 없다. 그러므로 최근의 언어학 연구는 향후 고고학 연구를 통해 밝혀야 할 다양한 학문적 과제를 제기한 셈이다.

작물 재배와 가축 사육

아프리카의 언어는 오늘날 식물고고학(archaeobotany)의 중심 주제를 함축하고 있다. 즉 식량 생산(food production)과 재배종화(domestication)를 구분하는 문제다. 식량 생산이라 하면 의도적으로 동식물을 길들이는 것을 말한다. 작물 재배와 가축 사육은 식량 생산의 첫 단계라 할 수 있다. 재배종화란 식량 생산의 과정을 거치면서 나타난 생물학적 진화의 결과다. 식량 생산을 관리하는 과정이 곡물의 진화에 영향을 미치고, 그 결과로 야생종이 재배종으로 변하게 된다. 식물을 예로 들자면, 자연 상태에서는 이삭이나 꼬투리가 쉽게 열려서 씨앗이 흩어지는 것이 자손을 퍼뜨리는 데 유리하다. 그러나 보통 개체와 달리 이삭이나 꼬투리가 쉽게 열리지 않는 개체가 늘 있게 마련이다. 그래서 사람들이 채집할 때는 이삭이 쉽게 패는 개체보다 이삭이 쉽게 패지 않는 개체에서 얻는 수확량이 더 많을 수밖에 없다. 시간이 지날수록 사람들이 수확한 씨앗은, 그래서 사람들에 의해 다시 땅에 심기는 씨앗은 이삭이 잘 패지 않는 개체일 확률이 점점 더 높아진다. 이런 식으로 인간의 행동이 점차 생물학적 진화에 영향을 미침으로써 야생종이 재배종으로 변하는 것이다.

그렇다면 이런 과정은 시간이 얼마나 걸릴까? 다시 말해서 사람들이 식물을 경작하거나 동물을 사육하기 시작하는 때로부터 진화의 과정을 거쳐 고고학적으로 확인 가능할 정도로 재배종화가 일반화되기까지 걸리는 시간은 얼마일까? 그 이행 과정은 대개 매우 느리게 진행된다. 예컨대 최근 연구에 의하면, 최초의 식물 경작으로부터 온전한 재배종의 출현까지 걸린 시간은 2000년 정도였다고 한다. 중동에서도 그랬고, 전혀 별개로 발달한 인도의 몇몇 농업 지역에서도 마찬가지였다.[44]

기존의 고고학 발굴 결과에 근거해 볼 때, 아프리카에서는 식물 경작에서부터 확인 가능한 재배종의 출현까지 걸린 시간이 훨씬 더 길었던 것 같다. 언어학을 통해 밝혀진 재배종과 고고학적 발굴 결과 사이에는 상당한 시간 차가 존재한다. 아마 이러한 현실도 아프리카에서 더 오랜 시간이 걸린 이유 중 하나일지 모른다. 아프리카 고고학에서 홀로세의 편차는 다양하고도 광범위하다. 결정적 시기라고 할 수 있는 기원전 제10천년기부터 제3천년기까지, 그리고 여러 결정적 지역에 대해서 편차는 알려진 것보다 더 크다. 또한 최근까지도 초기 농업의 흔적을 물리적으로 확인하는 것은 고고학에서 우선적 주제가 아니었다. 그러나 이러한 현실은 바뀌고 있다. 그럼에도 불구하고 물리적 발굴 결과와 언어학이 제기하는 역사 내용이 조화를 이루려면 아직 많은 시간이 필요한 상태다(제18장 참조).

이러한 점을 감안하더라도 아프리카에서는 곡물 생산과 재배종 출현 사이에 걸린 시간이 특히 더 길었다. 예를 들어 중동 지역에서 오랜

---

44 R. G. Allaby et al., 'The genetic expectations of a protracted model for the origins of domesticated crops', *Proceedings of the National Academy of Sciences*, 105/37 (2008), 13982-6.

시간이 경과한 뒤 출현한 재배종의 특징은 이삭이 흩어지지 않는 것이었다. 그러나 아프리카의 나일사하라어족에게서는 이 같은 요소가 별로 중요하지 않았다. 나일사하라어족이 매우 오래전에 사용하던 수확 방식은, 작고 휜 돌날을 손가락과 손바닥 사이에 거머쥐고 이삭을 똑똑 따는 즉시 앞에 들고 있는 주머니로 떨어뜨리는 기술이었다. 이렇게 하면 쉽게 흩어지는 이삭이라도 알곡이 별로 유실되지 않는다. 이런 식의 수확 과정에서는 이삭이 잘 흩어지지 않는 종의 선택 과정이 그리 강력하게 진행될 리가 없다.

식물고고학에서 주목하는, 아프리카의 재배종 출현이 늦어진 두 번째 요인이 있다. 아프리카에서 최초로 경작이 시작되었던 많은 지역에서, 경작지 인근의 황무지에서 야생종의 변종들이 아직도 다양하게 자라고 있다. 이런 상황이라면 야생종과 재배종의 교배가 끊임없이 반복될 수밖에 없고, 수백 년 동안 이런 과정이 진행되다 보니 경작이 시작된 뒤로 많은 시간이 흘렀어도 뚜렷이 구별되는 재배종이 등장하지 않았다는 것이다. 이는 물론 아프리카 이외 세계의 다른 지역에서도 충분히 일어날 수 있는 일이었다.

남아시아의 섬 지역과 오세아니아

언어학자들이 농업의 초기 역사를 밝혀내기 위해 주목하는 또 하나의 주요 지역은 남아시아 섬 지역과 오세아니아다. 특히 오스트로네시아어족에게서 발견되는 근거들은 이 지역의 농업사를 구체적으로 드러내 보여준다. 이야기는 원시-오스트로네시아어(PAN) 사용자들이 대만에 정착하면서 시작된다. 그때가 기원전 제5천년기 내지 제4천년기였다. 그 뒤 기원전 제4천년기의 어느 즈음에 원시-오스트로네시아어족의 후손인 말레이폴리네시아어파(Malayo-Polynesians)의 조상들이 대만을 출발하여 남쪽으로 이동했다. 그들은 처음에는 필리핀으로, 그다음에는 인도네시아의 여러 지역으로 진출했다. 그로부터 오랜 세월이 흐른 뒤 기원전 1500년 이후, 말레이폴리네시아어에 속하는 오세아니아어군(Oceanic sub-branch)이 멀리 태평양 각지의 섬으로 흩어져 들어갔다.[45]

어휘를 통해 볼 때, 원시-오스트로네시아어 사용자들은 쌀을 비롯한 기타 곡물을 집중적으로 채집했을 뿐만 아니라 농사도 지었다. 그들의 언어에 특히 벼 종자를 의미하는 명사(*bineSiq)가 있었다. 이는 그들이 벼를 재배했음을 짐작케 하는 근거가 된다. 또한 *qumah라는 어휘가 있었는데, 명사로는 정원, 동사로는 정원을 일군다는 의미였다. 경작되지 않은 땅을 일컫는 명사(*quCaN), 경작을 하기 위한 제초 작업을 가리키는 동사(*tebaS)도 있었다. 이외에도 경작을 암시하는 어휘가 최소한 두 개 더 있었는데, 휴경지(*talun)와 잡초 제거(*babaw)였다. 이는 다음 시대인 원시-말레이폴리네시아어(PMP) 단계에서 등장했다.[46]

어휘 근거를 통해 초기 오스트로네시아어 사용자들의 농업사가 드러나는데, 놀라운 사실은 환경 변화에 따른 관행과 작물의 변화다. 초기 오스트로네시아어 사용자들이 남쪽의 새로운 생태 환경으로 진출하면

---

45 P. Bellwood, 'The origins and spread of agriculture in the Indo-Pacific Region', in D. Harris (ed.), *The Origins and Spread of Agriculture and Pastoralism in Eurasia* (London: UCL Press, 1996), 465-98; see also Harris (ed.), passim.
46 Blust, 'Prehistory of the Austronesian-speaking peoples'; Ross et al. (eds.), *Lexicon of Proto Oceanic*.

서 많은 변화가 있었다. 원시-오스트로네시아어 사용자들이 처음 대만으로 들어왔을 때, 그들은 이미 양자강 하류 지역에서 발달한 곡물 중심의 농업 체제를 가지고 왔다. 그들의 문화에서 쌀은 매우 두드러진 작물이었다. 그래서 벼(*pajay)의 여러 상태를 특정하는 어휘들이 많았다. 수확한 벼(쌀, *beRas), 익힌 쌀(쌀밥, *Semay), 수확한 뒤 들판에 남겨진 벼의 줄기(볏짚, *zaRami), 벼의 껍질(쌀겨, *qeCa) 등이었다. 기장류(millet)에 대해서도, 조(foxtail millet, *beCeŋ)를 포함하여 최소한 세 개(*baCar, *zawa)의 어휘가 있었다. 당시 기장은 중국 본토에서 이미 재배 중이던 작물이었다. 이와 달리 덩이줄기 식물을 지칭하는 어휘는 원시-오스트로네시아어에서 하나(*biRaq)뿐인데, 재배종이 아니라 야생 타로(taro)를 의미했던 것으로 추정된다.

이전 단계의 원시-오스트로네시아어에 없다가 원시-말레이폴리네시아어 단계에서 등장한 어휘들은 얌(*qubi), 타로(*tales), 바나나(*punti), 사탕수수(*CebuS), 빵나무 열매(*kuluR), 사고야자(*Rambia), 코코넛(*niuR) 등이었다. 야생 멧돼지를 지칭하는 어휘(*babuy)는 원시-오스트로네시아어에도 있었지만, 사육 돼지를 지칭하는 어휘(*beRek)는 원시-말레이폴리네시아어 단계에 이르러서야 등장했다. 따라서 그들이 사육 돼지를 받아들인 시기는 기원전 제5천년기 내지 제4천년기였을 것으로 추정된다.[47]

말레이폴리네시아어파 가운데 오세아니아어군이 태평양 지역으로 진출하면서 기존의 농작물 목록은 더욱 큰 변화를 겪었다. 당시 원시-

---

47 Blust, 'Prehistory of the Austronesian-speaking peoples'.

오세아니아어 사용자들이 일군 문화는 라피타 문화(Lapita culture)였다. 언어와 문화의 관계를 특정할 수 있었던 근거는 무수히 많은 물건들이었다. 즉 고고학적으로 발굴된 라피타 문화의 유물들과, 농업을 비롯하여 어업, 조선(造船), 건축, 주거 방식 등 오세아니아어에 포함된 물건명을 일대일로 싱세히 비교한 결과였다.[48]

라피타 문화 유적 가운데 가장 오래된 유적은 비스마르크 제도에 있는데, 시기는 기원전 1500년경이다. 이후 500년 동안 원시-오세아니아어 사용자들의 후손이 멀리 태평양으로 급속히 퍼져 나가기 시작했다. 일부는 인근의 파푸아뉴기니 해안으로 이주했고, 오래전부터 그 섬에서 농사를 짓던 사람들에 섞여 정착했다. 그러나 주요 이주 방향은 솔로몬 제도와 바누아투섬 등 동쪽이었다. 나중에는 미크로네시아 같은 북방의 섬들, 그리고 더 멀리 동쪽에 있는 피지, 통가, 사모아로도 진출했다. 후대에는 사모아섬에 살던 오세아니아어의 후손 폴리네시아어 사용자들이 동쪽으로는 이스터섬까지, 북쪽으로는 하와이섬까지 진출했다. 이들 공동체는 조상인 원시-말레이폴리네시아어 사용자들이 이미 재배하기 시작했던 열대 작물들을 계속 재배했다. 예를 들면 타로(*talo; PAN *tales), 열대둥근마(greater yam, *qupi; PMP *qubi), 사고야자(*Rabia; PMP *Rambia), 바나나(*pudi; PMP *punti), 빵나무 열매(*kulaR; PMP *kuluR; also *baReqo), 코코넛(*niuR), 사탕수수(*topu; PMP *CebuS) 등이었다.

---

48 Ross et al. (eds.), *Lexicon of Proto Oceanic*. Ross, Pawley, Osmond 연구팀은 언어 연구를 통해 오세아니아어군 사용자들의 역사 및 문화와 관련된 언어학적 근거 구축 모델을 제시했다. 그들의 연구 성과는 4권으로 출간되었고, 제5권은 출간 단계에 있으며, 제6권은 계획 단계에 있다. 연구 내용에는 식물, 자연환경, 무형 문화의 모든 측면이 포함되어 있다.

또한 그들의 재배 목록에는 둥근마(aerial yam, *pwatik)도 포함되어 있었다. 그러나 놀라운 일은, 아시아의 곡물 재배 전통이 완전히 끊어졌다는 사실이다. 심지어 원시-오스트로네시아어 사용자들의 주식 작물이었던 쌀도 그들의 재배 목록에서 사라져버렸다.[49]

언어학적으로 남아시아의 섬 지역과 서부 오세아니아 지역 농업사를 증언해줄 엄청난 잠재력을 가진, 그러나 현재로서는 거의 연구가 이루어지지 않은 또 하나의 보물 창고가 있다. 바로 트랜스뉴기니어족(Trans-New Guinea language family, TNG)이다. 초기의 이 언어 사용자들은 뉴기니 지역에서 독립적으로 농업을 개발했던 것 같다. 시기는 기원전 제8천년기까지 거슬러 올라간다. 기원전 제4천년기에 말레이폴리네시아어 사용자들이 남아시아 섬 지역으로 진출할 때, 이미 그곳에서 농업을 발전시키고 있던 사람들로부터 바나나와 타로 같은 열대 작물을 얼마나 많이 받아들였을까? 남아시아의 섬에서 농사를 짓지 않고 채집 생활을 하던 사람들로부터 얻은 지식 정보가 새로운 변화에 어느 정도 도움이 되지는 않았을까? 원시-말레이폴리네시아어와 그 하위 갈래인 오세아니아어군에서 등장하는 열대 식물의 다양한 명칭은 어디에서 유래한 것일까? 언젠가 이런 어휘들이 트랜스뉴기니어에서 빌린 차용어라는 사실이 밝혀지고, 지식의 전파 경로를 찾아낼 수 있지 않을까?[50]

49 Ross et al. (eds.), *Lexicon of Proto Oceanic*, 117-38.
50 G. Barker and M.B. Richards, 'Foraging-farming transitions in island Southeast Asia', *Journal of Archaeological Method and Theory*, 20 (2013), 256-80에서는 물질적 변화의 역사와 그 이면에 놓인 인구 이동의 과정이 얼마나 복잡한지를 잘 보여주고 있다. 또한 이 시리즈의 04권 제16장(by Huw Barton) 참조.

이 모든 주제는 미래의 매력적인 연구 과제로 열려 있는 상태다. 트랜스뉴기니어족의 농사 관련 어휘를 재구(reconstruction)하는 작업은 아직 초기 단계에 머물러 있지만, 향후 학문적으로 크게 기여할 것이다. 남아시아 섬 지역에서 오스트로네시아어 이외의 다른 언어들에 대한 연구도 마찬가지 의미를 지닌다.

한편 대륙동남아 인근 지역도 농업사 관련 언어학 연구에서 거의 미개척지로 남아 있다. 이와 관련하여 중국티베트어족(Sino-Tibetan languages)은 매우 복잡한 도전 과제다. 어족 내부의 관계나 식량 관련 고대 어휘와 관련해서 밝혀야 할 과제가 많이 남아 있기 때문이다. 최근에 발표된 연구 성과에 따르면, 최초의 중국티베트어 사용자들의 기원지가 6000년 내지 7000년 전 히말라야산맥 동쪽 끄트머리 지역이라고 한다. 그렇다면 이들은 처음에는 수렵채집 경제와 더불어 구근 식물 재배를 병행했을 것으로 추정되며, 벼농사는 짓지 않았을 것이다. 벼는 최근에서야 이들의 가장 중요한 주식 작물이 되었다.[51] 아시아에서 농업사와 관련하여 두 번째로 중요성을 간직하고 있는 언어는 바로 오스트로아시아어(Austroasiatic)다. 동남아시아의 베트남어와 크메르어, 그리고 동부 인도의 문다리어군(Munda group)이 여기에 속한다.

남아시아의 초기 농업과 언어

아프리카아시아어족에 속하는 셈어파는 오스트로네시아어족이나

---

51 R. Blench and M.W. Post, 'Rethinking Sino-Tibetan phylogeny from the perspective of North East Indian languages', in N. Hill and T. Owen-Smith (eds.), *Trans-Himalayan Linguistics* (Berlin: de Gruyter, 2013).

일부 아프리카의 언어들 못지않게 복잡하지만 그와 다른 지역, 즉 중동에서 농업의 시작을 알려주는 중요한 언어학적 사례들을 포함하고 있다. 원시-셈어파의 식량 관련 어휘를 재구해본 결과, 원시-셈어파의 주요 생활 경제는 작물 재배와 동물 사육을 겸한 농업 경제였다. 경작지를 지칭하는 명사(*ḥaql-)와 경작하다는 의미의 동사(*ḥrt-), 그리고 파종하다는 의미의 동사(*drʕ-) 등으로 미루어 그들은 틀림없이 작물을 재배했던 것 같다. 원시-셈어 사용자들은 몇 가지 곡물, 특히 밀(*ḥinṭ-), 에머밀(*kunāt-), 기장류(millet, *duḥn-) 등을 재배했다. 부수적으로 부추(*karaṯ-), 오이(*kVrV?-), 마늘(*ṭūm-), 쿠민(*kammūn-) 등도 재배했다. 그들이 재배했던 과수나무 중에는 무화과(*tiʔn-), 아몬드(*ṭaqid-), 피스타치오(*buṭn-) 등이 있었다. 포도(*ʕinab-'포도'; *gapn-'포도 넝쿨')를 재배했으며, 포도를 가지고 만든 술(*wayn-)도 있었다. 이외에 다양한 가축을 사육했는데, 가축을 몰다(*rʕy-), 가축에게 물을 먹이다(*šqy-)는 의미의 동사가 있었다. 또한 사육에 관련된 다른 어휘들도 있어서, 그들이 동물을 사육했던 것만큼은 분명한 사실로 확인된다. 가장 중요한 동물로는 양(*ʔimmar-; *raḥil-'암양'; *ʕatūd-'숫양(?)'; *lVʔV?-'새끼 양(?)'; *śaw-'양 떼')과 염소(*ʕinz-'암염소'; *tayš-'숫염소'; *ʕuriṭ-'새끼 숫염소'; *śVnVq-'새끼 암염소'; *śaʔn-'양과 염소의 혼합 무리')가 있었다. 또한 소(*liʔ-; *ṯawr-'수소'; *ʔalp-'거세한 수소')와 당나귀(*ḥumār-'수탕나귀'; *ʔatān-'암탕나귀')도 길렀다.[52]

---

[52] J. Huehnergard, 'Proto-Semitic language and culture', *The American Heritage Dictionary of the English Language*, 5th edn (New York: Houghton Mifflin Harcourt, 2011), 2066-78; L. Kogan, 'Proto-Semitic lexicon', in S. Weninger (ed.),

그러나 이러한 어휘들은 아무리 시간을 거슬러 올라간다 하더라도 홀로세 중기 이전까지는 올라가지 못한다. 원시-셈어는 기원전 4000년경의 언어로 추정되는데, 이는 서남아시아 지역에서 작물 재배와 가축 사육이 시작되고 수천 년이 지난 뒤였다.[53] 시기적으로 더 이전의 생활을 알 수 있는 언어학적 자료는 없을까? 캅카스 제어(Caucasian languages)는 오늘날 캅카스산맥 주변에 제한적으로 분포하지만, 지금은 소멸된 고대 캅카스어들, 예컨대 하티어(Hattic), 후르리어(Hurrian), 우라르투어(Urartian) 등의 문헌 자료를 통해 보건대 과거에는 아나톨리아를 거쳐 이란 서부까지 뻗어 있었다. 이 지역은 홀로세 초기 중동 지역 농업의 기원과 관련하여 핵심 지역이기 때문에, 차후 원시-캅카스어에 포함된 농사 관련 어휘 연구는 매우 중요한 연구 과제가 될 것이다.[54]

The Semitic Languages: An International Handbook (Berlin: de Gruyter, 2011), 79-258.
53 A. Kitchen et al., 'Bayesian phylogenetic analysis of Semitic languages identifies an early Bronze Age origin of Semitic in the Near East', *Proceedings of the Royal Society B*, 276 (2009), 2703-10.
54 A. Militarev, 'The prehistory of a dispersal: the proto-Afrasian (Afroasiatic) farming lexicon', in P. Bellwood and C. Renfrew (eds.), *Examining the Farming/Language Dispersal Hypothesis* (Cambridge: McDonald Institute for Archaeological Research, 2002), 135-50에서는 농업을 원시-아프리카아시아 어족 사회와 관련시어 설명히고 있다. 그러나 C. Ehret, 'Applying the comparative method in Afroasiatic(Afrasan, Afrasisch)', in R. Voigt (ed.), *'From Beyond the Mediterranean': Akten des 7. internationalen Semitohamitisten-kongresses* (Aachen: Shaker, 2007), 43-70에서 그러한 주장이 성립할 수 없음을 밝혔다. 훨씬 더 상세한 논의는 다음을 참조. Ehret, 'Linguistic stratigraphies'.

메소아메리카

언어학적 근거를 통한 초기 농업사 연구 학계에서 최근 주목하고 있는 또 하나의 지역은 아메리카 대륙, 특히 메소아메리카다. 그러나 이 지역에 대한 연구 방향은 오세아니아어 연구와 달랐다. 오세아니아어의 역사에 대해서는 기존에 폭넓은 연구가 이루어졌다. 그러나 메소아메리카 지역 언어 연구에서는 농업과 관련된 어휘들, 예컨대 경작을 지칭하는 동사나 명사를 확인하는 등 직접적인 농업의 증거를 찾아내는 연구가 아직은 본격적으로 이루어지지 못했다. 그 대신 개별 작물을 지칭하는 어휘의 역사를 밝히는 데 주력해왔다.[55] 이러한 접근 방식은 그 자체로 문제를 안고 있다. 재배종 작물의 조상이 되는 야생 식물의 원산지가 메소아메리카인 경우가 많기 때문이다. 예를 들어 야생종 호박(squash)이나 야생종 콩의 원산지도 메소아메리카다. 토종 식물을 같은 지역에서 수천 년 동안 재배해왔다면, 역사적으로 재구(reconstruction)한 특정 식물을 지칭하는 어휘가 재배종을 가리키는지 야생종을 가리키는지 어떻게 구별할 수 있을까?

---

55 C.H. Brown은 연구 범위를 확장하여 메소아메리카뿐만 아니라 남아메리카와 북아메리카 초기 농업의 언어학적 근거를 밝혔다. 예를 들면 'Glottochronology and the chronology of maize in the Americas', in J.E. Staller et al. (eds.), *Histories of Maize: Multidisciplinary Approaches to the Prehistory, Biogeography, Domestication, and Evolution of Maize* (Amsterdam and London: Elsevier Academic Press, 2006), 647-73; 'Prehistoric chronology of the common bean in the New World: the linguistic evidence', in J.E. Staller and M.C. Carrasco (eds.), *Pre-Columbian Foodways in Mesoamerica* (New York: Springer, 2010), 273-89; and 'Prehistoric chronology of squash', in press. See also J.H. Hill, 'Proto-Uto-Aztecan: a community of cultivators in central Mexico?', *American Anthropologist*, 103 (2001), 913-34.

최근 이 분야 연구에서 선도적 업적을 내고 있는 세실 브라운(Cecil Brown)도 아메리카의 주요 작물 세 종(즉 옥수수, 호박, 콩)의 어휘를 역사적으로 추적하는 과정에서 같은 문제에 직면했다. 그래서 그는 문화적 현출성(cultural salience) 개념을 도입했다. 즉 문화적으로 중요한 대상을 지칭하는 어휘는 오래도록 지속되는 경향이 있고, 다른 어휘로 대체되는 경우가 매우 드물다는 점에 착안한 이론이다.[56]

이런 접근법을 이용하면 역사적으로 어느 시기에 어떤 작물이 현출성(salience), 즉 두드러진 중요성을 가졌는지, 언제 그 작물이 식량 중에서도 주식의 자리를 차지했는지를 밝혀낼 수 있다. 언제부터 그 작물을 재배했는가 하는 문제는 부차적이다. 문화적 현출성을 갖는 작물은 역사적으로 그 이전에 재배되기 시작했을 가능성이 높다. 따라서 어떤 작물의 높은 문화적 현출성은 그 작물의 재배가 이미 진행되고 있음을 의미하기도 한다. 그 작물이 식량 중에서 주식의 자리를 차지했다는 것은 곧 농부들이 의식적으로든 무의식적으로든 이미 그 작물에 대해서 더 적은 노동력으로 더 많은 수확을 얻으려는 노력을 기울이기 시작했다는 의미가 되고, 그 과정에서 그 작물은 점차 야생종 선조와는 다른 재배종으로 변화될 수밖에 없다.

그러나 이런 식의 근거가 밝혀진다 하더라도 그 작물이 언제부터 재배되었는지는 알 수 없다. 경작과 관련된 과거의 동사와 명사를 재구하는 것, 작물 재배의 징후를 알려주는 어휘를 찾아내는 일은 아메리카의 언어 연구에서 앞으로 체계적으로 이루어져야 할 과제다. 게다가 아메

---

56 Berlin et al., 'Cultural significance and lexical retention'.

리카 원산으로 재배종화된 굉장히 중요한 작물임에도 지금까지 연구되지 않은 작물이 많이 남아 있다. 예를 들면 멕시코에서 기원전 8000년경 처음 재배가 시작된 것으로 추정되는 재배종 호박(pumpkin), 안데스 지역의 독자적 농업 개발에 가장 중요한 작물이었던 감자, 오리노코강에서 아마존 중부 저지대 사이 지역에서 시작된 고구마, 땅콩, 카사바, 얌, 3000~4000년 전에 오늘날 미국의 남부 지방에서 재배종화된 해바라기 등이다.

인도

어휘를 근거로 하는 초기 농업사 연구가 안고 있는 문제는 인도의 경우에도 기본적으로 아메리카와 다르지 않다. 메소아메리카와 마찬가지로 인도의 초기 식량 생산 중심지는 여러 지역으로 나뉘어 있었고, 각각의 중심지마다 어족 계열이 다른 언어를 사용했다. 인도에서 독자적으로 농경이 시작된 곳은 최소한 세 군데였다. 남인도, 갠지스 평원, 그리고 인더스강 중하류 유역이었다. 아메리카에서 그랬던 것처럼 인도에서도 연구의 초점은 특정 작물의 옛날 명칭을 재구(reconstruction)하는 근거를 찾는 데 맞춰져 있었다.

남인도의 핵심 권역은 구자라트(Gujarat)에서 남쪽으로 남인도 중부를 향해 펼쳐져 있었다. 구자라트는 이 권역의 북부에 속했다. 구자라트에서 초기에 재배되었던 작물은 작은 기장(*Panicum sumatrense*)과 우라드콩(*Vigna mungo*) 등이었다. 권역의 남부에서는 곡물과 콩류가 중심이었다. 초기 작물 중에는 브라운탑 기장(browntop millet: *Bracharia ramose*), 조(foxtail millet: *Setaria verticillata*), 녹두(*Vigna radiata*), 말콩(*Macrotyloma uniflorum*) 등이 있었다.⁵⁷ 남인도 신석기 문화와 관련된 언어는 드라비다어족(Dravidian family)의 중부 및 남부 갈래였다.

이들 작물 중 일부의 명칭은 중부드라비다어와 남부드라비다어의 공통 조상어까지 거슬러 올라간다. 북부드라비다어 자료가 불충분해서 원시-드라비다어 시기까지 거슬러 올라가는지는 확인되지 않는다. 아메리카의 경우도 그랬지만, 중부드라비다어와 남부드라비다어의 공통 조상어 시기에 포함되는 작물의 이름이 워낙 많은 것으로 보아, 그때는 작물 재배의 시작 단계가 아니라 완숙 단계였을 것이다.⁵⁸ 고고학 발굴에 따르면, 기원전 2000년경 작물의 재배종화 과정이 이미 충분히 진행되고 있었다. 그러므로 경작의 시작은 그보다 훨씬 이전의 일이었을 것이다. 농경이 시작될 때는 주요 작물도 자생 야생종 식물의 하나였을 테니, 그 식물의 명칭이 언제부터 있었는지 밝혀낸다 하더라도 재배가 시작된 시기를 밝혀낼 수는 없다. 지금으로서는 꼭 필요한 것이 드라비다어족 전반에 걸쳐 경작 활동과 관련되는 동사 및 명사 어근을 재구해내는 일이다. 토착종인 혹소(zebu cattle)를 길들였던 시기는 홀로세 중엽 혹은 그 이전까지 거슬러 올라간다. 그러므로 목축과 관련된 어휘를 찾

---

57 D.Q. Fuller, 'An agricultural perspective on Dravidian historical linguistics: archaeological crop packages, livestock and Dravidian crop vocabulary', in Bellwood and Renfrew (eds.), *Examining the Farming/Language Dispersal Hypothesis*, 191-213; and 'Silence before sedentism and the advent of cash-crops', in O. Toshiki (ed.), *Proceedings of the Pre-Symposium of RIHN and the 7th ESCA Harvard-Kyoto Roundtable* (Kyoto: Research Institute for Humanity and Nature, 2006).
58 As Fuller, 'Silence before sedentism'에서도 언급했지만 이 문제는 아직 분명히 밝혀지지 않았다. 북부 드라비드어파의 어휘 부족 탓에 원시-드라비다어족의 어휘 재구가 부족하기 때문이기도 하고, 혹은 단순히 수집된 자료의 편차가 너무 큰 탓이기도 하다.

아내는 일도 역사언어학에서 우선적으로 해결해야 할 과제다.

인도의 초기 농업과 관련하여 두 번째 중요한 지역은 갠지스강 중하류 평원이다. 기원전 1500년 이후 인도아리아어군 사용자들이 진입하기 전까지 그곳에 살던 사람들은 오스트로아시아어족에 속하는 문다리어군의 언어를 사용했다.[59] 곡물의 명칭은 초기 문다리어에서 나중에 들어온 인도아리아어군으로 전해졌다. 이로 미루어 보건대 원래는 그 지역에 문다리어 사용자들이 널리 자리 잡고 있었던 것 같다.[60] 오이, 루파(luffa), 비둘기콩을 비롯해 그곳에서 기원하는 초기 작물들이 상당수 존재한다. 가장 중요한 것은 인도산 벼다. 양자강 유역에서 재배종화가 진행된 벼와 달리 독립적으로 인더스강 유역에서 재배종화가 진행되었고, 그 지역 농업 전통에서 초기의 주요 작물로 자리 잡았다.[61]

인도아대륙의 북서부는 초기 농업에서 세 번째로 중요한 지역이며, 작물 재배 혹은 가축 사육이 최초로 이루어진 지역이기도 하다. 이곳에 전파된 주요 곡물은 이미 재배종화가 진행된 곡물이었다. 중동 지역에서 농경으로 재배종화가 진행된 곡물이 이란고원을 거쳐 이곳으로 전파되었다. 그러나 언어학 연구를 통해 보면, 이곳에서 재배한 새로운 작물은 외래종뿐만 아니라 인더스 지역 토종도 있었다.[62] 최소한 두 가지 품

---

59 M. Witzel, 'Early sources for South Asian substrate languages', *Mother Tongue*, special issue (1999), 1-70.
60 A.R.K. Zide and N.H. Zide, 'Proto-Munda cultural vocabulary: evidence for early agriculture', in P.H. Jenner et al. (eds.), *Austroasiatic Studies, Part II* (Honolulu: University of Hawai'i Press, 1976), 1294-334.
61 Fuller, 'Silence before sedentism'.
62 M. Witzel, 'Central Asian roots and acculturation in South Asia: linguistic and archaeological evidence from western Central Asia, the Hindukush and

목은 분명한데, 그중 하나가 토종 혹소(zebu cattle)다. 새로운 곡물이 이 곳에 이르렀을 때 이들은 이미 혹소를 기르고 있었다. 또 하나는 토종 목화(cotton)다. 어휘를 추적해보면, 이들 어휘는 오래전에 사라져버린 어떤 언어로부터 유래했다. 오늘날 우리에게 전해지는 어휘는 간접적으로, 그러니까 오늘날 인도 전역에서 사용되고 있는 인도아리아어군을 거친 것이다.

다시 말하지만 인도아대륙에서 곡물의 명칭을 재구하는 것으로 초기 재배종화 단계는 알 수 있어도 경작의 시작 시기를 알 수는 없다. 갠지스 평원이든 남인도든 오랜 경작의 시기를 거쳐 야생종과 다른 재배종이 출현했을 것이다. 그렇다면 오랜 경작의 시기는 언어학적 증거로 재배종이 확인되는 시기보다 2000년 혹은 그 이상 거슬러 올라갈 것이다. 특히 경작과 관련되는 동사나 명사를 파악하고 그 역사적 함의를 추적하는 연구는, 그 시기에 관한 새로운 지식을 열어주겠지만, 아직은 풀어야 할 과제로 남아 있다.

언어학을 통해 본 유럽 농업사

마지막으로 유럽의 농업 혁명 관련해서 언어학적 근거는 날카로운 논점을 제공하고 있다. 언어학적 근거는 무엇보다 인도유럽어 사용자들이 유럽에 농업을 도입했다는 가설을 단호히 부정한다. 인도유럽어족에서 찾아낸 근거는 4반세기 동안 지속되어온 오랜 가설에 결정적 반론을

---

northwestern South Asia for early Indo-Aryan language and religion', in T. Osada (ed.), *Linguistics, Archaeology and the Human Past* (Kyoto: Research Institute for Humanity and Nature, 2005), 87-211.

제기했다.[63]

언어학의 첫 번째 결정적 반론은 기술 문제였다. 원시-인도유럽어족 사회는 두 단계를 거쳤다. 먼저 전기 단계, 즉 인도히타이트어 단계가 있었다. 그 하한선은 아나톨리아어 사용자들이 갈라져 나가던 시점이었다. 그다음으로 후기 단계가 수백 년 동안 이어졌는데, 그 하한선은 아나톨리아어 이외에 남아 있던 원시-인도유럽어족 공동체들이 각자 흩어져 분화되기 시작한 시점이었다. 후기 단계의 원시-인도유럽어 사용자들은 바퀴를 가지고 있었다. 그들이 바퀴를 사용했다는 증거는 엄청나게 많다. 그들의 언어에는 바퀴 관련 어휘가 최소한 다섯 개, 많으면 여섯 개까지 포함되어 있었다. 어떠한 상상력을 동원하더라도 이 근거를 무시할 수는 없다.[64] 이처럼 많은 어근, 그리고 그것이 어족에 포함되는 여러 언어에 공통적으로 남아 있다는 사실로 볼 때, 바퀴는 단지 후기-원시-인도유럽어 사용자들에게 알려진 정도가 아니라 그들의 문화에서 상당히 중요한 문화 요소였을 것이다.

바퀴 기술이 문화의 핵심 요소였다는 사실을 근거로 보자면, 후기-원시-인도유럽어 시기의 종말은 기원전 제4천년기 이전일 수 없다. 이때는 유럽의 서부 끝까지 유럽 전역에 농업이 충분히 전파된 이후였다. 후기-인도유럽어 이전인 인도히타이트어 단계는 불과 수백 년 전이지

---

63 C. Renfrew, *Archaeology and Language: The Puzzle of Indo-European Origins* (Cambridge University Press, 1987).
64 D.W. Anthony, 'Horse, wagon and chariot: Indo-European languages and archaeology', *Antiquity*, 69 (1995), 554-65; and *The Horse, the Wheel, and Language: How Bronze-Age Riders from the Eurasian Steppes Shaped the Modern World* (Princeton University Press, 2007).

만 그때는 바퀴와 관련된 어휘가 없었다. 이는 후기와 뚜렷이 대비되는 현상이다. 이를 근거로 보건대 인도히타이트어 단계는 기원전 제5천년기에 막을 내렸던 것 같다. 이때는 역사상 바퀴가 출현하기 이전 시점이었다. 후기-원시-인도유럽어의 시기는 기원전 제4천년기 중엽 혹은 그 이전이었을 것이다.

언어학의 두 번째 결정적 반론은 식량 생산과 관련된 문제로, 원시-인도유럽어(PIE) 어휘에서 문화적으로 두드러진 범주를 분석한 결과였다. 원시-인도유럽어에는 중동 지역 농작물 가운데 단 하나의 곡물이라도 분명한 어근으로 밝혀지는 경우가 전혀 없다. 대신 가축과 관련된 어휘들이 풍부하다. 가축 사육의 직접적 증거로 간주되는 사육 관련 어휘들 또한 포함되어 있었다. 가축 전체를 가리키는 일반 명사(PIE *peku-)와 함께, 가축 사육 과정에서 필요한 거세를 의미하는 단어(PIE *ster-)도 있었다. 이외에도 암소(PIE *guou-), 수소(PIE *tauro-), 숫염소(PIE *ghaido-), 암염소(PIE *dik-/*dig-), 새끼(PIE *kaĝo-), 양(PIE *owi-), (젊은?) 숫양 혹은 숫염소(PIE *buĝo-: 오늘날 영어의 buck), 돼지(PIE *su-: 라틴어 sus; 영어 sow, swine; PIE *porko-: 라틴어 porcus; 영어 farrow '젊은 돼지'), 말(PIE *ek̂uo-) 등이 있었다. 또한 들판을 의미하는 명사(PIE *agro-)가 있었는데, 원래는 경작지라기보다 목초지를 가리키는 단어였다.

이 같은 어휘 목록이 함축하는 의미는 명백하다. 작물 재배는 원시-인도유럽어 사회에서 드문 일이었다. 그 대신 다양한 가축을 길러서 생계의 첫 번째 수단으로 삼았다. 전기-원시-인도유럽어 공동체는 목축을 하던 사람들이었고, 경작은 거의 하지 않았다. 그리고 수백 년 뒤 후기-원시-인도유럽어 공동체에서도 목축을 했으며, 바퀴를 사용했고, 말과 함께 소, 양, 염소, 돼지를 사육했다. 원시-인도히타이트어 시기는 기원전 4000년경 혹은 그 직전이었을 것이다. 그러나 후기-원시-인도유럽어 사용자들이 바퀴를 사용한 시기는 아무리 빨라도 기원전 제4천년기에 속하는 어느 시점보다 이전일 수 없다. 기원전 제4천년기의 세계에서, 바퀴를 소중한 문화적 가치로 여기는 목축 경제는 오직 폰틱 스텝 (Pontic steppes) 지역뿐이었다(그들의 무덤 발굴을 통해 알 수 있는 사실이다). 언어학적 근거 또한 이를 분명하게 재확인해주었다. 언어학적 근거에 따르면, 인도유럽어족이 흑해 북부의 고향에서 바깥으로 확산되어 퍼져 나간 시기는 기원전 제4천년기 이후였다.[65]

그렇다면 기원전 제7천년기와 제6천년기에 서유럽으로 식량 생산 기술을 전해준 사람들은 누구였을까? 가장 유력한 후보는 바스크어 사용자들이다. 이들이 초기 농부들의 후손일 가능성이 매우 높다. 또 한 가

---

65 As Ehret, 'Lingistic archaeology', points outs – contra T.V. Gramkrelidze and V.V. Ivanov, *Indo-European and the Indo-Europeans: A Reconstruction and Historical Typological Analysis of a Protolanguage and Proto-Culture* (Tbilisi State University, 1984), and 'The early history of Indo-European languages', *Scientific American*, March 1990, 110-16, and R.D. Gray and Q.D. Atkinson, 'Language-tree divergence times support the Anatolian theory of Indo-European origin', *Nature*, 426 (2003), 435-9 등에 대한 반론을 제기했다. 즉 원시-인도유럽어족의 고향이 아나톨리아 지역이라는 가설은 성립하기 어렵다는 주장이었다. 그 근거는 인도유럽어족의 아나톨리아어파에서 차용어의 비중이 지나치게 많다는 사실이다. 특히 히타이트를 비롯하여 인도유럽어족에 포함되지 않는 언어나, 혹은 후르리어 같은 명백하게 북부캅카스어파에 속하는 언어로부터 들어온 차용어들이 많았다. 차용어 비중이 지나치게 높은 이와 같은 특이한 현상은, 심지어 차용어가 흔히 잘 사용되지 않는 부분의 어휘에까지 들어와 있는 것으로 보아, 원시-아나톨리아어파와 그 후손, 예컨대 히타이트어, 루위어, 리디아어 등의 사용자들이 외부로부터 아나톨리아 지역으로 침입해 들어온 침입자였을 가능성을 강력하게 뒷받침하고 있다.

지, 바스크어 사용자들이 후기 구석기 수렵채집인의 후손이라는 가설이 있는데, 이는 가능성이 거의 없다. 이유는 이렇다. 기존에 수렵채집인이 차지한 지역에 농업 인구가 들어가면 수렵채집인의 언어는 결국 소멸하게 된다. 새로 유입된 농업 인구가 그 지역에서 최대 인구로 성장하는데, 농업 인구의 싱징 속도가 빠르기 때문에 점차 수렵채집인의 영역을 농업 인구가 차지하게 된다. 인구가 확산되면서 그들의 언어가 살아남는 경우는, 바스크어의 예에서 보듯이 그 언어 사용자들이 이미 농부였음을 의미한다. 그들은 이미 충분히 큰 규모의 공동체에 속해 있었고, 문화적으로나 인구수로나 새로 유입되는 집단과의 경쟁에서 충분히 살아남을 수 있을 정도가 되었던 것이다.

전망

세계 여러 지역의 사례에서 볼 수 있듯이, 언어의 재구(reconstruction)는 전 세계 초기 농업 관련 지식과 관습이 어디서 어떻게 펼쳐졌는지를 밝혀내는 강력한 도구를 제공한다. 이 같은 언어학 연구는 많은 경우 고고학 자료가 전해주는 이야기를 더욱 풍성하게 만들어준다. 역사적 재구를 통해 발견한 자료가 쌓이면 과거의 어느 민족이 어떤 언어를 사용했는지를 밝혀낼 수 있다. 일단 그것이 밝혀지면 고고학자들이 탐구해야 할 지역, 새롭게 탐구해야 할 주제가 드러난다. 뿐만 아니라 고고학의 새로운 과제도 설정된다. 게다가 차용어의 경로를 조사해보면 지식의 전파 경로 또한 드러난다. 기원전 제7천년기에 염소와 양이라는 어휘가 초기 쿠시어파에서 나일사하라어족으로 전파되었다는 사실은 가히 충격적인 발견이었다.

언어학적 재구는 단지 고고학의 보조 도구에 머무르지 않는다. 언어를 통해 얻은 자료는 고고학이 메울 수 없는 역사적 지식의 빈틈을 메워 주기도 한다. 대표적 사례는 고대 민족의 친족 체계를 밝혀내는 것이다. 언어학은 물질문화의 보존 환경이 열악한 곳에서 특히 보충 자료를 제공할 수 있다. 대표적으로 얌과 타로 같은 뿌리 식물의 사례를 들 수 있다. 이들 작물과 관련된 유물 기록은 극히 드물고, 이를 재배했던 지역은 그 어떤 작물이라도 보존이 극히 어려운 환경이었다.[66] 세계 어느 지역에서나 이 같은 연구는 훨씬 더 많이 필요하다. 언어학을 통한 역사 연구는 우리 인류 공통의 과거를 더욱 풍성하게 드러낼 수 있을 것이다.

---

66 This, as Brown, 'Prehistoric chronology of the common bean'에서도 지적했듯이, 습한 환경에서 재배했던 콩도 바로 이런 경우에 속한다.

더 읽어보기

Anthony, D.W. *The Horse, the Wheel, and Language: How Bronze-Age Riders from the Eurasian Steppes Shaped the Modern World*. Princeton University Press, 2007.

Assefa, S. *Omotic Peoples and the Early History of Agriculture in Southern Ethiopia*. Unpublished PhD thesis. University of California, Los Angeles, 2011.

Bellwood, P. 'The origins and spread of agriculture in the Indo-Pacific region.' In D. Harris (ed.), *The Origins and Spread of Agriculture and Pastoralism in Eurasia*. London: UCL Press, 1996. 465-98.

Blust, R. 'The prehistory of the Austronesian-speaking peoples: a view from language.' *Journal of World Prehistory*, 9/4 (1995), 453-510.

Brown, C.H. 'Glottochronology and the chronology of maize in the Americas.' In J.E. Staller, R.H. Tykot, and B.F. Benz (eds.), *Histories of Maize: Multidisciplinary Approaches to the Prehistory, Biogeography, Domestication, and Evolution of Maize*. Amsterdam and London: Elsevier Academic Press, 2006. 647-73.

_____. 'Prehistoric chronology of the common bean in the New World: the linguistic evidence.' In J.E. Staller and M.C. Carrasco (eds.), *Pre-Columbian Foodways in Mesoamerica*. New York: Springer, 2010. 273-89.

Ehret, C. *History and the Testimony of Language*. Berkeley: University of California Press, 2011.

_____. 'Linguistic archaeology.' *African Archaeological Review*, 29/2 (2012), 109-30.

_____. 'A linguistic history of cultivation and herding in northeastern Africa.' In A.G. Fahmy, S. Kahlheber, and A.C. D'Andrea (eds.), *Windows on the African Past*. Frankfurt: Africa Magna, 2011. 185-208.

_____. 'Linguistic stratigraphies and Holocene history in northeastern Africa.' In M. Chlodnicki and K. Kroeper (eds.), *Archaeology of Early Northeastern Africa*. Posnan Archaeological Museum, 2006. 1019-55.

Ehret, C. and M. Posnansky (eds.). *The Archaeological and Linguistic Reconstruction of African History*. Berkeley: University of California Press, 1982.

Fuller, Dorian Q. 'An agricultural perspective on Dravidian historical linguistics: archaeological crop packages, livestock and Dravidian crop vocabulary.' In P. Bellwood and C. Renfrew (eds.), *Examining the Farming/Language Dispersal Hypothesis*. Cambridge: McDonald Institute for Archaeological Research, 2003.

191-214.
Ross, M., A. Pawley, and M. Osmond (eds.). *The Lexicon of Proto Oceanic: The Culture and Environment of Ancestral Oceanic Society*, vol. I : *Material Culture*. Canberra: Research School of Pacific and Asian Studies, 1998.

CHAPTER 4

농업은 우리에게 어떤 의미였을까?

― 고생물학을 통해 본 건강과 음식 ―

샬럿 로버츠
Charlotte Roberts

고고학(고생물학)에서는 무엇보다 인간의 유골이 가장 중요한 의미를 지닌다. 우리가 오늘날 발굴하는 모든 유물은 인간의 조상이 만들어놓은 것이다. 따라서 인간이 없다면 고고학 자료도 없다. 인간은 토기를 만들었고, 동식물을 길들였고, 집을 지었고, 사회를 만들었고, 교역과 교류를 발전시켰으며, 환경을 바꾸어놓았다.[1] 그러므로 농업의 시작 전후로 인류 조상들의 삶이 본질적으로 어떻게 달라졌는지, 농업이 그들의 삶에 어떤 영향을 미쳤는지 탐구하려면 그들의 유골에 남아 있는 관련 증거를 반드시 살펴보아야 한다. 오늘날 우리는 도시 인구의 급격한 성장세를 목도하고 있지만, 도시 생활이 보편화되기 전 인구 규모가 어떻게 성장 및 진화해왔는지를 밝혀내는 문제도 고생물학과 관련이 있다.[2] 과거와 현재, 수렵채집인과 농업인 양쪽 모두를 연구함으로써 우리는 수렵채집 생활을 벗어나 농업 기반 생활로 접어들었던 사람들의 장점과 위험성 양 측면을 모두 이해할 수 있다. 게다가 과거에도 그랬고 지금도 그렇지만, 농업 이행 이후 오늘날에 이르기까지 지속적인 농업

---

1 C.A. Roberts, *Human Remains in Archaeology: A Handbook*, CBA Practical Handbooks in Archaeology 19 (York: Council for British Archaeology, 2009).
2 United Nations Population Fund, www.unfpa.org/pds/urbanization.htm (accessed May 2013).

의 집약화 과정에서, 인류의 건강과 음식이 과연 어떻게 변화했는가 하는 문제는 언제나 관심이 높은 주제였다. 예를 들어 2013년 5월 기준으로 유럽 PMC(Europe PubMed Central, 생명과학 연구 성과 검색 엔진 — 옮긴이)에서 '농업'과 '건강'을 키워드로 현대의 연구 성과를 검색했더니, 인용이 4만 2858건 검색되었다. 학술지 〈사회과학과 의학(Social Science and Medicine)〉에서는 1960년 이후로 1264건, 아주 오래된 연구로는 〈미국 체질인류학 저널(American Journal of Physical Anthropology)〉에서 1918년 이후로 707건, 〈국제 골(骨)고고학 저널(International Journal of Osteoarchaeology)〉에서 1991년 이후로 148건, 〈고고학 저널(Journal of Archaeological Science)〉에서 1974년 이후로 192건, 그리고 〈현대 인류학(Current Anthropology)〉에서 1960년 이후로 525건이 검색되었다. 이 분야는 앞으로도 고생물학 분야의 강력한 중점 연구 대상으로 남아 있으리라고 예상된다.

정의

오늘날의 시점에서 보는 세 가지 키워드를 먼저 정의 내릴 필요가 있겠다. 세 가지 키워드란 건강, 음식, 농업이다. 세계보건기구(WHO)의 정의에 따르면, 건강이란 단지 질병이나 쇠약 없는 상태뿐만 아니라 육체적·정신적·사회적 웰빙을 온전히 갖춘 상황을 의미한다.[3] 그런데 (주로 긍정적 상태로 간주되는) 웰빙이란 반드시 웰빙에 기여할 수 있는 개인 혹은 공동체 생활의 모든 측면을 포함해야 한다. 즉 한 개인 혹은 공동

---

3 www.who.int/about/definition/en/print.html (accessed May 2013).

체의 사회적·경제적·정신적, 심지어 영적 상태를 모두 포함하며, 물론 건강도 빠지지 않아야 한다. 음식이란 사람 혹은 동물이 먹고 마시는 모든 것을 의미한다. 마지막으로 농업이란 토지를 경작하고 작물을 재배하거나 가축을 사육하는 직업 혹은 그에 관련된 과학을 의미한다. 농업의 세부 내용에 해당하는 식물 재배와 가축 사육에는 야생종 동식물의 의도적 선택과 교배도 포함된다(농식물을 막론하고 야생종과 다른 재배종을 만드는 과정을 의미한다. — 옮긴이). 프랑스인 장 앙텔름 브리야-사바랭 (Jean Anthelme Brillat-Savarin, 1755~1826)이 "당신이 먹은 것이 곧 당신이다"라고 말하며 지적했듯, 음식과 건강은 불가분의 관계에 놓여 있다. "당신이 무엇을 먹었는지 말해주시오, 그러면 나는 당신이 누구인지 말해주겠소." 균형 잡힌 식단은 건강한 면역 체계를 강화하고 건강을 해치는 요소를 완화한다. 그러므로 농업으로의 전환에 따른 식단의 변화는 위험을 초래할 수도 있고, 이점을 가져다줄 수도 있다.

농업 이행기와 건강 문제

시간이 지나면서 오늘날에 이르기까지, 그리고 지속적으로 인구가 증가함에 따라 식물 재배와 동물 사육을 통한 식량 생산은 계속해서 성장 및 확대되어왔고, 식량 자원의 집약화도 갈수록 뚜렷해졌다.[4] 화학 비료와 농약 사용, 관개 시설 증대, 농사를 위한 토지 개간 등의 모든 활동이 결과적으로 어떤 영향을 미치는지는 잘 알려져 있다. 마찬가지

---

4 N. Middleton, *The Global Casino: An Introduction to Environmental Issues*, 4th edn (London: Hodder Education, 2008).

로 가축 사육의 집약화도 많은 문제를 낳고 있다. 숲의 파괴, 공장식 사육, 특정 사료 공급, 질병 제어를 위한 약물 투여, 가축 분뇨로 인한 토지와 물의 오염, 선택 육종, 동물 복지 관련 문제 등이 제기되었다. 실제로 WHO에서 최근의 환경 변화와 현대식 농업 관행, 전염병 발생 빈도를 조사해본 결과, "인간과 동물 숙주(병원균을 보유한 동물) 사이의 접촉 기회가 증가"하고 있다는 사실이 밝혀졌다.[5] 재배 및 사육 동식물의 생산성 증대를 위한 유전자 조작도 문제가 되고 있으나, 여전히 공공연하게 시행되고 있는 것도 사실이다(예를 들면 이른바 유전자 조작으로 곡물에 "자연 농약"을 주입하거나, 과일의 완숙 시기를 변화시키거나, 극한 환경에서 곡물의 생존율을 높이는 등의 일이다).[6] 최근 들어 산업으로서의 농업의 방향에 반대하는 캠페인이 목소리를 높이고 있다. 애초에 농업으로 이행한 이유가 인구 증가 때문이었는지, 아니면 거꾸로 농업을 통해 많은 인구를 부양할 수 있게 됨으로써 인구가 증가했는지는 끊임없는 논쟁의 주제다. 또한 농업에 따라 음식과 건강이 달라졌는지, 아니면 그 반대인지에 대한 논쟁도 마찬가지다. 지금도 여전히 그렇지만, 적절한 양질의 음식 공급은 정상적인 성장과 건강 및 행복을 위해 누구에게나 필요한 일이다. 이것이 불가능한 상황을 일컬어 오늘날 "식량 불안(food insecurity)"이라 한다. 기후 변화나 인구 과잉, 토양 황폐화, 사회적 갈등 등 식량 불안이 야기될 수 있는 원인은 무수히 많다.

---

5 World Health Organization, *Research Priorities for the Environment, Agriculture and Infectious Diseases of Poverty*, WHO Technical Report Series 976 (Geneva, 2013).
6 Middleton, *Global Casino*, 269.

과거부터 꾸준히 제기되어온, 그리고 지금도 여전히 제기되고 있는 의문 중 하나는, 수렵채집 단계에서 농업 단계로 이행되면서 인구수, 음식, 건강에 무슨 일이 일어났을까 하는 문제다.[7] 농업 이행이 첫 번째 전환이라면, 이는 다른 두 가지 전환과 함께 연구되고 있다. 두 번째 이행은 산업화다. 이때는 항생제가 개발되는 등 생활 여건이 개선되면서 사망률이 낮아졌고, 심혈관 질환(심장 질환이나 뇌졸중)이나 암 같은 만성적 비전염성 질환이 증가했다. 그리고 세 번째 전환은 아주 최근의 일인데, 전염병이 다시 일어나고 항생제 내성 때문에 새로운 전염병이 발생하고 있다. 개발도상국 역시 선진국보다 시기적으로 늦기는 하지만 두 번째와 세 번째 전환을 겪고 있다.[8] 잘 알려져 있듯이, 이러한 전환에 즈음하여 사회경제적·정치적·환경적 요인 등이 모두 각기 다른 방식으로 건강에 영향을 미치고 있다. 그리고 궁극적으로는 사람들이 이미 먹은, 그리고 현재 먹고 있는 음식에도 영향이 있으며, 육체적·정신적 건강에도 영향을 미치게 된다.

농업 이행기에도 식생활과 생활 양식 전반에 걸쳐 수렵채집인 선조들과 다른 변화가 있었다. 이러한 변화가 과연 당시 사람들의 건강에

7 See M.N. Cohen, *Health and the Rise of Civilisation* (New Haven, CT: Yale University Press, 1989); M.N. Cohen and G.J. Armelagos (eds.), *Paleopathology at the Origins of Agriculture* (London: Academic Press, 1984; 2nd edn Gainesville: University Press of Florida, 2013); M.N. Cohen and G. Crane-Kramer (eds.), *Ancient Health: Skeletal Indicators of Agricultural and Economic Intensification* (Gainesville: University Press of Florida, 2007).
8 R. Barrett et al., 'Emerging and re-emerging infectious diseases: the third epidemiological transition', *Annual Review of Anthropology*, 27 (1998), 247-71; M. Singer and P.I. Erickson (eds.), *A Companion to Medical Anthropology* (Chichester: Wiley-Blackwell, 2011).

어떤 영향을 미쳤을까? 고고학자들은 발굴된 인류의 유골에서 그 영향을 한순간의 스냅숏으로 포착해낸다. 고고 유적에서 발굴된 인류의 유골은 먼 옛날 사람들의 건강과 생활 수준을 파악하고 이해하는 데 가장 직접적인 증거가 된다는 사실을 잊어서는 안 된다. 건강하지 못한 상태, 식단의 불균형은 사회적 기능에 영향을 미칠 수밖에 없다. 이는 과거의 어떤 사회나 오늘날의 사회에서도 마찬가지다. 그래서 고생물학은 농업 세계의 폭넓은 사회적 문제에 대답하기 위한 핵심적 근거 자료를 제공해왔다.

기본적으로 대부분의 고생물학 연구에서는 시간이 지날수록 건강이 나빠지는 경향이 확인되었다. 특히 경제적 이행기에, 그리고 사회가 더욱 복잡해질수록 그러한 악화 현상이 두드러졌다.[9] 실제로 의료인류학(medical anthropology, 질병, 의료, 치료 문제에 인류학 이론과 방법론을 응용하는 학문) 연구에서는 고생물학 연구를 위해 농업이 인구 및 건강에 미친 영향에 관한 방대한 데이터를 제공해주었다. 또한 농업 이전의 공동체와 농업 공동체의 건강을 비교한 연구 성과도 있다.[10] 예컨대 농업의 시작과 함께 새로운 질병이 나타났고, 출산율과 인구 밀도가 높아지고 인구수가 증가했음이 확인되었다. 기존 연구(McElroy and Townsend)에서 제기된 바와 같이, 농업 공동체 스스로 인구 조절을 하기도 한다. 예

---

9 See C.A. Roberts and M. Cox, *Health and Disease in Britain: From Prehistory to the Present Day* (Stroud: Sutton, 2003); R.H. Steckel and J.C. Rose (eds.), *The Backbone of History: Health and Nutrition in the Western Hemisphere* (Cambridge University Press, 2002).
10 See A. McElroy and P.K. Townsend, *Medical Anthropology in Ecological Perspective*, 5th edn (Boulder, CO: Westview Press, 2009).

를 들면 모유 수유 기간을 늘리기도 하고, 어린아이들을 일찍부터 "노동 현장에 투입"하기도 한다. 그러나 또한 의료인류학에서 확인해준 바에 따르면, "근대적" 생활 방식이나 농업 기반 식생활을 받아들이지 않은 사회에서는 오늘날 서구 사회가 직면하고 있는 수많은 건강 문제가 나타나지 않았다.[11] 진화의학(evolutionary medicine)은 진화론적 관점에서 인간의 신체가 왜 더 유리하게 설계되지 않았고 질병이 왜 존재하는지를 연구하는 학문으로, 농업이 건강에 미치는 악영향을 경고하고 농업이 오늘날의 세계 인구에 미치는 비용 편익(투자 대비 성과비) 문제를 강조한다.[12] 나아가 진화의학은 "인간의 생물학적 진화 결과와 산업 사회의 건강 환경의 불일치 가설"을 주장하고 있다. 그러나 이러한 여러 가설들 가운데 과학적으로 확실히 검증된 가설은 별로 없다는 사실도 간과해서는 안 된다.[13] 물론 고생물학 또한 과거를 이해하려면 의료인류학이나 진화의학 같은 연구를 해야 할 입장에 놓여 있다. 그러나 이들 두 분야가 주로 지금 여기의 현재 상황을 이해하는 데 중점을 두기 때문에, 고고생물학이 이들에게 장기적(deep-time) 관점의 데이터를 제공해줄 수 있다.

이번 장에서는 인간의 유골에서 채취한 어떤 정보가 사람들의 음식과 건강에 대해 어떤 이야기를 해줄 수 있는지, 그리고 농업이 우리의

---

11 W.R. Trevathan et al. (eds.), *Evolutionary Medicine and Health: New Perspectives* (Oxford University Press, 2008).
12 R.M. Nesse and G.C. Williams, *Why We Get Sick: The New Science of Darwinian Medicine* (New York: Vintage, 1994).
13 See Singer and Erickson (eds.), *Companion to Medical Anthropology*.

건강과 음식에 어떤 영향을 미쳤는지, 마지막으로 고생물학이 어떻게 이 모든 요소의 관계를 밝혀낼 수 있는지에 논의의 초점을 맞추고자 한다. 먼저 고생물학의 특성과, 고생물학이 어떤 유형의 자료를 어떻게 수집하는지를 설명한 뒤에 다음 문제들을 논의할 것이다.

- 수렵채집인 사회와 오늘날 농업 사회, 그리고 농업 이행기의 조상들이 직면한 음식과 건강 문제는 무엇이며, 왜 그런가?
- 인간의 유골에 남겨진 증거는 무엇이며, 해석상 어떤 문제가 있는가?
- 특히 "식생활"과 "생활 환경"을 결정하는 건강 문제 및 음식 관련 조건은 어떤 것이 있는가?

우리 논의에서는 식생활 분석의 지표로 생체분자(biomolecule) 분석 데이터와, 특히 동위원소(isotope) 분석 자료를 활용할 것이다. 이 장의 결론에서는 미래를 향한 전망을 논의할 것이다.

고생물학: 원리, 방법론, 데이터

원리

먼저 "고생물학"의 연구 범위를 분명히 하고자 한다. 고생물학이란, 미국적 의미에서 인간의 유해를 연구하는 것이다. 그것이 (매장되거나 화장된) 유골일 수도 있고, 보존된 미라일 수도 있다. 고생물학은 고고학의 하위 분야이며, 인류학에 속하는 의료인류학 혹은 생물인류학의 하위 분야이기도 하다. 고생물학이 포괄하는 범위는 개별 유골 혹은 미라의 연구에서부터, 시기와 지역을 막론하고 유골(혹은 미라)을 통해 파악할 수 있는 "사람들"까지 다양하다. 물론 시간과 장소에 따라 연구 성과는 현격한 차이가 있다. 연구 성과의 양적 차이는 특히 해당 지역에 고생물학 전통이 있는지, 그리고 관련 학자 양성이 가능한지 여부에 달려 있다.[14] 세계의 일부 지역에서는 다른 지역에 비해 인간의 유골이 더 잘 보존된다(예를 들어 매우 추운 지방이나 건조한 지방에서는 온전한 신체가 보존되기도 한다). 혹은 장례 방식에 따라 최종적으로 발굴되어 분석 대상이 되는 자료의 보존이 강화되거나(예컨대 토굴 속에 관을 묻는 경우) 손상되기도 한다(산성 토양에 시신을 매장하는 경우). 고생물학에서 가장 일반적인 연구 유형은 유골 연구다. 그러므로 이번 장에서는 유골 연구에 논의의 초점을 맞추도록 하겠다.

방법론과 데이터

고생물학 연구를 위해서는 매장지의 층위적 맥락을 고려하면서 다양한 유골 관련 데이터를 모아야 한다. 수집 데이터는 주로 인원수, 생물학적 성별, 사망 당시 연령, 기본 측정 항목(normal variation, 계측치와 비계측 추정치) 및 특이점(abnormal variation, 질병) 등의 사항이다.[15] 수집된 여러 사항의 사회문화적·경제적·정치적 맥락을 이해하려면 시대 및 지리적 위치가 같은 자료와 다른 자료들을 서로 비교하는 연구가 필요하

---

14 J.E. Buikstra and C.A. Roberts (eds.), *The Global History of Paleopathology: Pioneers and Prospects* (New York: Oxford University Press, 2012) 참조. 또한 과거 질병을 연구하는 고병리학 참고 문헌도 수록되어 있다. 이 또한 고생물학의 한 분야다.
15 See Roberts, *Human Remains in Archaeology*, and S. Mays, *The Archaeology of Human Bones*, 2nd edn (London: Routledge, 2010), for more details.

다. 그러나 감안해야 할 것은, 학자들이 유골을 연구할 때 보고 항목들이 모두 동일하지는 않다는 점이다. 이런 문제 때문에 비교 연구가 불가능한 경우도 있다.[16]

이러한 항목들은 "거시적으로"(육안 관찰에 의해) 수집되는 편이지만, 분석 방법은 상당히 복잡하다. 특히 최근의 안정동위원소(stable isotope) 분석법이나 고(古)DNA(aDNA) 분석법이 그렇다. 전자는 주로 음식과 이동성을 파악하기 위해, 그리고 후자는 질병 진단과 진화, 사람들 사이의 관계, 이주 등의 문제를 알아보기 위해 사용된다.[17] 이러한 방법론들을 사용할 수 있는 것은 영상의학 기술과 조직학적 분석 기술이 발달한 덕분이다. 이 기술들을 이용해서 미묘한 차이들까지 밝혀낼 수 있게 되었기 때문이다.[18] 데이터 수집과 관련해서는 확립된 방법론이 권고되고 있다. 중요 항목들에 대해서는 방법론이 정해져 있지만, 이외의 많은 항목들에 관한 연구는 가설 혹은 질문 중심으로 진행되고 있다.[19] 무엇보

---

16 See T.A. Rathbun, 'Skeletal pathology from the Paleolithic through the metal ages in Iran and Iraq', in Cohen and Armelagos (eds.), *Paleopathology at the Origins of Agriculture*, 137-67, table 6.1, where a list of studies shows different data sets; and Cohen and Crane-Kramer (eds.), *Ancient Health*.
17 T. Brown and K. Brown, *Biomolecular Archaeology: An Introduction* (Oxford: Wiley-Blackwell, 2011).
18 See R. Pinhasi and S. Mays (eds.), *Advances in Human Palaeopathology* (Chichester: Wiley, 2008).
19 As described in Buikstra et al., *Standards for Data Collection from Human Skeletal Remains*, Arkansas Archeological Survey Research Series 44 (Fayetteville: Arkansas Archaeological Survey, 1994); and M. Brickley and J.I. McKinley (eds.), *Guidelines for the Standards for Recording Human Remains* (Southampton: British Association of Biological Anthropology and Osteoarchaeology, 2004), specifically for Britain.

다 중요한 것은, 인간의 유골에서 얻은 모든 데이터는 언제나 (혹은 반드시) 고고학적 맥락(context)에 위치해야 한다는 점이다. 유골이 고고학적으로 어느 층위에서 출토되었는지를 알아야 기본적으로 해석이 가능하다. 고생물학 연구에 앞에서 말한 여러 가지 방법론과 여러 분과 학문을 적용하는 이유는, 궁극적으로 수집된 데이터에 대하여 "최적화된" 해석을 하기 위해서다.[20]

기본 항목 연구(연령, 성별, 계측치와 추정치 분석)
이 같은 연구는 언제나 데이터를 해석하는 데 신중을 기해야 하지만, 특히 건강 지표와 관련된 데이터는 더욱 그러하다.[21] 게다가 분석 방법이 언제나 충분히 개발되어 있을 수는 없고, 있다 하더라도 한계가 있을 수 있다. 그리고 연구 대상이 되는 유골이 과연 전체 인구를 대표하는 대표성이 있는가 하는 의문은 언제나 고생물학을 곤혹스럽게 하는 질문이다. 또한 미성년 유골의 경우 성별을 정확히 판별하기가 불가능하다. 그러나 성년의 경우 유골 구성이 충분하다면 훨씬 뚜렷하게 성별을 판별할 수 있다. 유골에서 aDNA를 추출할 수 있다면, 이를 분석해보는 것이 성별 판별에 도움이 된다.[22] 반대로 사망 연령 추정은 치아와 뼈

---

20 See Roberts and Cox, *Health and Disease in Britain*; S.C. Agarwal and B.A. Glencross, *Social Bioarchaeology* (Chichester: Wiley-Blackwell, 2011).
21 J.W. Wood et al., 'The osteological paradox: problems of inferring health from skeletal samples', *Current Anthropology*, 33 (1992), 343-70; and T. Waldron, *Counting the Dead: The Epidemiology of Skeletal Populations* (Chichester: Wiley, 1994).
22 See Brown and Brown, *Biomolecular Archaeology*.

의 성장 정도를 측정하기 때문에 미성년 유골의 경우가 더 정확하다. 성년의 경우는 청장년과 노년을 구분하는 정도에 불과하다.[23] 이런 문제를 해결하기 위해 새로운 연구가 진행 중이다. 새로 개발되는 기법에 따르면, 앞으로 사망 연령 추정치에 "50세 이상"이라는 범주를 어렵지 않게 사용하게 될 전망이다. 유골은 주로 파편적으로 발견되거나 보존 상태가 좋지 못한 경우가 많다. 시간과 공간에 따라 시신을 "처리"하는 방식이 전혀 다르기 때문이다. 이러한 관행은 보존을 강화할 수도 있지만 손상을 끼칠 수도 있다. 또한 유골의 사망 연령이나 성별 판단뿐만 아니라, 뼈와 치아를 측정하고 비계측적 특성(non-metric traits)을 기록하는 "기본 측정 항목(normal variation)"에도 영향을 미치게 된다.[24] 고생물학자들은 뼈와 치아의 다양한 크기와 형태를 탐구하여 여러 사람들의 데이터를 비교한다. 그중에는 예컨대 뼈의 길이를 근거로 측정하는 신장(身長) 데이터도 포함된다. 이러한 비교를 통해 어떤 유골이 토착적 "특성"을 얼마나 많이 가졌는지 파악할 수 있다. 그 특성이 풍부한 유골일수록 해당 지역에서 태어나고 자란 사람의 것으로 볼 수 있다. 혹은 뼈와 치아의 크기 및 형태의 차이, 현지인에게서 흔히 나타나지 않는 비계측적 특성 등을 근거로 외지인을 판별하기도 한다. 물론 이러한 판단을 위해서 오늘날에는 안정동위원소 분석법도 동원된다.[25]

---

23 예컨대 18~19세기 런던의 성년 인구와 관련하여 다음 연구를 참조. T. Molleson and M. Cox, *The Spitalfields Project*, vol. II : *The Anthropology: The Middling Sort*, Research Report 86 (York: Council for British Archaeology, 1993).
24 See Roberts, *Human Remains in Archaeology*; Mays, *Archaeology of Human Bones*.
25 Brown and Brown, *Biomolecular Archaeology*.

특이점 연구(고병리학)

유골에서 추출한 데이터의 최종 단계는 생전에 경험한 건강 문제와 관련된 것들이다. 앞으로 논의하겠지만, 이러한 자료들은 일정한 한계를 지닌다. 그럼에도 불구하고 잊지 말아야 할 점은, 건강 관련 지표들은 한 개인이 일생 동안 경험한 질병과 외상(外傷)을 반영하는 기록이라는 사실이다. 뼈와 치아의 형성과 손상, 턱에서 뼈와 치아 조직 손실 등은 모두 뼈와 치아에 고스란히 새겨지게 마련이다(그림 4-1, 그림 4-2). 그러나 유골에 질병과 외상의 흔적이 남는 경우는 극소수다. 질병이나 외상이 있었더라도 신체에 남긴 흔적이 아주 미세한 경우가 많기 때문이다. 질병이 유골에 흔적을 남기는 경우는 한 자릿수 퍼센티지에 불과하다. 예를 들어 전염병인 결핵과 나병은 치료를 받지 못한 사람들 가운데 3~5퍼센트 정도 흔적이 남는다. 뼈에 질병의 흔적이 남아 있다면, 대개 만성적 질병을 앓다가 치유된 경우다. 즉 문제를 오래도록 안고 있었을 것으로 예상되며, 질병의 급성기를 잘 넘기고 살아남았다는 의미다. 그 유골의 주인은 뼈에 흔적을 남긴 질병에 강한 면역을 형성했을 테니, 그 병 때문에 죽지는 않았을 것이다. 그러므로 이들은 기본적으로 "건강했던" 사람으로 추정된다.[26]

일단 뼈에서 변화의 흔적이 발견되면, 흔적의 분포 패턴을 살펴보고 임상 데이터와 비교한다. 그리하여 가능한 진단을 내리게 된다. 예컨대 척추에 손상 흔적이 발견된 경우 가능한 원인은 결핵, 골다공증, 암, 진균성 질환, 브루셀라증 등으로 다양하다. 그래서 손상 흔적의 특징(그리

---

[26] Wood et al., 'Osteological paradox'.

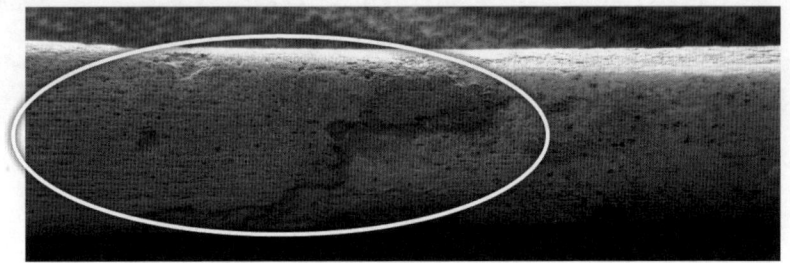

[그림 4-1] 경골(脛骨, 정강이뼈) 형성 사례

고 유골의 다른 부위에 분명한 변화의 흔적이 있는지 여부)을 살펴서 가능한 진단 범위를 좁혀 나간다. 방사선의학, 조직학, aDNA 분석 등의 방법론이 "결정적 한 방"이 되지는 못하지만 진단에 많은 도움이 된다. 급성 질환으로 사망한 사람의 골격은 특별한 질병 없이 죽은 사람의 골격과 별 차이가 없다는 점을 잊어서는 안 된다.[27] 임상 데이터를 사용함으로써 유골에서 확인되는 징후와 증상의 대략적 얼개를 그릴 수 있다. 그래서 그 사람의 "질병 이력"을 가설적으로 수립할 수 있는 것이다. 그러나 같은 질병에 걸리더라도 사람마다 대응 방식이 다를 수 있으므로, 질병이 같다고 해서 징후가 모두 같은 것은 아니다. 빈도 데이터는 서로 다른 "범주"(예를 들면 전염성 질환, 치과 질환, 대사증후군)에서 생산되는데, 이러한 자료를 적절한 범위 내에서 연령별·성별로 비교해본다. 또한 시대별 혹은 지역별로 사회적 상황과 인구를 비교하기도 한다. 갈수록 우리 조상들의 건강 문제가 연구 주제로 부각되는 경향이 있다. 이를 통해

---

27 See ibid.

[그림 4-2] 척추 손상 사례

생활 여건, 식생활과 일상생활, 노동, 교역, 이동성, 그리고 질병이나 외상에 직면했을 경우의 건강 관리 접근성 등이 건강 문제에 미친 영향을 탐구할 수 있다. 기본적으로 고생물학의 건강 및 웰빙 연구를 통해 인류의 기원, 진화, 질병의 역사에 관한 장기적 안목을 얻을 수 있다. 이러한 논제들은 새롭게 부각되는 학문 분야인 진화의학과 매우 밀접한 관련이 있다.

오늘날의 수렵, 채집, 그리고 농업

현대를 살아가는 수렵인, 채집인, 혹은 농업인의 건강을 고려하는 것은 옛날 사람들의 건강 연구에 비해 쉬운 편이다. 관련 데이터에 세부적으로 접근할 수 있기 때문이다. 그리고 수렵채집 생활 혹은 농업 생활의 특정 환경 요소를 살펴봄으로써 그들이 실제로 경험하는 식생활이나 건강상 위험 요소들을 실질적으로 이해할 수 있다. 현재를 살아가는 사람들의 데이터를 보면 놀라운 경우가 많고, 우리가 과거에 대해 짐작하고 있는 가설이 흔들리기도 한다.

수렵채집인

예컨대 일반적 견해로는 예나 지금이나 수렵채집인의 경우 출산율이 낮다고 본다. 그러나 페닝턴(Pennington)은 수렵채집인의 전반적 출산율은 경우에 따라 매우 다양하다는 사실에 주목했다. 여러 가지 이유 중 하나는 "수렵채집인은 … 실제로는 어떤 식으로든 수렵채집인이 아닌 사람들의 경제와 결부되어 있기 때문이다."[28] 성병도 출산율에 영향을 미치는 것으로 알려져 있다. 오늘날의 수렵채집인을 대상으로 기대 수명, 즉 태어날 때 예상되는 생애 기간을 조사한 몇몇 연구가 있다. 페닝턴이 참고한 자료에 따르면, 파라과이 아체족(Ache)의 신생아 기준 기대 수명은 37세인 데 비해 필리핀 아그타족(Agta, 혹은 Aeta)은 24세였다. 코헨(Cohen)이 식생활과 건강의 관점에서, 즉 영양생태학(nutritional ecology, 특정한 사회정치적·자연적 환경을 중심으로 식생활, 신체 활동, 병원균의 상호 관계, 이들의 관계가 신체의 구조와 발전 및 기능에 미치는 영향을 연구하는 분야)의 관점에서 주목한 점은, 수렵채집인으로 분류되는 사람

---

28 R. Pennington, 'Hunter-gatherer demography', in C. Panter-Brick et al. (eds.), *Hunter-Gatherers: An Interdisciplinary Perspective*, Biosocial Society Symposium Series (Cambridge University Press, 2001), 170-204 (178).

들이 주로는 말랐고, 자원이 특별히 풍부하지 않다면 대부분 주기적으로(계절에 따라) 기근을 경험한다는 사실이었다. 그러나 그들에게는 새로운 자원을 찾아 이동할 수 있는 능력이 있었다.[29] 수렵채집인 집단에 따라 채식과 육식의 비율은 매우 크게 달라진다. 계절적 요인도 크게 작용한다. 전반적으로 수렵채집인이 섭취하는 칼로리와 지방(특히 포화 지방)은 비교적 적고 섬유질은 비교적 많다. 더불어 미량 영양소(비타민 등 체내에 미량 존재하지만 생명 유지에 필수적인 영양소 - 옮긴이)는 더 많다(육체 활동이 훨씬 더 많기 때문이다).[30] 그들의 식생활은 "농업인의 식생활"에 비해 균형이 잘 잡혀 있고, 섭취하는 영양소가 다양하며, 단백질의 비율도 더 높다. 칼라하리 사막 지역을 연구한 결과에 따르면, 빈약한 식생활의 증거는 발견하지 못했다고 한다.[31] 그러나 시간이 지나면서 수렵채집인은 스스로의 문화에서 벗어나 서구식 식단을 받아들이는 방향으로 변화하고 있다. 동시에 그들을 둘러싼 천연자원은 갈수록 접근하기가 더 어려워지고 있다.

수렵채집인에게서 흔히 발견되는 건강 문제는 기생충 감염이다. 혈액(말라리아)이나 내장(예컨대 구충)에 감염되는 경우가 많다. 또한 인수공통 전염병(동물에게서 인간으로 옮기는 전염병)도 있다. 사망 원인으로 가장 비율이 높은 질병은 전염병이다. 치아 손상과 마모, 치주 질환, 치

---

29 Cohen, *Health and the Rise of Civilisation*.
30 See Panter-Brick et al. (eds.), *Hunter-Gatherers*.
31 A.S. Truswell and J.D.L. Hanson, 'Medical research among the !Kung', in R.B. Lee and I. DeVore (eds.), *Kalahari Hunter-Gatherers: Studies of the !Kung San and Their Neighbors* (Cambridge, MA: Harvard University Press, 1976), 166-95.

석 등도 흔히 발견된다. 그러나 충치 발생 비율은 낮은 편이다. 인구 밀도가 낮기 때문에 홍역, 결핵, 인플루엔자 등 인구 밀도가 높은 곳에서 쉽게 전염되는 질병의 발생 비율도 낮다. 한곳에 정착하지 않기 때문에 쓰레기가 축적되는 일도 없고, 그래서 해충과 오염수 공급 및 그와 관련되는 콜레라 같은 질병도 없다. 퇴행성 질환이나, 특히 노령이나 서구식 생활 방식과 관련되는 질병도 드문 편이다. 그러나 사고가 흔히 발생한다. 사냥을 나갔다가 다치는 경우가 많다. 또한 사냥 때문에 인수 공통 전염병에 노출되는 수도 있다. 수렵채집인에게는 유당 분해 효소도 드문 편이다. 인간이 유당 분해 효소를 가지게 된 것은 역시 농업 이행 과정에서 진화한 결과였음을 알 수 있다. 수렵채집인은 대체로 "적당히 활동적"인데, (농부와 마찬가지로) 계절에 따라 달라진다. 그러나 변화의 폭이 농업인이나 원시 농경인만큼은 아니다.[32] 수렵채집인의 삶이 과연 이상적인지는 알 수 없다. 수렵채집인이 농업인보다 더 건강했다고 하는 여러 고생물학 연구들이 있지만, 그 근거는 모순적인 면이 있다. 특히 생태 환경의 변화와 야생 동물 사냥감 감소로 수렵채집인의 생활 양식이 급격히 변화하고 있는 오늘날의 형편을 감안할 때, 과거의 수렵채집인과 (고유의 문화를 다소간 벗어난) 현재의 수렵채집인을 비교하는 것도 쉬운 일이 아니다.

농업인

농업 기반 인구의 건강 문제를 과거와 현재로 비교할 때도 마찬가지

---

32 See Panter-Brick et al. (eds.), *Hunter-Gatherers*.

로 적지 않은 문제가 뒤따른다. 전 세계적으로 농업의 현실은, 선진국에서부터 개발도상국에 이르기까지 매우 다양하다. 식량 생산이나 가축 사육의 방식도 다양하지만, 이 또한 넓은 의미로 보자면 생태 환경의 니치(niche)와 같아서, 각자 다양한 측면을 내포하고 있다. 그리고 그러한 다양한 환경이 반대로 식생활의 질이나 사람들의 건강에 영향을 미치기도 한다. 체임벌린(Chamberlain)은 농업 지역의 인구 성장률이 높지만 언제나 그렇지는 않다는 점에 주목했다. 인구 성장은 그 지역의 수용 능력과 밀접한 연관이 있었다.[33] 앞에서도 언급했던 것처럼 농민의 출산율은 수렵채집인보다 높다. 안정적 공동체에 거주하면서 식량 공급도 안정적이기 때문이다. 오늘날 전통을 유지하는 농업 공동체 중에는 영아 살해나 낙태 같은 수단을 통해 가족 수를 제한하는 관습이 남아 있는 곳이 있다. 그러나 출산율을 높이는 관습을 가진 공동체들도 많은데, 인원수가 많을수록 농작업을 더 크게 할 수 있기 때문이다.[34] 예를 들어 아이들의 터울이 적게 지는 것은, 수렵채집인과 달리 농업인에게는 별 문제가 되지 않는다. 수렵채집인은 식량 채집 활동을 하는 동시에 아이들을 데리고 이동해야 하고 임시 캠프에서 아이들을 돌봐야 하기 때문이다. 또한 농업 환경에서는 이유식을 구하기도 쉽다. 오늘날 농업인을 대상으로 하는 건강 연구가 많이 수행되고 있다. 이와 관련해서 다양한 주제들이 거론되며, 그중에는 특히 직업적 위험성 연구가 포함되어 있다. 예컨대 농부의 호흡기 질환 관련 연구 보고는 먼지를 많이 마셔서 천식이 증

---

33 A. Chamberlain, *Demography in Archaeology*, Cambridge Manuals in Archaeology (Cambridge University Press, 2006).
34 McElroy and Townsend, *Medical Anthropology*.

가한다는 사실을 밝혀냈다. 또한 토양이 오염된 지역에서 농사짓는 사람들의 위험성도 제기되었다. 물이나 곡물을 통해 토양도 기생충에 감염될 수 있기 때문이다.

인류에게 농업이 가지는 의미

왜 농사를 지었을까?

앞에서도 언급한 바와 같이 지속적으로 논쟁의 대상이 되어온 하나의 주제는, 왜 빙하기 이후 홀로세 초기, 그러니까 지난 1만 년 가운데 앞부분 5000년 사이에 사람들이 농사를 짓기 시작했을까 하는 문제다. 농사짓는 관행은 아프리카, 아시아, 태평양 서부, 아메리카 등지에서 독립적으로 시작되었다.[35] 가능한 이유로 여러 가지가 제시되었다. 인구가 증가함에 따라 그들이 먹고 살 만큼의 더 많은 식량이 필요했다(혹은 인구를 늘리기 위해 농업이 개발되었다)는 설, 기후 변화로 야생 동식물 식량 자원이 줄어들었다는 설, 사람들이 더욱 안정적인 식량 자원 공급원을 만들고자 했다는 설 등이 있다. 그러나 잘 알려진 바와 같이, 심지어 오늘날의 사람들조차 식량 자원을 오직 농업에만 의존하지는 않는다. 목축을 하기도 하고, 특히 계절에 따라 사냥이나 채집을 하기도 한다. 과거 농업의 시작은 한순간에 일어난 일이 아니라 매우 오랜 기간에 걸쳐 서서히 진행되었을 것이다. 그동안 어느 한 가지 위주의 식량 공급에 의존하지 않았을 것이다. 그리고 여러 가지 식량 확보 전략 가운데 무엇을

---

35 B.D. Smith, *The Emergence of Agriculture* (New York: Scientific American Library, 1995).

우선시할지는 사람들마다 달랐을 것이다. 그 선택에는 특히 환경 요인이 강하게 작용했을 것이다(예컨대 극단적 기후 조건이나 흉년 등). 레반트 지역의 경우가 바로 이런 상황이었는데, 그곳에서 신석기 혁명은 분명 복잡하고도 오랜 시간에 걸쳐 이루어졌다.[36]

방법론의 발달과 고생물학의 농업 이행기 이해

농업 이행기의 특성과 농업이 인류에 미친 영향을 이해하는 데 특히 크게 기여한 방법론은 최근의 유전자 연구였다. 유전자 연구를 통해 동물과 식물의 진화 과정을 밝혀낼 수 있었고,[37] 인류의 유전자가 어떻게 환경에 적응하며 변화해왔는지도 이해할 수 있었다. 인류 유전자 연구의 한 사례로 락타아제(lactase, 유당 분해 효소) 연구가 있었다. 인체에서 락타아제 효소가 생성되는 이유는 락토오스(lactose, 유당)를 소화하기 위해서다. 그러므로 인류가 동물을 사육하여 우유를 먹기 시작한 뒤에 이 효소가 중요해졌다(이를 락타아제 지속성이라 한다). 락타아제를 조절하는 유전자(MCM6)의 변이(단일 염기 다형성single nucleotide polymorphism, SNP)가 우유 소화 능력과 관련이 있었다. 유럽인 중에는 약 95퍼센트가 락타아제 지속성(lactase persistence, 유당 내성)을 가지고 있다. 그러나 다른 지역, 남유럽이나 동유럽으로 가면 그 빈도가 줄어든다.[38] 버거 연구팀(Burger et al.)은 중부 유럽, 북동부 유럽, 남동부 유럽

---

36 R. Pinhasi and J.T. Stock (eds.), *Human Bioarchaeology of the Transition to Agriculture* (Chichester: Wiley-Blackwell, 2011).
37 See Brown and Brown, Biomolecular Archaeology, for some studies.
38 See Trevathan et al. (eds.), *Evolutionary Medicine and Health*.

에서 발굴한 신석기(5800~5000 BCE) 유골 여덟 구와 중석기(2267± 116 cal BCE) 유골 한 구에 대해서 락타아제 지속성 관련 유전자 검사를 실시했다. 그런데 유럽인에게서 너무 흔하게 발견되는 락타아제 지속성 관련 대립 유전자(allele, 변이된 유전자)가 나타나지 않았다.[39] 이를 근거로 유럽의 초기 농업인에게서는 락타아제 지속성이 드물었음을 알 수 있다. 이 같은 연구는 인류가 농업 발전에 발맞추어 어떻게 살아왔는지를 풍부하게 이해하기 위해서 분석 기술의 발달이 얼마나 중요한지를 잘 보여주는 사례라 하겠다.

건강, 식생활, 그리고 농업

고도로 복잡한 분석 방법론이 개발되기 전까지, 코헨(Cohen)과 아멜라고스(Armelagos)의 연구는 농업 이행기의 식생활과 건강 문제에서 선구적 업적을 남겼다. 전 세계적으로 농업 이행기의 유골을 대상으로 인구와 건강 문제를 검토한 내용이 풍부하게 포함된 연구였다.[40] 1982년 어느 학회에서 그들의 연구 성과가 발표되었다. 그 발표는 이후 농업 이행기의 건강(그리고 식생활) 문제 연구를 촉진하는 기념비적 "사건"이 되었다. 그들의 저서에서 설정한 목표는, 수렵채집에서 농업으로 넘어가는 경제적 이행 과정을 비교 연구하는 것이었다. 농업이 도입된 이후로 일관되게 나타난 경향은 삶의 질 저하였다. 코헨과 크레인-크레이머

---

39 J. Burger et al., 'Absence of the lactase-persistence-associated allele in early Neolithic Europeans', *Proceedings of the National Academy of Sciences*, 104 (2007), 3736-41.
40 Cohen and Armelagos (eds.), *Paleopathology at the Origins of Agriculture*.

(Crane-Kramer)의 건강 관련 연구에서도 비슷한 경향이 나타났다. 이 책 또한 비슷한 그림을 보여주었지만, 포괄하는 범위가 전 세계로 더 넓었다.[41] 그러나 사실 그들의 그림은 그리 단순하지 않았고, 시대와 지역에 걸쳐 일관되지도 않았다. 그래서 건강 관련 연구에서는 다음과 같은 결론을 내렸다. "전반적으로 시간이 지날수록 건강이 안정화되거나 증진되기보다 악화되는 경향을 보여주는 증거들이 더 많았다." 그러나 "대략적인 일반화 이상을 기대하기는 어려웠다."[42] 물론 지역에 따라 지리적 위치(경도와 위도)와 사회·문화·정치·경제적 요인 등이 다양하게 작용했을 것이다.

"생활 환경"과 농업: 생활은 어떻게 변했을까?

곡물을 재배하고 동물을 사육하는데 왜 건강이 악화되었을까? 여기서 근본적인 문제는, 수렵채집인의 생활 양식이 오히려 인간의 신체 진화에 걸맞음에도 불구하고 농업이 시작되면서 "구석기 방식의 식생활"을 포기했다는 사실이다.[43] 농업 도입 이후 결과적으로 인간의 진화와 식생활이 일치하지 않는 문제가 발생했다. 이는 오늘날의 우리에게까지 남아 있는 문제다. 우리도 여전히 정주적 생활 방식을 고수하고, 진화를 거스르는 곡물을 먹는다.[44] 덧붙여 코헨은 다음과 같은 문제를 지적했

---

41 Cohen and Crane-Kramer (eds.), *Ancient Health*, 343.
42 Ibid.
43 S.B. Boyd Eaton and M. Konner, 'Paleolithic nutrition: a consideration of its nature and current implications', *New England Journal of Medicine*, 312 (1985), 283-9.
44 See Trevathan et al., *Evolutionary Medicine and Health*.

다. "의학이 위험을 줄일 수 있는 만큼 인간의 활동이 질병을 만들고 위험을 높일 수 있다."[45] 그럼에도 불구하고 사람들은 세대를 거쳐, 또한 오랜 시간에 걸쳐 변화에 적응해왔다. 그리고 마침내 면역 체계를 발달시켰고(그렇지 못한 사람들도 있지만), 주식으로 이용하는 음식에 대한 소화 능력 또한 발달시켰다(앞에서 설명한 락토오스 내성 참조). 음식에 대한 소화 능력의 또 한 가지 문제로 글루텐을 들 수 있다. 곡물에 포함된 글루텐을 소화하지 못해서 생기는 문제였다. 농업이 발달하면서 글루텐 문제에서 비롯된 셀리악병(celiac disease)이 출현하기도 했다.[46] 글루텐 불내증은 특정 유전자(HLA B8 DR3)와 관련된 유전적 문제였다.

이동하면서 식물을 재배하거나 가축을 기르는 일은 분명 쉽지 않을 것이다. 그래서 고정화된 주택과 정착 생활이 농업 사회의 기본이 되었다. 이로부터 여러 가지 문제가 나타났다. 쓰레기, 해충, 식수 오염, 위생 및 청결 수준 저하, 흉년, 토양 고갈, 이용 가능한 식품의 다양성과 품질 저하 및 양적 감소 등의 문제였다. 인구 밀도가 높아지면서 이 같은 변화가 가져온 생활 방식은 갈수록 전염병을 키워갔다. 인수 공통 전염병, 충치, 영양실조 등의 문제와 더불어 사회적 불평등도 심화되었다. 그러나 농업 공동체의 수많은 문제에도 불구하고 이를 감내할 만한 장점도 있었다. 식량을 전략적으로 준비하고 보호하며 저장할 수 있다는 장점이었다.

---

45 Cohen, *Health and the Rise of Civilisation*, 7.
46 See Trevathan et al., *Evolutionary Medicine and Health*.

고생물학 데이터와 농업 이행기

발굴된 유골을 가지고 농업 이행기를 탐구한 수많은 연구에서 건강 문제의 악화 경향이 발견되었다. 그러나 모든 연구가 같은 방향의 결론에 도달했던 것은 아니다. 오히려 그러한 경향이 한눈에 파악될 만큼 명확하지 않다는 문제 제기도 있었다. 따라서 건강 문제를 연구할 때 대부분의 학자들이 활용한 지표 자체를 정밀하게 재검토할 필요가 대두되었다. 동일한 건강 관련 지표를 두고 어떻게 다른 식의 해석이 가능했을까?

농업 이행기처럼 경제 중심의 이행기를 연구할 때 고생물학에서는 유골(뼈와 치아)에 남아 있는 다양한 범주의 "마커들(markers)"을 검토한다. 건강하지 못한 상태를 나타내는 흔적으로 간주되는 지표들이다. 또한 뼈와 치아의 형태 및 크기의 변화도 고려한다. 먼저 지적해두어야 할 점은, 관찰 조사 결과의 해석은 언제나 논란의 여지를 내포한다는 사실이다. 기본 측정 항목(연령, 성별, 계측치 등)뿐만 아니라 특이점 항목(질병 등)으로 밝혀진 사실들도 그 원인은 하나가 아닌 경우가 많기 때문이다. 앞에서도 언급했던 것처럼, 식생활의 질은 면역 체계와 관련이 있고, 결과적으로 건강과도 관련이 있다. 따라서 식생활과 영양 부족 관련 질병, 그리고 정주 생활 관련 질병의 흔적은 곧 농업의 시작 전후로 식생활과 건강이 어떻게 달라졌는가 하는 문제와 직결된다.

특이점 항목(질병 등)의 원인은 환경 문제일 수도 있고, 넓은 의미에서 보자면 유전적 문제일 수도 있다. 이런 점을 감안하면 기본 항목이든 특이점 항목이든 주요 식량과 관련된 마커들은 직접적으로 식생활과 직결된 것, "생활 환경"과 관련된 것, 그리고 양쪽 모두에 해당하는 것으로 나누어 보는 것이 타당하다. 충치와 치석 및 치아 손상(교모), 괴혈병(비타민 C 부족), 두개골 형태 변형, 치아 크기(형태 및 크기 변화) 등은 특히 영양 부족 혹은 과잉과 관련해서 검토해야 할 항목이다. 특정 감염(박테리아 등)과 비특정 감염(호흡기 등)은 노동 환경과 관련이 있을 수 있고 (예컨대 외상, 근육-뼈 연결 부위enthesis의 변화, 뼈의 생화학적 특성 변화, 관절 퇴화), 부상은 생활 조건을 두고 벌어졌던 분쟁과 관련이 있을 수 있다. 주제가 둘 중 어느 쪽이든 인구 분석 프로파일, 성장 지연(growth retardation, 장골長骨의 길이와 신장, 해리스 라인Harris lines, 즉 성장 억제선), 법랑질 저형성증(enamel hypoplasia), 안와 천공(cribra orbitalia), 골비대증(porotic hyperostosis) 등의 근거를 통해 밝혀내야 할 문제다.

뼈의 변화 양상으로 드러나는 식생활

충치(치아 구조의 손상)는 구강 생태계 문제에서 비롯된다. 탄수화물과 특히 당류의 발효에 의해 치석 혹은 치태에 서식하는 박테리아가 산성 물질을 생산하는 것이 그 원인이다(그림 4-3). 전분 함유 곡물이나 재배종화된 식물뿐만 아니라 다른 식품류에 함유된 당류도 충치의 원인이 된다. 예를 들면 꿀이나 과일 등이다. 충치는 수렵채집인보다 농업인에게서 더 증가했다는 연구 보고가 많았지만, 이런 패턴이 언제 어디서나 나타난 것은 아니었다. 예를 들어 레반트 지역에서 나투프 문화 수렵채집인의 충치 비율은 신석기 시대와 비교해도 거의 비슷하게 나왔다.[47] 다른 더 많은 연구에서 밝혀진 것처럼, 쌀 농업 지역의 충치 발생률

---

47 V. Eshed et al., 'Tooth wear and dental pathology at the advent of agriculture: new evidence from the Levant', *American Journal of Physical Anthropology*, 130 (2006), 145-9.

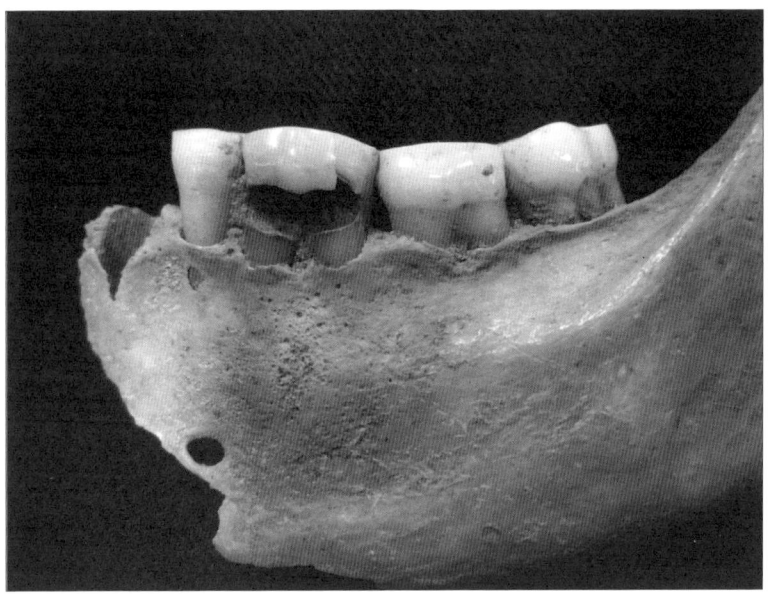

[그림 4-3] 제1번 영구치의 충치 사례

은 다른 곡물 농업 지역과 현저히 달랐다. 동남아시아 지역을 대상으로 연구한 결과, 쌀 농업이 시작된 이후로 충치 비율은 전혀 늘어나지 않았다.[48] 최근의 같은 지역 연구에서도 농업이 강화된 이후 아동의 치아 건강이 전혀 악화되지 않았음이 밝혀졌다.[49] 더욱이 일본의 선사 시대(조몬 시대와 야요이 시대 비교)에는 수렵채집인과 농업인의 충치 비율이 실

48 N. Tayles et al., 'Agriculture and dental caries? The case of rice in prehistoric Southeast Asia', *World Archaeology*, 32 (2000), 68-83.
49 S.E. Halcrow et al., 'From the mouths of babes: dental caries in infants and children and the intensification of agriculture in mainland Southeast Asia', *American Journal of Physical Anthropology*, 150 (2013), 409-12.

질적으로 아무 차이가 없었다는 연구 결과도 있었다.[50] 이 연구에 따르면, 조문 문화에서 곡물인 쌀은 그들이 섭취하던 다른 음식에 비해 특별히 충치를 유발하는 음식이었다고 볼 수 없었다. 농업 이행기의 여성들은 대개 남성들보다 충치가 더 많았는데, 이러한 성별의 차이는 높아진 출산율에서 비롯되었다.[51]

물론 치아 마모가 심해지면 법랑질 아래 상아질이나 치아 속질이 노출된다. 그래서 충치가 발생하기 쉬운 조건이 만들어지고, 생전에 치아가 유실될 가능성이 높아진다. 치아 마모(교모)는 수렵채집인의 경우 평평한 모양으로, 농업인의 경우 뾰족한 모양으로 나타난다. 하지만 전반적으로 치아의 크고 작은 균열은 농업이 시작되면서 줄어들기 시작했다. 농업인이 먹는 음식이 더 부드러워졌기 때문이다. 그런데 염증 질환은 중석기에서 신석기 시대로 넘어오면서 더 확대되었다. 농업의 집중화가 치과 질환 증가의 원인이 되었다. 치석이 증가하면서 치은염(잇몸 염증)과 치주염(염증과 턱뼈의 손상)이 늘어났다. 농업 공동체에서 더 부드러운 탄수화물 기반 음식물이 늘어난 것이 그 원인이었다. 치석은 주로 고단백질 식생활을 하는 사람들에게서 나타나고, 그래서 수렵채집인에게서 더 많이 나타날 것으로 예상되었으나, 불행히도 농업 이행기 이후의 치석 증감 문제를 체계적으로 연구한 성과는 최근까지 보고된 바

---

50 D.H. Temple and C.S. Larsen, 'Dental caries prevalence as evidence for agriculture and subsistence variation during the Yayoi period in prehistoric Japan: biocultural interpretations of an economy in transition', *American Journal of Physical Anthropology*, 134 (2007), 501-12.
51 J.R. Lukacs, 'Fertility and agriculture accentuate sex differences in dental caries rates', *Current Anthropology*, 49 (2008), 901-14.

가 없다. 그러나 분명한 사실은, 고고학적으로 발굴된 유골에서는 수렵 채집 경제와 농업 경제를 막론하고 치석이 발견되었다는 점이다.[52] 최근의 치석 연구는 한층 더 세부적으로 들어갔다. 생체분자 연구의 발달 덕분이었다. 이를 통해 농업 이행기의 구강 생태계에 대해 더 깊이 이해할 수 있는 기반이 마련되었다. 예컨대 애들러 연구팀(Adler et al.)은 비록 표본 규모가 작았지만 농업 이행기의 구강 생태계 변화를 연구했다.[53] 유골에서 공통적으로 치석이 발견된다는 사실에서, 그리고 그로부터 발병 원인이 되는 aDNA도 알려짐으로써 충치의 원인으로 농업 이행 말고도 다른 어떤 문제가 있었는지 곧 밝혀질 것으로 기대된다.

농업 사회에서 영양 결핍이 발생하는 조건은 여러 가지이고, 그중 일부는 유골에 흔적으로 남는다. 예컨대 비타민 C는 철분을 흡수하는 데 필수적이므로 철분 결핍은 괴혈병(비타민 C 부족)과 함께 발생하고, 비타민 C가 함유되지 않은 곡물은 잠재적으로 비타민 C 결핍을 초래할 가능성이 크다. 괴혈병으로 혈관이 약해져 출혈이 일어나면 새로 뼈가 형성될 때 특정한 패턴이 남는다. 그래서 유골을 통해 괴혈병을 진단할 수 있지만, 농업 이행기 전후로 괴혈병 발병률이 어떻게 달라졌는지에 대한 체계적 연구는 아직 이루어진 바가 없다. 아마도 건강과 농업 이행기 문제에 관한 종합적 연구는 대체로 1990년대 말 이전에 이루어진 반면,

---

52 Roberts and Cox, *Health and Disease in Britain* 참조. 선사 시대부터 중세 이후까지의 모든 유골에서 치석이 확인되었다.
53 C.J. Adler et al., 'Sequencing ancient calcified dental plaque shows changes in oral microbiota with dietary shifts of the Neolithic and Industrial Revolutions', *Nature Genetics*, 45 (2013), 450-6.

유골을 통한 괴혈병 진단 기준은 아주 최근에야 공표되었기 때문일 것이다.[54] 이러한 상황을 감안하더라도, 코헨과 크레인-크레이머의 연구서에서 괴혈병 부분을 보면 참고 문헌이 거의 없다. 아마도 기존에 대부분의 연구자들이 이를 기록하지 않았거나, 진단을 잘못 내렸거나, 혹은 징후가 나타나지 않았을 수도 있다.[55] 물론 신선한 과일과 채소를 먹으면 근본적으로 괴혈병을 예방할 수 있지만, 농업의 시작과 함께 오히려 식생활이 더욱 단조로워졌을 것으로 추정되기 때문에, 괴혈병 예방에 더 유리한 환경이 만들어졌을 가능성은 매우 낮다. 유골에 흔적이 남는 영양 결핍의 또 다른 병증으로 골감소증과 그에 따른 골다공증(골밀도 저하)이 있다. 곡물은 칼슘 함유량이 낮으며, 곡물의 피트산염은 칼슘의 흡수를 방해한다(철분 흡수의 사례와 비슷한 현상이다).[56] 그래서 농업 이행기에 이러한 질병의 발생 빈도가 증가했을 것으로 예상된다. 수렵채집인에 비해 "활동성"이 떨어지는 것도 문제를 악화시키는 원인이 될 수 있다. 골다공증을 진단하는 방법은 여러 가지가 있다. 뼈의 피질(cortical, 겉 부분)이 얇아지거나, 뼈의 내부 조직이 벌집 모양으로 골밀도가 낮아지거나, 엉덩이나 허리 또는 척추에 골절이 발생할 수 있다. 피질 감소는 여러 연구에서 보고된 바 있지만, 속성(續成) 작용(사후 손상) 때문에 진단에 어려움이 있다.[57]

---

54 E.g. D. Ortner and M. Ericksen, 'Bone changes in infancy in the human skull probably resulting from scurvy in infancy and childhood', *International Journal of Osteoarchaeology*, 7 (1997), 212-20.
55 Cohen and Crane-Kramer (eds.), *Ancient Health*.
56 M. Brickley and R. Ives, *The Bioarchaeology of Metabolic Bone Disease* (London: Academic Press, 2008).

다른 종류의 영양 결핍도 있었을 수 있지만, 유골을 통해서 확인이 되는 것도 있고 그렇지 않은 것도 있다. 옥수수, 쌀, 밀 농업의 경우에 관찰되는 단백질 결핍도 마찬가지다. 이는 성장 지연(growth retardation)을 초래할 수 있다. 또한 밀을 주식으로 할 때는 아연 결핍이 발생할 수 있다. 옥수수와 관련해서는 펠라그라(pellagra, 니아신 혹은 비타민 B3 결핍 증상)가 발생할 수 있다. 치주염(불특정 감염으로 인한), 충치, 법랑질 저형성, 골막 반응, 골수염, 안와 천공, 두개골 천공 등은 모두 영양 결핍과 관련되는 증상들이다.[58] 레이먼드 다트(Raymond Dart)는 20세기에 진행된 남아프리카 유골 연구에서, 유골을 통해 펠라그라 징후를 보이는 사람들과 다른 일반적인 영양 결핍 징후를 보이는 사람들을 구분했다. 여러 가지 징후의 발생 빈도로 보아 펠라그라와 다른 일반적인 영양 결핍 징후가 다르다고 보았기 때문이다. 그러나 언급된 지표들은 펠라그라에만 국한되는 것이 아니었다. 뒤에서 좀 더 자세히 논의하겠지만, 안와 천공과 두개골 천공(두개골의 눈구멍 부위나 정수리 부위에 각각 작은 구멍들이 발견되는 증상, 그림 4-4)은 농업 이행기에 발생 빈도가 높아진 것으로 나타났다. 이는 피트산염을 함유하는 동시에 철분 함량은 낮은 곡물을 오래도록 주식으로 하는 바람에, 철분 부족에 의해 생기는 질병으로 알려져 있었다.[59] 그러나 최근 들어 안와 천공과 두개골 천공을 일으키는

---

57 Cohen and Armelagos (eds.), *Paleopathology at the Origins of Agriculture*.
58 R.P. Paine and B.P. Brenton, 'The paleopathology of pellagra: investigating the impact of prehistoric and historical dietary transitions to maize', *Journal of Anthropological Sciences*, 84 (2006), 125-35.
59 See studies in Cohen and Crane-Kramer (eds.), *Ancient Health*; and Cohen and Armelagos (eds.), *Paleopathology at the Origins of Agriculture*.

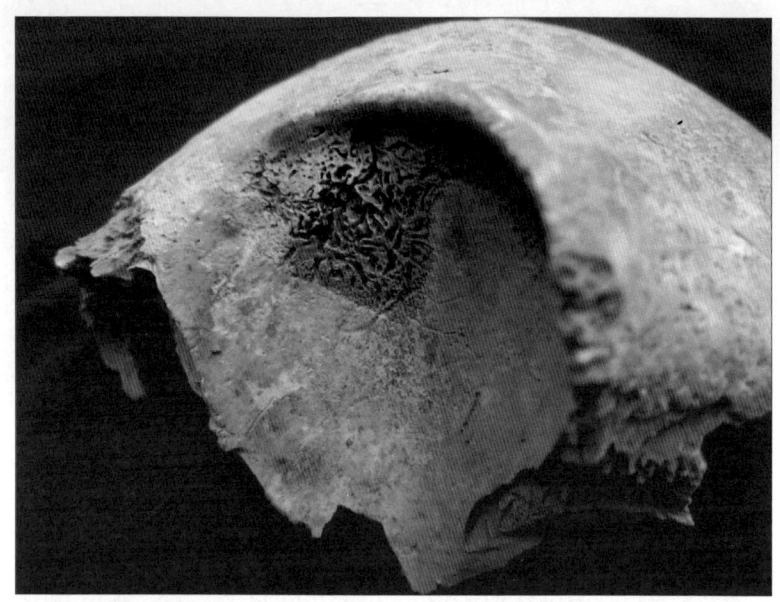

〔그림 4-4〕 안와 천공

원인은 철분 부족이 아닌 다른 것으로 밝혀졌다.

안면 두개골의 (형태적) 변화와 치아 크기의 변화는 수렵채집인과 농업인 비교 연구에서 일관되게 나타났다. 두개골의 형태가 바뀌고 단단한 정도가 약화되었으며, 턱뼈가 줄어들었고, 치아 크기가 작아지고 밀집도도 높아졌다. 이러한 변화는 농업인의 식생활이 더 부드러운 음식 위주로 되어 씹는 근육 사용이 줄어들었기 때문이다. 수렵채집인의 두개골은 오래도록 좁고 긴 형태였다. 반면 농업인의 두개골은 더 짧고 넓어졌다.[60] 그래서 턱이 더 작아졌고, 치아의 크기가 작아지는 동시에 밀집도가 높아지지 않고는 좁아진 턱이 치아를 수용할 수 없게 되었다. 후기구석기 초기부터 신석기 후기에 이르기까지 중부 유럽의 유골 600구 이상에서 치아의 크기를 검토한 연구가 있다. 이 방대한 연구를 통해 신석기 초기부터 치아의 크기가 작아졌다는 사실이 밝혀졌다. 레반트 지역에서는 축소의 폭이 훨씬 더 컸다(심한 경우는 12배에 달했다). 그래서 치아의 크기 변화를 파악하려면 지역을 감안해야 한다는 결론을 내렸다.[61] 치아의 크기는 유전자에 의해 결정되지만, 크기의 감소는 진화에 따른 변화였다. 그러나 예컨대 농업 도입기처럼 스트레스가 많은 조건에서는 치아가 타고난 크기만큼 성장하지 못했다. 이는 생물학적 변화를 관찰할 때 유전적 요인과 환경적 요인을 함께 고려하는 것이 얼마나 중요한지를 알려주는 사례였다.

사람들이 섭취한 음식을 확인하는 방법으로, 안정동위원소 분석법이 갈수록 많이 사용되고 있다. 치아와 뼈에서 탄소와 질소 동위원소를 측정하는데, 이를 통해 식생활을 구성하는 대부분의 요소를 밝혀낼 수 있다. 가령 해산물과 육상 자원의 섭취 비율 같은 것이다.[62] 농업 이행기 식생활의 변화는 시기를 판별하기 위한 주요 논점이 되었다. 예를 들어 릴리(Lillie)와 리처즈(Richards)는 우크라이나에서 발굴된 중석기/신석기 초기(1만~4500 cal BCE)의 유골들을 연구했다. 그 유골의 주인공들은 수렵-어로-채집을 통해 식생활을 영위한 것으로 밝혀졌으며, 다만 신석

---

60 C.S. Larsen, *Our Origins: Discovering Physical Anthropology* (London: W.W. Norton, 2008).
61 See Pinhasi and Stock (eds.), *Human Bioarchaeology*.
62 See Brown and Brown, *Biomolecular Archaeology*.

기 시대로 갈수록 물고기 소비 비율이 증가했다.[63] 그러나 루벨 연구팀 (Lubell et al.)은 중부 포르투갈의 서쪽에서 발굴된 중석기 및 신석기 유적(7240±70~4110±60 cal BP)을 연구했는데, 그곳 사람들은 중석기 시대에 육상 자원과 해산물을 모두 먹었지만 신석기 시대에는 육상 자원만 섭취한 것으로 밝혀졌다.[64] 수많은 연구를 통해 분명하게 밝혀진 사실은, 중석기-신석기 전환기 유럽은 "하나로 모두를 이해하는" 상황이 아니었다는 점이다. 안정동위원소와 유골의 징후로 분석한 기본 항목과 특이점 항목 검토의 모든 결과가 그러한 상황을 가리키고 있다. 유럽의 농업 이행기에는 굉장히 다양한 상황들이 펼쳐졌고, 같은 상황에서도 사람들에 따라서 다른 반응을 보였다. 물론 오늘날의 사람들도 이와 다르지 않다.[65]

생활 환경과 뼈의 변형

유골에 남아 있는 식생활의 흔적이 농업 이행기를 이해하는 데 중요했다면, 그러한 변화의 시기를 당시 사람들은 일상생활에서 어떻게 경험했는가 하는 문제도 뼈에 그 흔적이 남아 있다. 여기서 논의하려는 건강 지표들은 공기 질 악화, 인구 밀도 증가, 동물 동반 거주, 농토에서의 노동 등과 관련이 있다. 첫째, 호흡기 질환(감염, 알레르기, 실내 오염 등에

---

63 M.C. Lillie and M. Richards, 'Stable isotope analysis and dental evidence of diet at the Mesolithic-Neolithic transition in Ukraine', *Journal of Archaeological Science*, 27 (2006), 965-72.
64 D. Lubell et al., 'The Mesolithic-Neolithic transition in Portugal: isotopic and dental evidence of diet', *Journal of Archaeological Science*, 21 (1994), 201-16.
65 See Pinhasi and Stock (eds.), *Human Bioarchaeology*.

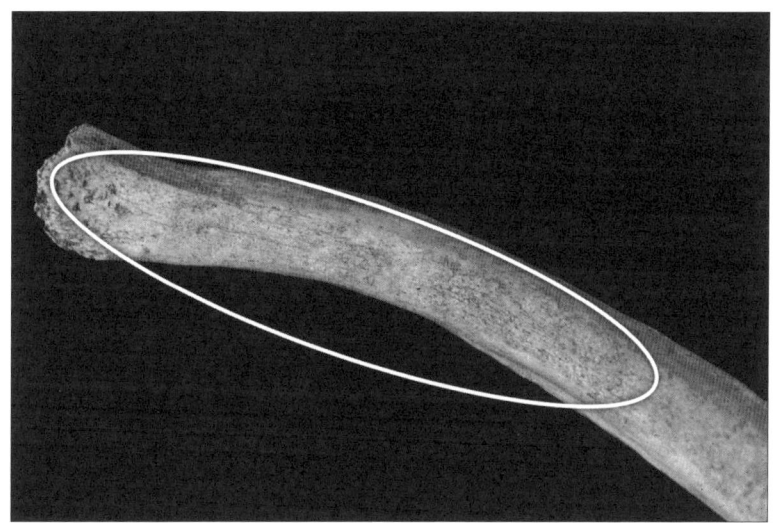

[그림 4-5] 늑골과 새로운 뼈의 형성

의한 부비동염과 폐렴)이 안면부의 부비동과 늑골 부위에서 확인되는데(그림 4-5), 학자들이 유골에서 이 부위에 주목하기 시작한 것은 아주 최근의 일이다. 그래서 농업 이행기 전후의 공기 질 변화에 대해 학문적으로 접근하기는 아직 상당히 어려운 편이다. 그러나 북아메리카와 잉글랜드 및 수단에 걸쳐 수렵채집인, 시골 농업인, 도시인의 사례를 연구한 결과에 따르면, 수렵채집인은 시골 농업인이나 도시인에 비해 부비동염이 드물었다. 그렇다면 수렵채집인이 더 좋은 공기 환경에 노출되었다고 추론할 수 있다.[66] 농업 공동체를 대상으로 한 연구에서도 호흡기 질

66 Roberts, *Human Remains in Archaeology*.

환의 증거가 발견되었다. 이번에는 늑골 부위다. 그러나 늑골 병변은 폐의 여러 가지 상태로부터 비롯된다는 사실을 고려해야 한다. 학계에서 늑골의 변형 양상이 체계적으로 정리될 때까지 수렵채집인과 농업인의 늑골 병변 발생 빈도를 비교하기란 불가능하다.

호흡기 감염은 일반적으로 인구수가 많고 인구 밀도가 높은 곳에서 발생한다. 그래야 인간 대 인간으로 병원균이 옮겨 다닐 수 있고, 사람들 속에서 병원균이 계속 살아남을 수 있다. 농업이 시작되면서 인구가 증가했고, 감염의 이상적 조건도 만들어졌다. 또한 사람들은 서로 가까이 붙어서 살았고, 심지어 동물들도 같은 공간에서 생활했다. (질 나쁜 음식 섭취로) 면역 체계가 약했을뿐더러 생활 여건 또한 나빴기 때문에 사람들은 더욱 쉽게 병원균에 감염되었다. 예컨대 농업이 시작되면서 (척추 손상을 초래하는) 결핵 같은 특정 박테리아 감염이 증가한 것으로 나타났다. 인구 증가로 호흡기를 통해 인간 대 인간으로 병원균이 전파되는 것이 가능해졌으며, 보균 동물과 접촉하고 그 동물이 생산하는 부산물을 섭취했기 때문이다.[67] 또 한 가지 박테리아 감염으로, 역시 척추에 영향을 미치고 오직 동물로부터 전염되는 브루셀라병(brucellosis)이 있다. 이 또한 과거 농업 공동체에서 발생했던 병인데, 아직은 유골을 통한 증거를 별로 확보하지 못했다. 결핵과 브루셀라병은 가축으로부터 전염되기도 하지만, 야생 동물도 감염된다. 그러므로 사냥과 고기 해체 과정에서 야생 동물로부터 인간에게 전염될 수도 있다(그러나 수렵채집인에게서 이 병을 확인했다는 보고는 아직 없다). 인수 공통 전염병이 수렵채집인

---

67 See Roberts and Cox, *Health and Disease in Britain*.

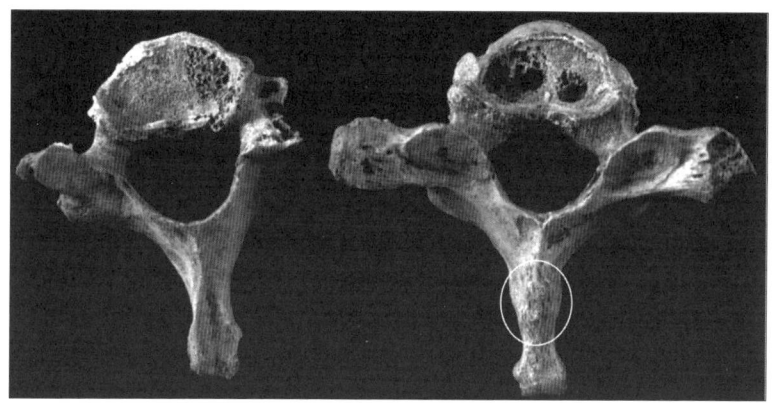

[그림 4-6] 정상 척추(왼쪽)와 골절 치료 후 형성된 가시돌기

과 농업인 모두에게 전염되는 것인지도 확인되지 않았다. 아직은 동물 고고학의 인수 공통 전염병 연구가 부족하기 때문이다.[68]

농업인의 건강 문제 연구에서는 노동 조건과 관련된 논점이 주목을 받아왔다. 육체 활동은 궁극적으로 뼈에 영향을 미쳐 뼈의 크기나 모양에 변형을 가한다.[69] 이는 부위별로 뼈가 강화된 결과다. 또한 근육-뼈 연결 부위의 변형, 즉 새로운 뼈가 생성될 때나 근육, 힘줄, 인대와 뼈가 접착된 부분이 손상될 때 남겨지는 흔적, 관절 퇴화(관절염), 특수 부위 골절(예컨대 제5번 요추 분리증), 경추 하단의 가시돌기(그림 4-6) 등도

---

68 See Buikstra and Roberts (eds.), *Global History of Paleopathology*.
69 C.B. Ruff, 'Biomechanical analyses of archaeological skeletons', in M.A. Katzenberg and S.R. Saunders (eds.), *Biological Anthropology of the Human Skeleton* (Chichester: Wiley, 2008), 183-206.

모두 "활동성"을 반영하는 병증이다. 이 모든 뼈의 변형에는 육체 활동 이외의 다른 원인도 있을 수 있다. 예컨대 노화가 퇴행성 관절염이나 근육-뼈 연결 부위 변형의 원인이 될 수도 있다(그림 4-7).[70] 뼈의 변형으로 "직업"을 유추할 수 있는지 여부에 관해서는 많은 논란이 있었다. 그러나 뼈의 마커들(markers)과 가벼운 혹은 무거운 육체노동의 상관관계를 발견할 수 없다는 것이 학계의 일반적 의견이었다.[71] 게다가 최근 역사적으로 시기가 확인된 요크셔 및 잉글랜드 농업 지역의 유골을 분석한 결과, 뼈-근육 연결 부위 변형의 해석으로는 사망 당시의 직업을 추론한 근거가 부족하다는 사실이 확인되었다.[72] 최근의 연구에서는 "근육-뼈 연결 부위와 직업 및 생물역학을 서로 연관 짓는 방법론에 명백한 문제가 있다"는 의견이 강조되었다.[73]

뼈의 크기나 형태와 관련해서 수렵채집인은 뼈가 강하고 근육 연결 부위가 튀어나오는 경향이 있다. 몇몇 연구에서 밝혀졌듯이, 농업인의 뼈는 단면이 좀 더 둥근 편이다. 이는 수렵채집인의 육체적 활동 강도가 더 세고 농업인은 더 약하다는 사실이 반영된 결과다. 논리적으로 생

---

70 R. Jurmain, *Stories From the Skeleton: Behavioral Reconstruction in Human Osteology* (Amsterdam: Gordon and Breach, 1999).
71 G.P. Loprendo et al., 'Categorization of occupation in documented skeletal collections: its relevance for the interpretation of activity-related osseous changes', *International Journal of Osteoarchaeology*, 23 (2013), 175-85.
72 C.Y. Henderson et al., 'Occupational mobility in 19th century rural England: the interpretation of entheseal changes', *International Journal of Osteoarchaeology*, 23 (2013), 197-210.
73 C.Y. Henderson and F.A. Cardoso, 'Special issue: entheseal changes and occupation: technical and theoretical advances and their applications', *International Journal of Osteoarchaeology*, 23 (2013), 130.

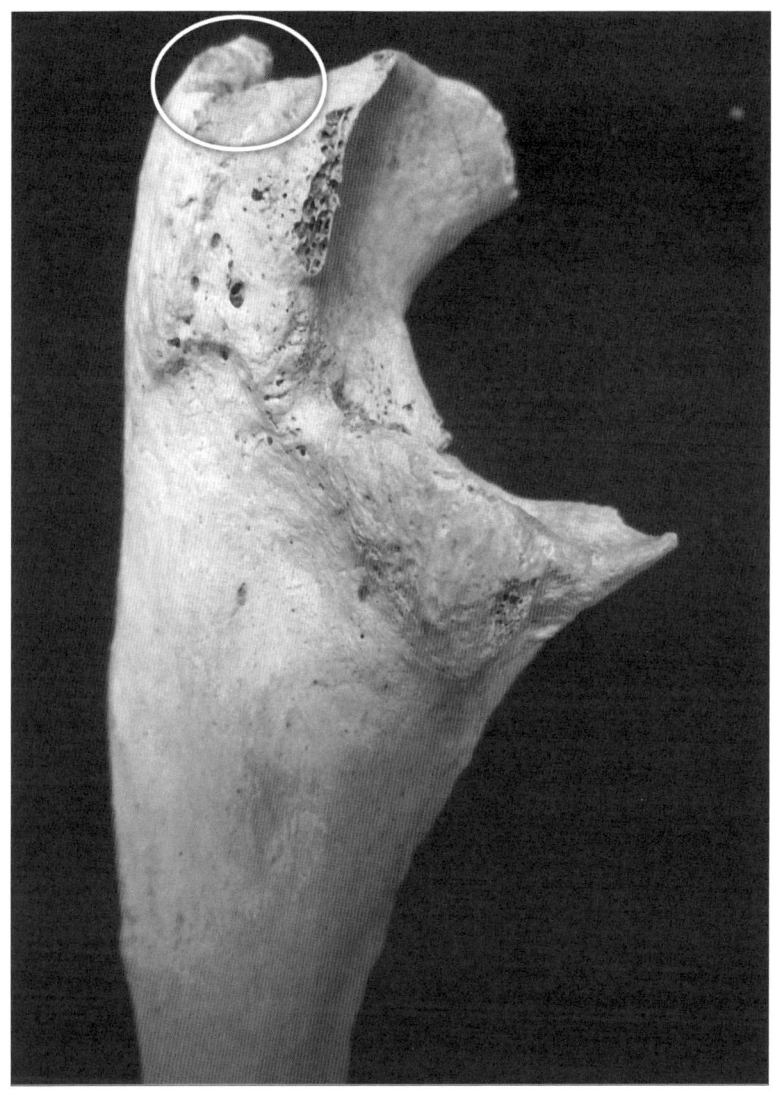

[그림 4-7] 근육-뼈 연결 부위 변형
아래팔뼈(척골) 끝 부분. 박차 형태의 새로운 뼈가 형성되었다.

각해보면, 농업의 도입 같은 정주 생활 이후로 뼈-근육 연결 부위 변형과 관절염 발생 빈도가 감소할 것으로 추측된다. 실제 조사 결과도 그랬다. 다만 지역적으로 지형의 차이가 있어서 예외가 없지는 않았다.[74] 앨라배마(Alabama) 지역에서 수렵채집인과 농업인을 연구한 결과에 따르면, 수렵채집인에게서 관절염이 더 많았으나 양측의 차이가 통계적으로 유의미할 정도로 뚜렷하지는 않았다.[75] 같은 논의의 연장선상에서 "활동성"과 관련되는 특이점 항목(non-metric traits) 연구가 포함되어 있었다(그림 4-8). 그러나 활동에 의해 그런 특성이 나타난 것인지, 아니면 "환경 요인" 때문에 그런 특성이 발달한 것인지 판단하기가 결코 쉽지 않다. 이 모든 "뼈의 마커들"을 통하여 농업 이행기의 "활동성"을 고찰하는 일은 수많은 문제를 내포하고 있다. 기존에 공표된 데이터(그리고 그에 대한 해석)를 결코 가볍게 여겨서는 안 될 것이다. 그러나 지금도 많은 학자들이 기록 방식과 해석 방법론의 향상을 위해 노력하고 있다. 이들의 노력을 통해 기존의 데이터가 의미하는 바를 보다 풍부하게 이해할 수 있을 것이다.

사고나 분쟁 관련 상처는 농업 이행기에 그 발생 빈도가 증가하기도 하고 감소하기도 했다.[76] 상호 폭력의 증거는 수렵채집인 중에서도 보이긴 하지만 농업을 도입한 몇몇 집단에서 증가했는데, 아마도 토지를 둘

---

74 See the many papers in Cohen and Armelagos (eds.), *Paleopathology at the Origins of Agriculture*; and Cohen and Crane-Kramer (eds.), *Ancient Health*.
75 P.S. Bridges, 'Degenerative joint disease in hunter-gatherers and agriculturists from the southeastern United States', *American Journal of Physical Anthropology*, 85 (1991), 379-91.
76 Cohen and Armelagos (eds.), *Paleopathology at the Origins of Agriculture*.

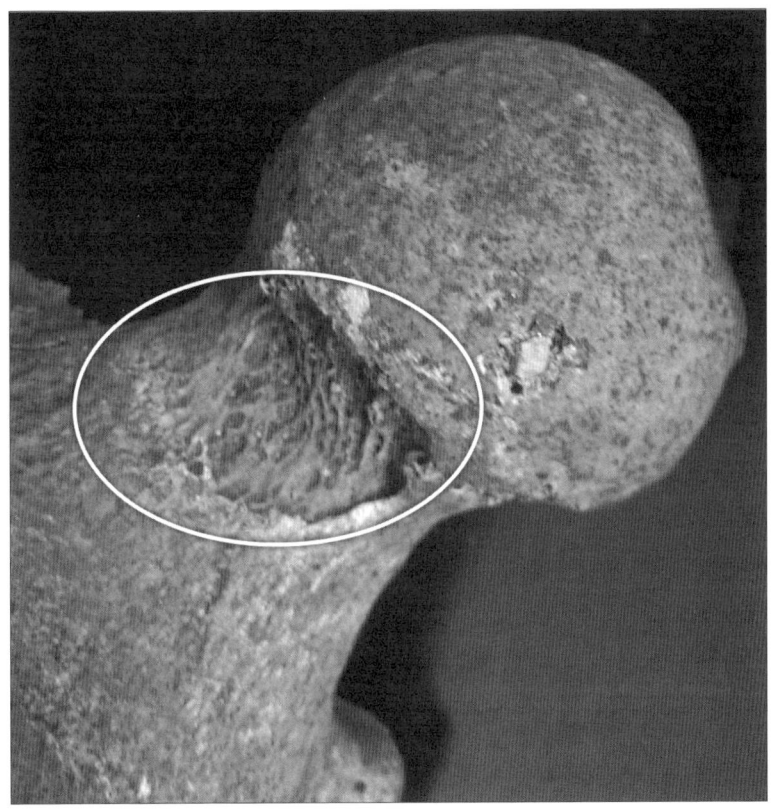

[그림 4-8] 대퇴골, 손상 부분 표시(Allen's fossa)
"활동성" 관련 손상일 가능성이 크다.

러싼 경쟁이 있었던 것으로 추정된다.[77] 그러나 언제 어디서나 이런 경

77 C.S. Larsen, 'The agricultural revolution as environmental catastrophe: implications for health and lifestyle in the Holocene', *Quaternary International*, 150 (2006), 12-20.

향이 나타나는 것은 아니다. 예컨대 다뉴브 지역의 유적지 네 군데(중석기 및 신석기의 세르비아-루마니아)에서 사람들 간 폭력의 흔적을 조사한 연구에서는 신석기 시대에 접어들어 폭력이 증가했다는 증거가 발견되지 않았다.[78] 일상생활 가운데 우연히 발생한 사고로 인한 상처라면 수렵채집인과 농업인의 골절 부위가 서로 다를 것으로 예상할 수 있다(이 또한 지형과 "활동성"에 따라 다를 것이다). 게다가 잉글랜드의 중세 농업인 마을에서 사람들의 골절이 많이 나타났는데, 이는 같은 시기 도시인에 비해서 그 발생 빈도가 더 높았다.[79] 민속학 연구에서 비슷한 사례를 참조하자면, 추정 원인으로 농사일과 관련된 서로 다른 "직업군"을 탐구해볼 필요가 있다.

식생활과 생활 환경 : 뼈의 변형

뼈의 변형은 잠재적으로 식생활과 생활 환경을 반영하게 되는데, 인구통계학적 프로파일, 성장 지연, 안와 천공, 다공성 뼈과다증 등이 관련이 있다. 기존 연구에 따르면, 정주민의 경우 출산율이 높게 유지되었다. 여기에 농업까지 도입되면 출산율은 더욱 높아지는데, 농업 이행기 초기부터 출산율은 최고조에 이르렀다.[80] 출산율이 증가한 이유 중 하나는 수렵채집인과 달리 아이를 데리고 이동해야 하는 부담이 줄어들었기

---

78 M. Roksandic et al., 'Interpersonal violence at Lepenski Vir Mesolithic/Neolithic complex of the Iron Gates Gorge (Serbia-Romania)', *American Journal of Physical Anthropology*, 129 (2006), 339-48.
79 M.A. Judd and C.A. Roberts, 'Fracture trauma in a Medieval British farming village', *American Journal of Physical Anthropology*, 109 (1999), 229-43.
80 Chamberlain, *Demography in Archaeology*, 64.

때문이다. 그리고 식량 공급량이 늘어나면서 이유식이 준비되어 있었고, 보다 안전한 식량 공급이 가능하기도 했다. 또한 농업을 받아들인 사람들의 사망 당시 연령 평균이 수렵채집인보다 더 낮았던 것으로 밝혀졌다. 치아를 근거로 나이를 판단할 수 있는데, 수렵채집인과 농업인 미성년의 유골을 비교해본 결과 후자의 장골(長骨)에 성장 지연이 반영되어 있었다(즉 해당 나이에 자라야 할 만큼의 길이까지 자라지 못했다). 성인의 키도 농업인이 더 작았고, 해리스 라인과 법랑질 저형성증도 발견되었다. 해리스 라인을 판단하고 해석하는 데는 여러 가지 문제들이 있는데, 관찰자마다 계산하는 라인의 개수가 차이 나고, 심지어 같은 연구자라도 그러한 차이를 보이지만, 이 문제가 아직 깊이 있게 논의되지는 못했다.

사실 농업 공동체의 식생활이 이전의 수렵채집인보다 더 나빠졌기 때문에 농업인에게서 성장 문제가 나타나는 것은 충분히 예상했던 일이기도 하다. 기존 연구에서는 일관되게 키와 청소년 성장률의 감소를 보고한 바 있다. 또한 농업을 도입하면서 법랑질 저형성증, 안와 천공, 다공성 뼈과다증이 증가했고, 이후 시간이 지날수록 더욱 강화되었다.[81] 그러나 유럽의 후기 구석기 유적에서 68구, 중석기 유적에서 173구, 신석기 유적에서 467구의 유골을 대상으로 키와 장골의 길이를 분석한 다른 연구에 따르면, 이미 후기 구석기 말기에 장골의 길이가 짧아지기 시작했으며 후기 구석기에서 신석기로 넘어갈 때는 별다른 변화가 없었던

---

81 See studies in Cohen and Crane-Kramer (eds.), *Ancient Health*; and Cohen and Armelagos (eds.), *Paleopathology at the Origins of Agriculture*.

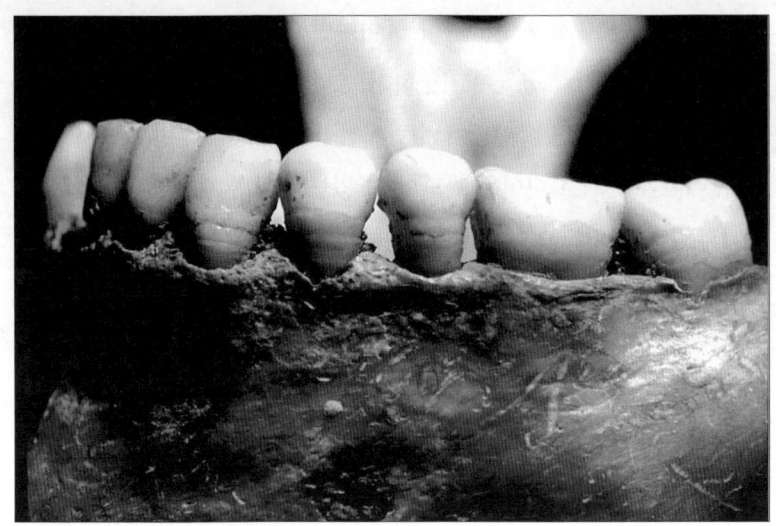

[그림 4-9] 법랑질 저형성증

것으로 밝혀졌다.[82]

    법랑질 저형성증(그림 4-9)은 태아기 및 유아기 때 법랑질의 기본 성장이 저해되어 치아 법랑질에 그 흔적이 남아 있는 것이다. 법랑질 저형성증이 있으면 수명이 감소하고 충치가 생길 위험이 더 높아진다.[83] 이는 바커(Barker)가 주장했던 발달 기원 가설과도 일치하는 결과로 보인다.[84] 법랑질 저형성증은 개인의 감염과도 연관이 있는 것으로 밝혀졌

---

82 C. Meiklejohn and J. Babb, 'Long bone length, stature and time in the European late Pleistocene and early Holocene', in Pinhasi and Stock (eds.), *Human Bioarchaeology of the Transition to Agriculture*, 153-75.
83 S.M. Duray, 'Dental indicators of stress and reduced age at death in prehistoric Native Americans', *American Journal of Physical Anthropology*, 99 (1996), 275-86.

다. 즉 법랑질 저형성증은 영양 결핍 및 수많은 유아기 질병과 결부되어 있었으나, 연구는 주로 영양 결핍에 대해 이루어졌다. 많은 연구자들은 법랑질 저형성증을 농업 이행기의 문제로 간주해왔다. 예컨대 이집트와 누비아의 초기 농업 시대에 법랑질 저형성증은 목축 공동체에게서 가장 많이 발생했지만, 국가가 형성되고 도시 및 교역이 증가하면서 줄어들었다.[85] 인도 지역에서 이루어진 법랑질 저형성증 연구는 질병의 발생 빈도와 기후 변화 문제에 초점을 맞추었다. 기후 때문에 토지가 황폐화되면서 농업인은 유목 생활로 되돌아갔다.[86] 이와 함께 법랑질 저형성증도 줄어들었는데, 식생활이 다양해지고 단백질을 풍부하게 섭취했던 것이 감소의 원인으로 해석되었다. 더불어 육체적 스트레스의 감소도 질병의 완화에 기여한 것으로 보인다.

안와 천공과 다공성 뼈과다증은 앞에서 언급했듯 오래전부터 수렵채집인보다는 농업인에게서 그 발생 빈도가 높은 것으로 보고되어왔으며, 철분 결핍으로 인한 빈혈과도 관련된 것으로 알려져 있었다. 그러나 오늘날 이 병증의 원인은 훨씬 다양한 것으로 밝혀졌다. 거대적혈모구 빈혈(megaloblastic anemia, 예를 들면 간, 계란, 조개, 물고기, 쇠고기, 양고기, 치즈 등에 많이 함유된 비타민 B12 결핍이 초래하는 병증)과 겸형적혈구 빈

---

84 D.J.P. Barker, *The Fetal and Infant Origins of Adult Disease* (London: BMJ Books, 1992).
85 A.P. Starling and J.T. Stock, 'Dental indicators of health and stress in early Egyptian and Nubian agriculturists: a difficult transition and gradual recovery', *American Journal of Physical Anthropology*, 134 (2007), 520-8.
86 J.R. Lukacs and S.R. Walimbe, 'Physiological stress in prehistoric India: new data on localized hypoplasia of primary canines linked to climate and subsistence change', *Journal of Archaeological Science*, 25 (1998), 571-85.

혈 혹은 지중해 빈혈 같은 용혈성 빈혈(hemolytic anemia)도 그 원인으로 지적되고 있다.[87] 철분이 부족한 음식(곡물 포함)이나 철분 흡수를 방해하는 피트산염 함유 음식(옥수수나 밀)이 빈혈의 원인이겠지만, 이와 함께 기생충 감염 등 높은 병원균 보유(감염) 또한 안와 천공이나 다공성 뼈과다증 발달의 핵심 요인으로 간주되고 있다.[88] 게다가 감염이 철분 흡수를 가로막기도 하지만, 거꾸로 철분 결핍 자체가 병원균의 체내 생존을 막는 효과도 있다. 병원균을 많이 보유할수록 철분 결핍이 많이 일어난다고 알려져 있는데, 그 반대로 철분 결핍이 감염을 막아내기도 한다(가령 어린이의 경우). 또한 기존의 연구 결과는 영양 섭취와 건강 간의 상호 보충적 관계를 보여준다. 결핵으로 인한 뼈의 변형에 미치는 철분과 단백질의 영향을 연구한 성과에 따르면, 유골에서 발견되는 결핵으로 인한 뼈의 변형에 이들 두 영양소가 영향을 미쳤을 수 있다는 결론에 도달했다.[89] 더욱이 뼈가 제대로 기능하는지 여부와 개인의 면역 체계가 강하게 결부되어 있다. 면역 체계의 이상은 유골에 반드시 흔적이 남고, 그로부터 비롯되는 병증들도 마찬가지다.[90] 예컨대 말라리아에 대응하는 과정에서 용혈성(또는 유전적) 빈혈로 인한 안와 천공과 다공성 뼈과다증이 나타나게 된다. 기존에 세계 일부 지역의 유골에서 관찰되었던

---

87 P.L. Walker et al., 'The cause of porotic hyperostosis and cribra orbitalia: a reappraisal of the iron-deficiency anemia hypothesis', *American Journal of Physical Anthropology*, 139 (2009), 109-25.
88 See P. Stuart-Macadam, 'Porotic hyperostosis: a new perspective', *American Journal of Physical Anthropology*, 87 (1992), 39-47.
89 A.K. Wilbur et al., 'Diet, tuberculosis and the palaeopathological record', *Current Anthropology*, 49 (2008), 963-91.
90 See also Wood, 'Osteological paradox'.

다공성 뼈과다증과 안와 천공은 말라리아와 관련되었을 가능성이 매우 크다. 잘 알려진 바와 같이, 화전 농경과 영구 거주지 정착, 식수원 오염 등은 모두 말라리아 보균 모기가 번성할 최적의 조건을 만들어주는 셈이다.

농업 이행기의 식생활과 건강 문제를 알려주는 "유골 마커들"(유골에 남아 있는 여러 지표들)은 매우 범위가 넓다는 점을 강조하고 싶다. 일부 학자들은 이들 마커의 발생 빈도에 연구 중점을 두기도 하지만, 다른 질병들(예를 들어 희귀 발달 장애 문제, 즉 유전 및 환경 요인으로 종양을 타고나는 장애)은 전혀 고려하지 않기 때문이다.

결론

오늘날의 우리는 농업이 주도하는 사회에 살고 있다. 전 세계의 인구는 크게 보아서 식생활을 농업에 의존하고 있다. 수렵채집 경제는 갈수록 주변부로 밀려났고, 많은 사람들이 고유의 문화를 버렸으며, 주위 환경에 의해 "강제로" 농업 사회의 식생활에 적응하게 되었다. 우리 조상들이 농업을 받아들인 일은 하나의 모험이었다. 그리고 오늘날 우리는 그로부터 이익과 위험을 동시에 물려받았다. 그 위험의 상당 부분이 유골에 흔적으로 남겨졌고, 농업 이행기 및 그 이후 식생활과 건강 문제에 접근하는 근거가 되고 있다. 앞에서 얘기했듯 고생물학에는 많은 한계가 있지만, 농업 이행기 이후 삶의 질에 관한 문제에 대하여 수많은 연구가 진행 중이다.

전반적인 경향으로 보자면 농업 이행기 이후 갈수록 건강이 악화되었고, 이는 식생활의 악화 때문이었다. 그러나 이러한 해석은 어디까지나 유동적이라는 사실을 잊어서는 안 된다. 일부 연구에서는 건강과 식생활이 향상된 것으로 나타나기도 하기 때문이다. 그래서 어느 단계에서든 선입관을 갖는 것은 좋지 않다. 건강 문제에 관한 한 사람들이 처했던 특정 생활 조건에 따라 결론은 얼마든지 달라질 수 있었다. 그래서 해당 유적지에서 개인이 처한 상황을 함께 고려해야 한다는 점을 강조하지 않을 수 없다. 이 같은 종합적 연구가 고생물학에서 갈수록 보편화되고 있다. 이들 연구에서는 주된 식량의 변화에 대응하는 방식에서 개인과 그 개인이 속한 집단의 입장은 서로 다를 수 있다는 점을 강조한다. 전 세계적으로 시대에 따라 잠재적으로 수많은 변수가 존재할 테고, 이는 결국 데이터 해석에 영향을 미칠 수밖에 없다.

고생물학은 분명 앞으로도 계속 인류 최초의 역학적 전환 시기에 주목할 것이다. 데이터 생성을 위해서는 거시적 분석 방법론이 우선시될 텐데, 물론 비용 문제 때문이다. 이와 함께 (갈수록 비용이 줄어드는) 생체 분자 분석 방법론이 식생활과 이동을 연구하는 데 사용되고, aDNA 분석 방법론은 "인구 구성"에 유전자 기여도를 파악하는 데 사용될 것이다. 또한 최초의 농부들이 어떻게 이주했는지에 관한 의문에도 해답을 줄 수 있을 것이다. 유전자 분석 방법론은 또한 유골에서 유전적 요소와 환경적 요소를 드러내는 데에도 도움을 줄 수 있을 것이다. 각종 데이터를 일정한 맥락에 위치시키기 위하여 여러 분과 학문에서 종합적 연구에 참여하고 있고, "최첨단" 분석 방법론을 이용하고 있다. 따라서 농업 이행기 사람들에 대한 우리의 이해는 앞으로 훨씬 더 풍부해질 것이다.

더 읽어보기

Agarwal, S.C. and B.A. Glencross. *Social Bioarchaeology*. Chichester: Wiley-Blackwell, 2011.

Barrett, R., C.W. Kuzawa, T. McDade, and G.J. Armelagos. 'Emerging and re-emerging infectious diseases: the third epidemiological transition.' *Annual Review of Anthropology*, 27 (1998), 247-71.

Brickley, M. and R. Ives. *The Bioarchaeology of Metabolic Bone Disease*. London: Academic Press, 2008.

Brown, T. and K. Brown. *Biomolecular Archaeology: An Introduction*. Oxford: Wiley-Blackwell, 2011.

Buikstra, J.E. and L.A. Beck (eds.). *Bioarchaeology: The Contextual Analysis of Human Remains*. London: Academic Press, 2006.

Buikstra, J.E. and C.A. Roberts (eds.). *The Global History of Paleopathology: Pioneers and Prospects*. New York: Oxford University Press, 2012.

Chamberlain, A. *Demography in Archaeology*. Cambridge Manuals in Archaeology. Cambridge University Press, 2006.

Cohen, M.N. *Health and the Rise of Civilisation*. New Haven, CT: Yale University Press, 1989.

Cohen, M.N. and G.J. Armelagos (eds.). *Paleopathology at the Origins of Agriculture*. 2nd edn. Gainesville: University Press of Florida, 2013.

Cohen, M.N. and G. Crane-Kramer (eds.). *Ancient Health: Skeletal Indicators of Agricultural and Economic Intensification*. Gainesville: University Press of Florida, 2007.

Jurmain, R. *Stories From the Skeleton: Behavioral Reconstruction in Human Osteology*. Williston, VT: Gordon and Breach, 1999.

Larsen, C.S. *Our Origins: Discovering Physical Anthropology*. London: W.W. Norton, 2008.

Mays, S. *The Archaeology of Human Bones*. 2nd edn. London: Routledge, 2010.

McElroy, A. and P.K. Townsend. *Medical Anthropology in Ecological Perspective*. 5th edn. Boulder, CO: Westview Press, 2009.

Nesse, R.M. and G.C. Williams. *Why We Get Sick: The New Science of Darwinian Medicine*. New York: Vintage, 1994.

Panter-Brick, C., R.H. Layton, and P. Rowley-Conwy (eds.). *Hunter-Gatherers: An Interdisciplinary Perspective*. Biosocial Society Symposium Series. Cambridge University Press, 2001.

Pinhasi, R. and S. Mays (eds.). *Advances in Human Palaeopathology*. Chichester: Wiley, 2008.
Pinhasi, R. and J.T. Stock (eds.). *Human Bioarchaeology of the Transition to Agriculture*. Chichester: Wiley-Blackwell, 2011.
Roberts, C.A. *Human Remains in Archaeology: A Handbook*. CBA Practical Handbooks in Archaeology 19. York: Council for British Archaeology, 2009.
Roberts, C.A. and K. Manchester. *The Archaeology of Disease*. 3rd edn. Stroud: Sutton, 2005.
Smith, B.D. *The Emergence of Agriculture*. New York: Scientific American Library, 1995.
Steckel, R.H. and J.C. Rose (eds.). *The Backbone of History: Health and Nutrition in the Western Hemisphere*. Cambridge University Press, 2002.
Waldron, T. *Counting the Dead: The Epidemiology of Skeletal Populations*. Chichester: Wiley, 1994.
Wood, J.W., G.R. Milner, H.C. Harpending, and K.M. Weiss. 'The osteological paradox: problems of inferring health from skeletal samples.' *Current Anthropology*, 33 (1992), 343-70.
World Health Organization. *Research Priorities for the Environment, Agriculture and Infectious Diseases of Poverty*. WHO Technical Report 976. Geneva: World Health Organization, 2013.

CHAPTER 5

공동체

에이미 보가드
Amy Bogaard

초기 농업에 관한 연구는 주로 "기원" 문제에 초점을 맞추어왔다. 최초로 동식물을 길들인 흔적이며, 인간에 의해 재배되거나 사육된 곡물 및 가축과 야생종 선조의 차이점 같은 문제였다. 이러한 과정에 걸린 시간, 발달 순서, 속도 등을 이해하는 것이 곧 특정 수렵채집인 집단이 왜 어떻게 농부가 되었는지를 이해하는 데 핵심이 된다. 이행 과정을 따라가다 보면, 전 세계적으로 공동체가 형성된 것은 농업 때문이었다. 공동체 자체가 농업에서 비롯된 사회 및 환경의 결과물이었다. 농업은 물리적 환경을 바꾸어놓았을 뿐만 아니라 사회적 환경도 재구성했다. 작물을 재배하고 가축을 사육하는 일이 특히 음식과 관련되어 있었기 때문이다. 음식은 곧 기본적인 인간의 욕구인 동시에 문화적 표현이었다.

이번 장에서는 초기 농업 공동체의 성격을 탐구해보고자 한다. 세계 여러 지역에서 초기 농부들의 사회생활을 증언해주는 고고학적 증거들에 논의의 초점이 맞추어질 것이다. 여러 측면에서 초기 농업 사회들은 지극히 다채로웠으나, 그들의 문화 전반에는 놀라울 정도의 공통점들이 있었다. 그렇다면 농업 자체가 사회적 행동을 제한하고 방향을 잡아주는 역할을 했다고 볼 수 있다. 켄트 플래너리(Kent Flannery)는 두어 편의 연구 논문에서, 서아시아 및 메소아메리카 초기 농부들의 주택과 거주지의 발달을 비교했다. 연구 결과 놀라운 공통점들이 발견되었다.[1] 초기 정착지는 대개 단순한 구조의 움막들이 느슨하게 모여 있는 구조였다. 수렵채집인과 수렵채집인-농업인이 뒤섞인 대가족이 모여 사는 곳이었다. 민속학 연구를 참조하자면, 이러한 주거지에서는 구성원끼리 저장 시설을 공유했다. 농업 의존도가 높아질수록 핵가족이 특징적 주거 단위로 대두되었다. 이들은 서로가 별개의 집에 살면서 창고를 각자의 집에 두었다. 이는 곧 농업의 이점을 누리는 동시에 위험성을 감수할 주체가 집단 차원에서 핵가족 차원으로 바뀌었다는 사실을 의미한다. 플래너리에 의하면, 초기 농업 공동체에서 공유가 갈수록 제한된 데에는 몇 가지 이유가 있었다. 첫째, 농업은 토지 생산성을 높여주었지만, 동시에 평균 생산량의 차등이 발생했다. 둘째, 공유를 제한함으로써 균형 잡힌 상호 교환을 확인하기가 더 쉬워졌고 "속임수"를 방지할 수 있었다. 셋째, 공유의 축소, 토지 보유의 제한, 가정 단위의 사적인 저장으로 경제적 판단이 더욱 유연해졌다.

영어로 공동체를 뜻하는 "커뮤니티(community)"라는 단어는 고대 프랑스어·앵글로노르만어의 "코뮈니테(communité)"에서 유래했다. 중세 시기 이 단어는 누구든 같은 장소에 모여 사는 사람들을 의미했는데, 대개는 문화적·민족적 정체성을 공유하는 사람들로, 일개 수도원 조직에서 지방 혹은 국가 전체의 인민들까지 다양한 범위를 포괄했다. 고전 라

---

1 K.V. Flannery, 'The origins of the village as a settlement type in Mesoamerica and the Near East: a comparative study', in P.J. Ucko et al. (eds.), *Man, Settlement and Urbanism* (London: Duckworth, 1972), 23-53, and 'The origins of the village revisited: from nuclear to extended households', *American Antiquity*, 67 (2002), 417-33.

틴어 "코뮤니타스(communitas)"는 의미가 더욱 넓어서 참여, 동료애, 공동 소유 혹은 공동 사용의 뜻도 내포했다. 이번 장에서 말하는 커뮤니티(공동체)는 같은 집과 주거지에서 함께 사는 사람들을 의미할 뿐만 아니라, 보다 유연한 사회적 형태로 예컨대 주기적으로 모임을 갖거나 물건을 상호 교환하는 사회적 단위도 포함한다. 이와 관련된 개념으로 이른바 "관습의 공동체(communities of practice)"가 있는데, 이는 공통의 관심사를 서로 나누고 정기적 참여와 지식의 교환을 통해 지속되는 공동체를 의미한다.[2] 이번 장에서 목표로 하는 바는, 초기 농업과 목축 활동이 다양한 사회 및 공간적 범위에서 어떻게 "공동체"의 형성과 유지에 도움을 주었는지, 그리고 공동체의 "유형" 혹은 공동체의 발전 과정이 다른 문화 사이에 어느 정도까지 이해될 수 있었는지를 검토하는 것이다.

이러한 주제들에 접근하기 위해서 이번 장에서는 고고학적 자료들에 주목하고자 한다. 첫째로는 당시 농경 작업의 특성을 알려주는 자료에 주목할 것이다. 둘째로는 집단 행위의 형식과 규모를 알려주는 자료에 주목할 것이다. 여기서 말하는 집단이란 공동 거주를 하는 가족에서부터 공동 작업을 하는 무리, 공동 의례에 참여하는 "회중(會衆)", 그리고 더 넓은 네트워크까지 포함된다. 이번 장에서는 세 쌍의 사례 연구가 제시될 것이다. 각각은 농업의 기원과 관련하여 주요 중심지에 해당하는 곳으로, 핵심 곡물을 처음 재배한 지역과 그에 인접하여 농업이 전파 및 수용된 지역들이다. 서아시아와 유럽, 중국과 한국, 메소아메리카와 미

2 J. Lave and E. Wenger, *Situated Learning: Legitimate Peripheral Participation* (Cambridge University Press, 1991).

국의 사우스웨스트가 그 세 쌍이다. 서아시아와 동아시아 농업의 기원에는 곡물 재배뿐만 아니라 동물의 가축화도 포함된다. 이와 달리 메소아메리카의 농업이 시작될 때는 주요 곡물(옥수수)이 있었지만 개 말고 달리 길들인 동물은 없었다. 이 책 제6장에서는 목축을 전문으로 하는 중앙아시아 공동체의 사례를 보여주는데, 이번 장에서 논의하는 농업 공동체와 좋은 비교가 될 것이다. 이번 장의 마지막에 가서는 각 사례들 간의 공통점과 차이점을 검토함으로써 초기 농업 공동체의 특성을 논의해보고자 한다.

관련 증거

당시 농경 작업의 특성을 파악하려면 주로 고생물학적 자료(폭넓게 정의하자면 고고학적 맥락에서 발굴된 잔존 유기물)에 의존해야 한다. 그것이 식물 재배 혹은 동물 사육과 소비의 증거로 해석될 수 있는 자료들이기 때문이다. 고생물학적 자료를 통해 최소한 초기 농업인이 관리하고 소비한 품종의 범위를 확인할 수 있다. 그리고 적어도 이상적으로는 당시 농업의 의사 결정을 짐작케 하는 심도 있는 차원의 변수들도 이러한 자료들에 포함되어 있다고 말할 수 있다.

곡물 씨앗은 대개 탄화(炭化)된 형태로 남아 있는데, 고고학적 유적에서는 그것이 농경지에서 흔히 자라는 잡초 씨앗과 함께 발견되는 경우가 많다. 잡초는 대개 곡물을 재배하는 들판에서 자라지만 농부들이 원치 않는 식물이었다. 잡초는 스스로 곡물의 성장 습관을 모방한 품종이거나, 농경지에서 기생하는 생존법을 터득한 품종이었다. 어떤 잡초는 그 자체로 채소나 향신료 등으로 수확되기도 했다. 잡초로서는 공간,

햇빛, 영양분을 두고 곡물과 경쟁 관계에 놓여 있었다. 그래서 곡물 성장 과정 중 특정 시점에 잡초를 제거하는 일이 농작업의 중요한 업무 중 하나였다. 대부분은 손으로 잡초를 제거하거나 땅을 갈아서 뿌리를 뽑아냈다. 잡초에도 다양한 종이 있기 때문에 다양한 생태 환경과 요구 조건이 충족될 필요가 있었다. 예를 들어 키가 크고 잎이 넓은 일부 식물은 경쟁 작물을 자신의 잎으로 가려 햇빛을 차단하고 영양분을 주도적으로 흡수할 능력이 있었다. 한편 다른 작은 식물들은 상대적으로 척박한 조건에 적응하여 천천히 자라는 특성을 가지고 있었다. 손으로 제거하든 괭이질을 하든 잡초의 서식 밀도를 줄여야 하고, 특히 일찍 자라는 잡초는 반드시 제거해야 하지만, 그럼에도 작물을 수확할 때까지 살아남는 개체가 없지는 않았다. 그래서 농부가 곡물의 이삭을 자르거나 훑어낼 때 (수확 방법에 따라 정도의 차이는 있겠지만) 잡초의 씨앗도 함께 수확되는 것이다. 고고 유적에서 잡초의 씨앗과 곡물이 함께 남아 있다면, 이를 근거로 작물이 재배된 생태 환경 조건을 유추해볼 수 있다. 곡물과 마찬가지로 잡초 또한 인간의 경작에서 비롯된 유전자 선택 과정을 거친다. 같은 종이라 하더라도 군집에 따라 변화 양상이 다를 수 있다. 그래서 잡초 군집의 생태 환경적 특성을 기반으로 과거 작물의 조건을 추론하는 것이 학문적으로는 훨씬 타당성 있는 추론이 된다. 잡초 기반 추론은 예를 들어 "이동식" 농법(화전 농법의 일종, 새로 개간한 토지에 몇 차례 작물을 재배한 뒤 그 토지를 버리고 다시 새로운 토지를 개간하는 방식)과 영구 정착 농법을 구분하는 결정적 근거가 된다. 또한 이를 통해 토지 보유의 특성과 사회적 규모를 짐작할 수 있다.

잡초를 근거로 작물의 생장 조건을 추론하는 방식은 밀이나 쌀 같은 곡물의 씨앗과 관련이 있지만 아메리카의 옥수수 재배나, 혹은 알곡 말고 식물의 다른 부위(뿌리, 잎 등)를 수확하는 농업과는 별로 관련이 없다. 이삭을 채취하는 방식이 아닌 다른 방식의 수확에는 잡초가 섞여 들어가기가 어렵기 때문이다. 곡물 재배 관행을 추론하는 또 다른 연구 방법론으로는 식물규소체(phytolith) 형태 분석법과, 잔존 곡물의 안정동위원소(stable isotope) 분석법이 있다. 예컨대 식물규소체(특히 화본과나 사초과 식물처럼 외떡잎식물의 일정 부분에서 세포가 규소 덩어리로 변한다) 분석법으로는 서식지의 습도에 관한 정보를 얻을 수 있다. 습도가 높을 경우 규소화된 세포가 기다란 "사슬" 모양으로 형성되기 때문이다. 곡물 시료의 안정동위원소 분석법으로는 곡물 성장 환경의 일부 측면을 파악할 수 있다. 안정동위원소 수치를 분석해보면 수분 함량 같은 정보가 드러난다.

예컨대 밭두렁, 밭고랑, 무논 조성 같은 경작지 조성 형태가 말해주는 물질문화도 결정적 정보가 된다. 조성된 경작지 사례는 곡물과 잡초의 씨앗이 함께 출토된 사례보다 훨씬 적지만, 경작지의 일부만 발견되더라도 경작의 규모와 공간 구성을 알 수 있는 독보적 근거가 된다(04권 제15장 참조). 수확 도구나 경작 도구도 특정 농법과 농사의 "스타일"을 알려주는 정보가 될 수 있다. 이것 또한 문화적 정체성의 일부가 된다.

목축의 특성을 알 수 있는 동물성 자료를 살펴보자면, 동물 유물군(뼈와 치아)의 연령별·성별 구성을 통해 당시 목축인의 선택과 관리의 목표를 짐작할 수 있다. 곡물 생장 조건을 추론하는 방식과 마찬가지로 동물의 경우 또한 현대의 비교 연구와 동일과정론(지질학에서 말하는, 과거의 지질 현상이 오늘날의 지질 현상과 같다는 전제)적 가정에 근거를 두고 있다(제6장 참조). 동물 사육과 관련되는 또 다른 데이터로는 동물을 가두어 키운 자료가 있다. 예를 들면 어린 새끼들의 유치를 제거하거나 외양간을 건축한 흔적 같은 자료들이다. 같은 종의 야생 동물과 가축화된 동물의 크기나 유전자를 비교함으로써 이종 교배 여부를 조사할 수 있고, 이를 통해 동물 사육이 어느 정도로 철저하게 이루어졌는지 추론할 수 있다. 뼈에 함유된 콜라겐이나 치아의 법랑질을 가지고 안정동위원소 분석을 해보면 (사람은 물론) 동물에 관한 직접적 정보, 즉 무엇을 먹였는지, 가두어 키웠는지 풀어서 키웠는지 등을 알 수 있다.

공동체의 형태는 고고학적으로 밝혀진 집단 행동이나 정체성을 공유한 흔적들을 근거로 추론할 수 있다. 농경 작업은 그 자체로 "공동 작업"을 포함하고 있다. 경작을 위한 잡초 제거, 작물 재배, 수확물 처리, 소비 등이 모두 집단 작업과 관련되어 있다. 주거지 건물 및 그에 관련된 양상들, 그리고 점유지 퇴적층(발굴층)에는 당시 거주 집단의 다양한 활동들이 반영되어 있다. 거주 공간과 외부 공간의 관계를 분석해보면 이웃 간의 사회적 관계를 알 수 있다. 비거주용 건물들, 예컨대 담으로 둘러싸인 마당이나 "공공" 건물이 존재했다면, 이는 곧 가정 단위를 넘어서는 협력 관계가 있었다는 의미다. 물질문화의 측면에서 가정과 정착지(마을)의 유사성과 차이점을 살펴보면 공동 거주의 범위를 넘어서는 사회적 집단의 면모가 드러날 것이다. 장례 풍습은 고고학에서 사회적 관계를 파악할 수 있는 또 하나의 기회를 제공한다. 매장지가 거주 구역 안에 있는지 바깥에 있는지, 매장이 개인 단위로 이루어지는지 집단 단위로 이루어지는지, 시신의 처리/재처리는 어떻게 하는지 살펴본다. 음식 찌꺼기 및 음식 관련 물질문화(저장고, 화로와 난로, 구이용 구덩이, 가루를 만드는 도구, 토기)는 사회적 집단성을 유추할 수 있는 중요한 근거가 된다. 이를 통해 식습관과 공유(혹은 배제)의 형태 및 규모를 엿볼 수 있다. 예를 들어 토기 장식은 사회적 정체성과 공동체를 나타내는 수단으로 사용되었다. 이를 고생물학적 근거와 결합하면 재배 혹은 채집 식물과 사냥 혹은 사육 동물의 저장, 식품 처리, 소비를 연구할 수 있는 근거가 도출된다.[3] 성별 혹은 연령별 역할에 의거하는 집단 행동의 형태는 반복적 활동의 생물학적 지표(유골에 남겨진 흔적)나 성별·연령별로 나타나는 질병 및 식생활 등을 통해 직접적 분석이 가능하다. 또한 간접적 분석도 있는데, 매장 풍습이나 예술품 혹은 (연령별·성별) 활동과 관련된 유물의 공간적 분포 등 간접 증거를 통해 보는 것이다.

서아시아와 유럽

서아시아

20세기 중엽 이후 서아시아, 특히 레반트 지역(오늘날의 요르단, 이스라엘, 레바논, 시리아, 터키 남동부)은 초기 농업 중심지로 집중적인 연구의 대상이 되었다. 레반트 지역은 제한된 공간에 매우 다양한 지형과 생태 환경이 갖추어지고 생물 종의 다양성이 펼쳐져 있는 곳이다. 의도적으로 매장지를 조성한 세계 최초의 유적 가운데 일부도 이곳에 있다. 이 매장지는 약 10만 년 전 이곳으로 진출한 해부학적 현생인류(anatomical modern human)와 관련이 있다. 당시의 매장지뿐만 아니라 의도적으로

---

3 M. Pappa et al., 'Evidence for large-scale feasting at late Neolithic Makriyalos, N Greece', in P. Halstead and J. Barrett (eds.), *Food, Cuisine and Society in Prehistoric Greece* (Oxford: Oxbow, 2004), 16-44.

토지에 투자한 행위의 흔적이 몇 가지 더 남아 있다. 예를 들면 움직일 수 없을 만큼 거대한 간석기(ground stone, 갈판) 같은 유물이다. 이를 근거로 고고학에서는 자원이 풍부한 지역에 따라 정주적 생활 관습이 주기적으로 (재)출현했다고 주장하고 있다.[4] 고고학적 기록에 따르면, 서아시아의 최말기구석기(Epipaleolithic) 후기(c. 1만 3000~1만 cal BCE)는 빙하기가 끝난 뒤 기온이 급상승하고 강우량이 급증하던 뵐링-알레뢰드 간빙기와 시기적으로 겹친다(최말기구석기란 레반트 지역의 구석기와 신석기 사이 시기를 일컫는다. 아구석기 혹은 준구석기라고도 한다. 유럽의 중석기mesolithic와 같은 시기로, 때로는 두 용어가 혼용되기도 한다. - 옮긴이). 그렇다면 작물 재배나 동물 사육의 출현에 앞서 정주 생활이 "최정점"에 이르렀다고 볼 수 있다. 특히 연구가 충분히 이루어진 고고학적 복합 지대(complex)를 보면, 비교적 정주 생활을 하는 편인 레반트 남쪽의 수렵채집인 집단이 사용했던 것으로 보인다. 발굴된 유물들은 나투프 문화(Natufian culture)의 특성을 보여주고 있다. 나투프 문화는 1920년대에 도로시 개로드(Dorothy Garrod)가 와디 엔-나투프(Wadi en-Natuf)에서 처음 발굴한 이래로 붙여진 명칭이다. 후속 연구를 통해 밝혀진바, 비교적 자원이 풍부한 곳에 나투프 문화의 "베이스캠프(base camp)" 유적들이 있는데, 크기는 다양하지만 반쯤 묻힌 거대한 원기둥들이 늘어서 있는 것이 그 특징이었다. 나투프 문화인은 이러한 원기둥으로 둘러싸인 곳 안쪽이나 그 주변에 특정인을 매장했고, 때로는 공들인 무덤을 조성

---

4 O. Bar-Yosef, 'From sedentary foragers to village hierarchies: the emergence of social institutions', in W.G. Runciman (ed.), *The Origin of Human Social Institutions* (Oxford University Press, 2001), 1-38.

하기도 했다. 혹은 전용 무덤 공간(흔히 동굴)에 매장하기도 했다. 이들은 정착지에서 지속적으로 정주 생활을 했는데, 이는 쥐를 불러 모으기에 충분한 시간이었다. 나투프 문화 사람들은 식품을 가공하기 위해 간석기(갈돌)를 집중적으로 사용했다. 일부 간석기는 정성껏 조각이 되어 있었는데, 이로 보아 식사 준비와 손님맞이는 누군가에게 보여주어야 할 고귀한 행위였던 것 같다.[5] 예컨대 볏과 식물의 씨앗 등을 갈고 가루내는 일은 "질이 낮은" 음식을 만들 때 필요한 공정이었다. 씨앗 속의 먹을 수 있는 부위를 둘러싼 껍질을 벗겨내기 위해 상당한 노동력을 투자해야 했다. 수렵채집인은 다른 부위를 먹을 수 있는 식물(견과류나 뿌리식물)에 비해 이런 식물을 선호하지 않았다. 다른 식물들은 처리 공정이 더 간단하므로, 노동 시간 대비 단위당 얻을 수 있는 열량이 훨씬 더 높았다. 수렵채집인이 아주 가까운 주변에 널린 식량 자원을 전면적으로 활용할 수 있게 된 핵심적 계기는 바로 간석기 이용 기술이었다. 그들이 사냥한 동물들은 다양했지만, 대형 동물이라 하면 주로 가젤이었다. 서아시아의 다른 지역에서도 비슷한 경향의 유적이 발굴되었다. 앞에서 언급한 유적만큼 충분한 발굴 조사가 이루어지지는 못했지만, 그곳 사람들 또한 뵐링-알레뢰드 간빙기의 온난한 조건에서 정주 생활로 진입하는 큰 흐름 가운데 있었던 것만은 분명해 보인다.

영거드라이아스기(c.1만 1000~1만 cal BCE)가 시작되면서 춥고 건조한 날씨로 되돌아갔다. 이러한 환경 변화는 나투프 문화의 수렵채집인

---

5 K. Wright, 'The social origins of cooking and dining in early villages of Western Asia', *Proceedings of the Prehistoric Society*, 66 (2000), 89-121.

이 식물 채집에서 재배(파종, 관리, 수확)로 이행하는 결정적 계기가 되었다. 최근 식물고고학에서 그들이 섭취한 주요 식물들을 연구한 성과가 있는데, 그 결과에 따르면 이행의 핵심적 시기는 더 나중이었다. 즉 홀로세 초기 온화한 기후가 회복되고 나서야 재배로의 이행이 이루어졌다. 연구 대상 유적은 레반트에 있는 토기 이전 신석기 A시대(Pre-Pottery Neolithic A, PPNA, c. 1만~8500 cal BCE) 고고 유적 복합 지대였다.[6] 기원전 제10천년기 및 제9천년기 초기의 많은 유적에서 확인되는바, 계속해서 가젤 사냥을 주로 하면서 보조적으로 야생 곡물과 콩과 식물을 재배했던 흔적이 보인다.[7] 농경의 시작을 알리는 지표로는 재배한 식물에서 얻은 "곡물", 저장 시설의 흔적(창고에 침입한 쥐가 남긴 배설물 포함), 흙벽돌을 만드는 데 사용된 풍부한 야생 곡물 씨앗의 껍질 등이 있다. 레반트 지역 북쪽 끄트머리에 해당하는 유적에서 동물 관련 흔적을 조사한 연구가 있는데, 터키 동부의 할란 체미(Hallan Çemi)와 이라크 북부의 자위 체미 샤니다르(Zawi Chemi Shanidar) 유적이다. 연구 성과에 따르면, 사냥을 하던 수렵채집인 집단에서 새롭게 중점을 두게 된 동물은 야생종 양이었다. 그들은 주로 고기를 얻기 위해 (2~3세 연령의) 야생종 숫양을 사냥했고, 암컷과 어린 양은 보호했다.[8] 이처럼 기원전 제10천년기

---

6 S. Colledge and J. Conolly, 'Reassessing the evidence for the cultivation of wild crops during the Younger Dryas at Tell Abu Hureyra, Syria', *Environmental Archaeology*, 15 (2010), 124-38.
7 S. Colledge et al. (eds.), *The Origins and Spread of Domestic Animals in Southwest Asia and Europe* (Walnut Creek, CA: Left Coast Press, 2013).
8 M.A. Zeder, 'The origins of agriculture in the Near East', *Current Anthropology*, 52, Supplement 4 (2011), S221-35.

(cal) 반정주 공동체가 직면했던 문제를 해결하기 위해 농경과 "보존 위주의 사냥"이 도입되었음을 알 수 있다(04권 제8장 참조).

초기 농경은 어떤 양상이었을까? 중요한 단서는 야생 곡물의 "재배종화(domestication)"가 결코 빠른 시일 안에 이루어지지 않았다는 사실이다. 수확기의 이삭이 저절로 흩어지지 않고 식물에 붙어 있는 것이 재배종의 특징이다(야생종 곡물은 자연적으로 씨앗이 흩어지는 메커니즘이다). 반달돌칼을 가지고 야생 곡물 수확 실험을 해본 결과, 농업을 통해 재배종화가 가속화된 것으로 나타났다. 그러나 반대로 밭고랑이 야생종 종자를 보존하는 "은행" 역할을 하기도 했다. 야생종 곡물의 씨앗이 밭고랑에 떨어지면, 다음에 싹이 틀 때까지는 흙 속에 그대로 묻혀 있었다.[9] 한번 조성한 밭고랑을 오래도록 사용하는 관행이 있었던 데다 재배종 곡물은 완전히 익어서 씨앗이 흩어지기 전에 사람들이 수확해 가져갔으므로, 밭고랑 속에는 계속해서 야생종 곡물의 씨앗이 떨어져 추가되었다. 이러한 상황을 고려하면 농경지에서 야생종 곡물이 왜 그토록 끈질기게 살아남았는지 이해가 된다. 요르단강 하류 쪽에 있는 토기 이전 신석기 A시대(PPNA) 유적지 길갈(Gilgal) I에서 가마 유적이 발굴되었는데, 여기에서 재처리를 하지 않은 야생종 곡물이 바구니에 담긴 채로 발견되었다(그림 5-1).[10] 여기에 모아둔 곡물의 양이 적지 않았지만,

---

9 G.C. Hillman and M.S. Davies, 'Domestication rates in wild wheats and barley under primitive cultivation: preliminary results and archaeological implications of field measurements of selection coefficient', in P.C. Anderson (ed.), *Préhistoire de l'agriculture: nouvelles approches expérimentales et ethnographiques* (Paris: Éditions du Centre National de la Recherche Scientifique, 1992), 113-58.

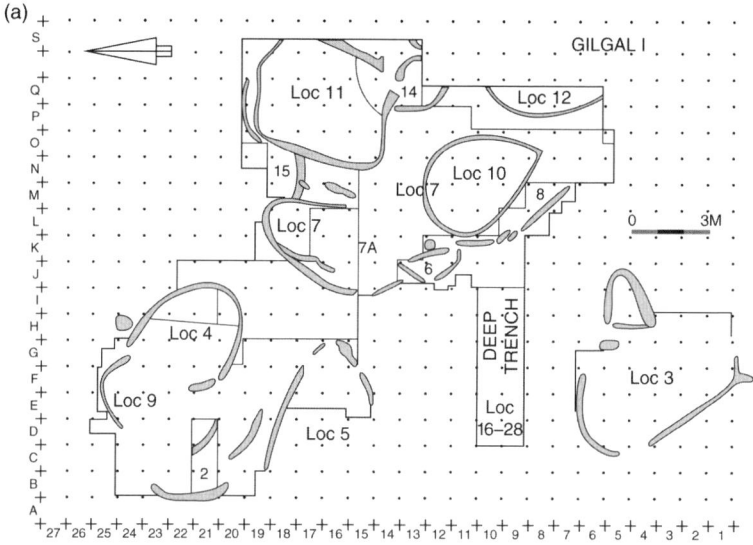

〔그림 5-1〕(a) 길갈 I 유적 전체 약도
요르단강 유역.

이후 시기와 비교하면 적은 양이었다. 그리고 다른 동식물로 만든 음식에 비해 식생활에서 곡물이 얼마나 중요했는지도 밝혀지지 않았다. 불에 탄 무화과도 남아 있었는데, 무성생식으로 번식한 재배종 무화과나무의 열매로 추정된다.

일년생 곡물을 재배하거나 과일 혹은 견과류 나무를 관리하게 되면서 토지와 그 생산물에 대한 소유 문제가 부각되었을 수밖에 없다. 또

10 O. Bar-Yosef et al. (eds.), *Gilgal: Early Neolithic Occupations in the Lower Jordan Valley: The Excavations of Tamar Noy* (Oxford: Oxbow, 2010).

(b)

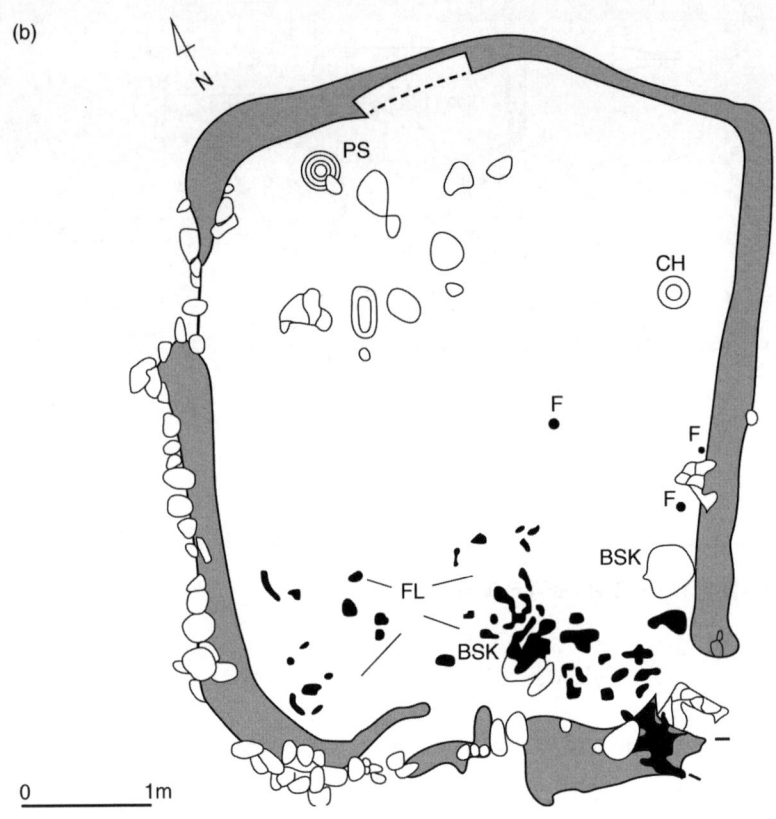

[그림 5-1] (b) 길갈 I 유적 11구역

이 구역에 있는 어떤 방 안 남동부에 부싯돌이 쌓여 있었다(FL). 그리고 석기가 분명한 도구들이 담긴 바구니 여러 개(BSK)가 있었고, 재처리하지 않은 야생 보리와 귀리가 바닥에 쏟아져 있었다. 바닥에 흩어져 있는 유물로는 인형(F), 기둥 자리(PS), 불에 탄 기둥 혹은 가로보(CH) 등이 있었다.

한 이와 관련된 사회적 지위도 중요한 문제였을 것이다. 생산력 통제를 위한 사회적 조정이 어떻게 이루어졌는지, 토기 이전 신석기 A시대(PPNA)의 물질문화를 보면 놀라운 사례들이 잇달아 확인된다. 레반트 지역 남부에서 토기 이전 신석기 A시대(PPNA)의 건축물들은 그 이전 나투프 문화와 비슷한 양식이었다. 원형 및 타원형 움막이 즐비했으며, 식품을 가공하는 도구의 배치는 유동적이었다. 주거지 내부에 있는 경우도 있었고, 주거지와 주거지 사이에 있는 경우도 있었다. 이러한 주거지는 이전 시기보다 더 넓었고, 건물의 지속 시간도 더 길었다. 또한 그곳에는 새로운 양식의 대형 건축물이 있었다. 그중에서 가장 유명한 것은 예리코(Jerico)에 있는 탑이다. 처음에는 방어 성벽의 일부인 줄 알았는데, 이후에 밝혀진 바로는 의례용 건물인 동시에 홍수 방지 시설이었다. 고유의 기능(들)이 무엇이든, 그 탑은 오늘날 토기 이전 신석기 A시대(PPNA)의 여러 대형 건축물 가운데 하나로 알려져 있으며, 공동체의 노력을 반영하고 있다. 최근에 요르단 남부의 와디 파이난(Wadi Faynan) 16구역에서 발굴된 거대한 건물도 같은 맥락에 속한다.[11] 그중에서도 가장 장관인 건축물은 터키 남부의 괴베클리 테페(Göbekli Tepe)에 있는, 돌로 울타리를 친 방이다. 거기에는 최고 5.5미터 높이의 거대한 T자 모양 돌기둥이 있으며, 그 표면에는 포유류, 조류, 곤충류 등 다양한 동물이 부조로 새겨져 있다(그림 5-2).[12] 분명한 것은 이러한 동물들이 지역 공동체의 토템이었다는 사실이다. 공동체별로 각각 돌 울타리 방을 건설하기 위해 몇 달 동안 함께 노동력을 투입했다. 아마도 주기적으로 남성

---

11 B. Finlayson et al., 'Architecture, sedentism, and social complexity at Pre-Pottery Neolithic A WF16, southern Jordan', *Proceedings of the National Academy of Sciences*, 108 (2011), 8183-8.
12 K. Schmidt, *Sie bauten die ersten Tempel: das rätselhafte Heiligtum der Steinzeitjäger: die archäologische Entdeckung am Göbekli Tepe* (Munich: C.H. Beck, 2006).

[그림 5-2] 괴베클리 테페 유적(터키 동남부)
(a) 주요 발굴 지역 항공 촬영 (b) 장식이 가장 화려한 기둥 중 하나인 D구역의 43번 기둥.

성년식을 하는 과정에서 매번 돌기둥을 가져다 세웠던 것 같다. 괴베클리 테페의 언덕 전체를 대상으로 지표 조사를 수행한 결과 20개의 방이 확인되었고, 그중 몇 개의 방에서 T자 모양의 기둥이 발견되었다.

 토기 이전 신석기 A시대(PPNA)의 공공 건축물은 공동체 전체의 단결과 협력을 강조하는 새로운 경향성을 가리킨다. 이러한 협력 관계는 다른 실용적 업무에서도 발현되었을 것이다. 예를 들면 농지를 조성하기 위해 잡초를 제거하거나 밭고랑을 만들거나, 혹은 거대 포유동물을 사냥하는 등의 일들이다. 특히 토지와 자원에 대한 권리를 두고 사회적 긴장이 높아지는 상황에서 이러한 건축물들은, 그 반대편의 축으로서 통합을 상징하는 기능을 담당했을 것이다. 이 장 첫 부분에 인용한 플래너리의 논의에서 말했듯, 농업 때문에 갈수록 이익 공유나 위험 감수가 집단(공동체)의 차원에서 소규모 동거 가족 차원으로 변해갔다. 토기 이전 신석기 A시대(PPNA)의 기념비적 건축물들은 집단 차원의 공유와 단결을 유지하고자 했던 엄청난 노력이다. 이러한 추론을 뒷받침하는 사례들이 또 있다. 레반트 북부와 남부에 있는 여러 유적지에서도 일반 가정생활이 아닌 특수 목적용 건축물들이 발견되었다. 예를 들면 공동체를 위한 "저장고"와 특수 목적용 건물 등이었다.[13]

현재까지 확인된바, 최초의 분명한 가축 사육 징후가 나타날 무렵에 농업은 이미 확고히 자리 잡고 있었다. (무의식적 선택에 의한 재배종화, 즉 수확기의 이삭이 저절로 흩어지지 않는 곡물 종의 변이가 일부 지역에서는 충분히 진행된 뒤였다.) 그때가 기원전 제9천년기(cal) 중·후반기, 즉 토기 이전 신석기 B시대(PPNB, c. 8500~6500 cal BCE) 초기였다. 초기 동물 사육과 관련된 학자들의 관심은 주로 유목 생활의 출현에 특히 중점을 두는 경향이 있다(이는 더 나중에 발전된 것이다). 서아시아에서 초기 목축이 농업 공동체에 의해 시작되었다는 것은 분명하게 밝혀진 바다. 토기 이전 신석기 B시대(PPNB)에 농업과 목축이 혼합된 "패키지" 농장이 오래도록 확고하게 자리 잡았다. (볏과와 사초과 식물, 기름 생산용 작물을 기본으로 점차 양, 염소, 돼지, 소 등이 추가되었다.) 이로써 탄력적 생

---

13 G. Willcox and D. Stordeur, 'Large-scale cereal processing before domestication during the tenth millennium cal BC in northern Syria', *Antiquity*, 86 (2012), 99-114.

존 체제가 마련되었다. 이러한 체제는 가정(동반 거주 집단) 단위의 출현을 촉진했다. 물론 이때도 공동체는 긴밀히 결속했지만, 그럼에도 불구하고 창고나 기본 저장 시설이 가정 안으로 들어와 위치했으며 소비 단위도 가족 위주로 변해갔다.

여러 자료를 종합해볼 때 이러한 초기 농업의 성격에 따라 당시의 농업 관행이 만들어졌고, 그러한 관행이 공동체 형성에 영향을 미쳤다. 토기 이전 신석기 B시대(PPNB)에는 잡초 품종에 변화가 있었다. 즉 이전보다 생존력이 더욱 강한 품종의 비중이 늘어났다. 이는 당시 경운과 잡초 제거 작업이 더욱 강화되었음을 의미한다(그래서 생존력이 더욱 강한 품종만 살아남았던 것이다).[14] 또한 이 시기에 작물의 생장 환경을 의도적으로 조성하는 작업 또한 증가했다. 재배되는 볏과와 사초과 식물 및 기름 생산용 작물의 종류가 다양화되었기 때문이다. 작물의 종류가 많았기 때문에 윤작도 가능했다. 윤작을 통해 병원균 생존 주기를 차단하고 농경지의 영양분을 더 오래도록 유지할 수 있었으며, 식용 단백질 공급도 유리해졌다. 동물 사육 문제도 살펴보자. 최근의 잔류 지방 성분 조사에 따르면, 우유와 유제품 소비는 토기 시대까지도 거슬러 올라간다(그러니까 토기보다 더 오래되었을 수도 있다).[15] 그러나 토기 이전 신석기 시대(PPN)에서 토기 이후 신석기 시대(Pottery

---

14 S. Colledge, 'Identifying pre-domestication cultivation using multivariate analysis', in A.B. Damania et al. (eds.), *The Origins of Agriculture and Crop Domestication: Proceedings of the Harlan Symposium* (Aleppo: International Center for Agricultural Research in the Dry Areas, 1998), 121-31.
15 R.P. Evershed et al., 'Earliest date for milk use in the Near East and southeastern Europe linked to cattle herding', *Nature*, 455 (2008), 528-31.

Neolithic, PN)를 거치는 동안, "고기의 유형" 선택 패턴이 비전문적이고 동물의 크기도 갈수록 작아졌다. 이로 보아 농업을 위주로 하면서 부가적으로 소규모 목축을 실시했던 것으로 추정된다.

토기 이전 신석기 B시대(PPNB) 레반트 지역의 농가에서는 농작업이나 가축 사육 못지않게 주택에도 많은 노동력을 투입했다(그림 5-3). 주택 건물은 석고로 자주 "회칠"을 해주었고, 꼼꼼한 청소와 공들인 장식도 등장했다. 주택 바닥 아래에 무덤을 조성하는 데에도 적지 않은 노동력이 "투자"되었다. 때로는 회칠 때문에 해골을 꺼내두었다가 다시 안치하기도 했다. 저장고와 다른 방들은 별다른 구분이 없었다. 대체로는 시간이 지날수록 실내 공간이 넓어졌고, 구획도 더 많아졌다. 농경 작업이 다양화되고 더욱 강화됨에 따라 가정은 점차 내부 용도로 많이 쓰이게 되었다. 주로 저장 용도나 음식 준비 및 식사 공간으로 사용되었다. 역설적이게도 토기 이전 신석기와 토기 이후 신석기를 거치면서 마을의 규모는 전례 없이 커졌다. 이후 금석병용 시대(Chalcolithic)의 도시가 발달하기 이전까지는 역대 최대 규모였다. 이러한 "거대 유적지"는 곧 가정 단위를 넘어서는 집단의 이익이 존재했음을 의미한다. 각 가정들 간의 경쟁이나 경쟁이 만들어낼 폐해를 미리 방지하고자 했던 것이다. 일부 공동체에서는 다양한 형태의 특수 건물을 보유하고 있었는데, 그중 가장 큰 것은 공동 의례의 집전을 위해 사용되었다.[16] 수확한 주식 작물(식물)을 각 가정별 창고에 저장하는 것은 공동체의 분열을 강화하는 관

---

16 G.O. Rollefson, 'The character of LPPNB social organization', in H.D. Bienert et al. (eds.), *Central Settlements in Neolithic Jordan* (Berlin: Ex oriente, 2004), 145-55.

[그림 5-3] MPPNB(토기 이전 신석기 B시대 중기) 주택 모형
텔 할룰라(Tell Halula, 시리아) 유적. 마룻바닥 아래에 시신을 묻었고, 창고 뒤에 방을 만들었다.

행이었다. 그리하여 이웃 간 혹은 공동체 전체의 축제에서는 공동 창고에 저장해둔 대형 동물의 고기를 내왔을 텐데, 아마도 집단의 분열을 완화하기 위해서였을 것이다.[17] 물질문화를 공유한다거나 흑요석 같은 가치 있는 물건을 교환하는 등 서로 간의 연결 고리를 넓혀 나간 흔적이 있다. 이는 당시의 "코이네(koine, 공통 언어)" 권역 안에서 일정한 상호작용이 있었음을 의미한다.

서아시아의 토기 이후 신석기 시대(PN) 유적지를 보면, 문화복합체의 지역화 및 상호 교류가 더욱 강화되었던 것 같다. 일단 주거지의 규모가 엄청나게 커졌다. 예컨대 레반트 남부 지역의 "원시-도시(proto-urban)" 유적 샤아르 하골란(Sha'ar Hagolan)은 면적이 20헥타르에 달한

17 K.C. Twiss, 'Transformations in an early agricultural society: feasting in the southern Levantine Pre-Pottery Neolithic', *Journal of Anthropological Archaeology*, 27 (2008), 418-42.

다. 이는 타바카트 알-부마(Tabaqat al-Buma) 같은 조그만 마을 유적과는 뚜렷이 대비되는 규모다.[18] 그러나 두 유적은 공통적으로, 경제적 다양성이 확대되고 동거 가정의 독립성이 강화되는 경향을 반영하고 있다. 샤아르 하골란의 마당을 공유하는 주택에는 몇 가구의 핵가족이 함께 살았던 것 같은데, 각 가정마다 자기만의 독립 구획이 있었다. 이 같은 "확장된 가족" 구성은 토기 이후 신석기 시대(PN) 및 금석병용 시대에 등장하기 시작했다. 이는 가정 경제의 다양화를 반영하는 것으로, 농경과 목축뿐만 아니라 당시 널리 유통되던 귀중품 토기 생산에 특화된 가정도 있었다. 규모가 크고 다양화된 이 같은 가정들이 출현했다는 사실은, 이후 끊임없이 지속될 가문 단위의 사회적 불평등이 드디어 시작되었음을 의미한다.

서아시아 초기 농업 사회에서 노동의 분화 및 성 역할의 분화는, 일부는 유골을 근거로 논의되었고 일부는 인형 같은 상징적 유물을 근거로 논의되었다. 초기 농업 유적인 시리아의 아부 후레이라(Abu Hureyra) 유적에서 여성이 곡물 재배 작업에 참여했을 가능성을 나타내는 증거가 발견되었다. 그러나 더욱 폭넓은 범위를 대상으로 인간의 건강과 질병을 조사해본 결과, 성별의 차이는 거의 없었으며 다 같이 최말기구석기 때보다 신석기 시대에 더 심한 노동을 한 것으로 밝혀졌다.[19] 토기 이전 신석기(PPN) 후기 및 토기 이후 신석기(PN) 초기의 유

---

18 Y. Garfinkel and M.A. Miller (eds.), *Sha'ar Hagolan 1: Neolithic Art in Context* (Oxford: Oxbow, 2002); E.B. Banning, 'Housing Neolithic farmers', *Near Eastern Archaeology*, 66 (2003), 4-21.
19 J. Peterson, *Sexual Revolutions, Gender and Labor at the Dawn of Agriculture*

물들로 보건대, 남성은 주로 사냥과 관련이 있었다. 이와 달리 바깥에 설치되어 있는 거대한 오븐이나 간석기(갈판)는 여성 집단 노동을 반영하는 유물이다. 특히 토기 이전 신석기 B시대(PPNB)에 등장하는 회칠한 두개골은 성인의 경우에만 한정된 것으로 보아, 성별보다는 나이와 관련이 있었다. 발굴 초기에 여성 인형은 여신 숭배 모계 사회의 증거로 해석되었으나, 시간이 지날수록 다른 식의 해석이 더 인정받고 있다. 초기 농업 사회에서는 여성, 남성, 남녀 양성의 이미지를 생산했는데, 이들 이미지가 강조한 의미는 여성성이나 출산 그 자체보다 장수, 건강(심지어 비만), 생존이었다.[20] 토기 이후 신석기(PN) 후기 복합 유적인 할라프(Halaf) 유적은 앉아 있는 모습의 여성 인형으로 특히 유명한데, 여기서도 확장된 가족 구조가 나타난다. 이는 일부다처제를 의미하며, 특히 확장된 가족의 생산성에 있어 여성 노동에 특별한 가치를 부여했을 가능성이 있다. 가정 내 활동이 점차 확장되고 다양해지면서 성별 및 연령별 역할 또한 특화되는 방향으로 나아갔다고 볼 수 있겠다.

유럽

유럽의 초기 농업 공동체는 작물 재배와 가축 사육의 "패키지" 구성이 완성된 상태에서 시작되었다. 다양한 문화적 전통을 막론하고 가정

(Walnut Creek, CA: AltaMira Press, 2002).
20 C. Nakamura and L. Meskell, 'Figurine worlds at Çatalhöyük', in I. Hodder (ed.), *Substantive Technologies at Çatalhöyük: Reports from the 2000-2008 Seasons* (Los Angeles: Cotsen Institute of Archaeology, University of California, 2013), 201-34.

은 음식을 저장하고 식사를 준비하는 공간으로 이해하는 강력한 전통이 자리 잡았다. 계절에 따라 기후의 변화 폭이 그리 크지 않은 유럽의 지중해 지역에서부터 농장 패키지가 개발된 서아시아에 이르기까지, 이러한 전통은 모두가 마찬가지였다. 크레타섬과 그리스 본토에서 농업이 시작된 때는 기원전 제7천년기 초기였고, 이베리아반도까지 전파된 때는 기원전 제6천년기(cal) 이전이었다. 기원전 제6천년기 동안 농업은 유럽 대륙의 내부로 전해졌고, 그 결과로 독특한 물질문화의 흐름이 등장했다. 특징적 유물은 선 모양이 새겨진 도기(그래서 선형토기 문화 또는 LBK 문화라 한다), 그리고 목재 기둥으로 만든 거대한 통나무집이다. LBK 문화에는 밀집된 "마을"에서부터 물길을 따라 느슨하게 연결되는 집단까지 다양한 공동체가 포함되어 있었다. 저장 시설의 직접적 증거는 없지만, 이 문화권에서는 곡물을 음식으로 먹기 전 최종 가공 과정을 거쳤는데, 아마도 가정 내에서 그 작업을 했던 것 같다. 그렇다면 각각의 통나무집에는 각자 생산한 물품을 저장할 공간이 포함되어 있었을 것이다.[21] 신석기 시대 중부 유럽에서 재배한 곡식의 종류는 남부 지역에 비해 더 적었다. 서리에 민감한 사초과 식물은 재배할 수 없었기 때문이다. 그래서 식물성 단백질 섭취가 줄었고, 동시에 동물성 식품을 많이 먹었던 것 같다. 특히 우유 관련 식품이 많았다. 최근의 유전자 연구에 따르면, LBK 문화 단계에서는 아직 락토오스 분해 효소가 등장하지 않았다고 한다. 그러나 중부 유럽 지역에서 우유 관련 식품, 이를테면 요구르트

---

21 A. Bogaard, *Plant Use and Crop Husbandry in an Early Neolithic Village: Vaihingen an der Enz, Baden-Württemberg* (Bonn: Habelt, 2012).

나 치즈 등 소화가 잘 되도록 가공한 식품을 먹으면서 그 효소가 생겨나기 시작했던 것 같다.[22] 알프스 산악 지대의 호숫가 정착지에서 신석기 후기(기원전 제5천년기 후기부터) 우유를 생산할 수 있는 동물을 선택적으로 길렀고, 토기 잔류물 검사에서 반추 동물의 유지방이 검출된 것으로 보아, 낙농업이 본격화되었음을 알 수 있다.[23]

호숫가의 유적지는 알프스 북부 산악 지대에 위치해 있다. 유적층이 호수 아래에 잠겨 있어서 많은 유기물들이 보존되었다. 이를 통해 유럽 신석기 시대 식생활의 뚜렷한 "스냅숏"을 얻을 수 있고, 그들의 사회생활도 엿볼 수 있다. 독일 남서부 보덴호(Bodensee) 서쪽 끄트머리의 호른슈타트-회른레(Hornstaad-Hörnle)는 기원전 3900년경(cal) 유적으로, 당시의 실생활을 엿볼 수 있는 분명한 사례를 제공하고 있다. 유적의 가운데 부분에는 주택 40채 이상이 몰려 있었다. 방 두 개짜리 주택 모두가 같은 방향을 향해 옹기종기 모여 있었는데, 화재 때문에 한꺼번에 파괴되었다. 유적에서는 건축 구조물뿐만 아니라 유물도 발견되었고, 곡물 이삭도 남아 있었다. 이삭은 줄기 윗부분을 바싹 잘라서 나중에 재처리를 하기 전에 먼저 다락방에 널어 말리는 중이었다(그림 5-4). 곡물과 섞

---

22 J. Burger et al., 'Absence of the lactase-persistence-associated allele in early Neolithic Europeans', *Proceedings of the National Academy of Sciences*, 104 (2007), 3736-41; M. Salque et al., 'Earliest evidence for cheese making in the sixth millennium BC in northern Europe', *Nature*, 493 (2013), 522-5.
23 J.E. Spangenberg et al., 'Direct evidence for the existence of dairying farms in prehistoric central Europe, 4th millennium BC', *Issues in Environmental and Health Studies*, 44 (2008), 189-200. A. Bogaard, *Neolithic Farming in Central Europe: An Archaeobotanical Study of Crop Husbandry Practices* (London: Routledge, 2004).

여 있는 잡초의 씨앗을 통해 추론해보건대 곡물 생산을 위해 경운이 잘 발달되어 있었던 것 같고, 노동 집약적 작업이 이루어졌던 것 같다. 신석기 시대 중부 유럽 전역으로부터 경작지에서 자란 잡초를 종합해본 결과, 당시에 "채소밭 같은" 경작이 이루어졌던 것으로 추정된다.[24] 도정한 곡물은 자작나무 껍질로 만든 조그만 상자에 보관되어 있었다. 탄화된 음식물을 분석해보니, 곡물은 거친 죽으로 만들어 먹거나 불에 구워 먹었던 것 같다. 호수 아래에 잠겨 있던 발굴층에서 인간의 시신도 나왔는데, 얼굴에 곡물의 껍질(왕겨)이 많이 붙어 있었다. 이로 보아 당시에 다양한 야생종 식물들을 먹었지만 주식 작물은 곡물이었던 것 같다. 집집마다 곡물이 저장되었던 점으로 보아 동거 가족이 소비의 기본 단위였던 것 같다. 유물들을 통해 볼 때 집집마다 하는 일은 비슷했던 것 같다. 밭을 갈거나 나무를 하거나 사냥을 하는 등의 일이었다. 그러므로 동거 가족은 또한 생산의 기본 단위였다고 볼 수 있겠다(그림 5-4). 집집마다 차이도 분명히 있었다. 예를 들어 어느 한 집에서는 다양한 곡물을 재배했고, 딜(dill, 지중해 원산의 향신료)을 기본적으로 사용했으며, 당시로서는 매우 희귀한 초기 청동기 유물 두 점을 소유하고 있었다. 최

---

24 U. Maier, 'Archäobotanische Untersuchungen in der neolithischen Ufersiedlung Hornstaad-Hörnle IA am Bodensee', in U. Maier and R. Vogt (eds.), *Siedlungsarchäologie in Alpenvorland*, vol. V I: *Botanische und pedologische Untersuchungen zur Ufersiedlung Hornstaad-Hörnle IA* (Stuttgart: Konrad Theiss, 2001), 9-384; Bogaard, *Neolithic Farming in Europe: an Archaeological Study of Husbandry Practices* (London: Routledge, 2004). B. Dieckmann et al., 'Hornstaad - zur inneren Dynamik einer jungneolithischen Dorfanlage am westlichen Bodensee', in A. Lippert et al. (eds.), *Mensch und Umwelt während des Neolithikums und der Frühbronzezeit in Mitteleuropa* (Rahden: Marie Leidorf, 2001), 29-51.

근에 보덴호에서 조금 나중 시기의 유적들이 발굴되었다(Ludwigshafen, Sipplingen). 그곳에서는 "문화생활 주택"이 발굴되었는데, 벽에는 여성 그림이 그려져 있었고 가슴 부위는 부조를 해서 붙여두었다. 그중 한 건물에서는 야생 소의 뿔과 두개골 파편이 나왔다.[25] 이 또한 여러 농가가 함께 어울려 거주한 사례로서, 공통의 의례 행위를 위한 특별 공간이 별도로 마련되어 있었던 것이다.

신석기 시대 유럽에서 금속 시대의 시작을 알리는 유물로, 화려한 발칸 지역의 금 세공품이 있다. 같은 시기 서아시아의 금속 처리 능력과는 비교할 수 없을 정도로 뛰어난 수준이었다. 초기 농업 공동체에서 사회적 지위에 관심을 갖기 시작했을 때, 금 세공품은 그에 걸맞은 이상적 매개체였다. 견인용 가축과 바퀴 달린 수레 그림에서도 사회적 지위에 대한 관심이 엿보인다. 알프스 지역의 바위 그림부터 동유럽과 중부 유럽에 짝을 지어 나란히 묻힌 소까지 모두가 같은 맥락이다. 동물을 소유한다는 것, 그리고 노동력 절감을 위해 동물을 사용한다는 것 자체가 소규모 사회에서는 중요한 신분의 기능을 했을 것이다. 가축을 도살해서 고기를 나누는 일 또한 사회적 권위를 부여하는 행위였다. 알프스의 호숫가에는 기원전 34세기의 정착지 유적(Arbon Bleiche 3, 알프스의 "아이스맨" 외치와 같은 시대, 외치가 발견된 외츠탈 알프스는 여기서 남동쪽으로 100킬로미터 떨어진 곳)이 있는데, 그곳의 주민들은 주택 외벽에 소와 염소의 대가리를 걸어두었다. 아마도 지난번의 잔치를 기념할 목적이었던

25 H. Schlichtherle, 'Kulthäuser in neolithischen Pfahlbausiedlungen des Bodensees', in A. Hafner et al. (eds.), *Die neue Sicht: Unterwasserarchäologie und Geschichtsbild*, Antiqua 40 (Basel: Archäologie Schweiz, 2006), 122-45.

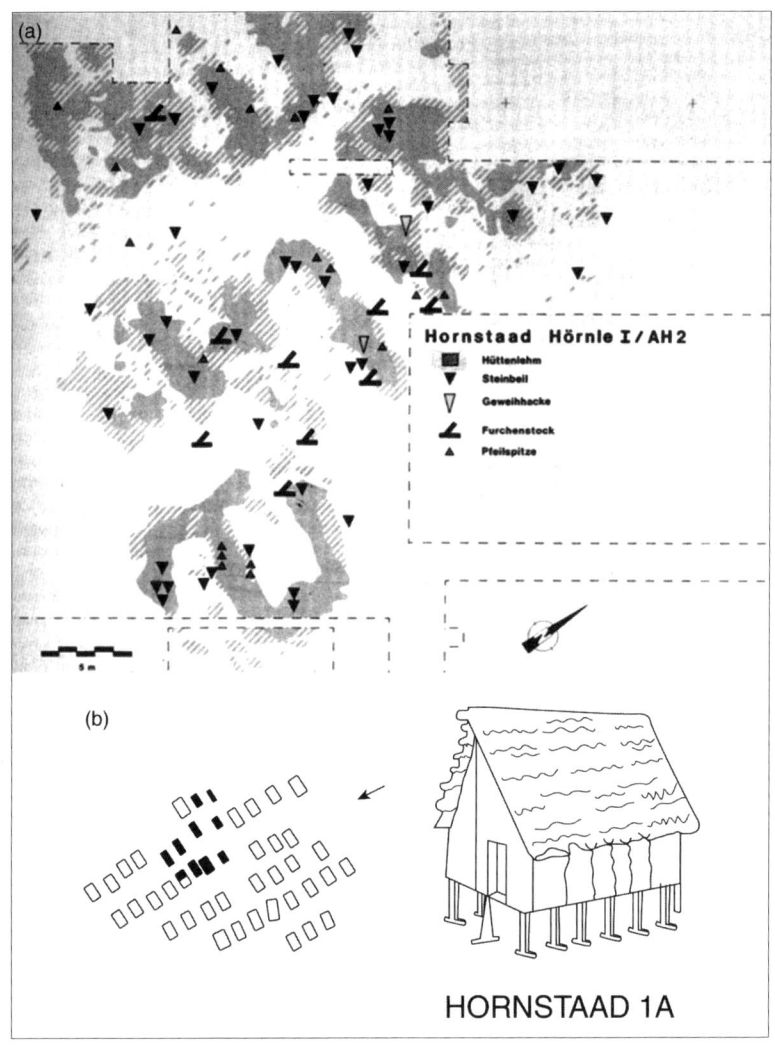

[그림 5-4] (a) 발굴지 약도와 유물 분포 (b) 전체 주거지 약도와 주택 모형
호른슈타트-회른레 유적(보덴호, 독일 남서부). (b) 약도에서 검은색 사각형은 벽에 회칠이 된 주택이다.

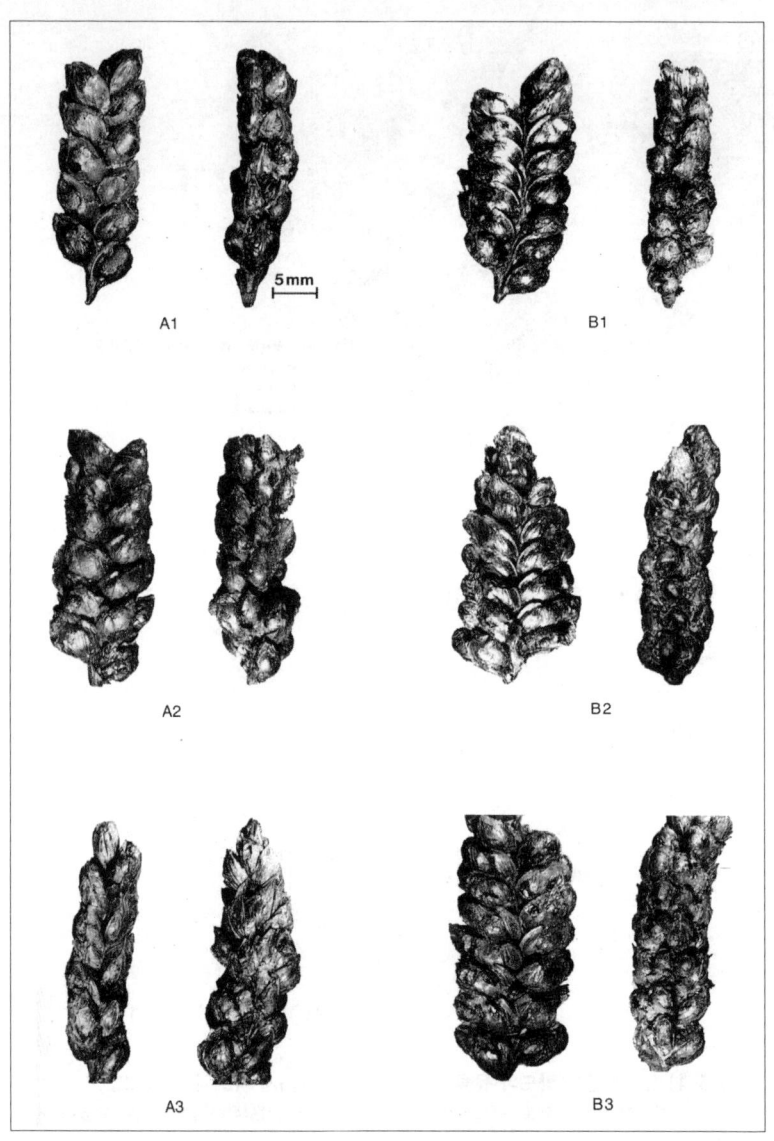

〔그림 5-4〕 (c) 주택 창고에서 발견된 탄화 곡물의 이삭
호른슈타트-회른레 유적(보덴호, 독일 남서부).

것으로 추정된다.[26] 영양 공급 측면에서 사냥은 여전히 중요한 활동이었다. 특히 기온이 내려가서 곡물 수확에 실패하는 경우가 많아졌을 때는 더더욱 그러했다.[27] 뿐만 아니라 사냥을 통해 얻은 고기는 다른 맥락에서 (아마도) 남성의 용기를 확인시켜주는 전리품이기도 했다.[28]

유골에서 특히 안정동위원소 분석법으로 식생활을 측정해본 결과, 유럽의 초기 농업 공동체에서 남성과 여성의 차이는 뚜렷하지 않았다. 대개는 남성의 고기 소비가 조금 더 많았는데, 아마도 남자들이 단체로 사냥을 나가는 일이 많았기 때문일 것이다.[29] 음식 준비를 여성이 담당한 흔적도 남아 있다. 독일 라인강 중류에 위치한 트레부르(Trebur) 무덤군은 기원전 제5천년기의 유적인데, 일부 여성들의 무덤에 곡물 가공 도구로 쓰인 안장 모양 맷돌이 함께 묻혀 있었다.[30] 예컨대 사냥처럼 가정 단위를 넘어서는 집단 활동은 아마도 성별에 따라 나뉘었을 것이다. 이외에 친족 집단이나 계보를 기준으로 집단이 만들어지기도 했다. 독일 남서부의 바이힝겐 안 데어 엔츠(Vaihingen an der Enz)에 있는 공동

26 S. Deschler-Erb et al., 'Bukranien in der jungsteinzeitlichen Siedlung Arbon-Bleiche 3: Status, Kult oder Zauber?', *Archäologie der Schweiz*, 25 (2002), 25-33.
27 J. Schibler and S. Jacomet, 'Short climatic fluctuations and their impact on human economies and societies: the potential of the Neolithic lake shore settlements in the Alpine foreland', *Environmental Archaeology*, 15 (2010), 173-82.
28 L. Bartosiewicz, 'Plain talk: animals, environment and culture in the Neolithic of the Carpathian basin and adjacent areas', in D. Bailey et al. (eds.), *(Un)settling the Neolithic* (Oxford: Oxbow, 2005), 51-63.
29 C. Dürrwächter et al., 'Beyond the grave: variability in Neolithic diets in southern Germany?', *Journal of Archaeological Science*, 33 (2006), 39-48.
30 H. Spatz, *Das mittelneolithische Gräberfeld von Trebur, Kreis Groß-Gerau*, vol. I (Textteil): *Materialhefte zur Vor-und Frühgeschichte von Hessen* (Wiesbaden: Selbstverlag des Landesamtes für Denkmalpflege Hessen, 1999).

주택 롱하우스(long house) 유적지는 기원전 제6천년기 후기부터 전해 내려오는 것인데, 마을을 둘러 환호(環濠)를 조성해두었다. 아마도 이웃 사람들끼리 구역을 나누어 작업을 했을 것이다. 이웃 집단은 교역을 통해 먼 지역에 있는 다른 집단과 연결되었다.[31]

마을을 둘러싼 환호(구조적 특성상 가끔 방어 시설로도 기능했다)도 그렇지만, 신석기 시대 유럽 전역에서는 이런 식의 "공동" 작업이 곳곳에서 이루어졌다. 방어 시설로는 영국의 도싯주 햄블던 힐에 있는 스테플턴 인클로저(Stepleton enclosure), 글로스터셔주에 있는 크리클리 힐 (Crickley Hill) 등이 있다. 둘 다 기원전 제4천년기(cal) 초기 유적들이다. 이런 방어 시설에 화살촉이 모여 있고 가끔 실제 인골도 발견되는 것으로 보아, 격렬한 전투가 벌어졌던 것 같다. 초기 농업 공동체들 간의 목숨을 건 투쟁 사례는 또 있다. LBK 문화 시기 유적으로 독일 남서부 탈하임(Talheim)에서 30여 명의 남성, 여성, 아이가 매장된 "대량 학살 무덤"이 발견되었다. 아마도 경쟁 부락에서 쳐들어와서 그 마을의 주민 모두를 한꺼번에 살해했던 것 같다.[32] 집단 분쟁의 사례 중에는 소를 훔치거나 신부를 도둑질하는 경우도 있었다.

유물이 이동한 근거가 풍부하게 나타나는 것으로 보아, 더 큰 권역에

---

31 A. Bogaard et al., 'Towards a social geography of cultivation and plant use in an early farming community: Vaihingen an der Enz, south-west Germany', *Antiquity*, 85 (2011), 395-416.
32 J. Wahl and H.G. König, 'Anthropologisch-traumatologische Untersuchungen des menschlichen Skelettreste aus dem bandkeramischen Massengrab bei Talheim, Kreis Heilbronn', *Fundberichte aus Baden-Württemberg*, 12 (1987), 65-193.

서 사회적 교류가 활발했음을 알 수 있다. 돌도끼 같은 유물은 수백 내지 수천 킬로미터까지 이동한 경우도 있었다. 알프스에서 발견된 녹색 경옥(硬玉, jadeitite) 도끼는 서유럽 전역에서 널리 유통된 물품이었다. 이러한 거래 관계에서 한 개인의 접촉 범위는 그리 넓지 않았을 수 있다. 그러나 경우에 따라 광범위한 지역에서 사람들이 모인 흔적은 남아 있다. 기원전 제6천년기 말기의 유적으로 그리스 테살로니키 근처 마크리얄로스(Makriyalos) 유적은 마을 둘레를 판 환호(環濠)였다. 그곳의 커다란 구덩이에서 동물 수백 마리의 뼈와 접시 및 컵이 발견되었다. 이로 보아 여러 마을이 공동으로 참여하는 광범위한 지역 "공동체"의 대규모 축제가 열렸던 것 같다.[33]

신석기 시대 유물 가운데 서유럽 대서양 연안을 따라 있는 무덤 유적은 자못 충격적이다. 무덤을 조성한 재료는 바위, 작은 돌, 흙, 목재 등 다양했다. 그곳은 수십 명에서 수백 명까지의 유골을 모아두는 납골당이었다(그림 5-5). 그중 일부는 수백 년 동안 (재)사용되었다. 그러나 처음 건축된 시기는 대체로 기원전 제4천년기(cal)에 집중되어 있다. 이때는 식물 재배와 가축 사육이 혼합된 농장 패키지가 도입될 무렵이었다. 이는 훨씬 예전에 서아시아의 괴베클리 테페에서 건설된 건축물을 떠올리게 한다. 이처럼 특별한 건물은 "공동체"의 정체성을 강조하고 또한 진작하고자 하는 의도를 내포하는데, 소규모 집약 농업으로 인한 사회적 긴장을 어느 정도 반영하기도 한다. 농경을 위한 제초 작업, 농경지

---

33 M. Pappa et al., 'Evidence for large-scale feasting at late Neolithic Makriyalos, N. Greece', in P. Halstead and J. Barrett (eds.), *Food, Cuisine and Society in Prehistoric Greece* (Oxford: Oxbow, 2004), 16-44.

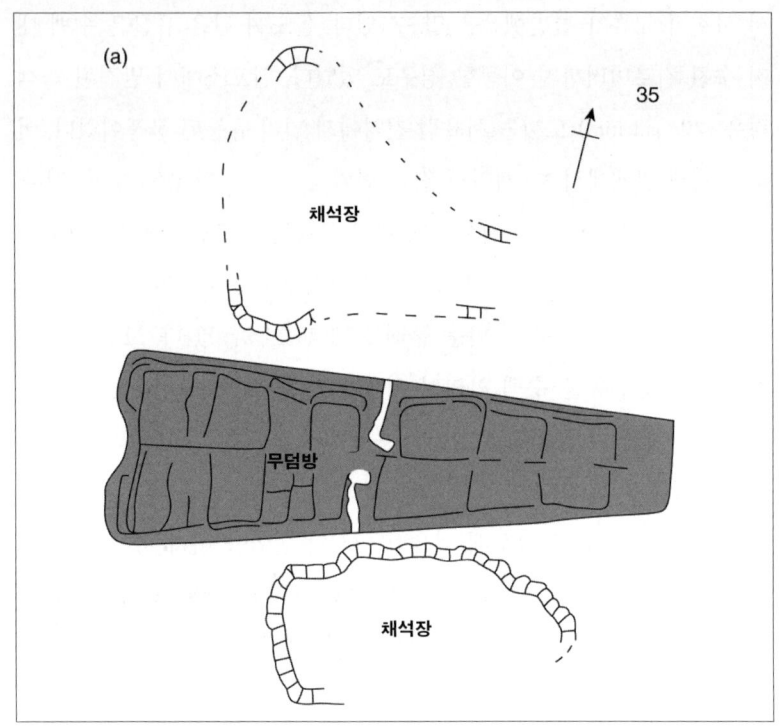

[그림 5-5] (a) 공동 매장지(cairn) 유적 평면도
헤이즐톤 노스, 영국 글로스터셔주.

조성, 울타리 조성, 목축 혹은 사육 동물의 보호를 위한 협력, 여러 세대를 통합하기 위한 세대 간의 의무 등 집단적으로 노력을 기울여야 할 일들의 중요성을 반영하는 것 같다.

　더 넓은 관점에서 신석기 시대 유럽 전역에 걸쳐 사회적 집단과 범주의 특성이 어떠했는지를 엿볼 수 있는 핵심 열쇠는 바로 인간의 신체다. 인간의 신체를 어떻게 처리했으며, 그것이 무엇을 나타내는지를 알

〔그림 5-5〕(b) 공동 매장지 유적 남쪽 방에서 발견된 해체된 인골

아 보아야 한다. 예컨대 에게 문명에서 발견된 인형을 보면, 신석기 시대 초기부터 문신 등으로 여성의 신체를 장식했다. 이후에는 화려한 옷이나 보석 착용 등으로 물질적 부를 표현했다. 여성 인형은 때로 성적 속성을 강조하는 자세를 취하고 있는 반면, 남성 인형은 의자에 앉아 있다.[34] 서아시아의 인형들은 성별이 확인되지 않는 성인을 나타내는 경우

가 많다. 이는 그 사회에서의 역할이 성별보다 연령에 따라 나뉘었음을 의미한다. 성인을 강조하는 것은 일부 지역에서 장례 절차와 분명한 연관이 있다. 예컨대 신석기 시대 그리스에서 성인의 유골은 해체되지 않은 채로 발굴되는 경우가 많은 반면, 더 어린 사람들의 유골은 해체된 채로 발굴되는 경우가 많다. 그들에게 "조상들의 공동체"에 들어갈 자격을 갖추려면 충분히 나이를 먹어야 한다는 믿음이 있었던 것이다.[35] 집약적 농경과 목축을 했던 이들 사회에서는 노동력의 한계 때문에 생산력에 제한이 있었을 것이다. 그런 사회에서 완벽한 "인격"이란 경제적 능력과 관련이 있을 수밖에 없었다(04권 제22장 참조).

동아시아: 중국과 한국

중국

중국에서 주요 곡물(쌀과 기장)이 어떻게 재배되었는가에 관해서 이제 많은 연구 성과가 쌓였다. 또한 돼지와 물소의 사육이 어떻게 시작되었는지, 그것이 복합 영농 체제 형성에 어떻게 기여했는지에 대한 이해도 날로 증진되고 있다. 초기 농업의 핵심 지역인 황하강 유역(기장 재배)과 남쪽의 양자강 유역(수도작 논벼 재배)을 조사해본 결과, 큰 틀

---

[34] M. Mina, '"Figurin" out Cretan Neolithic society: anthropomorphic figurines, symbolism and gender dialectics', in V. Isaakidou and P. Tomkins (eds.), *Escaping the Labyrinth: The Cretan Neolithic in Context* (Oxford: Oxbow, 2008), 115-35, 136-54.

[35] S. Triantaphyllou, 'Living with the dead: a re-consideration of mortuary practices in the Greek Neolithic', in Isaakidou and Tomkins (eds.), *Escaping the Labyrinth*, 136-54.

에서는 서아시아나 유럽의 농업과 다를 바가 없었지만, 물론 차이점도 있었다.

초기 농경의 시작 및 공동체에 미친 영향을 살펴보기 위해서 가장 좋은 출발점은, 기원전 제7천년기 후기에서 제6천년기(cal)에 이르는 배리강(裴李崗, 페이리강) 문화 유적이다. 중국 북부 지역 황하 중류 황토 고원에는 이 문화에 속하는 70곳 이상의 유적지가 알려져 있다.[36] 조(foxtail millet)와 기장(broomcorn millet)을 재배한 사람들은 면적 1~2헥타르의 마을에 모여 살았다. 주택은 크기가 (지름 2~3미터로) 작은 원형이나 조금 더 큰 사각 구조의 움막이었고, 구덩이나 토기에 곡물을 저장했다. 돼지, 개, 닭을 사육했으며, 다양한 야생 식물을 채집했고, 동물을 사냥하기도 했다. 죽은 사람은 동네에서 떨어진 묘지에 묻었다. 오래도록 땅을 묵힌 뒤 불을 질러서 경작지를 조성하는 방식이 황하강 유역이나 양자강 유역의 초기 농업에서 공통적으로 사용되었다. 유럽의 초기 농업에서도 많이 사용된 방식이었지만, 그 방식이 환경에 미치는 영향은 좋을 수가 없었다.[37] 일반 가정에서도 작은 갈돌을 가지고 기장 알곡에서 껍질을 제거할 수 있었다. 이를 삶고 끓이는 도구는 동아시아 요리 전통의 시작을 알려주는 유물들이다. 동아시아 특유의 요리는 빵을 중

---

36 A.P.Underhill, 'Current issues in ChineseNeolithic archaeology', *Journal of World Prehistory*, 11 (1997), 103-60; A. Zhimin, 'Prehistoric agriculture in China', in D.R. Harris and G.C. Hillman (eds.), *Foraging and Farming: The Evolution of Plant Exploitation* (London: Unwin Hyman, 1989), 643-9; K.-C. Chang, *The Archaeology of Ancient China* (New Haven, CT: Yale University Press, 1986).

37 G. Barker, *The Agricultural Revolution in Prehistory: Why did Foragers Become Farmers?* (Oxford University Press, 2006).

심으로 하는 서아시아 요리와 뚜렷이 구별되었다.[38] 안정동위원소 분석 결과, 기장은 중국 북부에서 기원전 제6천년기(cal) 중엽부터 사람과 가축의 주요 식생활에 사용된 것으로 밝혀졌다.[39]

배리강 문화의 주거용 건물 패턴을 보면 "공동체 구성"과 "개별 주택"이 결합된 양상이다(즉 개별 주택은 소가족 단위로 나뉘어 있지만, 집들이 서로 멀리 떨어져 있지 않고 밀집 배열되어 공동체를 구성하고 있다. – 옮긴이). 이와 같은 배열은 급격했던 당시의 시대적 변화를 반영하는 것이다. 당시는 농업의 결과에 따른 위험과 보상이 소규모 동거 가족 중심으로 변해가던 시기였다. 최근 연구 성과에 따르면 중국 북부 지역에서는 이동식 수렵채집 경제에서 기장 농업 경제로 넘어가는 기간이 비교적 짧았다고 한다. 이는 아마도 인구 밀도 때문일 것이다. 즉 인구가 많지 않아서 소규모 공동체 단위로 생활하던 당시 중국 북부의 수렵채집인 입장에서는 공유 개념에서 개별 가족 단위의 저장 개념으로 넘어가는 것이 그리 어렵지 않았을 것이다.[40]

초기 벼농사는 양자강 중류와 하류 지역에서 거의 비슷한 시기에 시작된 것으로 보인다. 레반트 지역의 토기 이전 신석기 A시대(PPNA)와

---

38 D.Q. Fuller and M. Rowlands, 'Ingestion and food technologies: maintaining differences over the long-terminWest, South and East Asia', in T.C.Wilkinson et al. (eds.), *Interweaving Worlds: Systemic Interactions in Eurasia, 7th to the 1st Millennia BC* (Oxford: Oxbow, 2011), 37-60.
39 P. Atahan et al., 'Early Neolithic diets at Baijia, Wei River valley, China: stable carbon and nitrogen isotope analysis of human and faunal remains', *Journal of Archaeological Science*, 38 (2011), 2811-17.
40 R.L. Bettinger et al., 'The origins of food production in North China: a different kind of agricultural revolution', *Evolutionary Anthropology*, 19 (2010), 9-21.

마찬가지로, 재배종이 출현하기 오래전부터 경작이 이루어진 사실이 분명히 확인되었다.[41] 재배종이 확립된 시기는 기원전 제5천년기 초기였다. 양자강 하류와 해안 습지에 걸쳐 있는 하모도(河姆渡, 허무두) 문화 유적지를 통해, 당시 농업에는 돼지와 아마도 물소 사육이 포함되었으며 사냥, 어로, 새 사냥, 채집 등 다양한 활동을 겸했음을 알 수 있다. 물소 견갑골은 분명 나무로 만든 손잡이에 끼워 사용한 것 같은데, 밭을 가는 괭이로 쓰였을 것이다. 이곳의 복합 영농은 쌀농사가 중심이었다. 넓게 보아 농업이 초래한 사회적 결과는 앞에서 언급한 서아시아나 유럽과 비슷했다. 생산과 소비의 단위가 가정 중심으로 바뀌었고, 나중에는 가정 경제가 독립적으로 이루어졌다. 최초의 논 유적(기원전 제5천년기 후기)은 양자강 하류에서 발견되었다. 주택을 중심으로 고랑이 펼쳐져 있었는데, 집에서도 물 높이를 정확히 지켜볼 수 있는 구조였다(그림 5-6). 이 지역의 벼농사는 한국, 일본, 동남아시아로 확산되었는데, 관건은 노동력 동원과 유지였다. 기원전 제4천년기에 더 큰 규모의 계단식 논이 만들어졌다. 계단식 논을 조성하려면 가정 단위를 넘어서는 노동력을 동원해야 했고, 모여서 일을 할 때에는 아마도 돼지를 잡아 회식을 했을 것이다.[42]

중국의 여러 곳에서 농업 집약적 농가들이 등장했던 흔적이 발견되

---

41 D.Q. Fuller et al., 'Presumed domestication? Evidence for wild rice cultivation and domestication in the fifth millennium BC of the lower Yangtze region', *Antiquity*, 81 (2007), 316-31.
42 D.Q. Fuller and L. Qin, 'Water management and labour in the origins and dispersal of Asian rice', *World Archaeology*, 41 (2002), 88-111.

[그림 5-6] 작돈(綽墩)의 초기 논 유적
중국 양자강 하류. (a) 약도 (b) 논과 운하가 연결되는 부분.

었을 뿐만 아니라 공동체 관련 증거들도 있었다. 공동체 단위로 공동 작업을 했고, 또한 공동의 정체성을 가지고 있었음을 짐작케 하는 놀라운 자료들이었다. 양자강 중류 지역의 팔십당(八十壋, 바스당) 유적에서 발견된 토성을 쌓은 흔적은 그 시기가 기원전 제7천년기까지 거슬러 올라간다. 이곳에서는 아마도 야생종 벼를 재배했던 것 같다. 한편 기원전 제6천년기(cal)에 이르면 황하강 유역에서는 환호(環濠)를 파고 목책을 두른 마을들이 곳곳에 널리 산재해 있었다.

한국

한반도 지역에서 곡물 농사가 처음 시작된 때는 기원전 3500년경(cal)으로 확인되며, 빗살무늬토기 시대(c. 5500~2000 cal BCE) 중엽쯤에 해당한다. 바닥이 뾰족한 토기와 반쯤 지하로 파고 들어간 원형 움막이 이 시기의 특징이었다. 당시에는 기장이나 콩과 식물 등을 재배하는 밭농사와 더불어 수렵채집 활동도 활발하게 이루어지고 있었다. 도토리를 채집하고, 물고기를 잡고, 사냥도 했다.[43] 처음에는 수렵채집 활동의 보조 수단으로서 농경이 시작된 것으로 보인다. 식물고고학 연구에 따르면, 이후 민무늬토기 시대(c. 2000~500 BCE)에 이르러 수도작 벼농사는 이미 확립되고 밭농사도 계속되고 있었다. 동물 사육과 관련해서는 아직 밝혀진 것이 매우 드물다. 민무늬토기 시대 후기와 그 뒤의 삼국 시대에는 수도작 벼농사에 물소를 이용했을 수도 있다. 돼지 사육은 빗살

43 S.M. Nelson, *Korean Social Archaeology: Early Villages* (Seoul: Jimoondang, 2004); G.-A. Lee, 'The transition from foraging to farming in prehistoric Korea', *Current Anthropology*, 52, Supplement 4 (2011), S307-29.

무늬토기 시대부터 보고된 바가 있다. 그러나 확실한 증거로 보자면, 가장 시기가 앞서는 자료는 기원후의 것이다. 남아 있는 경작지 유적을 통해 민무늬토기 시대 후기의 실제 농업 풍경이 어떠했는지를 엿볼 수 있다. 한국 남부에 있는 진주의 남강 유역에 이랑과 고랑이 팬 (논이 아닌) "밭" 유적이 남아 있다. 당시 1.8헥타르에 달하는 지역을 쟁기로 갈아서 밭을 조성했던 것 같다. 민무늬토기 시대의 주거지와 화덕 자리 근처에 남아 있는 곡물도 발굴되었다. 기장류(millet), 콩류, 보리, 밀 등이었다 (그림 5-7).[44] 최초의 무논 유적 또한 민무늬토기 시대의 것이다. 기원전 제2천년기 내지 제1천년기 한반도 지역에서는 밭농사와 벼농사 모두 본격적으로 이루어졌던 것 같다.

주거지 형태는 사회적 변화를 반영하고 있다. 빗살무늬토기 시대에서 민무늬토기 시대를 거치는 동안, 식량 확보 전략은 정주형 수렵채집 단계에서 본격적인 농업 단계로 변해갔다. 한반도 중부에 있는 한강 유역을 따라 발굴이 진행되었는데, 그 일환으로 주거지 형태 변화에 대해서도 방대한 조사가 이루어졌다. 암사동에서 발굴된 빗살무늬토기 시대 초기의 주거지는 원형 움막이었다. 움막 가운데에는 사각형 화덕 자리가 있었고, 화덕 둘레는 강자갈을 채웠다. 움막의 크기는 지름 3~6미터였고, 나무로 기둥을 세운 뒤 건초로 지붕을 덮었다. 암사동 움막은 서로 밀집하여 배치되어 있었다. 이들이 집 밖에서 하던 일이 아마도 그 근처에서 이루어졌던 것 같다. 외부에 저장고용 움막도 있었고, 그 안에는 커

---

44 G.W. Crawford and G.-A. Lee, 'Agricultural origins in Korea', *Antiquity*, 77 (2003), 87-95.

[그림 5-7] (a) 한국의 밭과 주거지 유적
경남 진주시 평거동, 빗살무늬토기 시대.

〔그림 5-7〕 (b) 밭 구역과 주거지 · 화덕 · 움막 위치 평면도
경남 진주시 대평리, 민무늬토기 시대.

다란 저장 용기가 가득 들어 있었다. 이로 보아 가정 단위를 넘어서는 공용 창고가 존재했던 것 같다.

민무늬토기 시대 후기의 주거지는 주로 언덕에 위치해 있었다. 강가의 평지는 아마도 농경지로 활용되었던 것 같다. 이 시기의 주거지는 빗살무늬토기 시대에 비해 규모가 커졌고, 원형에서 사각형까지 형태도 다양했다. 어떤 집에는 화덕 자리가 여러 개 있었는데, 아마도 대가족이 생활했던 것 같다. 주거지 구역에서 공용 저장고도 확인되었다. 한강 유역의 경기도 여주 흔암리 산기슭 구릉 지대에 사각형 주거지 유적이 산재하는데, 수 세기 동안 주거지로 유지되었던 곳이다. 집안 창고에서는 그물추, 발사체 무기의 촉, 곤봉 모양 돌도끼, 가락바퀴, 자귀, 반달돌칼,

[그림 5-8] 고인돌 구역
경기도 내가면 오상리.

석검 등이 발견되었다. 집 안에서 나온 식물고고학 샘플로는 보리, 조(foxtail millet), 쌀 등이 있었다.

한국에서 벼농사가 본격화된 시기는 금속기 사용 및 견인 동물(우경牛耕)과 관련이 있다. 이 모든 요소가 한꺼번에 "패키지"로 도입된 시기가 민무늬토기 시대인데, 이 무렵 한반도 전역에 고인돌(거석 무덤)이 확산되었다. 이는 유라시아 대륙의 반대편에서 매장지의 거석 기념물이 확산되던 것과 비교되는 현상이다(그림 5-8). 서유럽에서 발달한 집단 무덤과 달리 한반도의 고인돌에는 한 사람만 묻혔다. 이는 당시 갈수록 강화되던 사회적 불평등과 관련이 있는 것으로 해석되고 있다. 고인돌은 흔히 한 지역에 몰려 있는데, 이는 인근 공동체에서 특별한 존재로 간주되던 집단(계층)이 존재했음을 의미한다. 주거지 규모가 클수록 고인돌 구역의 규모도 커지는 경향이 있었다. 본격 농업인에게 고인돌은 분명 영역 표시 기능이 있었던 것으로 보인다. 그러나 실제 기능은 그뿐만이 아니었다. 정기적 제사 의례의 중심이기도 했고, 살아 있는 사람들의 사회성을 조율하는 역할도 했을 것이다.

메소아메리카와 미국 남서부

메소아메리카

멕시코 고원 지대를 조사한 결과, 마을이 형성되기 전 이미 작물 재배가 시작된 것으로 밝혀졌다. 채집 활동과 더불어 수천 년 동안 작물 재배 관행이 이어져왔다. 옥수수와 콩을 비롯한 곡물, 호박 등의 작물이 재배되었다.[45] 서아시아나 동아시아와 마찬가지로, 아메리카에서도 수렵채집 활동을 하는 가운데 서서히 농업이 자리 잡아가는 매우 긴 시간이 있었다(04권 제20장 참조).

마을 단위의 정주 생활이 출현한 때는 기원전 제2천년기(cal), 즉 형성기(formative period, 아메리카 대륙의 독특한 시대구분 중 하나로, 고전 시대 이전 토기 생산 이후를 가리킨다. ─옮긴이)였다. 마을 형성은 당시 옥수수 농사의 비중이 커지던 상황과 관련이 있었다. 마을 유적이 발견된 곳

---

45 E.M. de Tapia, 'The origins of agriculture in Mesoamerica and Central America', in C.W. Cowan and P.J. Watson (eds.), *The Origins of Agriculture: An International Perspective* (Washington, DC: Smithsonian Institution Press, 1992), 143-71.

으로, 오악사카 계곡에 있는 티에라스 라르가스(Tierras Largas) 유적과 산 호세 모고테(San José Mogote) 유적이 있다. 마을에는 개별 창고가 포함된 사각형 주거지들이 있었는데, 플래너리가 언급한 PPNB 유형(서아시아 레반트 지역의 토기 이전 신석기 B시대 마을 유형)과 같았다. 이곳을 비롯하여 다른 형성기 유적에도 "주거지 구역"이 있었다. 와텔(wattel) 오두막(나뭇가지로 만든 벽체의 뼈대를 와텔이라 하는데, 와텔을 세우고 진흙을 발라 만든 오두막이 와텔 오두막이다. – 옮긴이), 오븐, 화덕 자리, 지상 및 지하 창고 등으로 구성된 주거지 구역의 면적은 300제곱미터가 넘었다. 이 마을은 PPNB 마을에 비해 공간 배치가 더 느슨한 편이었다. 공간 구성으로 보자면 오히려 신석기 시대 유럽이나 동아시아의 마을들과 비슷한 편이었다. 때로는 마당을 공유하는 거주지들도 있었다. 활동 공간을 가운데 두고 그 주변으로 오두막을 건설했던 것이다. 이들은 가까운 이웃 혹은 친족끼리 공간을 공유함으로써 위험을 함께 막아내려 했던 것으로 보인다. 이 같은 대가족 거주 구조는 형성기 후기로 가면서 더욱 발달하는 경향을 보였다.

최근 식물고고학에서 형성기 메소아메리카의 평야 지대를 조사한 결과, 농업 관행에 따라 주거지나 마을의 형태가 어떻게 달라졌는지를 엿볼 수 있었다. 멕시코만 해안에 있는 라 호야(La Joya) 유적 및 베주아판(Bezuapan) 유적에서 발굴한 탄화 식물을 분석해보았더니, 형성기 동안 옥수수 농업이 점차 강화된 것으로 밝혀졌다. 또한 화산재에 덮여 보존된 형성기 말기의 밭고랑은 농업 본격화의 직접적 증거였다.[46] 이들

---

46 A.M. VanDerwarker, 'Field cultivation and tree management in tropical

은 밭을 조성하여 작물을 재배했고, 그 주변에서 수목 재배를 병행했다. 밭과 과수원이 조성되자 특정 농가 혹은 집단의 영구적 "자산"이 증가했고, 생산력과 부의 차등이 생겨날 조건이 만들어졌다. 결국 나중에 올멕(Olmec) 문화 유적지에서는 부자들의 무덤, 기념비적 건축물, 상징적 도상(圖像, iconography) 등을 통해 극심한 불평등이 표출되었다.

메소아메리카 농업의 초기 단계에서 몇 가지 다른 차원의 "공동체"가 형성되었다. 주거지를 공동으로 사용하는 정도부터 마당을 공유하는 공동체 혹은 마을 단위 전체의 공동체까지 수준은 다양했다. 마을 차원의 단결을 유지하기 위해 특별한 "공공" 건물이 건축되었다. 이런 용도의 건물은 형성기 초기부터 확인이 된다. 산 호세 모고테 유적이 대표적 사례였다. 같은 시기의 주거지와는 다른 방향으로 배열된 건물들이 있었는데, 깨트린 돌 조각으로 기초를 다지고 바닥과 벽면에는 회칠을 했다(그림 5-9). 이런 건물들의 기능은 알 수 없지만, 아마도 공동체의 결속을 다지는 의례를 거행하는 장소였을 것으로 추정된다. 이후 시대에도 비슷한 사례들이 있었다. 회칠을 하기 위해 준비된 횟가루가 건물 중앙의 구덩이에 보관되어 있었고, 이와 함께 남성의 힘을 키워준다고 믿었던 담배 같은 성스러운 식물이 들어 있었다.[47] 산 호세 모고테에서는 폭넓은 사회적 네트워크의 증거도 발견되었다. 그곳에서는 자

---

agriculture: a view from Gulf Coastal Mexico', *World Archaeology*, 37 (2005), 275-89.
47 K.V. Flannery and J. Marcus, *The Creation of Inequality: How our Prehistoric Ancestors Set the Stage for Monarchy, Slavery and Empire* (Cambridge, MA: Harvard University Press, 2012).

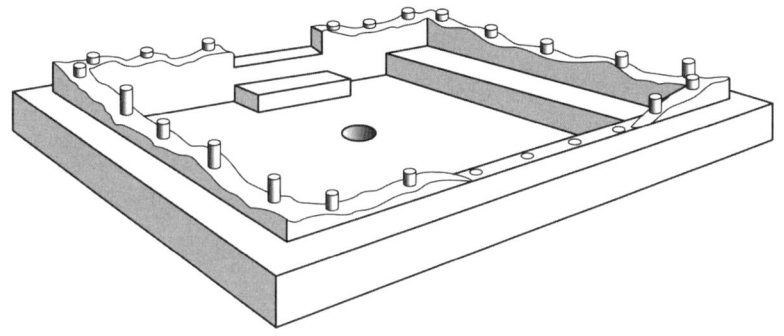

[그림 5-9] "공공" 건물 재구성
산 호세 모고테(오악사카) 유적 제6번 건물.

철석(magnetite)으로 거울을 만들었는데, 멀게는 250킬로미터 떨어진 곳까지 전파되었다. 그리고 거북 껍질로 만든 드럼, 가오리 꼬리뼈, 고둥으로 만든 피리, 아르마딜로 껍질로 만든 의복 등을 해안 평야 지대에서 수입했다.

농업이 본격화된 시대에 고도로 전문화된 수공예품도 생산되었으므로, 분업을 어떻게 했는지, 즉 노동의 분화에 대한 의문이 생기지 않을 수 없었다. 매장지와 주거지에서 "남성"과 "여성"의 도구와 임무를 구분해내고자 하는 연구자들의 시도가 이어졌다. 예컨대 티에라스 라르가스의 거주지에서 발굴된 유물의 위치를 분석해보면, 요리를 하는 공간과 기타 수공예품을 만드는 공간이 확연히 나뉘었다. 그러나 이러한 구분이 젠더 구분으로까지 이어졌는지는 명확하지 않다. 앞에서도 언급했듯이 소규모 농업 사회를 대상으로 민속 조사를 해보면, 남자는 농경지 조성 같은 일을 더 많이 하고 여자는 일상적인 관리나 잡초 제거 작업을 더 많이 하는 등의 구별이 없지 않지만, 대개 남녀가 함께 일하는 경우 (예를 들면 수확기)가 많았다. "마당"을 공유하는 주거 집단의 경우, 식재료 가공이나 외부 작업을 위해 일개 가정의 범위를 넘어서는 작업팀이 만들어졌다. 아마도 이런 일에는 여성이 참여하지 못했을 것이므로, 산호세 모고테에 있는 "공공" 건물은 "남자들의 집"으로 해석되었다. 그곳에서 성인 남성들이 모여 사냥 계획이나 다른 마을을 침략할 계획을 세우거나, 특별한 의례를 진행하거나, 성스러운 식물을 피우고 또한 섭취하는 등의 일을 했을 것이다.

미국 남서부

메소아메리카에서 북쪽으로 옥수수, 콩, 호박 등이 전파되어 애리조나, 뉴멕시코, 콜로라도, 유타 등지에 농업 중심지가 형성되었다. 기원전 2000년경(cal) 옥수수가 처음 재배되기 시작했는데, 이후 수렵채집인의 생활에서 오래도록 옥수수 재배가 함께 이루어졌다.[48] 기원후 제1천년기에 정주 생활과 농업 활동이 급증했는데, 이 무렵 기존에 재배하던 옥수수와 호박에 콩이 더해졌다. 발굴된 인골을 대상으로 안정동위원소 분석을 실시한 결과, 기원전 500년경 일부 지역에서 옥수수를 주식으로 먹은 것으로 밝혀졌다. 기원후 제1천년기 후반에서 제2천년기에는 그런

---

48 W.H. Wills, 'Plant cultivation and the evolution of risk-prone economies in the prehistoric American Southwest', in A.B. Gebauer and T.D. Price (eds.), *Transitions to Agriculture in Prehistory*, Monographs in World Archaeology 4 (Madison, WI: Prehistory Press, 1992), 153-76; T.A. Kohler, 'News from the northern American Southwest: prehistory from the edge of chaos', *Journal of Archaeological Research*, 1 (1993), 267-321.

지역이 더 늘어났다. 그러나 미국 남서부 지역의 유적마다 옥수수 발굴 상황이 다른데, 이는 옥수수를 받아들인 시기와 정도가 지역마다 달랐기 때문일 것이다.[49]

기원후 제1천년기 중엽 뉴멕시코의 움막집은 농업 이행기 사회적 변화의 사례를 보여준다. 모골론산맥(Mogollon mountains)의 유적지(SU site)에서 (평균 40제곱미터의) 거대한 움막집이 발굴되었다. 집 안에는 저장용 구덩이가 있었는데, 거주자들이 1년은 먹을 만큼 주요 식량이 넉넉히 보관되어 있었다(그림 5-10 a). 거주지 구역에서 무덤도 많이 발견되었는데, 대부분 사람이 살지 않는 빈집을 무덤으로 사용했다. 이 모든 자료를 바탕으로 추론해볼 때, 이들은 연 단위의 생산 활동을 했으며 가족 단위로 생산에 참여했던 것 같다. 같은 시기의 다른 많은 유적지들에서는 플래너리가 언급한 "집단적 요소(communal compound)"가 발견되었다. 차코 캐니언(Chaco Canyon)에 있는 샤빅에쉬체(Shabik'eshchee) 마을에서 발견된 움막 터는 (평균 17.8제곱미터로) 훨씬 작은 규모였고, 저장용 구덩이는 주거지 내부가 아니라 바깥의 공용 구역에 위치했다 (그림 5-10 b). 윌스(Wills)의 주장에 따르면, 모골론산맥의 유적지(SU site)는 강우량이 풍부한 지역이었으므로 활용할 수 있는 자원이 더 풍부

---

49 J.B. Coltrain et al., 'The stable and radio-isotope chemistry of eastern Basketmaker and Pueblo groups in the Four Corners region of the American Southwest: implications for Anasazi diets, origins and abandonments in southwestern Colorado', in J.E. Staller et al. (eds.), *Histories of Maize: Multidisciplinary Approaches to the Prehistory, Biogeography, Domestication, and Evolution of Maize* (Amsterdam and London: Elsevier Academic Press, 2006), 276-87.

[그림 5-10] (a) 뉴멕시코의 움막집 유적
모골론산맥의 유적지(SU site).

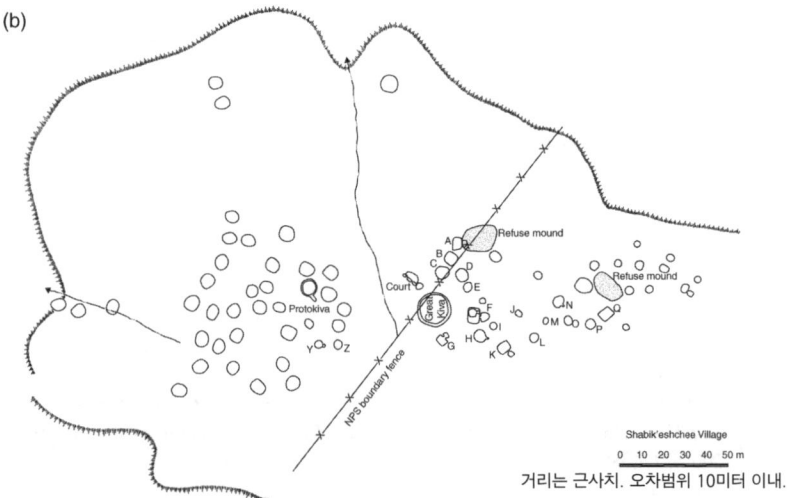

[그림 5-10] (b) 샤빅에쉬체 마을(차코 캐니언) 약도

했다고 한다. 그래서 그곳에 사는 사람들은 위험에도 불구하고 개별 가정 단위로 생산 활동을 했다. 한편 샤빅에쉬체 마을은 더 건조한 지역이었기 때문에 활용할 수 있는 자원이 풍부하지 못했다. 그래서 그곳 사람들은 공동생활을 선택할 수밖에 없었다. 그러나 모든 자원을 다 공유했던 것은 아니다. 민속학 조사에 따르면, 식물보다는 고기를 공유하는 경우가 더 많았다. 대규모 사냥을 통해 얻은 고기는 공유하지만, 식물 자원으로 만든 음식은 조금씩 소비할 수 있기 때문에 굳이 공유하지 않았던 것이다.

식물고고학 조사에 따르면, 작물 재배는 평야 지대와 고지대 모두 다양한 맥락에 따라 이루어졌다. 지표면 가까이에 접근한 지하수를 이용하기도 하고, 흐르는 물을 이용하기도 했다. 탁상형 대지(mesa) 위에서 흘러내리는 물을 이용한 경우도 있었고, 빗물을 끌어 들이는 기술도 있었다. 초기 농업 유적을 분석해보면, 옥수수는 집 근처에서 집약적으로 재배했던 것 같다. 예컨대 뉴멕시코의 차마 알코브(Chama Alcove) 유적에서 도기 시대(ceramic period)의 격자형 정원이 발굴되었는데, 여기서는 탁상형 대지 위에서 흘러내리는 물을 이용했다. 기원후 제1천년기 바위 은신처에서 탄화된 옥수수 낱알이 발견되었는데, 탄화되기 전 낱알의 여문 정도를 분석한 결과 수확 직후의 낱알로 밝혀짐으로써 가까운 곳에 옥수수 재배지가 있었던 것으로 추정되었다.[50]

앞에서 언급한 모골론산맥의 유적지나 샤빅에쉬체 마을 유적지 모

---

50 B.J. Vierra and R.I. Ford, 'Early maize agriculture in the northern Rio Grande valley, New Mexico', in Staller et al. (eds.), *Histories of Maize*, 497-510.

두 독특한 건물이 포함되어 있었는데, 종교적 공동 의례를 위한 건물이나 "공공" 건물로 추정된다. 이 같은 사례들이 키바(kiva)라고 하는 반지하 원형 석조 건축의 전조였던 것으로 해석된다. 키바는 나중에 푸에블로 시대(Pueblo period) 농경 사회에서 가정 단위를 넘어서는 공동체 의례의 핵심 공간이었다. 앞에서도 말했듯이 생산의 주체가 가정 단위로 쪼개지면서 공동체의 단결을 유지하기 위한 메커니즘이 필요했고, 정기적 집단 의례가 그를 위한 핵심 역할을 하게 되었다.

결론

이상으로 초기 농업이 출현할 시기에 농업이 사회 변화에 미친 영향을 각 지역별로 살펴보았다. 자체적으로 농업이 개발된 지역(서아시아, 중국, 메소아메리카)에서는 플래너리가 언급한 집단 지향적 요소(communally oriented compounds)를 모두 갖춘, 열린 공동체에 의해 농경이 실시된 시기가 오래도록 지속되었다(물론 그것이 과연 농업의 전 단계였는가 하는 논란이 없지 않다). 이들은 가족 단위로 조그만 크기의 주거지에 나뉘어 생활했고, 가정 내부의 활동과 가정 외부의 활동이 뚜렷이 구별되지 않는 경우가 많았다. 창고는 가정의 바깥에 위치했으며, (최소한 실용적으로라도) 주민들 사이의 공유 관계가 유지되었다. 농경 작업에 더 많은 노동력을 투자하더라도 개별적으로 가져가는 이익이 더해지는 것은 아니었다. 이들의 식생활에서 농산물이 어느 정도를 차지했는지도 불분명하지만, 아마도 큰 비중은 아니었을 것이다.

공동체는 결국 소규모 가정 단위로 쪼개졌고, 창고는 개별 가정 안으로 들어갔다. 그 이유는 여러 가지가 있었다. 예컨대 이웃들 가운데 친족이 아닌 사람들이 늘어나기도 했고, 생산량이 증가하면서 사회적으로 경쟁 관계가 만들어지기도 했기 때문이다. 그러나 초기 농업 사회의 개별 가정 단위들은 더 큰 규모의 공동체에 강하게 소속된 경우가 많았다. 그것이 이웃일 수도 있고, 정착지 안에서 일정한 주거 구역일 수도 있었다. 또한 더 넓은 지역적 범위의 네트워크에 소속되어 물건과 가축 및 결혼 상대자를 교환하는 관계를 맺고 있었다.

서아시아와 중국의 경우, 생산 단위로서의 가정이 출현한 시기는 농업 및 목축 두 가지 요소와 긴밀한 관계가 있었다. 개별 농가에서 목축에 매력을 느낀 이유는 여러 가지가 있었다. 농업만 하는 것보다는 목축을 겸함으로써 위험을 분산시킬 수 있었고, 잉여 생산물을 비축할 수 있었으며, (이를테면 가축 분뇨를 거름으로 사용함으로써) 농작물의 성장 환경을 더 좋게 만들 수도 있었고, 축제에 필요한 고기를 준비할 수도 있었다. 곡물 재배와 가축 사육의 결합은 농가의 유연성과 안정성을 더해주었다. 그리고 초기 농업 마을 안에서 개별 가정의 단결을 강화시키기도 했다. 대표적인 예가 서아시아의 "거대 유적지들"이다.

유럽이나 한국 같은 경우는 인근의 농업 개발 지역에서 농업 기술을 흡수했다. 이들이 농업을 받아들일 당시에는 이미 곡물과 가축이 "패키지"로 결합되어 있었다(한국은 가축의 역할이 아직 상당히 불분명하다). 이러한 패키지는 가정 경제의 탄력성을 대단히 높여주었다. 유럽에서 혼합 영농은 개별 농가 창고의 출현과 분명하게 연관되어 있었다. 자연환경이 불리한 곳에서는 "집단적 요소"가 다시 부각되었다. 이는 환경 및 사회적 조건에 따라 가정 단위에서 공동체 단위로 무게 중심이 얼마든지 이동할 수 있다는 사실을 보여주는 분명한 사례였다.

메소아메리카와 미국 남서부의 경우에는 목축이 발달하지 않았다. 가정 경제의 성공을 위해서는 다양한 작물을 재배해야 했다. 그러한 관행이 장기적으로 사회에 미친 영향은 대단히 극적이었다. (예컨대 메소아메리카의 올멕 문명이나 미국 남서부 차코 캐니언의 대형 주거지 및 키바 등이 그 결과물이었다.) 동물 사육이 없었다는 사실, 특히 그 부산물(우유, 가축 노동력, 모직 옷감)이 없었다는 사실이 유럽인과 충돌했을 때 치명적 약점으로 작용했다.[51] 그러나 목축의 근본적 의미는 가정 경제에 있었다. 목축을 통해서라야 가정 경제가 더욱 유연성을 가지고 더 빨리 더 넓게 확산될 수 있었다.

농경 작업과 관련해서는 지역별 차이에도 불구하고 놀라운 공통점이 발견된다. 처음 농경이 시작되었을 때는 지역을 막론하고 모두가 단위 면적당 엄청난 노동력을 투입하는 경향이 있었다. 노동력의 투입 방식은 지역마다 굉장히 달랐다. 동아시아에서는 무논을 경작했고, 서아시아나 유럽에서는 작은 정원을 가꾸듯 농사를 지었다. 메소아메리카에서는 밭고랑을 조성했고, 미국 남서부에서는 격자 형태의 농경지를 만들었다. 어떤 경우든 농경지 조성을 위해 오랜 시간을 투자해야 했고, 그 결과 토지 소유 및 상속 문제가 부각되었던 것 같다. 이 같은 급격한 사회 변화로 빚어지는 긴장 관계는 더 넓은 범위의 공동체를 통해 해소되었다. 공동체에서 긴장을 완화하는 방법은 여러 가지가 있었다. 친족 관계로 연결된 "이웃 집단"이 일정 정도의 공동 작업을 수행하거나, 각종

---

51 J. Diamond, *Guns, Germs and Steel: The Fates of Human Societies* (New York: W.W. Norton, 1997).

규모의 잔치(특히 고기 나눔)를 벌이기도 했다.

초기 농업 공동체에서 가장 놀라운 점은 기념비적 건축물이다. 유럽과 중국 지역의 도처에서 마을을 둘러 환호(環濠)를 건설했고, 유럽의 대서양 연안이나 한국 같은 경우는 거석(巨石)을 이용하여 무덤을 조성했다. 초기 농업 사회의 맥락에서 이러한 기념비적 건축물들은 노동의 가치를 전혀 새로운 방식으로 강조하는 것이었다. 또 한편으로는 대규모 노동력을 동원함으로써 사회적 업적을 선언하는 의미가 있었다. 이 같은 거대한 업적이 소규모 사회에서 이루어졌다는 것이 더욱 주목을 끈다. 이는 강력한 전통의 계승과 사회적 불평등을 지속하는 수단이었다. 그래서 이러한 건축물들은 공동체의 의무 유지를 강조하는 선언문 같은 것으로 해석된다. 즉 가정 단위뿐 아니라 더 넓은 공동체의 이익을 위해서도 노동력을 투자할 의무가 있다는 선언이었다. 개별 농가의 이익에는 지속적으로 부담이 되었음에도 불구하고, 혹은 그랬기 때문에 이 같은 선언문이 필요했던 것이다. 기념비적 건축물처럼 눈에 잘 보이지는 않지만 결코 그보다 덜 중요하다고 할 수 없는 공동체의 노력이 또 하나 있었다. 바로 모두를 결합시키기 위한 공동 의례였다. 서로 다른 문화를 비교 연구하는 인지인류학(cognitive anthropology)의 최근 연구 성과에 따르면, (사원이나 교회, 시너고그 등을 매주 방문하는 것 같은) 느슨한 강도의 의례를 자주 행하는 선언적 종교(doctrinal religion)가 크게 보아서 농업의 등장과 관련이 있다고 한다.[52] 농업 사회의 등장이 새로운

---

52 Q.D. Atkinson and H. Whitehouse, 'The cultural morphoscape of ritual form: examining modes of religiosity cross-culturally', *Evolution and Human Behaviour*, 32 (2011), 50-62.

형태의 의례 관행이나 대규모의 사회적 단결을 어떻게 도모했는가 하는 문제는 앞으로 더 많은 연구가 필요한 주제다.

초기 농업 사회의 젠더에 따른 역할 문제에 대해서는 많은 논의가 있었다. 그러나 고고학적 근거가 희박하고, 앞에서 소개한 여러 가지 연구에서 파편적으로 언급되는 정도의 이야기들도 현대의 민속 연구를 통한 유추나 간접 증거를 바탕으로 하는 내용일 뿐이다. 가정 단위의 생산 체제에서 노동력의 투자는 생존의 보장과 경제적 성공을 위해 가장 확실한 수단이다. 이러한 생산 체제에서는 농사일 가운데 가장 중요한 시기, 예를 들면 수확기 등에 남성과 여성이 함께 일했을 가능성이 크다. 그래서 농업 경제가 남녀평등을 강화했다고 주장할 수도 있겠지만, 이는 어디까지나 고강도 노동에 국한된 이야기일 뿐이다. 현실은 훨씬 더 복잡했을 것이다. 예컨대 사냥이나 요리처럼 젠더에 특화된 기술이 사회적 지위가 나뉘는 원인이 되었을 수도 있다. 기본적으로 사냥이나 요리를 하려고 작업팀이 만들어졌을 가능성도 있다. 그래서 서로 다른 가정의 남성은 남성끼리, 여성은 여성끼리 정기적으로 접촉하면서 친족 관계를 넘어서는 직접적 공동체 관계를 형성했을 수도 있다. 또한 분명한 것은, 농업 사회에서 가정 단위가 출현함으로써 후손·유산 문제 혹은 노동의 분업 문제만 중요시되지는 않았다는 점이다. 그와 더불어 사회적 "씨줄", 즉 가정 단위를 넘어서는 관심사와 정체성의 공유, 그리하여 다양한 의례와 관습에 함께 참여하는 사회성도 그에 못지않게 중요해졌다.

더 읽어보기

Banning, E.B. 'Housing Neolithic farmers.' *Near Eastern Archaeology*, 66 (2003), 4-21.

Barker, G. *The Agricultural Revolution in Prehistory: Why did Foragers Become Farmers?* Oxford University Press, 2006.

Barnes, G.L. *China, Korea and Japan: The Rise of Civilization in East Asia.* London: Thames & Hudson, 1993.

Bar-Yosef, O. 'From sedentary foragers to village hierarchies: the emergence of social institutions.' In W.G. Runciman (ed.), *The Origin of Human Social Institutions*. Proceedings of the British Academy 110. Oxford University Press, 2001. 1-38.

Bogaard, A. *Neolithic Farming in Central Europe*. London: Routledge, 2004.

Bogucki, P. *The Origins of Human Society*. Oxford: Blackwell, 1999.

Bradley, R. *The Significance of Monuments*. London: Routledge, 1998.

Colledge, S. and J. Conolly (eds.). *The Origins and Spread of Domestic Plants in Southwest Asia and Europe*. Walnut Creek, CA: Left Coast Press, 2007.

Colledge, S., J. Conolly, K. Dobney, K. Manning, and S. Shennan (eds.). *The Origins and Spread of Domestic Animals in Southwest Asia and Europe*. Walnut Creek, CA: Left Coast Press, 2013.

Flannery, K.V. 'The origins of the village as a settlement type in Mesoamerica and the Near East: a comparative study.' In P.J. Ucko, R. Tringham, and G.W. Dimbleby (eds.), *Man, Settlement and Urbanism*. London: Duckworth, 1972. 23-53.

_____. 'The origins of the village revisited: from nuclear to extended households.' *American Antiquity*, 67 (2002), 417-33.

Flannery, K.V. and J. Marcus. *The Creation of Inequality: How our Prehistoric Ancestors Set the Stage for Monarchy, Slavery and Empire*. Cambridge, MA: Harvard University Press, 2012.

Fuller, D.Q., E. Harvey, and L. Qin. 'Presumed domestication? Evidence for wild rice cultivation and domestication in the fifth millennium BC of the lower Yangtze region.' *Antiquity*, 81 (2007), 316-31.

Fuller, D.Q. and M. Rowlands. 'Ingestion and food technologies: maintaining differences over the long-term in West, South and East Asia.' In T.C. Wilkinson, S. Sherratt, and J. Bennet (eds.), *Interweaving Worlds: Systemic Interactions in Eurasia, 7th to the 1st Millennia BC*. Oxford: Oxbow, 2011. 37-60.

Hodder, I. *The Domestication of Europe*. Oxford: Blackwell, 1990.
Isaakidou, V. and P. Tomkins (eds.). *Escaping the Labyrinth: The Cretan Neolithic in Context*. Oxford: Oxbow, 2008.
Kohler, T.A. 'News from the northern American Southwest: prehistory from the edge of chaos.' *Journal of Archaeological Research*, 1 (1993), 267-321.
Lave, J. and E. Wenger. *Situated Learning: Legitimate Peripheral Participation*. Cambridge University Press, 1991.
Lee, G.-A. 'The transition from foraging to farming in prehistoric Korea.' *Current Anthropology*, 52, Supplement 4 (2011), S307-29.
Marcus, J. and K.V. Flannery. *Zapotec Civilization: How Urban Society Evolved in Mexico's Oaxaca Valley*. London: Thames & Hudson, 1996.
Nelson, S.M. *The Archaeology of Korea*. Cambridge University Press, 1993.
_____. *Korean Social Archaeology: Early Villages*. Seoul: Jimoondang, 2004.
Pappa, M., P. Halstead, K. Kotsakis, and D. Urem-Kotsou. 'Evidence for large-scale feasting at late Neolithic Makriyalos, N Greece.' In P. Halstead and J. Barrett (eds.), *Food, Cuisine and Society in Prehistoric Greece*. Oxford: Oxbow, 2004. 16-44.
Peterson, J. *Sexual Revolutions, Gender and Labor at the Dawn of Agriculture*. Walnut Creek, CA: AltaMira Press, 2002.
Plog, S. *Ancient Peoples of the American Southwest*. London: Thames & Hudson, 2008.
Price, T.D. (ed.). *Europe's First Farmers*. Cambridge University Press, 2000.
Schibler, J. and S. Jacomet. 'Short climatic fluctuations and their impact on human economies and societies: the potential of the Neolithic lake shore settlements in the Alpine foreland.' *Environmental Archaeology*, 15 (2010), 173-82.
Staller, J.E., R.H. Tykot, and B.F. Benz (eds.). *Histories of Maize: Multidisciplinary Approaches to the Prehistory, Biogeography, Domestication, and Evolution of Maize*. Amsterdam and London: Elsevier Academic Press, 2006.
Twiss, K.C. 'Transformations in an early agricultural society: feasting in the southern Levantine Pre-Pottery Neolithic.' *Journal of Anthropological Archaeology*, 27 (2008), 418-42.
Whittle, A. *Europe in the Neolithic*. Cambridge University Press, 1996.
Willcox, G. and D. Stordeur. 'Large-scale cereal processing before domestication during the tenth millennium cal BC in northern Syria.' *Antiquity*, 86 (2012), 99-114.
Wills, W.H. 'Plant cultivation and the evolution of risk-prone economies in the

prehistoric American Southwest.' In A.B. Gebauer and T.D. Price (eds.), *Transitions to Agriculture in Prehistory*. Monographs in World Archaeology 4. Madison, WI: Prehistory Press, 1992. 153-76.

Wright, K. 'The social origins of cooking and dining in early villages of Western Asia.' *Proceedings of the Prehistoric Society*, 66 (2000), 89-121.

CHAPTER 6

목축

앨런 우트램
Alan K. Outram

옥스퍼드 영어 사전에서 목축이란 "양, 소, 기타 초식 동물을 기르는 일"이며, 또한 "산업화되지 않은 유목 사회"라고 정의된다.[1] 첫 번째 정의는 매우 넓은 의미를 포괄하는데, 가축 사육을 위주로 하는 농장부터 다양한 형태의 혼합 농장까지 모두 속할 수 있다. 두 번째 정의는 매우 의미심장한 질문을 던져준다. 이 문제에 대해서는 뒷부분에서 다시 논하기로 한다. 목축은 유목과 얼마나 관련이 있을까? 고고학을 통해 이동성(mobility)의 문제를 어떻게 연구할 수 있을까? 이동의 정도가 매우 높은 사회는 고고학으로 포착되지 않는 것은 아닐까? 산업 사회에서 동물을 사육하는 사람은 뭐라고 불러야 할까? 그리고 그들은 산업화되지 않은 사회의 목축업자들과 무엇이 다를까? 그러나 이번 장에서는 생계의 대부분을 목축에 의지하는 "목축 문화"에 논의의 초점을 맞추고자 한다. 다만 목축 문화의 기원을 특정하기 위해 일부 혼합 농업의 형태가 거론되고, 순수 목축과 혼합 농업의 비교도 언급될 것이다. 우리의 논의는 먼저 목축 사회의 기원에 영향을 미친 핵심적 문제들로부터 시작될 것이다. 동물 사육의 환경, 먹이 공급, 유제품과 털 사용의 기원 같은 문제들이다. 그다음으로는 이동성의 문제와, 그것을 어떻게 밝혀내는지 그 방

1 *Oxford English Dictionary Online* (accessed March 2012).

법론에 대해서 논의할 것이다. 다양한 방법론이 거론될 텐데, 목축 경제 와 사회의 특성을 탐구하는 데에도 적용될 수 있는 방법론이다. 이번 장 에서는 주로 유라시아에 초점을 맞추겠지만, 필요한 경우 전 세계의 목 축 문화를 참고할 것이다. 중앙아시아 카자흐스탄에서의 선사 시대 장 면들은 고고학적으로 목축 사회의 시작을 어떻게 밝혀내는지를 보여주 는 좋은 사례가 될 것이며, 동시에 아직도 얼마나 많은 연구가 더 필요 한지를 보여주는 사례가 될 것이다.

농업의 기원과 목축

농업의 기원과 식물 재배 및 동물 사육 문제를 한꺼번에 놓고 보면 놀라운 측면이 드러난다. 즉 동물 사육(목축)보다는 대체로 식물(곡물) 재배가 먼저였다는 사실이다. 초기 농업의 대표적 중심지 세 곳(중동: 밀, 보리; 극동: 쌀, 기장; 메소아메리카: 옥수수, 콩, 호박)을 보더라도[2] 모두 동물 사육이 시작되기 훨씬 전부터 식물 재배가 이루어졌다.[3] 근동에서 농경을 "증언"하는 핵심 지역들에서 농업이 시작된 뒤에도 오래도록 육 류 섭취는 가젤 사냥에 의존했다. 염소, 양, 소, 돼지 목축을 향한 중요한 전환이 일어난 시기는 훨씬 뒤의 일이었다.[4] 이후 유라시아 전역에서 채

---

2   G. Barker, *The Agricultural Revolution in Prehistory: Why did Foragers Become Farmers?* (Oxford University Press, 2006).
3   J. Clutton-Brock, *A Natural History of Domestic Mammals*, 2nd edn (Cambridge University Press, 1999); E.J. Reitz and E.S. Wing, *Zooarchaeology*, 2nd edn (Cambridge University Press, 2008).
4   A.J. Legge and P.A. Rowley-Conwy, 'The exploitation of animals', in A.M.T. Moore et al. (eds.), *Village on the Euphrates: From Foraging to Farming at Abu Hureyra* (Oxford University Press, 2000), 423-74.

택한 생활 경제의 핵심은 복합 영농이었다. 적어도 인구 밀도가 높은 곳이라면 거의 예외가 없었다.[5] 중앙아시아의 스텝 지역, 시베리아의 타이가 지역, 극지방의 툰드라 지역, 일부 고원 지대나 사막 지역에서 모두 목축 사회가 발달했다. 메소아메리카와 북아메리카의 경우 가축으로 길들여진 주요 동물이라면 칠면조와 개뿐이었다. 그러므로 그 지역의 선사 시대에는 기본적으로 목축 사회가 존재하지 않았다.[6] 남아메리카의 경우, 안데스 지역에서 라마와 알파카 같은 낙타과 동물을 사육한 시기가 체노포디움(Chenopodium, 사료용 식물 – 옮긴이)을 재배한 시기와 겹치는데, 이 두 가지는 서로 연결되어 있는 문제였다.[7] 초식 동물 사육이 식물 재배 이전에, 혹은 독립적으로 발달한 몇 가지 사례가 존재한다. 시베리아의 순록, 북아프리카의 소, 그리고 아마도 중앙아시아의 말도 포함될 것이다. 동물 사육이 식물 재배와 별개로 시작된 곳도 있었고, 지역에 따라서는 가축 사육에 생계를 의존하는 곳들도 생겨났지만, 주로는 식물 재배가 우선이었고, 나중에는 복합 영농이 대세를 이루었다. 왜 그래야만 했는지를 이해하는 것은 매우 중요한 문제다. 복합 영농과 목축은 굉장한 차이가 있기 때문이다. 그 차이를 고려했을 때에야 비로소 우리는 목축을 제대로 이해하게 될 것이다.

초식 동물을 사육하려면 먹이를 제대로 공급할 수 있어야 한다. 이 문제를 해결할 수 있는 방법은 여러 가지가 있다. 일단 목축의 규모를

---

5 Barker, *Agricultural Revolution in Prehistory*.
6 Reitz and Wing, *Zooarchaeology*, 291-2.
7 L.A. Kuznar, 'Mutualism between *Chenopodium*, herd animals, and herders in the south Central Andes', *Mountain Research and Development*, 13 (1993), 257-65.

작게 유지하는 것이다. 그러면 주변에서 나는 풀을 가지고 쉽게 먹이 문제를 해결할 수 있다. 그러나 경제적 효과 면에서는 별 성과를 기대하기 어렵다. 더 큰 규모의 목축을 하려면 가축이 풀을 뜯을 수 있는 곳을 찾아다녀야 한다. 이를 위해서는 자유롭게 접근할 수 있는 굉장히 넓은 땅이 있어야 하는데, 대체로 인구 밀도가 낮은 지역이 여기에 해당한다. 환경 조건이 허락한다면 지역에 따라 집중적 목축을 지속할 수 있지만, 이 경우에도 목축 경제를 유지하려면 인간이 자연 생태계에 깊이 개입해야 한다. 이들 가운데 어떤 방식이라도 유지하는 일이 쉽지는 않다. 계절에 따라 날씨 변화가 심한 경우, 예를 들어 겨울에 굉장히 추워지거나 특히 전역이 눈으로 뒤덮이는 지역이 있는가 하면, 너무 건조해져서 식물이 거의 자랄 수 없는 지역도 있다.

한편 곡물 농사를 짓는 지역에서는 엄청난 양의 자원이 생산된다. 농사를 통해 식재료로 쓰는 부분을 제외한 나머지 부산물이 저절로 생산되는 셈이다. 인간은 곡물의 씨앗만 먹기 때문에 줄기와 씨앗 껍질(겨)은 상당량이 그대로 남게 된다. 줄기(짚)를 이용해서 지붕이나 침구를 만들 수 있고, 씨앗 껍질은 모아서 연료로 사용한다. 뿐만 아니라 이런 재료들은 동물의 먹이로도 손색이 없으므로, 저장하여 건기나 겨울철에 사료로 사용할 수 있다. 초기 동물 사육이 시작된 곳은 대체로 곡물의 부산물을 통해 사료가 이미 확보된 경우가 많았는데, 이는 어쩌면 당연한 일이었다. 농부의 입장에서 볼 때 가축을 사육하면 인간이 먹을 수 없는 부산물을 이용해 단백질과 지방을 생산하는 셈이었다. 가축을 기르면 더 많은 식량을 생산할 수 있었다. 뿐만 아니라 식재료가 다양화되어 더욱 질 좋은 식생활을 영위할 수 있었다. 또한 식량 저장의 기능도 있었다. 동물을 도살하기 전까지는 고기가 상하는 법이 없었다. 복합 영농을 하는 농부들은 농경에 적합하지 않은 땅을 개척하여 가축을 데려다 풀을 뜯게 하거나 사료용 작물을 재배하는 등의 방식으로 더 많은 가축을 사육할 수 있었다.

목축의 입장에서 사료나 목초지는 무척이나 중요한 문제다. 이 문제는 목축을 하는 사람들과 그 문화에 많은 영향을 미치게 된다. 가장 주목할 만한 특성은 그들의 영역 및 이동성이다. 자연환경이 목축 문화를 전적으로 결정한다고 말할 수는 없다. 하지만 끊임없이, 그리고 강하게 영향을 미치는 것은 사실이다. 민속학 연구를 통해 보면 대부분의 목축 사회가 사막, 반건조 초원 지대, 고원 지대, 툰드라, 고위도 삼림 지대 등에 분포하고 있다. 이들 지역의 대부분은 대규모 곡물 농사를 하기에 적합하지 않은 곳들이다. 이로부터 우리는 가장 단순한 사실 한 가지를 알 수 있는데, 곡물 농업 혹은 복합 영농이 가능한 지역이라면 생계 전략으로 목축을 선택하지 않을 것이라는 점이다. 농업 내지 복합 영농이 목축보다는 효율적이고, 더 많은 생산물을 얻을 수 있으며, 훨씬 더 많은 인구를 부양할 수 있다. 그렇기 때문에 목축 사회가 이미 자리를 잡은 뒤에라도 장기적으로 보자면 경쟁력이 떨어지게 마련이다. 그러나 인구가 많은 농업 지역에서는 목축 사회가 매력적으로 보일 수도 있었다. 목축 사회가 모두 높은 정도의 이동성을 필요로 하지는 않는다 할지라도, 어쨌든 목축 사회는 누군가 강제로 차단하기 어려운 굉장히 넓은 영역을 차지하고 있었기 때문이다. 선사 시대에도 전반적인 그림은 비슷했다. 목축이 전문적으로 이루어진 곳은 모두 다른 식의 농업이 불가능한 지역이었다. 그러나 몇 가지 예외가 없지는 않았다. 러시아 남부와 카자흐스탄 북부의 삼림 스텝 지대는 구소련의 곡창 지대였고, 오늘날 특별한 관개 시설 없이도 여전히 중요한 밀 생산지로 남아 있다. 그러나 이 지역은 금석병용 시대(Eneolithic) 이후 소련이 탄생하기 전까지 계속해서 목축 지대였다. 그 이유 중 일부는 추측이 가능하다. 추운 겨울과 짧은 생장 기간에 적합한 재배종이 없었고, 주변의 인구 압력도 부족했다. 그렇다고 모든 의문이 해소된 것은 아니다. 농업이 가능한 지역에서 왜 강력한 목축 문화가 일어났는지, 그것은 지금도 완전히 해소되지 않은 의문으로 남아 있다. 또한 이를 보더라도 지나친 환경 결정론은 조심할 필요가 있겠다.

전문 목축업

복합 영농을 하는 사람들과, 주로 초식 동물 사육으로 먹고사는 사람들의 핵심적 차이는 무엇일까? 이를 먼저 확인하고 나서, 경제적 차원에서 가축 사육과 본격 목축업이 어떻게 다른지 살펴보도록 하겠다. 팀 인골드(Tim Ingold)의 유명한 책《사냥꾼, 목축민, 농장주(Hunters, Pastoralists and Ranchers)》에 따르면, 가축 기반으로 살아가는 사람들의 핵심적 생활 경제 양상은 네 가지로 나뉜다. 사냥꾼, 고기 위주 목축민, 우유 위주 목축민, 목장주가 그것이다.[8] 고기 위주 목축민(meat pastoralist)은 동물을 죽여서 필요한 것을 얻는 사람들이다. 이들은 동물 사체로부터 살코기와 비계 같은 식재료뿐만 아니라 옷과 도구를 비롯해 온갖 물품을 만드는 가죽, 뼈, 힘줄 등을 얻는다. 동물고고학에서는 이러

---

8 T. Ingold, *Hunters, Pastoralists and Ranchers* (Cambridge University Press, 1980).

한 음식과 물질을 "제1차 생산물(primary product)"이라 한다. 그런데 사냥꾼 또한 이 같은 제1차 생산물을 이용하는 사람들이다. 그렇다면 무슨 차이가 있을까? 대부분의 경우 야생 동물 사냥꾼과 가축을 사육하는 목축민을 이원론적으로 구분하지만, 팀 인골드의 견해는 조금 다르다. 생물학적으로 말하자면 가축은 인위적으로 만들어진 품종(개량종)이다. 그래서 야생종인 "가축의 조상"과 인간에 의해 개량된 "가축"은 생물학적 종이 서로 다르다.[9] 그렇다면 목축민은 가축이 야생종과 번식 활동을 하지 못하도록 철저히 관리해야 한다. 양이나 소 같은 몇몇 동물은 야생종과 개량종의 분명한 격리가 이루어졌다. 그러나 이외의 다른 동물들, 예컨대 돼지나 특히 순록은 문제가 좀 복잡하다. 생활 경제 혹은 생계 수단을 중심으로 하는 문화가 아니라 유전적 혹은 생물학적 문제에 중점을 두고 보자면, 번식 활동을 거의 통제하지 않는 방목의 사례를 쉽게 찾을 수 있다. 그러나 이들의 생활 양식은 사냥과 뚜렷이 구별된다.

시베리아 북부 삼림 지대에 사는 사람들은 기본적으로 야생 순록을 방목하며 살아간다. 순록은 자유롭게 번식 활동을 하지만, 그렇다고 가축이 아니라고 할 수는 없다.[10] 순록을 방목하는 사람들은 특정 지역에서 가축을 보호하기 위해 일시적으로 울타리를 설치하기도 하고, 순록이 멀리 달아나지 않도록 조절하기 위해 핥아 먹는 소금을 놓아두기도 한다. 이들은 올가미로 순록을 잡아 캠프 근처에서 도축하는데, 이는 사냥에 나가 창으로 동물을 잡는 것과 전혀 다른 일이다. 순록 도축은 가

---

9 M.A. Blumler and R. Byrne, 'The ecological genetics of domestication and the origins of agriculture', *Current Anthropology*, 32 (1991), 23-35.
10 Ingold, *Hunters, Pastoralists and Ranchers*.

축 무리의 건강한 상태를 유지하는 차원에서 선택적으로 이루어진다. 어떤 순록은 어릴 때부터 길들여서 썰매 끄는 일을 시키기도 한다. 목축인이라면 가축의 재생산에 관심을 가져야 하고, 미래의 생존율을 높이는 가축 관리 방식을 채택한다. 순수한 사냥과 고기 위주 목축업은 딱 부러지게 나누기 어려운 측면이 없지 않다. 사냥은 자연으로부터 단지 원하는 것만 얻어내고자 하는 것이다. 이런 사례는 분명히 존재한다. 이들의 행위는 특정 동물에게 스트레스를 주거나, 심지어 멸종을 초래할 수도 있다. 한편 목축은 동물 무리의 생존을 관리하는 것이다. 고기 위주 목축민은 번식 활동을 통제할 수도 있고 그렇지 않을 수도 있지만, 어쨌든 그들의 목표는 미래에도 동물 무리의 건강을 유지하는 것이다. 한편 순록 목축민 중에는 암컷을 길들여 우유를 생산하는 경우도 있다. 그러면 이들도 "우유 위주 목축민(milch pastoralist)"이 되는 것이다.[11]

동물고고학에서는 우유를 "제2차 생산물"로 규정하고 있다. 제2차 생산물은 살아 있는 동물로부터 반복적으로 얻을 수 있는 물질을 의미한다.[12] 제2차 생산물 중 또 하나 핵심적 물질은 털이다. 흔하지는 않지만 피를 생산하는 경우도 있다. 예컨대 동아프리카 중부의 마사이족 목축민은 살아 있는 동물로부터 약간의 피를 뽑는다. 피는 단백질이 풍부한 음식이다.[13] 제2차 생산물을 개발함으로써 얻는 이익은 명확하다. 가

---

11 Ibid.
12 A.G. Sherratt, 'The secondary products revolution of animals in the Old World', *World Archaeology*, 15 (1983), 90-104, and 'Plough and pastoralism: aspects of the secondary products revolution', in I. Hodder et al. (eds.), *Pattern of the Past: Studies in Honour of David Clarke* (Cambridge University Press, 1981), 261-306.

축을 죽이지 않더라도 상당량의 식량을 얻을 수 있다. 게다가 우유를 가공해서 다양한 유제품을 만들 수도 있다. 보존 기간이 긴 유제품은 저장이 되고 상품으로 거래도 가능하다. 털을 생산하여 실을 만들거나 천을 짜는 기술을 더하면 따뜻한 옷감과 침구류를 만들 수 있고, 유르트 같은 구조물에 사용하여 주택을 지을 수도 있다. 이 또한 교역 상품으로 가치가 있다. "우유 위주 목축민"은 제2차 생산물을 통해 더욱 집약적인 경제를 운용하는 것이 틀림없다. 그래서 이들은 더 많은 인구를 부양할 수 있었을 것이다.

인골드가 언급한 마지막 범주는 목장주다. 목축민은 기본적 생계 수단으로 가축을 사육하므로, 그들이 교역에 내놓을 상품은 그리 많지 않다. 이웃한 농경민과 곡식을 바꾸어 먹기도 하지만, 생산한 대부분의 식량은 집단 내부적으로 소비한다. 그러나 목장은 화폐 경제에서 작동한다. 생산물의 대부분은 판매하여 화폐로 교환된다. 목장주는 그 수익금으로 먹고살 뿐, 동물이 생산한 것을 바로 소비하지 않는다. 목장이라는 단어는 카우보이나 소 이미지를 떠올리게 하지만, 인골드의 분류에서 말하는 목장이란 원칙적으로 현대 산업으로서의 낙농업을 일컫는다. 그런 의미에서의 목장이라면 최근 몇백 년 사이의 특징적 현상일 뿐이다. 그리고 "고기 위주의 목축"은 복합 영농의 일부가 아니었으며, 제한적인 지역과 동물을 대상으로 하는 현상이었다. 가축 사육으로 먹고사는 사람들은, 고고학적으로나 민속학적으로 볼 때, "우유 위주의 목축"과 제2

---

13 K. Århem, 'Maasai food symbolism: the cultural connotations of milk, meat and blood in the Maasai pastoral diet', *Anthropos*, 84 (1989), 1-23.

차 생산물에 의존하는 경우가 대부분이었다. 이처럼 특별한 생활 방식이 언제 어떻게 시작되었던 것일까?

제2차 생산물 혁명

1981년 앤드루 셰라트(Andrew Sherratt)는 "제2차 생산물 혁명" 개념을 제시했다. 유럽 선사 시대의 구리 및 청동기가 등장한 때와 같은 시기였다. 그것은 사회가 더욱 복잡한 구조로 발전하는 데 중요한 기여를 한 요소이기도 했다.[14] 그의 주장에 따르면, 신석기 시대 동물 사육의 목적은 고기를 얻는 데 있었다. 그러나 금석병용 시대(Chalcolithic)와 청동기 시대 초기에 동물 사육 패턴에 커다란 변화가 있었다. 그 무렵 교통 수단이나 밭갈이에 축력 사용이 증가했을 뿐만 아니라 우유 이용이 광범위하게 확대되었다. 복합 영농을 하는 가운데 동물 사육의 비중이 엄청나게 커졌고, 그 덕분에 인구가 증가했으며, 부와 권력의 패턴에도 변화가 생겼다. 이런 모든 변화는 더욱 복잡한 사회로 나아가는 의미심장한 움직임이었다. 혁명의 지리적 중심은 지중해 동부와 근동 지역이었다. 그곳은 복합 영농이 확고하게 뿌리를 내린 지역이기도 했다. 그러나 금석병용기·청동기 시대 유럽에는 동유럽 평원과 중앙아시아 스텝 지역으로부터 전파된 유목 문화가 뚜렷하게 나타났다. 이는 대체로 곡물 농업이 전혀 이루어지지 않은 지역에서 유입된 문화였다.[15] 앤드루 셰라트는 우유나 털 이용, 구리의 등장과 함께 처음 개발된 견인용 축력 등

---

14 Sherratt, 'Plough and pastoralism'.
15 P.L. Kohl, *The Making of Bronze Age Eurasia* (Cambridge University Press, 2007), 128.

을 구체적으로 언급하지는 않았다. 그러나 당시 제2차 생산물 이용을 향한 강력한 경제적 변화의 경향성을 강조했다. 선사 시대 목축의 발전을 이해하려면 예컨대 우유 이용 같은 관습이 언제 처음 등장했는지를 알아야 한다. 그리고 앤드루 셰라트가 언급한 제2차 생산물 혁명이 유라시아 전역의 모든 생태 환경에서도 그러했는지를 확인해보아야 한다.

1970년대와 1980년대에는 동물고고학이 괄목할 만한 진보를 이룩했다. 대표적인 학자는 세바스찬 페인(Sebastian Payne)과 토니 레게(Tony Legge) 등이었다.[16] 이들은 고고학적으로 발굴된 동물 뼈를 연구하여 도축된 동물의 성별과 연령을 확인하는 방법론을 개발해냈다. 이들의 연구를 통해 과거 목축업의 구조와 도축의 패턴을 알아낼 수 있었고, 여러 가지 다양한 목축의 모델을 비교할 수 있게 되었다. 동물을 사육하는 사람들마다 목적이 서로 달랐기 때문에, 각자가 그에 걸맞도록 동물의 연령과 성비를 조절했다. 이하의 동물고고학 모델은 전통 농업 관행을 민속학적으로 관찰하여 체계를 잡은 것이다. 우유를 주목적으로 동물을 기를 경우, 수컷이 태어나면 곧바로 도축하는 것이 경제적이다. 그래야 건초를 낭비하지 않고 어미 소의 우유도 아낄 수 있기 때문이다. 수컷은 번식을 위해 최소한만 남겨두면 충분했다. 고기를 주목적으로 동물을 기른다면 수컷이 다 자란 뒤에 도축하는 것이 경제적이다. 가장 많은 고기를 얻을 수 있는 연령을 고려해야 하는 것이다. 그 시기를 지나치면

---

16 S. Payne, 'Kill-off patterns in sheep and goats: the mandibles from Asvan Kale', *Anatolian Studies*, 23 (1973), 281-303; A.J. Legge, 'Aspects of cattle husbandry', in R. Mercer (ed.), *Farming Practice in British Prehistory* (Edinburgh University Press, 1981), 169-81.

또한 건초가 낭비되고 경제적 이점도 줄어든다. 이 경우에도 번식을 위해서는 수컷을 최소한으로 하고 주로 암컷을 남겨두어야 한다. 털을 얻기 위해 동물을 사육하는 경우, 털을 생산하는 한 모든 동물의 생존을 유지해야 한다. 이 세 가지 경우는 극단적 사례이고, 실제로는 복합적으로 운용된 경우도 물론 확인이 된다. 대부분의 수컷은 출생 후 첫 번째 겨울을 맞이하기 전에 도축되었다. 그래야 고기도 얻고 겨울철의 건초도 아낄 수 있었기 때문이다. 이러한 도축 패턴을 분석해보면, 대체로는 고기 생산 모델과 우유 생산 모델의 중간 어디쯤에 해당하게 된다.

이상의 모델을 기준으로 동물 뼈를 분석해보면, 청동기 시대가 시작될 무렵 특히 유럽 남동부, 아나톨리아, 근동 지역은 대부분 셰라트의 제2차 생산물 혁명 이론과 일치하는 결과를 보여준다. 그러나 동물고고학 연구를 통해 볼 때, 지중해성 기후를 벗어나는 유럽의 일부 지역에서는 신석기 시대에 이미 우유를 활용한 패턴이 나타나기도 한다. 브리튼섬의 신석기 초기가 바로 그 사례에 해당한다. 브리튼섬의 여러 곳에서 사방이 막혀 있는 동물 뼈 무덤들이 발굴되었는데, 주로 다 자란 암소 뼈였다.[17] 어린 수송아지를 도축한 증거는 발견하지 못했지만, 성체에 이르기 직전에 도축한 고기를 소비한 증거는 분명히 확인되었다. 성체가 된 암소를 도축한 것으로 보아, 암소는 우유 생산 기간이 끝난 뒤에 잡아먹었던 것 같다. 알프스 고산 지대를 비롯하여 다른 지역에서도 염소를 도축한 패턴을 보면, 고기만 목적으로 했다기보다는 우유와 고기를 복합적으로 활용하고자 했던 목축 방식이 확인된다.[18] 최근의 동물고고

---

17 Legge, 'Aspects of cattle husbandry'.

학은 방법론이 더욱 발전했고, 설정된 모델도 훨씬 더 다양해졌다(본격적인 착유 모델도 있다). 그에 따르면 신석기 시대 우유 활용 집단은 상당히 여러 곳에 산재했다고 한다.[19]

목축 경제 연구의 수준을 획기적으로 바꾸어놓은 계기가 최근 10여 년 사이에 있었다. 그것은 바로 토기에 남아 있는 잔류물을 화학적으로 분석하는 기술이었다. 현재는 반추 동물의 우유 성분에서 지방과 단백질을 추출하는 것까지 가능하다.[20] 리처드 에버셰드(Richard Evershed)의 연구팀이 수행한 잔류 지방 분석은 과거의 유제품 연구에 가장 큰 도움을 준 성과였다. 유지방은 옛날 천이나 유약 처리가 안 된 토기에 잘 흡수되는 성분이었기 때문이다. 수천 년 전의 토기 파편에서도 대체로 지방 잔류물이 발견되는데, 그것이 돼지 지방인지 말 지방인지도 구별해낼 수 있다. 물론 고기 지방인지 우유 지방인지도 분명한 구별이 가능하다.[21] 초기에 이 연구 방법론은 브리튼 지역의 우유 잔류물을 분석하는 데 주로 사용되었다. 그 결과 우유 잔류물이 신석기 초기부터 압도적으로 많았던 것으로 밝혀졌다. 이는 앞에서 언급한 성체 암소 뼈 무덤이

---

18 P. Halstead, 'Like rising damp? An ecological approach to the spread of farming in southeast and central Europe', in A. Milles et al. (eds.), *The Beginnings of Agriculture* (Oxford: British Archaeological Reports, 1989), 23-53.
19 J.-D. Vigne and D. Helmer, 'Was milk a "secondary product" in the Old World neolithisation process? Its role in the domestication of cattle, sheep and goats', *Anthropozoologica*, 42 (2007), 9-40.
20 S.N. Dudd and R.P. Evershed, 'Direct demonstration of milk as an element of archaeological economies', *Science*, 282 (1999), 1478-81; O. Craig et al., 'Detecting milk proteins in ancient pots', *Nature*, 408 (2000), 312.
21 M. S. Copley et al., 'Direct chemical evidence for widespread dairying in prehistoric Britain', *Proceedings of the National Academy of Sciences*, 100 (2003), 1524-9.

우유를 목적으로 하는 목축의 결과였을 가능성을 높여주는 증거다. 브리튼 역사상 어떤 동물을 많이 키웠는지는 시기에 따라 달라지겠지만, 지방 잔류물 분석을 통해 우유는 초기 농업 단계 이후로 언제나 핵심적인 생활 경제의 요소였던 것으로 확인된다. 최근 유럽 남동부, 아나톨리아, 근동 지역의 신석기 토기를 연구한 결과, 이들 지역은 전체적으로 우유 잔류물의 비율이 낮았다. 그러나 소를 기르기에 적합한 환경인 아나톨리아 북서부 지역의 신석기 토기에서는 우유 잔류물이 굉장히 높은 비율로 나타났다.[22] 이 같은 최근의 연구 결과로 볼 때, 우유 이용은 가축 중에서 소 사육의 비중이 높았던 지역과 매우 밀접한 연관이 있었던 것 같다.

    제2차 생산물 혁명 개념은 일부 지역의 경우 여전히 타당성을 인정할 수 있다. 그리스와 근동의 일부 지역은 특히 그러하다. 그러나 자연환경에 따라, 특히 온대 지방에서 우유는 신석기 시대의 초기 동물 사육에서 매우 중요한 특징이었다. 이는 대단히 중요한 논점인데, 우유를 이용하는 방법을 개발하는 일은 그리 오랜 시간이 필요하지 않았고, 또한 우유를 얻기 위해 목축을 본격적으로 하는 데 따르는 문제들은 기존에 생각했던 것보다 쉽게 극복할 수 있는 부분이었다. 그렇다면 이론적으로는, 우유를 이용하는 문화가 유라시아의 평원이나 스텝 지역에서 분명하게 자리 잡은 시기보다 훨씬 더 이전부터 우유에 의존하여 살아가는 목축민이 존재했을 수 있다. 결과적으로 청동기 시대의 혁명적 변화가

---

22 R.P. Evershed et al., 'Earliest date for milk use in the Near East and southeastern Europe linked to cattle herding', *Nature*, 455 (2008), 528-31.

제2차 생산물 혁명에서 비롯되었다는 주장은, 기존의 우유 위주 목축 문화의 입장에서는 타당하지 않은 것이다. 그러므로 시대적 변화의 원인은 다른 곳에서 찾아보아야 할 것이다.

본격적인 우유 생산을 위한 낙농업이 성공하는 데 아무런 장애물이 없다는 이야기를 하려는 것이 아니다. 적어도 두 가지 중요한 장애물은 검토해볼 가치가 충분히 있다. 하나는 야생종을 개량하여 젖이 많이 나오도록 하는 것이며, 또 하나는 인간의 유당불내증 문제를 해결하는 것이다. 자연 상태에서 동물의 젖은 당연히 인간이 아니라 새끼를 위해서 생성되는 것이다. 그래서 어린 새끼가 적당히 자란 뒤에는 젖이 멈추게 되어 있다. 1000여 년 동안 선택적 교배를 시행한 결과로 오늘날과 같은 개량종 젖소가 탄생했다. 젖소는 야생종 소보다 젖을 훨씬 더 많이 생산하며, 젖먹이 새끼 송아지가 없어도 오래도록 젖이 분비된다. 초기에는 선택적 교배를 해도 젖이 그리 많이 나오지 않았고, 송아지의 자극이 없으면 젖이 멈추는 경향이 있었다.[23] 만약 송아지가 있다면 인간보다 훨씬 더 많은 우유를 소비할 것이다. 이 문제를 해결하기 위한 한 가지 방법으로, 적어도 한 마리의 송아지를 남겨서 젖이 멈추지 않도록 자극을 하기도 했다. 그리고 인간이 충분히 먹을 만큼의 우유를 짜낸 뒤 송아지의 우유 소비량을 조절했다. 이런 방식을 채택할 경우 송아지는 젖을 뗀 직후, 그리고 겨울이 오기 전에 도축했다. 최근 동물고고학에서 프랑스 신석기 유적을 조사했더니, 초기 우유 위주 목축민이 이런 방식

---

23 F. McCormick, 'Early faunal evidence for dairying', *Oxford Journal of Archaeology*, 11 (1992), 201-9.

을 채택한 것으로 확인되었다. 수송아지를 일찍 도축하는 전형적인 우유 위주 목축 관행은 프랑스의 다른 유적지와 이탈리아 및 발칸 지역에서 드러났다.[24] 그렇게 많은 송아지를 도축함으로써 인간은 더 많은 우유를 얻을 수 있게 되었다. 그런데 어떻게 젖이 멈추지 않도록 조절했을까? 첫째, 암송아지는 도살하지 않았던 것 같다. 둘째, 민속학 연구를 통해 확인된바 가짜 자극으로 수유를 유도하는 원시적인 소 사육 방식이 있었다. 예를 들면 송아지 가죽으로 암소를 속이거나, 파이프를 이용하여 암소의 외음부에 강하게 바람을 불어 넣기도 했다.[25] 선택적 교배로 개량종이 완성되기 전에 먼저 속임수나 신중한 관리 등의 방법들을 복합적으로 사용했던 것은 분명한 사실이다.

모든 포유동물이 어릴 때는 젖을 소화할 수 있는 능력을 갖추고 있다. 락타아제라고 하는 효소가 분비되어 락토오스(젖에 함유된 유당)를 분해할 수 있기 때문이다. 그러나 이유기가 지나면 락타아제가 더 이상 분비되지 않고, 그 이후로는 젖을 소화하기가 어려워진다. 이러한 상태를 유당불내증(lactose intolerance)이라고 하는데, 사실은 그게 비정상적 상태가 아니라 성체에 이른 모든 포유동물의 공통적 상태다. 인류에게도 유당불내증은 보편적 상황이었다. 적어도 가축 사육과 정기적 우유 생산 기술을 갖추기 전까지는 모두가 그랬다. 시간이 지나면서 우유를 소비하는 인간의 집단에서는 상당한 선택 압력(selective pressure)이 작용

---

24 Vigne and Helmer, 'Was milk a "secondary product"?'
25 K. Ryan, 'Facilitating milk let-down in traditional cattle-herding systems: East Africa and beyond', in J. Mulville and A.K. Outram (eds.), *The Zooarchaeology of Fats, Milk and Dairying* (Oxford: Oxbow, 2005), 96-106.

했을 것이다. 유당 소화 능력을 갖춘 사람이 유전적 우위를 차지했고, 결과적으로 락타아제 활성 지속 유전자를 갖게 된 현생인류가 상당 비율을 차지하게 되었다. 그러나 이 같은 유전적 요인을 이어받지 못한 사람들도 인종에 따라서는 상당수 존재한다. 이는 물론 그 조상들의 생활 경제에 따라 달라졌다.[26] 그렇다면 (락토오스 분해 능력을 가진 사람이 별로 없었던) 처음에 어떻게 우유가 그토록 유행하게 되었으며, 얼마만큼 강한 선택 압력이 가해졌기에 락타아제 활성 지속 유전자를 가질 정도가 되었을까? 이 문제에 대답하려면 먼저 유당불내증에 관한 몇 가지 핵심적 사항을 알아둘 필요가 있다. 첫째, 기본적으로 우유 알레르기는 그렇게 심각한 결과를 초래하는 성질의 것이 아니었다. 그저 소화가 조금 불편한 정도에 불쾌한 기분을 자아낼 뿐 우유 속 영양 성분을 분해하지 못할 정도는 아니었다. 둘째, 우유는 생으로 마시기보다 가공 처리를 하면 훨씬 먹기 좋은 음식으로 변했다. 생화학적 변화를 거치면서 발효 음료, 요구르트, 버터, 치즈가 되는데, 그러면 소화 기관에 들어가기 전에 락토오스가 일부 분해된다. 그래서 유당불내증을 가진 사람들도 유제품에서 많은 영양소를 섭취할 수 있는 것이고, 선천적으로 가지고 있던 락타아제 활성 지속 유전자가 선택 압력을 통해 발현되었던 것이다.

인간 게놈(유전체)에 대한 이해가 증대되고 aDNA 추출이 가능해지

---

26 P. Gerbault et al., 'Evolution of lactase persistence: an example of human niche construction', *Philosophical Transactions of the Royal Society B*, 366 (2011), 863-77; I.G. Romero et al., 'Herders of Indian and European cattle share their predominant allele for lactase persistence', *Molecular Biology and Evolution*, 29 (2012), 249-60.

자, 락타아제 활성 지속 문제도 유전자를 통해 연구할 수 있게 되었다. 이 분야의 연구는 아직 걸음마 단계다. 그러나 최근 연구에 따르면, 락타아제 활성 지속 유전자의 기원이 유럽 중부나 발칸반도 지역의 경우 약 7500년 전까지 거슬러 올라간다고 한다.[27] 그러나 이러한 연대 설정은 어디까지나 최초의 동물 사육과 관련된 것일 뿐, 중동부 유럽의 aDNA를 분석해본 결과 당시에 유럽 전역으로 유전자가 전파되지는 않은 것으로 확인되었다.[28] 또한 유제품을 이용했던 집단이라 하더라도 이후 수천 년 동안 내성 유전자가 대다수를 차지하지는 않았을 것으로 추정된다. 이런 연구들이 근거로 하는 샘플은 그렇게 큰 규모가 아니며, 아직 aDNA 분석을 해보지 못한 지역들이 많이 남아 있다. 그러나 락토오스 내성이 없는 사람들에 의해 우유 활용법이 개발된 시기가 있었으며, 아마도 그들은 가공 처리가 된 유제품을 이용했을 테고, 락토오스 내성이 생기기까지 그리 많은 시간이 필요하지 않았다는 것은 분명하다. 또한 락토오스 내성이 먼저 생긴 쪽은 식물 재배와 동물 사육을 복합적으로 하던 유럽의 농부들이었다. 유럽 평원이나 중앙아시아 스텝 지역의 순수 목축민에게 이 유전자가 전파된 시기는 그 뒤였다. 그러나 평원 및 스텝 지역에서 아직 aDNA 조사가 이루어진 바 없으므로, 현지인에게 내성이 생긴 것인지, 아니면 이미 내성을 가진 집단이 그 지역으로 들어

---

27 Y. Itan et al., 'The origins of lactase persistence in Europe', *PLoS Computational Biology*, 5 (2009), e1000491.
28 J. Burger et al., 'Absence of the lactase-persistence-associated allele in early Neolithic Europeans', *Proceedings of the National Academy of Sciences*, 104 (2007), 3736-41.

가서 목축민이 된 것인지 논쟁의 여지가 남아 있다.

아프리카의 목축과 우유 이용 문제는 더욱 복잡하다. 오늘날의 아프리카에는 많은 목축민 집단이 제2차 생산물에 의존해서 살아가고 있다.[29] 가장 대표적으로는 북아프리카의 베두인족과 베르베르족을 들 수 있고, 북중부 사하라의 투아레그족, 아프리카의 뿔 지역의 아파르족, 사헬(사하라 남부 경계) 지역의 풀라족, 유명한 마사이족을 비롯한 동아프리카 중부의 여러 민족이 있다. 아프리카에서 소를 사육한 시기는 분명 곡물 농업이 시작된 시기보다 훨씬 이전이었다.[30] 북아프리카에서 사육 소는 근동보다 조금 더 앞선 시기에 등장한다. 논란의 여지는 있지만 아프리카에서는 소, 근동 지역에서는 양과 특히 염소가 가장 먼저 가축화되었다고 알려져 있다.[31] 오늘날 아프리카 지역을 대상으로 하는 유전자 연구는 오래도록 고고학이 견지해온 입장을 뒷받침하고 있다. 즉 북아프리카에서 소가 독립적으로 가축화되었다는 가설이다. 예상치 못한 건조 기후가 찾아오면서 독특한 경제적 니치(niche)에 소의 가축화가 자리 잡았다. 지역별로 건조 기후가 극심해지자 움직일 수 없는 작물을 재배하기보다는 동물을 사육하는 편이 변화된 환경에 적응하는 데 더 유리했던 것이다.[32] 나중에 건조 기후가 확산되면서 소 사육은 더 멀리 남

---

29 A.B. Smith, *Pastoralism in Africa: Origins and Development Ecology* (London: Hurst, 1992).
30 F. Marshall and E. Hildebrand, 'Cattle before crops: the beginnings of food production in Africa', *Journal of World Prehistory*, 16 (2002), 99–143; and see Paul Lane, Chapter 18.
31 Legge and Rowley-Conwy, 'Exploitation of animals'.
32 A. Beja-Pereira et al., 'The origin of European cattle: evidence from modern and ancient DNA', *Proceedings of the National Academy of Sciences*, 103 (2006),

쪽으로도 확산되었다.³³ 인간의 유전자 연구 결과, 아프리카에서 우유 이용은 유럽과 상관없이 독립적으로 기원한 것으로 밝혀졌다. 유라시아에서는 락타아제 활성 지속 유전자인 반면, 사하라 이남 아프리카에서는 락토오스 내성 유전자였다.³⁴ 이들에게 락토오스 내성이 생겨난 유전적 근거는 아직 밝혀지지 않았다. 그러나 락토오스 내성이 근동 지역의 목축민에게서 유입된 것이 아니라 자체적으로 생겨난 것은 분명해 보인다. 한 가지 예외는 베르베르족이다. 이들은 유라시아 유전자를 공유하고 있다. 목축 및 우유 이용 방식이 아프리카 북단과 유라시아에서 함께 발전했거나, 아니면 나중에 유라시아 사람들이 아프리카 북부 지역으로 이주해 왔을 수도 있다.³⁵

또 한 가지 중요한 제2차 생산물, 예컨대 털은 아직 우유만큼 근대 과학의 주목을 받지 못했다. 그래서 30년 전이나 지금이나 우리가 알고 있는 내용은 별로 달라진 것이 없다. 야생종 양은 특별히 털이 풍부하지 않다. 그러나 물론 "켐프(kemp)", 즉 거친 양모로 뒤덮이기는 했다. 켐프 아래에는 부드럽고 따뜻한 털이 있었는데, 길이는 상당히 짧았다. 수천 년 동안 선택적 사육을 통해 개량종 양에게서는 켐프가 감소하고, 켐프 아래 부드러운 털이 풍부해지고 길어졌다. 선택적 사육이 더더욱 진보하면서 갈색 털보다 흰색 털이 더 많아졌고, 양치기가 털을 깎기 전에

8113-18.
33 Marshall and Hildebrand, 'Cattle before crops'.
34 S. Myles et al., 'Genetic evidence in support of a shared Eurasian-North African dairying origin', *Human Genetics*, 117 (2005), 34-42; Romero et al., 'Herders of Indian and European cattle'.
35 Myles et al., 'Genetic evidence'.

털갈이를 하지 않도록 유도되었다.[36] 현재로서는 유전자 연구를 통해 양을 비롯한 털 제공 동물들의 발전이 어느 시기에 어느 지역에서 이루어졌는지 확정할 수 없지만, 동물고고학을 통해 털 생산을 목적으로 하는 목축민이 확인되었고, 그림 속 동물이나 드물게 남아 있는 천 조직을 통해 근거를 보충할 수 있었다. 이러한 근거들의 대부분은 셰라트의 가설을 지지하고 있다. 즉 제2차 생산물이 중요하게 부각된 시점은 금석병용기 및 청동기 시대 이후였다.[37] 또한 같은 근거를 통해 볼 때 양모를 얻기 위한 목축은 유라시아 스텝 지역의 초기 목축민에게서 확인되지만, 아프리카 초기 목축민은 염소와 양을 목적으로 삼지 않았다.

이동식 생활

옥스퍼드 영어 사전의 정의에 따르면, 목축(pastoralism)이란 초식 동물 무리에 의존하여 생활하는 것으로 자연히 유목민의 삶을 포함한다고 했다. 유목민의 삶이란 특히 토지 소유 및 거주 환경과 관련하여 목축민의 사회적 특성을 이해하는 데 가장 중요한 핵심적 문제다. 이 주제는 특히 토지 사용과 관련하여 이동식 목축민과 정주적 농민 사이에 분쟁의 소지가 있을 때 더욱 중요한 관심의 대상이 된다. 강도 높은 이동식 생활 방식은 때로 군사적 이점으로 연결되기도 한다. 그래서 단기적으로 영토를 획득하는 수도 있다. 예를 들면 몽골의 침략이 그랬다. 역사적으로 목축민과 농민의 투쟁에서, 장기적으로는 정주 생활을 하는 농

---

36 M.J. Ryder, 'Livestock products: skins and fleeces', in Mercer (ed.), *Farming Practice in British Prehistory*, 182-209.
37 Sherratt, 'Plough and pastoralism'.

민이 승리했다. 농민은 주로 높은 인구 밀도를 바탕으로 자신의 영토를 방어했다. 결국 살아남은 유목민은 주변부나 농업이 불가능한 지역에 국한되었다. 그런 지역에서조차 그들의 이동식 생활은 오늘날 지정학에 따라 다소 축소되기도 한다. 아프리카의 마사이족, 투아레그족, 베두인족 등은 지금도 이동식 생활을 하고 있다. 그러나 과거보다는 유목 성향이 많이 줄어들었다.[38] 농업이 활발했던 카자흐스탄 북부뿐만 아니라 카자흐 스텝 지역의 유목민 모두가 소련의 개입 때문에 강제로 정착할 수밖에 없었다.[39] 몽골에서 가축을 사육하는 사람들은 지금도 강한 유목 전통을 고수하고 있다.[40] 시베리아의 에벤키족 같은 순록을 기르는 사람들도 마찬가지다.[41]

이동식 생활은 기본적으로 두 가지 유형으로 나뉜다. 첫째는 "유목(遊牧)" 유형이다. 끊임없이 이동하는 이들은 어디를 가든 잠시 동안만 캠프를 설치하여 머무를 뿐 곧바로 다시 떠난다. 이 같은 주기적 이동의 근본적 이유는, 대부분의 땅에 풀이 별로 없어서 잠시만 머물러도 초식 동물의 먹이가 부족해지기 때문이다. 그래서 풀이 다시 자랄 때까지 다른 곳에 다녀와야만 한다. 또한 건기의 이동 패턴은 물 공급에 좌우되며, 추운 겨울에는 추위로부터 동물을 보호를 할 수 있는 곳으로

---

38 Smith, *Pastoralism in Africa*.
39 M.D. Frachetti, *Pastoralist Landscapes and Social Interaction in Bronze Age Eurasia* (Berkeley: University of California Press, 2008), xiv.
40 N. Fijn, *Living with Herds: Human-Animal Coexistence in Mongolia* (Cambridge University Press, 2011).
41 P. Jordan (ed.), *Landscape and Culture in Northern Eurasia* (Walnut Creek, CA: Left Coast Press, 2011).

이동한다. 이들이 동물을 먹일 건초를 저장하는 경우는 거의 없다. 둘째는 "이목(移牧)" 유형이다. 이들은 계절에 따라 일정한 양쪽의 목초지를 왕복한다. 대개는 여름에 눈이 없을 때 고산 지대로 가축을 몰고 올라갔다가, 겨울이 되면 산 아래 저지대로 되돌아오는 방식을 취한다. 이는 반(半)정주 생활로 볼 수 있다. 이들의 저지대 주거지는 오래도록 머무는 곳으로서 대개 고정된 주택을 건설하는 경우가 많다. 여름 거처는 임시 캠프로, 경우에 따라서는 필요한 인원만 가축과 함께 고산 지대로 올라간다. 그러므로 저지대의 주택에는 1년 내내 사람들이 거처하게 된다. 이 같은 이목 유형은 지중해와 알프스 지역에서 흔히 볼 수 있는 방식으로, 최근까지도 전통 방식을 고수하는 농가에서는 이목을 하고 있다.[42] 이들은 물론 전적으로 목축만 하는 것이 아니다. 그리고 과거 선사 시대에도 오늘날과 유사한 방식의 이목이 행해졌는가 하는 문제는 뜨거운 논쟁의 대상이 되기도 한다. 중앙아시아 스텝 지역에서 민속 조사를 해본다면 두 가지 유형의 목축을 모두 확인할 수 있다. 카자흐스탄을 예로 들자면, 중부 반건조 스텝 지대의 목축민은 전적인 유목 생활을 하고 있다. 이는 오늘날 몽골의 대부분 지역에 남아 있는 생활 방식과 같다. 그러나 알타이산맥이나 천산산맥(톈산산맥) 고산 지대는 이목 생활을 하고 있다. 중국령 천산산맥에 거주하는 카자흐족은 지금도 이런 방식을 유지하고 있다.[43]

---

42 E.g. G. Barker et al., 'Ancient and modern pastoralism in central Italy: an interdisciplinary study in the Cicolano mountains', *Papers of the British School at Rome*, 59 (1991), 15-88.
43 V.A. Shnirelman et al., 'Hooves across the steppes: the Kazakh life-style', in S.L.

민속학적으로 이동식 생활은 목축민 사이에서 어디서든 볼 수 있는 삶의 방식이다. 그래서 선사 시대 목축민도 이와 유사하게 이동식 생활을 했으리라는 암묵적 전제가 있다. 대부분의 경우 이런 전제가 옳겠지만, 꼭 그렇게 볼 수 없는 경우도 분명히 존재했다. 우리가 민속학적으로 관찰하는 모든 사례는, 농민의 관점에서 볼 때 상대적으로 변두리 환경에서 목격한 것들이다. 그곳의 목축민은 다른 문화와 경쟁을 하지 않아도 된다. 인구 밀도가 낮고 세계적으로 토지 경쟁이 별로 없었던 시기에는 목축민이 충분한 토지를 이용했을 것이다. 그리고 그때는 식물도 더 많이 자라고 자원도 풍부했을 것으로 예상할 수 있다. 그런 환경에서라면 그렇게 먼 거리를 이동할 필요가 없었을 것이다. 혹은 정주적 생활 공간 주변을 돌면서 목축을 할 수도 있었을 것이다. 과거 삶의 방식이 언제나 근현대와 비슷하지는 않았으리라는 사실을 기억할 필요가 있다. 그러므로 목축민에 관한 선입관도 갖지 않는 것이 옳겠다.

고고학적으로 과거 목축민의 이동식 생활을 복원하기란 매우 어려운 문제다. 전적으로 유목민 생활을 했던 사람들이 남긴 주거의 흔적은 극소수에 불과할 수밖에 없다. 때로는 장례 관련 건축물을 통해 주거지 구조를 유추하는 것이 더 쉬울 수도 있다. 매장지 유적을 통해 그들의 사회관계를 짐작할 수 있을지 몰라도, 매장지를 건설한 목축민의 생활 양식에 관해서는 거의 아무것도 알 수가 없다. 이목은 고고학적으로 뚜렷한 흔적을 남긴다. 반정주 생활 유적이 존재하기 때문이다. 그곳에는 상당량의 거주지 구조물이 남아 있고, 반복적 이동에 걸맞은 구조적 패

Olsen (ed.), *Horses Through Time* (Boulder, CO: Roberts Rinehart, 1996).

턴도 확인된다. 동물고고학에서는 계절에 따른 사냥 캠프를 비교적 많이 취급하게 되는데, 이목 생활을 하는 사람들의 도축 방식은 일반적인 목축민의 방식과 별로 다를 것이 없다. 사냥이 끝나면 즉시 주거지로 귀환하는 사냥꾼의 생활 유적에서는 계절에 따른 차이를 확인할 수 있지만, 이목 생활을 하는 경우는 그런 식의 구별이 불가능하다. 안정동위원소 분석법이 발전하면서 이 문제가 해결될 수 있었다. 산소의 안정동위원소는 기온과 계절에 따라 대기의 안정동위원소와 교환된다. 동물 뼈의 산소 안정동위원소 함량이 다르다면, 서로 다른 계절에 죽었다는 의미다. 산소 안정동위원소가 남아 있는 경우는 거의 없지만, 유치(乳齒)나 미성년 개체의 턱뼈에는 남아 있다. 치아의 법랑질 샘플을 추출하여 동위원소 비율을 조사해보면, 그 동물이 자라는 시기 동안의 계절적 온도 변화를 파악할 수가 있다.[44] 계절에 따른 유목 혹은 이목을 했다면 변화의 패턴에 남아 있을 것이다. 나아가 치아를 통해 동물이 연중 섭취한 식재료의 지리적 변화도 파악할 수 있다. 식물은 자라는 동안의 지질학적 특성을 동위원소로 간직하게 되는데, 이는 스트론튬(strontium) 같은 금속의 안정동위원소 비율에서 나타난다. 그래서 지질학적으로 차이가 있는 어떤 구역에서 다른 구역으로 이동을 하면 치아의 동위원소 분석으로 드러나는 것이다. 이 두 가지 근거를 결합하면 계절에 따른 동물의 이동을 보다 분명하게 파악할 수 있다.[45] 이 같은 방법론들은 무척 새로

---

44 A. Zazzo et al., 'A refined sampling strategy for intra-tooth stable isotope analysis of mammalian enamel', *Geochimica et Cosmochimica Acta*, 84 (2012), 1-13.
45 E.g. M. Balasse et al., 'The seasonal mobility model for prehistoric herders in the southwestern cape of South Africa assessed by isotopic analysis of sheep tooth

운 것이라서, 실제 연구를 통해 검증되었다고 하지만 아직은 훨씬 더 많은 샘플이 필요한 단계다. 그래야만 초기 목축민 사회의 이동식 생활 면모를 더욱 분명하게 알 수 있을 것이다.

사례 연구: 선사 시대 카자흐스탄의 목축민

지금까지는 주로 다양한 반추 동물에 대해 논의해왔으나, 반추 동물이 아닌 말 또한 목축민의 경제에서 굉장히 중요한 동물이었다. 유라시아의 스텝 및 평원 지역에서 특히 그러했다.[46] 지금부터는 한 지역을 특정하여 목축의 기원과 발전의 한 사례를 논의해보고자 한다. 문제의 지역은 카자흐스탄이다. 이곳에서는 선사 시대를 통틀어 가장 중요한 역할을 한 동물이 말이었다. 카자흐스탄에는 세 가지 주요 생태 지역(ecological zone)이 있다(지도 6-1). 시베리아와 맞닿은 북부는 "삼림 스텝(forest steppe)" 지대라고 한다. 초원 가운데 군데군데 자작나무와 소나무 군락이 분포하고 있다. 여름에 덥기는 하지만 건조하지 않고, 식물은 거의 1년 내내 푸르름을 간직한다. 오늘날 그곳에는 특별한 관개 시설을 하지 않았음에도 광대한 밀 재배지가 형성되어 있다. 중부는 반건조 스텝 지대로, 비교적 나무가 드물다. 남부는 사막 스텝 지대인데, 나무가 거의 없고 여름에만 약간의 식물 군락이 생긴다. 오늘날 이 지역에서는 소, 양, 염소와 더불어 낙타도 사육하고 있다. 카자흐스탄 전역은 강력한

---

enamel', *Journal of Archaeological Science*, 29 (2002), 917-32.
46 D.W. Anthony, *The Horse, the Wheel, and Language: How Bronze-Age Riders from the Eurasian Steppes Shaped the Modern World* (Princeton University Press, 2007).

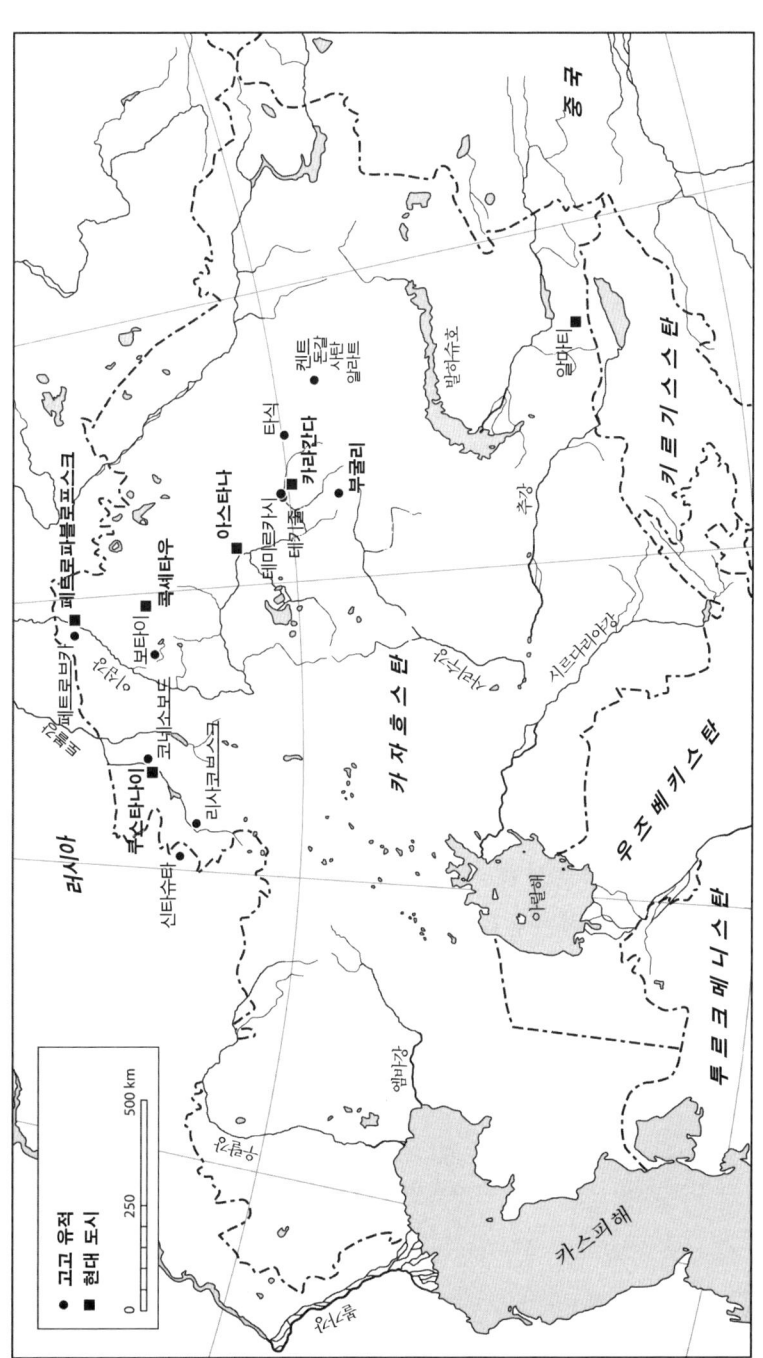

〈지도 6-1〉 카자흐스탄 고고 유적지 지도(중앙아시아)

대륙성 기후에 속한다. 여름은 덥고, 겨울은 춥고 길며 눈이 많이 내린다. 이 지역이 소련 관할로 편입되기 전까지 대규모 농업은 거의 시행된 적이 없었다. 그러나 민속 조사는 카자흐스탄의 목축민이, 특히 남부 지역에서 소규모로 기장(broomcorn millet)을 재배하곤 했던 것으로 보고한 바 있었다. 기장 재배는 상당한 정도의 이동식 생활을 하면서도 가능했다. 물론 이목 생활을 하는 경우에도 마찬가지였는데, 기장은 생육 기간이 매우 짧아서[47] 한 철이면 재배가 끝나기 때문이었다. 기장은 일부 몽골 유목민에게서도 유명했다. 최근 연구 성과에 따르면, 카자흐스탄 남동부에 있는 베가시(Begash) 유적지에서 기원전 제3천년기 말경의 기장이 발굴되었다. 천산산맥의 언덕에 위치한 이곳에서는 아마도 이목식 목축이 행해졌던 것 같다.[48]

고고학적 전통이 지역마다 다르기 때문에, "신석기"라고 하면 어떤 지역에서는 초기 농경 사회를 가리키고 또 어떤 지역에서는 토기를 사용한 사회를 가리킨다. 구소련에 속했던 나라들에서는 후자의 의미다. 카자흐스탄의 신석기도 마찬가지로, 바닥이 뾰족한 팽이형(첨저형尖底形) 토기를 사용했다. 지금까지 확인된 근거로 보아 카자흐스탄 지역 신석기의 생활 경제는 사냥, 채집, 어로 등이었고, 석기는 잔돌날 기술을 보유하고 있었다. 이는 유럽 지역의 중석기(Mesolithic) 시대와 상당히 비슷했다. 몇몇 예외가 없지 않지만 정착지는 대개 임시적이었고, 대부분

---

47 M. Jones et al., 'Food globalisation in prehistory', *World Archaeology*, 43 (2011), 665-75.
48 M.D. Frachetti et al., 'Earliest direct evidence for broomcorn millet and wheat in the Central Eurasia steppe region', *Antiquity*, 84 (2010), 993-1010.

의 유물은 흩어져 있었다. 기원전 제4천년기, 카자흐스탄 북부의 아트바사르(Atbasar) 같은 신석기 문화 말기에 말, 소, 양, 염소 등을 사육한 흔적이 남아 있다. 그러나 유물이 워낙 파편적이라 유목 경제를 확신하기는 어렵다.[49] 초기 형태의 목축이 실행되었을 가능성은 남아 있지만, 연구 대상 샘플의 규모가 너무 작고 연대 추정 근거도 빈약하다.

특히 카자흐스탄 북부에서는 기원전 3500년경 중요한 변화가 나타났다.[50] 서로 연결된 두 개의 문화, 즉 보타이(Botai) 문화와 테르섹(Tersek) 문화의 생활 경제, 주거지 구조, 물질문화가 이 무렵 큰 변화를 보였다.[51] 토기 사용이 널리 확산되었고, 석기 기술도 완전히 바뀌었다. 주요 도구가 좀돌날에서 넓적한 주먹도끼로 바뀌었고, 갈돌이 등장했다. 새로운 골각기 기술도 광범위하게 등장했는데, 대개 말 뼈로 만든 도구들이었다. 보타이 문화와 테르섹 문화의 정착지는 규모가 상당해서, 바닥이 지면 아래로 파고 들어간 움막 100여 채가 모여 있었다. 이런 움막을 건설하려면 상당한 노동력을 투자해야 했으므로, 적어도 반(半)정주적인 생활을 했던 것 같다. 금속 사용은 매우 드물었지만, 구리

---

49 A. Kislenko and N. Tatarintseva, 'The eastern Ural steppe at the end of the Stone Age', in M. Levine et al. (eds.), *Late Prehistoric Exploitation of the Eurasian Steppe* (Cambridge: McDonald Institute for Archaeological Research, 1999), 183-216.
50 M. Levine and A. Kislenko, 'New Eneolithic and Bronze Age radiocarbon dates for north Kazakhstan and south Siberia', in K. Boyle et al. (eds.), *Ancient Interactions: East and West in Eurasia* (Cambridge: McDonald Institute for Archaeological Research, 2002), 131-4.
51 V.F. Zaibert, *Botaiskaya Kultura* (Almaty: KazAkparat, 2009); S.S. Kalieva and V.N. Logvin, *Skotovody Turgaya v Tret'em Tysyacheletii do Nashej Ehry* (Kustanai University, 1997).

(copper)가 가끔 발굴되는 점을 근거로 금석병용 시대(Eneolithic)라 하기도 한다. 목축과 관련해서도 중요한 변화가 있었는데, 극단적으로 말 사육에 집중하는 목축 문화가 갑자기 등장한 것이다. 보타이 문화와 테르섹 문화의 동물 뼈는 대다수가 말이고, 보타이 문화만 따지면 말 뼈가 거의 99퍼센트를 차지한다.[52] 중앙아시아 스텝 지역에서는 야생마가 상당히 많이 서식하고 있었다. 더 이전의 선사 시대에 이 지역에 살던 사람들도 말을 사냥하곤 했다. 그러나 보타이 문화에 이르러 갑자기 동물을 사육하는 문화가 등장했고, 이와 더불어 반정주적 마을이 나타났으며 물질문화에도 심대한 변화가 있었다.

보타이 문화는 1980년대 초부터 발굴되기 시작했다. 이 무렵 말을 사육했는지 사냥했는지, 발굴된 말 뼈가 생물학적으로 인위적 사육종인지 야생종인지를 두고 학계에서 상당한 논쟁이 벌어졌다. 일부 학자들의 주장은, 동물 크기의 변화가 뚜렷하게 관찰되지 않으며[53] 이로써 고기를 목적으로 하는 목축이 분명하게 등장했다고 보기 어렵다는 것이었다.[54]

---

52 S.L. Olsen, 'Early horse domestication: weighing the evidence', in S.L. Olsen et al. (eds.), *Horses and Humans: The Evolution of Human-Equine Relations* (Oxford: Archaeopress, 2006), 81-114; M. Levine, 'The origins of horse husbandry on the Eurasian steppe', in Levine et al. (eds.), *Late Prehistoric Exploitation of the Eurasian Steppe*, 5-58; Anthony, *The Horse, the Wheel, and Language*.
53 N. Benecke and A. von den Driesch, 'Horse exploitation in the Kazakh steppes during the Eneolithic and Bronze Age', in M. Levine et al. (eds.), *Prehistoric Steppe Adaptation and the Horse* (Cambridge: McDonald Institute for Archaeological Research, 2003), 69-82.
54 M. Levine, 'Exploring the criteria for early horse domestication', in M. Jones (ed.), *Traces of Ancestry: Studies in Honour of Colin Renfrew* (Cambridge: McDonald Institute for Archaeological Research, 2004), 115-26.

그러나 또 다른 학자들은, 주거지의 반정주적 특성과 사냥 도구가 흔히 발굴되지 않는 점으로 보아 동물을 사육했을 가능성이 더 크다고 주장했다.[55] 굳이 고기를 얻기 위해 동물을 사육했다고 전제할 필요는 없다. 오히려 승마, 고기, 심지어 우유까지 그 목적은 다양했을 수 있다. 야생 동물도 사냥하고 가축도 사육했을 가능성이 충분히 있다. 이는 이상한 개념으로 보일 수도 있겠다. 그러나 카자흐스탄을 포함하여 유라시아 청동기 시대에 우유를 얻기 위해 소를 사육하는 지역이 많았는데, 그들도 정기적으로 사냥을 한 것으로 밝혀졌다(앞에서 말한 순록 사육 참조).

지금으로서는 보타이 문화에서 말을 사육했다는 증거가 갈수록 많아지고 있다. 아마도 그 말은 인위적 사육종이었을 것이다. 두 가지 서로 다른 방법으로 발굴된 뼈와 치아의 질병을 분석했는데, 적어도 보타이 문화의 일부 말에서 재갈을 물리고 마구를 착용한 흔적이 발견되었다. 그러므로 승마나 다른 노동에 이용할 목적이 있었음을 알 수 있다.[56] 2009년에 이루어진 후속 연구에 따르면, 보타이 문화의 말들은 야생종에 비해 다리가 날씬했는데, 이는 나중에 같은 지역에서 사육되는 말들이 보이는 신체적 특징과 같았다. 가장 흥미로운 점은, 보타이 문화의 토기에서 마유(馬乳)의 지방질 잔류물이 발견되었다는 사실이다.[57] 마유는

---

55 Anthony, *The Horse, the Wheel, and Language*; Olsen, 'Early horse domestication: weighing the evidence'; S.L. Olsen, 'Early horse domestication on the Eurasian steppe', in M.A. Zeder et al. (eds.), *Documenting Domestication: New Genetic and Archaeological Paradigms* (Berkeley: University of California Press, 2006), 245-72.
56 A.K. Outram et al., 'The earliest horse harnessing and milking', *Science*, 323 (2009), 1332-5; D. Brown and D. Anthony, 'Bit wear, horseback riding and the Botai site in Kazakhstan', *Journal of Archaeological Science*, 25 (1998), 331-47.

대부분 다른 사회에서는 흔치 않으나, 오늘날 중앙아시아와 몽골 등지에서는 일상적으로 마유를 발효 음료로 마시고 있다. 더욱이 aDNA 연구를 통해 보타이 문화의 시기와 장소가 말의 사육종 유전자 탄생의 시기 및 장소와 일치하는 것으로 나타났다.[58] 결국 중앙아시아의 초기 목축은 말과 함께 시작되었다고 볼 수 있다. 또한 그들은 제1차 생산물뿐만 아니라 제2차 생산물도 이용했던 것으로 추정된다.

기원전 3500년경에 이르러 보타이 문화 사람들은 가까운 근동 지역의 사회와 접촉했던 것 같다. 근동 지역에서는 이미 반추 동물을 사육하고 있었다. 그렇다면 카자흐스탄에서는 왜 유독 말 사육에 초점을 맞추고 있었을까? 물론 말이 그 지역의 야생에서 흔히 볼 수 있는 동물이었기 때문이기도 하지만, 추운 겨울에 적응하는 것이 더 중요한 문제였다. 말은 땅바닥에 쌓인 눈을 헤치고 묻혀 있는 풀을 뜯을 수 있었으므로 겨울에도 언제나 방목이 가능했다.[59] 건초를 준비하거나 은신처를 만들어 줄 필요도 없었다. 이를 통해 독특한 목축 사회가 어떻게 출현했는지 충분히 설명이 되리라고 본다. 그리고 이후 같은 지역에서 실시된, 여러 동물이 혼합된 목축을 이해하는 데에도 중요한 요소가 될 것이다. 청동기시대에는 사육종 말이 유라시아 전역으로 확산되었다. 가장 이른 시기의 사육종 말에 대한 고고학적 증거가 분명하게 확인된 곳은 보타이 문

---

57 Outram et al., 'The earliest horse harnessing and milking'.
58 A. Ludwig et al., 'Coat colour variation at the beginning of horse domestication', *Science*, 324 (2009), 485.
59 L. Koryakova and B. Hanks, 'Horse husbandry among early Iron Age trans-Ural societies', in Olsen et al. (eds.), *Horses and Humans*, 275-87.

화지만, 사육종이 출현한 최초의 시기 혹은 장소는 보타이 문화가 아닐 수도 있다. 오늘날 사육되는 말을 대상으로 하는 미토콘드리아 DNA 연구 결과, 조상 암말은 한두 마리가 아니라 상당히 많았다. 이는 사육종 말이 한 시기 한 지역에서가 아니라 독립적으로 여러 곳에서 출현했음을 의미한다. 그러나 Y염색체 연구에서는 조상 수말의 수가 상당히 제한적인 것으로 나타났다. 이로 보아 초기에 사육종 가축화에 성공한 어느 지역에서 교역을 통해 종마를 판매했고, 그 종마를 구입한 지역에서 종마와 야생 암말이 우연히 혹은 의도적으로 교배하여 사육종이 확산되었던 것 같다.[60]

기원전 제3천년기가 시작되면서 보타이 문화와 테르섹 문화는 막을 내린다. 그 이후로는 주거의 흔적이 거의 발견되지 않다가 기원전 제3천년기 말기에 가서 확립된 청동기 문화가 등장한다. 세르게예프카(Sergeevka)와 발란디노(Balandino)는 기원전 제3천년기 중엽의 유적인데, 말 중심의 금석병용 시대 경제에서 반추 동물 중심의 청동기 시대 경제로 넘어가던 이행기의 대표적 유적이다.[61] 간헐적으로 이와 같은 유적들은 발견되지만, 기원전 제3천년기 대부분의 시기에 걸쳐 스텝 지역에서 인류가 활동했던 흔적이 거의 발견되지 않는 점은 무언가 석연치 않다. 실제로 그 시기에 사람이 살지 않았던 것인지, 아니면 고고학의 특성상 흔적이 쉽게 발견되지 않을 뿐인지는 검토해보아야 할 문제다. 금

---

60 V. Warmuth et al., 'Reconstructing the origin and spread of horse domestication in the Eurasian steppe', *Proceedings of the National Academy of Sciences*, 109 (2012), 8202-6.
61 Frachetti, *Pastoralist Landscapes*.

석병용 시대는 반(半)정주적 문화였고, 따라서 생활 쓰레기 더미를 남겼으며, 그 속에서 다양한 잡동사니들이 발견되는 것은 분명한 사실이다. 그러나 만약 그 뒤에 이어지는 시대의 문화가 순전히 유목 문화였고, 그래서 어떤 식으로든 기념비적 건축물을 전혀 남기지 않았다면(실제로 보타이 문화의 사람들은 무덤을 만들지 않았다) 그들의 흔적을 발견하기란 결코 쉽지 않을 것이다.[62] 다른 지역에 있는 규모가 큰 유적지에서도 절대 연대를 확정하기가 쉽지 않은데, 유목민의 캠프에서 간헐적으로 남긴 유물만 가지고 어떻게 연대를 비정할 수 있겠는가? 다시 한 번 의문을 제기하자면, 금석병용 시대 이후 스텝 지역에서는 과연 실제로 공백기가 존재했을까? 이는 어느 정도 모습이 드러난 목축 사회 유형을 연구할 때조차 그를 둘러싼 고고학적 불확실성이 여실히 존재한다는 사실을 분명하게 보여주는 사례라 하겠다.

그다음으로 청동기 시대의 중요한 발달상을 보여주는 문화는 신타슈타(Sintashta) 문화다. 시기는 기원전 2100~1800년이고, 위치는 우랄 산맥과 토볼강(Tobol river) 사이의 스텝 지대다. 이 문화의 주거지 가운데 가장 대표적인 것이 아르카임(Arkaim) 유적지다. 원형 요새로 성벽이 둘러져 있고, 바퀴살처럼 내부 구획이 나뉘어 있다. 신타슈타와 아르카임 유적의 한가운데에서 동물 뼈(소 60퍼센트, 양·염소 26퍼센트, 말 13퍼센트)로 이루어진 쓰레기 더미가 발굴되었는데, 이로써 해당 지역의 목축에서 동물 구성에 큰 변화가 생겨 반추 동물 위주가 되었음

---

62 A.K. Outram et al., 'Horses for the dead: funerary foodways in Bronze Age Kazakhstan', *Antiquity*, 85 (2011), 116-28.

을 알 수 있다. 그러나 당시 사회적 지위가 높은 인물의 부장물로는 말이 핵심 요소였고, 신타슈타 문화에 속하는 유물이 풍성한 무덤에는 전차(chariot)가 포함되어 있었다. 카자흐스탄 북부의 신타슈타 문화는 기원전 제2천년기 초기의 페트로브카(Petrovka) 문화로 이어졌다. 페트로브카 문화의 매장지에도 마구(馬具) 및 전차와 함께 말이 부장되어 있었다. 그러나 이 같은 구성의 매장지는 시간이 지나면서 점차 줄어드는 경향을 보였다.[63]

청동기 후기의 카자흐스탄 중부와 북부를 주도한 문화는 안드로노보(Andronovo) 문화였다. 기원전 제2천년기 중엽에 해당하는 이 시기 동안 생활 경제는 계속해서 반추 동물 사육에 중점을 두었다.[64] 그러나 안드로노보 문화에 속하는 무덤의 형태는 더욱 단순해졌고, 매장과 화장이 모두 흔했으며, 기하학적 문양의 토기가 부장되었다. 장례에서 동물을 희생시키는 관습도 지속되었으나, (말 이외에도) 특히 개를 포함하여 여러 다른 종이 주로 머리와 다리만 묻힌 채 발견되었다. 청동기 시대 마지막 단계(c. 1300~900 BCE)의 카자흐스탄은 사르가리(Sargary) 문화와 베가지-단디배프스키(Begazy-Dandybaevsky) 문화로 이루어져 있었다. 이때도 무덤에 함께 매장된 동물 중에는 반추 동물이 섞여 있었다. 다만 부장품은 비교적 검소해졌는데, 토기와 가끔 장신구가 포함되어 있었다.[65]

63 Anthony, *The Horse, the Wheel, and Language*; Outram et al., 'Horses for the dead'.
64 A.K. Outram et al., 'Patterns of pastoralism in later Bronze Age Kazakhstan: new evidence from faunal and lipid residue analyses', *Journal of Archaeological Science*, 39 (2012), 2424-35; Frachetti, *Pastoralist Landscapes*.

청동기 후기로 갈수록 매장 동물 가운데 말의 비율이 줄어든 것은 분명하지만, 이 전통은 이후 시대에도 대체로 지속되었다. 무덤 유적마다 말 비율은 서로 달랐지만, 줄었다고 하더라도 어쨌든 상당한 비중을 차지하는 것은 변함이 없었다. 토기에 남아 있는 지방질을 분석해보면 반추 동물의 우유와 고기에서 나온 지방이 굉장히 자주 나타나고, 말은 이보다 훨씬 드물다. 같은 지역에서 목축의 구성을 감안할 때 주로 소는 우유를 얻기 위해 키웠고, 양과 염소는 고기를 얻는 것이 목적이었다.[66] 작은 동물을 잡아서 고기를 얻는 편이 일도 더 쉬웠을뿐더러 소를 도축하지 않고 계속 유지함으로써 우유를 최대한도로 이용할 수 있었다. 유럽과 중앙아시아에서 발굴된 동물의 비율을 조사해보니, 전반적으로 환경이 건조해질수록 소 사육이 줄어들었다. 이는 단순히 생태 환경에 적응하는 과정의 문제로 이해할 수 있다.[67] 말은 가축 무리를 통제할 때 타거나 기타 운송 수단으로 사용했기 때문에 언제나 중요한 동물이었다. 그러나 말의 독특한 능력도 매우 중요한 요소였다. 말은 눈 덮인 지역에서도 스스로 눈을 헤치고 눈 속에 묻혀 있는 풀을 찾아 먹을 수 있다. 게다가 말이 눈을 치워줌으로써 다른 반추 동물도 풀을 뜯을 수 있는 기회가 더 늘어난다. 이처럼 말은 겨울철 가축 무리에게 닥친 위험을 완화하는 역할을 하기 때문에, 반추 동물 삼총사에 더하여 말을 기르는 것은

---

65 Outram et al., 'Horses for the dead'.
66 Outram et al., 'Patterns of pastoralism'.
67 R. Bendrey, 'Some like it hot: environmental determinism and the pastoral economies of the later prehistoric Eurasian steppe', *Pastoralism: Research, Policy and Practice*, 1 (2011), 1-16.

다만 장식용이 아닌 것이다. 신타슈타 문화와 페트로브카 문화에서 말의 가치가 어떠했는지는 그들의 쿠르간(kurgan, 무덤)에 잘 표현되어 있다. 청동기 후기에는 말 위주의 목축 문화가 아니었음에도 불구하고 주거지 유적보다 무덤 유적에서 말 뼈가 훨씬 더 많이 발굴된다. 또한 의례용 토기에는 말과 관련된 잔류물이 훨씬 더 많이 남아 있다.[68] 말은 아마도 사회적 지위에 연관된 요소였을 텐데, 말과 관련된 음식 또한 특별한 의례에 사용되었던 것 같다. 유적에서 발굴되는 말의 비율은 카자흐스탄 지역 어디서든 비슷하며, 소와 염소의 비율도 마찬가지다.[69] 아마도 말의 개체 수는 기후보다 부와 사회적 지위와 관련되는 것이 아니었을까?

청동기 시대 말기 유적 가운데 가장 의미심장한 켄트(Kent) 유적은 카자흐스탄 중동부 지방에 위치한다. 인상적으로 큰 규모의 주거지 유적인데, 주변에는 위성 주거지가 많고 근처에 무덤 건축물도 많이 있다. 주거지 건축에는 돌이 많이 사용되었고, 피자 모양 같은 뚜렷한 도시 구획이 있었다. 목축민은 고도의 이동식 생활을 했으리라는 추측이 있었지만, 켄트 유적을 비롯하여 신타슈타, 페트로브카, 안드로노보 문화의 주거지를 볼 때 유목이 아니라 이목 생활을 했던 것 같다. 앞에서도 간략히 연구 방법론을 언급했듯이, 동위원소 연구 결과도 앞으로 이들 문화의 특성을 밝히는 데 크게 기여할 것으로 예상된다. 최근 민속학적 관찰 결과 때문에 고고학자들이 목축민의 이동 생활에 관해 과도한 선입

---

68 Outram et al., 'Horses for the dead'.
69 Outram et al., 'Patterns of pastoralism'.

관을 가졌던 것은 아닐까? 진정한 유목민의 흔적을 과연 우리가 제대로 추적할 수 있을까?

결론

이번 장에서는 목축 경제에서 가장 중요하게 거론되는 문제들을 요약하고, 최신 방법론을 통해 연구가 어디까지 와 있는지 대강을 그려보았다. 전 세계 전 지역을 아우르는 이 주제를 짧은 글에서 모두 포괄하기란 불가능한 일이다. 다만 이 글에서 언급한 사례 연구를 통해, 고고학자들이 목축 경제를 이해하기 위해 매우 머나먼 길을 걸어왔다는 사실은 분명히 밝혀두고자 했다. 최근의 지정학적 문제와 고고학자들의 접근 제한으로 핵심 지역 연구가 누락되는 문제가 있으며, 또한 목축 경제의 특성상 고고학적 유물이 흔치 않은 문제도 있다. 그러나 오늘날의 우리는 다양한 신기술 연구 방법론으로 무장하고 있다. 그래서 생활 경제, 생태 환경, 이동식 생활, 이주 등의 문제에 대해 근본적 의문을 제기할 수 있는 수준에 이르렀다. 또한 이러한 연구는 목축 사회에 대한 우리의 이해를 넓히는 데 크게 기여할 것이다.

더 읽어보기

Anthony, D.W. *The Horse, the Wheel, and Language: How Bronze-Age Riders from the Eurasian Steppes Shaped the Modern World.* Princeton University Press, 2007.

Balasse, M., S.H. Ambrose, A.B. Smith, and T.D. Price, 'The seasonal mobility model for prehistoric herders in the south-western cape of South Africa assessed by isotopic analysis of sheep tooth enamel.' *Journal of Archaeological Science*, 29 (2002), 917-32.

Barker, G. *The Agricultural Revolution in Prehistory: Why did Foragers Become Farmers?* Oxford University Press, 2006.

Bendrey, R. 'Some like it hot: environmental determinism and the pastoral economies of the later prehistoric Eurasian steppe.' *Pastoralism: Research, Policy and Practice*, 1 (2011), 1-16.

Clutton-Brock, J. *A Natural History of Domestic Mammals.* 2nd edn. Cambridge University Press, 1999.

Copley, M.S., R. Berstan, S.N. Dudd, et al. 'Direct chemical evidence for widespread dairying in prehistoric Britain.' *Proceedings of the National Academy of Sciences*, 100 (2003), 1524-9.

Evershed, R.P., S. Payne, A.G. Sherratt, et al. 'Earliest date for milk use in the Near East and southeastern Europe linked to cattle herding.' *Nature*, 455 (2008), 528-31.

Fijn, N. *Living with Herds: Human-Animal Coexistence in Mongolia.* Cambridge University Press, 2011.

Frachetti, M.D. *Pastoralist Landscapes and Social Interaction in Bronze Age Eurasia.* Berkeley: University of California Press, 2008.

Gerbault, P., A. Liebert, Y. Itan, et al. 'Evolution of lactase persistence: an example of human niche construction.' *Philosophical Transactions of the Royal Society B*, 366 (2011), 863-77.

Ingold, T. *Hunters, Pastoralists and Ranchers.* Cambridge University Press, 1980.

Jordan, P. (ed.). *Landscape and Culture in Northern Eurasia.* Walnut Creek, CA: Left Coast Press, 2011.

Legge, A.J. 'Aspects of cattle husbandry.' In R. Mercer (ed.), *Farming Practice in British Prehistory.* Edinburgh University Press, 1981. 169-81.

Marshall, F. and E. Hildebrand. 'Cattle before crops: the beginnings of food production in Africa.' *Journal of World Prehistory*, 16 (2002), 99-143.

Mulville, J. and A.K. Outram (eds.). *The Zooarchaeology of Fats, Milk and Dairying.* Oxford: Oxbow, 2005.

Outram, A.K., A. Kasparov, N.A. Stear, et al. 'Patterns of pastoralism in later Bronze Age Kazakhstan: new evidence from faunal and lipid residue analyses.' *Journal of Archaeological Science*, 39 (2012), 2424-35.

Outram, A.K., N.A. Stear, R. Bendrey, et al. 'The earliest horse harnessing and milking.' *Science*, 323 (2009), 1332-5.

Outram, A.K., N.A. Stear, A. Kasparov, et al. 'Horses for the dead: funerary foodways in Bronze Age Kazakhstan', *Antiquity*, 85 (2011), 116-28.

Payne, S. 'Kill-off patterns in sheep and goats: the mandibles from Asvan Kale.' *Anatolian Studies*, 23 (1973), 281-303.

Reitz, E.J. and E.S. Wing. *Zooarchaeology*. 2nd edn. Cambridge University Press, 2008.

Ryan, K. 'Facilitating milk let-down in traditional cattle-herding systems: East Africa and beyond.' In J. Mulville and A.K. Outram (eds.), *The Zooarchaeology of Fats, Milk and Dairying.* Oxford: Oxbow, 2005. 96-106.

Ryder, M.J. 'Livestock products: skins and fleeces.' In R. Mercer (ed.), *Farming Practice in British Prehistory.* Edinburgh University Press, 1981. 182-209.

Sherratt, A.G. 'Plough and pastoralism: aspects of the secondary products revolution.' In I. Hodder, G. Isaac, and N. Hammond (eds.), *Pattern of the Past: Studies in Honour of David Clarke.* Cambridge University Press, 1981. 261-306.

_____. 'The secondary products revolution of animals in the Old World.' *World Archaeology*, 15 (1983), 90-104.

Smith, A.B. *Pastoralism in Africa: Origins and Development Ecology.* London: Hurst, 1992.

Vigne, J. D. and D. Helmer. 'Wasmilk a "secondary product" in the OldWorld neolithisation process? Its role in the domestication of cattle, sheep and goats.' *Anthropozoologica*, 42 (2007), 9-40.

CHAPTER 7

농업과 도시화

다프네 갤러거Daphne E. Gallagher
로드릭 매킨토시Roderick J. McIntosh

농업의 기원을 이야기할 때 도시를 같이 거론하는 경우는 거의 없었다. 대체로 도시가 발달할 무렵이면 농업은 이미 완전히 자리 잡은 단계에 도달해 있었기 때문이다. 이 둘을 묶어서 한꺼번에 이야기한다면, 도시는 이야기의 맨 끝에 등장할 것이다. 농업 기반이 효율적이고 안정적으로 발달한 뒤에야 비로소 도시가 탄생할 수 있다. 그러나 도시를 이야기할 때는, 도시의 기원이든 종말이든 농업 이야기를 기초로 하는 것이 상식이었다.[1] 예컨대 비트포겔(Wittfogel)이나 차일드(Childe) 같은 학자들은 도시 관련 논의의 초점을 권력의 기원에 맞추었는데, 그 권력이란 농작업이나 생산물을 통제하는 힘을 일컫는 말이었다.[2] 그러나 도시에 관한 우리의 고고학적 이해는, 소수의 부유한 권력자가 아니라 보통의

---

1 최근의 예는 다음을 참조. G.L. Cowgill, 'Origins and development of urbanism: archaeological perspectives', *Annual Review of Anthropology*, 33 (2004), 525-49; J. Marcus and J. Sabloff (eds.), *The Ancient City: New Perspectives on Urbanism in the Old and New World* (Santa Fe, NM: School for Advanced Research Press, 2008); M.L. Smith (ed.), *The Social Construction of Ancient Cities* (Washington, DC: Smithsonian Institution Press, 2003); G. Storey (ed.), *Urbanism in the Preindustrial World: Cross-Cultural Approaches* (Tuscaloosa: University of Alabama Press, 2006).
2 K.A. Wittfogel, *Oriental Despotism: A Comparative Study of Total Power* (New Haven, CT: Yale University Press, 1957); V.G. Childe, 'The urban revolution', *Town Planning Review*, 21 (1950), 3-17.

시민으로 점차 초점을 옮겨 가고 있다. 기존의 엘리트 중심 서술 방식을 넘어서야 할 이유가 갈수록 분명해지고 있다. 식량 생산과 농업(그리고 목축) 잉여 생산물 처분은 특히 문화 및 자연환경적 맥락에서 이루어졌다. 이는 결국, 전 세계적 연구를 통해 확인되는바 (산업화 이전의) 도시 발달로 이어졌다. 또한 도시의 규모와 인구 밀도 등 인구압이 커지면서 도시민(그리고 새로운 사회·정치적 제도)은 농업의 혁신을 촉진했고, 그에 따라 다양한 농업 관련 기술과 재배 방식이 개발되었다.

이번 장에서는 농업(그리고 전반적인 식량 생산)과 도시 사회의 관계라는 주제를 소개해보려 한다. 아마도 이 시리즈의 다른 권에서도 같은 주제를 다루는 논의들이 몇 편 등장할 것이다. 고고학적으로 초기 도시를 비교 연구하는 데 핵심은 식량 생산을 둘러싼 복잡한 관계(어디서, 누구에 의해, 누구를 위해, 관련 상징 등), 잉여 생산물의 처분, 교환, 운송 관련 결정, 그리고 식량과 농산물을 둘러싼 권력(power-authority) 등이다. 이번 장에서 이 같은 다양한 도시적 맥락들을 종합적으로 논의할 수는 없다. 그래서 우리의 논의는 두 가지 문제에 초점을 맞추고자 한다. 즉 도시와 농업 관행의 관계, 그리고 농업의 생산 목표 설정과 방법이 그것이다. 기존의 역사학 논의에서는 도시, 잉여 생산물, 정부 형태의 위계질서 같은 주제를 서로 연결시켜왔다. 우리의 논의는 기본적으로 이에 대한 비판으로부터 시작될 것이다. 이를 통하여 도시와 배후지의 관계를 재검토하고, 도시의 농업 시스템을 발전 및 유지시키는 데 기여한 자연환경, 기술, 문화적 요인들을 살펴볼 것이다. 결론적으로 제니-제노(Jenne-jeno)의 사례를 검토할 텐데, 이 사례가 도시 사회의 농업 생산 관련 상식, 특히 엘리트 통제하의 잉여 생산물 관리라는 기존의 상식을 어떻게 벗어나는지 구체적으로 보여줄 것이다.

역사적 관점에서 본 도시와 농업, 잉여 생산, 절대 군주

전통적으로 농업은 도시의 필수 조건이었다. 그러나 또한 도시 대 시골이라는 대립 관계가 설정되기도 했다(앞으로 보게 되겠지만, 이런 이항 대립은 허구적이다). 고대 도시에 관한 글을 남긴 많은 영향력 있는 학자들(예컨대 Fustel de Coulanges, James Henry Breasted, William Foxwell Albright, Max Weber, Oswald Spengler, Karl Wittfogel, 그리고 Friedrich Engels까지³)은 도심에서 볼 수 없는 정직과 경건함이 (목가적) 농촌의 특징이라고 했다. 이런 개념 때문에 점차 타락한 도시 엘리트라는 이미지도 만들어지게 되었다. 억압받는 민중은 그들에게 농업 잉여 생산물을 빼앗기고, 이를 기반으로 그들의 더러운 압제가 유지된다는 담론이다. 이러한 담론의 대표적 사례가 야훼 숭배주의(Yahwism)였다. 그들의 성서 해석에서는 농촌-도시 담론이 암묵적으로 끈질기게 유지되었다. 이 문제를 연구한 매킨토시(McIntosh)의 주장에 따르면, 이러한 담론이

---

3 N.D. Fustel de Coulanges, *La cité antique: étude sur le culte, le droit, les institutions de la Grèce et de Rome* (Paris: Librairie Hachette, 1864); J.H. Breasted, *Ancient Times - A History of the Early World* (Boston: Athenaeum Press, 1916); W.F. Albright, *Archaeology and the Religion of Israel* (Baltimore, MD: Johns Hopkins University Press, 1956); M. Weber, *The City*, trans. D. Martindale and G. Neuwirth (Glencoe, IL: Free Press, 1958 [1921]), and *Economy and Society: An Outline of Interpretive Sociology*, 3 vols. (New York: Bedminster Press, 1968 [1922]); O. Spengler, *The Decline of the West: Perspectives of World-History*, 2 vols., trans. C.F. Atkinson (New York: Knopf, 1926-8 [1918-23]); K.Wittfogel, *Oriental Despotism: A Comparative Study of Total Power* (New Haven, CT: Yale University Press, 1957); F. Engels, *The Origin of the Family, Private Property and the State* (London: Lawrence & Wishart, 1942 [1884]).

고대 도시와 관련된 논의뿐만 아니라 도시 내 다양한 계층의 토지, 노동, 농업 생산, 잉여 생산물 등과 관련된 논의에서도 마찬가지의 선입관을 만들어낸다.[4] 그래서 레반트 지역의 특이한 도시 전통뿐만 아니라 다른 지역의 도시들, 서아프리카나 신석기 시대 후기 중국 같은 곳에서 등장한 도시들이 기존의 선입관 때문에 제대로 주목받지 못하는 경향이 있었다. 이들 도시가 기존의 선입관에 입각한 도시 전형(엄청난 노동력을 투자해 성벽을 쌓고 중심부를 요새화한 도시)에 부합하지 않았기 때문이다.[5]

모든 사회사상가는 정도의 차이는 있겠지만 나름대로 고대 도시를 논의한 적이 있었다. 그들의 영향력은 각자 달랐을 테지만, 그들의 글에는 공통된 도시 개념이 포함되어 있었다. 그들의 글에 나타난 도시화란 근본적으로 새로운 질서를 창조하는 과정이었다. 그것은 소수에 의한 다수 지배, 즉 위계질서를 숭상하는 영원한 인간의 본성을 기반으로 한 질서였다. 새로운 통제 방식에 따라 자급자족적 농업 생산 관계는 중단되었다. 도시화의 과정에서 모든 도시민은 기본적 자유를 박탈당했고, (친족 관계를 바탕으로 하는) 기존 공동체의 결속 관계도 상실했다. 야훼 숭배주의자들은 도시화 과정에서 신과의 약속을 통한 신과 인간의 관계도 빼앗겼다고 말한다. 위계질서는 도시의 근본적 전제 조건이다. (위계질서가 잡힌 상황에서 도시가 형성되고, 농업 생산이 조직화되고, 잉여 생산물

---

4 R.J. McIntosh, 'Western representations of urbanism and invisible African towns', in S. McIntosh (ed.), *Beyond Chiefdoms: Pathways to Complexity in Africa* (Cambridge University Press, 1999), 56-65.
5 R.J. McIntosh, 'Early urban clusters in China and Africa: the arbitration of social ambiguity', *Journal of Field Archaeology*, 18 (1991), 199-212.

이 활용되어 인구가 증가하고, 또한 위계질서를 활용하여 새로운 사회정치적 각축장 속에서 인력을 지휘한다.) 위계질서는 근본적인 인간의 가치 혹은 인간의 역사 담론을 통해 정당화된다. 학자들은 그것이 당연한 일이며 움직일 수 없는 명분이라고 말한다.

산업화 이전의 옛날 도시는 많은 이론가들의 글에서 중심 주제가 되었다. 이론가들은 도시 문제와 도덕적 삶의 문제를 연결시켰으며, 이는 학계에서뿐만 아니라 이를 받아들이는 현세의 지도자들에게도 많은 공감을 불러일으켰다. 매킨토시의 연구에 따르면, 그 이유 중 적어도 하나는 야훼 숭배주의와 뿌리가 닿아 있다. 수많은 성서학자들이 세대를 거듭하며 야훼 숭배주의를 추종했다. 특히 도시의 기원을 연구한 많은 사회학자들도 그랬다. 야훼 숭배주의란 한편으로 성서 주석학의 전통을 가리키며, 동시에 이스라엘 사람들의 삶의 방식을 의미한다.[6] 야훼 숭배주의에서는 이상화된 목가적 경건함이 긍정적 가치로 평가되며, 도시 거주민의 타락한 생활은 저주를 부른다. 이 같은 이분법은 성서 구약학의 근간이 되어 있다. 한때는 모든 연구자가 이를 따를 만큼 획일적이었고, 지금도 여전히 해당 분야의 학문적 주류를 차지하고 있다. 이러한 성서 해석 전통을 역사적으로 들여다보면, 초기 도시들이 왜 도덕적 타락의 상징이 되었는지, 그리고 왜 농업이 그러한 가치 판단에 개입되었는

---

6 N.K. Gottwald, *The Tribes of Yahweh: A Sociology of the Religion of Liberated Israel 1250-1050 BCE* (Maryknoll, NY: Orbis, 1979); D.C. Benjamin, *Deuteronomy and City Life* (Lanham: University Press of America, 1983); V.H. Matthews and D.C. Benjamin, *The Social World of Ancient Israel, 1250-587 BCE* (Peabody: Hendrickson Press, 1993).

지 분명하게 드러난다.

야훼 숭배주의 전통에 따른 유대-기독교식 경건함의 가르침은 역사학에서 청동기 시대 레반트 지역을 해석하는 데에도 크게 영향을 미쳤다. 당시는 이스라엘 사람들이 사악하고 타락한 지중해 연안 도시들에 대항하여 봉기를 일으킬 때였다. 시기적으로는 대략 기원전 1800~1200년(특히 기원전 1550년경 이후)이었다. 이때 레반트 남부 지역 해안의 청동기 시대는 기근, 정치적 혼란, 전염병으로 대혼란에 빠져들었다.[7] 오늘날의 학자들은 이 혼란을 기후 변화의 결과로 해석하고 있다. 또한 히타이트, 후르리, 힉소스, 이집트 등 외부 세력의 침략도 혼란의 원인이 되었다. 가끔씩 지역에 따라 정변이 일어나기도 했다. 그러나 19세기 및 20세기 초의 일부 연구자들은 야훼 숭배주의에 입각하여, 청동기 시대 후기 도시 문화의 붕괴를 신의 징벌로 이해했다.

야훼께서는 가나안의 도시 문화에 굉장한 불쾌감을 드러내셨다. 복잡한 도심의 물질적 풍요(도시 구성원 가운데 노예나 하인이 생산한 잉여 농산물도 포함)를 기꺼이 떠나 야훼의 보살핌 아래 여유로운 (목가적) 삶을 살면서 영적 충만을 추구하는 이에게 야훼는 축복을 약속하셨다. 초기의 도시는 모든 잉여 생산물(공예품이든 농산물이든), 재산, 사악함을 실제로 간직하는 동시에 그 모든 것을 상징하는 존재이기도 했다. 이는 여유로운 유대산맥 언덕(Judaean hills)으로 가면 모두 떨쳐버릴 것들이었다. 이 같은 야훼와 인간의 새로운 관계를 선택한 선구자들은 도시 성

---

7 Gottwald, *Tribes of Yahweh;* Matthews and Benjamin, *Social World of Ancient Israel,* 3-5; A. Mazar, *Archaeology of the Land of the Bible, 10,000-586 BCE* (New York: Doubleday, 1990), 191-300.

벽의 안전을 태워버려야 할 희생 제물로 간주했다. 성채와 사원에는 언제나 관료주의가 득세할 가능성이 숨어 있었다. 특히 해안 평야 지대에서 풍성히 수확하고 목축이 번성한 경우에는 더욱 그러했다. 이런 명백한 이익을 포기할 수 있어야만 새로운 경건함을 추구하는 사람들이 전지전능하신 신으로부터 선택받을 수 있는 위치에 서게 되는 것이다.

야훼 숭배주의자의 입장에서 초기 도시는 독특한 사회정치적 구조를 가지고 있었다. 그 구조의 중심에는 왕권이 있었고, 잉여 생산물로 유지하는 상비군이 있었다. 호시탐탐 도시를 노리는 이웃들을 막아내고, 또한 성벽 내에서도 국가의 물리력을 행사하려면 상비군이 반드시 필요했다. 도시에는 자유민 신분을 얻지 못한 사람들이 있었고, 도시 경제는 이들의 노동력에 의존했다. 그들은 법적으로 노예 신분이거나, 사실상의 예속 신분인 도시 거주 농민이었다. 군주와 친인척 관계에 있는 극소수의 사람들만이 자유로운 신분을 얻었고, 나머지 모든 사람은 왕에게 예속된 존재였다. 그래서 야훼 숭배주의자들의 해석에 따르면, 도시 생활은 곧 절대 복종, 군주에 대한 절대 충성이었다. 군주의 권위는 전제 군주와 도시의 신격 사이의 배타적이고 개인적인 관계에 의해 주어지는 것이었다. 이것이 바로 막스 베버가 말한 왕권신수설(Gottesgnadentum)의 전조였다.[8] 국가(그리고 왕의 거처로서의 도시 등 국가에 수반되는 모든 제도)는 신과 군주의 관계를 표현하는 것이었다. 결과적으로 군주의 권력은 절대적이었다. 국가를 감시할 더 높은 존재는 있을 수 없었다.

도덕적 타락의 전형으로서의 도시는 (동시에 암묵적으로 강조되는 경

---

8 Weber, *Economy and Society*, vol. I , 241-3.

건한 맹세의 가치는) 서양의 지적 전통의 한 가닥으로 자리 잡았다. 만약 고고학의 도시 연구 성과를 재검토하고자 한다면, 레반트 지역이든 다른 어느 곳이든 이러한 지적 전통의 영향을 제대로 알고 분석할 필요가 있다. 초기 도시에 관한 역사사회학적 연구의 기준을 세운 학자들 가운데 이러한 선입관에서 벗어난 사람은 거의 없었다. 도시의 속박, 전제적 통치의 횡포, 도시 생활의 경박함은 끝없이 이어지는 이야기였다. 그리고 이 모든 이야기의 근원에는 야훼 숭배주의자들의 해석이 자리 잡고 있었다. 도시 생활에 대한 전통적 불신은 최초의 도시를 발굴한 고고학자들에게도 고스란히 전달되었다.[9] 고고학자들도 천박한 전제 군주(자유 의지에 따라 신에게 맹세한 이들과 정반대편에 서서 유대산맥 언덕 위의 목가적 삶을 거칠게 욕하는 자)의 억압 아래 놓인 도시라는 개념에 사로잡혀 있었다. 그래서 최초의 도시에서도 그러한 흔적을 증언해줄 유물이나 특징을 찾아보고자 했다. 니네베(Nineveh) 발굴을 준비하던 레이어드(Layard)는, 뭐라도 발견되면 당연히 그처럼 천박한 전제 군주 국가의 특성이 나타나리라고 확신했다. "요새화된 이들 성채 안에 왕궁과 그에 부속된 사원 혹은 공공 건물 이외에 다른 무슨 건물들이 많았다고 보기는 어렵다."[10]

초기 고고학자들의 발굴은 대개 사원과 궁전에 초점을 맞추었다. 이런 건축물에서 잉여 농산물 통제가 이루어진다고 보았기 때문에, 이를 근거로 사회정치적 구조에 대한 결론도 내렸다. 전형적인 예를 들자면,

---

9 McIntosh, 'Early urban clusters', 202.
10 A.H. Layard, *Discoveries in the Ruins of Nineveh and Babylon* (London: John Murray, 1953), 639-40.

막스 베버의 글에서 도시란 전제 군주의 의지를 드러내는 인공 구조물이며, 농업 노동의 통제를 둘러싼 착취 경제와 사회 구조의 각축장이다.

> 중국, 메소포타미아, 이집트, 그리고 때로는 군벌이 수립한 그리스의 도시들까지, 그곳에는 자유 의지로 이주해 온 사람들뿐만 아니라 필요한 대로, 또한 기회가 닿는 대로 이리저리 몰고 다니는 가축 취급을 받는 인간들도 있었다. 이러한 면모는 메소포타미아에서 가장 두드러졌다. 강제 이주자들은 그곳에서 운하를 파야 했고, 그 덕분에 사막 한가운데 도시를 건설할 수 있었다. 이런 경우 관리 권한을 가진 군주는 절대 권력자였다. 자치 조직은 결코 만들어질 수 없었다.[11]

여기서 사는 사람들, 즉 "가축 인간"에게 자유는 털끝만큼도 허용되지 않았다. 그들은 (주로 농업) 노동력의 단위로서, 도시의 신격과 약속 관계에 있는 전제 군주의 권위에 묶여 있는 사람들이었다. 초기 도시의 사회적 구조를 기능 면에서 연구한 비트포겔의 표현은 더욱 냉정했다.

> 수메르, 바빌론, 이집트의 통치자들은 화려한 궁전과 정원과 무덤을 조성하기 위해서 백성의 노동력을 무제한적으로 동원했다.[12]

비트포겔에 따르면, 세계 최초의 도시가 건설된 메소포타미아의 그

---

11 Weber, *Economy and Society*, vol. III , 1244-5.
12 Wittfogel, *Oriental Despotism*, 39.

건조한 땅에 농사를 지으려면 대규모 정부 조직이 반드시 있어야 했다. 관개 시설을 건설하여 관리했고, 전문가들을 불러 건설 작업에 참여하도록 지휘했으며, 주변의 농부에게서 구할 수 없는 물자는 원거리 교역을 통해 마련해야 했다. "수력"을 이용한 사회 통제(지휘하는 자가 세속 군주든 사원 관료든 상관없이, 대부분의 노동력은 항구적으로 예속화하고 극소수에게만 기본적 자유를 허용했다)가 가능해지자, 도시 안에 기념비적 건축물(방어 시설, 도로, 궁전, 사원, 무덤)도 건설할 수 있게 되었다. 이러한 건축물들은 통치자의 권위를 오래도록 기념하는 수단이 되었다. 비트포겔의 추론에서 가장 중요한 점은, 심각한 사회 질서의 변동이 있고 나서야 (전제 군주 이데올로기의 물질적 표현으로서의) 도시가 등장할 수 있다는 주장이다. "이 모든 관개 시설 및 기념비적 건축물 건설을 지휘할 정부 조직은 … 평등한 관계의 원시 부족 사회가 관료 조직(부족 차원이든 아니든)에 권력을 넘겨준 곳에서는 어디서든 나타나게 마련이다."[13] 그러므로 도시란 새롭게 구축된 사회 질서의 산물이다. 그 질서는 합의된 규칙 아니라, 부유하고 노동력을 통제하는 엘리트의 괴상한 세습 군주제가 지정한 사람들의 지배와 억압을 기반으로 한다.

이상으로 고고학적으로 도시를 서술하는 표준적 줄거리에 내재된 지적 토대를 살펴보았다(여기서 농업 생산물은 수렵채집 경제보다 더 많은 인구를 부양할 뿐만 아니라 관개 시설과 주변 환경을 건설하는 데에도 꼭 필요한 것이다. 이런 건축물들은 강력한 위계질서를 갖춘 정부 조직을 통해서만 만들어낼 수 있다). 부도덕한 전제 군주, 나아가 부도덕한 도시 사회라

13 Ibid.

는 야훼 숭배주의자들의 전제가 그러한 지적 토대의 기반이었다. 이 같은 표준적 줄거리는 고고학에 상당한 영향력을 미쳐왔다. 그러나 오늘날 고고학자들은 전 세계의 수많은 중심 도시들을 발굴하고 있다. 그래서 농업, 노동, 잉여 생산물, 정치적 통제 관계를 단순한 한 가지 모델로 해석하는 견해는 도전을 받을 수밖에 없는 상황이 되었다(05~06권).

농업과 도시의 배후지

초기 도시에서 농업은 어떤 역할을 했는지 검토하려면 먼저 "도시"라고 하는, 당시로서는 새로운 주거지 형태를 정의할 필요가 있겠다. (서로 잘 구별되지는 않지만) 주로 마을, 동네, 계절에 따른 이동식 캠프 등이 존재하는 가운데 "도시"라는 존재가 출현했다. 도시를 정의할 때는 대개 몇 가지 주제를 통합하는 경우가 많다. 비교적 많은 인구수라든가 높은 인구 밀도, 도시 주민이나 외부인을 상대로 서비스를 제공하는 다양한 직업, 그리고 대부분의 경우 도심지 같은 공간적 특성의 존재가 거론된다.[14] 우리는 여기에 "배후지"라고 하는 강력한 개념을 더하고자 한다. 농업 문제를 더욱 중점적으로 살펴보기 위해서다. 이 개념을 통해 우리는 도심과 도시의 농업적 기반을 서로 연결해볼 수 있을 것이다.

일부 학자들은 배후지 개념이 산업화 및 후기 산업화 시대의 초거대 도시와 관련되어 있다고 생각한다. 이들은 특히 인류 역사상 도시들의 공통점을 강조하는 입장이다. 산업화 이전에는 "도시적"이라 할 만한 활동 공간으로 간주되었을지 모르지만, 산업화 시대에 보기에 배후지

---

14 Marcus and Sabloff (eds.), *The Ancient City*, 12-20.

는 공간적으로 낭비가 상당한 곳이었다.[15] 이렇게 도시와 배후지를 나누면 고대와 근현대의 도시 경험이 연결된다는 측면을 드러낼 때 유용할지 모르지만, 도시와 그 주변 지역의 관계를 특정해서 고대의 현실을 복원하고자 하는 고고학자들에게는 그리 간단한 문제가 아니다. 그럼에도 우리가 편의상 도시-배후지라는 대립 개념을 사용하는 이유는, 이러한 이항 대립을 통해 서로 얽혀 있는 전체를 드러내기 위해서다. 도시-배후지의 연결은 농업(특히 생산 방향을 정하고 수확물을 처분하는 결정권)과 초기 도시 생활(urbanism, 여기서는 여러 가지 차원의 인적 교류를 뜻한다. 한편 도시란 신흥 세력이 권력을 다투는 각축장으로서 매우 불안정하고 복잡한 사회를 의미한다)의 활발한 상호 교류 중에서도 핵심적 주제였다.

우리의 연구는 농업에 초점을 맞추고 있기 때문에 배후지가 중심적 의미를 갖는다. 그래서 우리는 트리거(Trigger)의 연구로부터 배후지의 정의를 빌려 와서 수정해 사용하고자 한다. 우리는 도시를 규모가 크고 이질적인 주거지로 규정한다. 도시보다 더 넓은 배후지에서 도시를 지원하며, 도시는 배후지에 서비스와 공예품을 공급한다.[16] 이러한 정의에서는 양방향의 교환이 이루어진다. 즉 생산물(농산물, 원재료), 물품(예컨대 도기나 금속 같은 제조 물품), 심지어 관습(건축 양식, 종교 문화 등)도 도심과 배후지 사이에 교환이 일어난다. 이러한 교환이 양방향으로 (더불

---

15 N. Yoffee, 'Making ancient cities plausible', *Reviews in Anthropology*, 38 (2009), 264-89.
16 R.J. McIntosh, *Ancient Middle Niger: Urbanism and the Self-Organizing Landscape* (Cambridge University Press, 2005), 192, after B. Trigger, 'Determinants of growth in pre-industrial societies', in P. Ucko et al. (eds.), *Man, Settlement and Urbanism* (London: Duckworth, 1972), 577.

어 배후지 공동체들 사이에서도) 이루어진다고는 하지만, 대개 생산물은 배후지에서 도시로, 물품과 관습은 도시에서 배후지로 전해진다. 마찬가지로 중심 도시와 다른 공동체 사이의 (실제 거리, 이동 시간, 사회적 연결성 등의 어떤 기준에서든) "거리"와 교환의 정도는 서로 관계가 있을 것이라고 전제한다. 이러한 전제에 입각하여 고고학자들은 유물을 찾아 나선다. 소모품보다는 물품의 이동이 추적하기가 더 쉽기 때문이다. 이렇게 하다 보면 도시-배후지의 순환 논리에 빠질 수 있다. 도시의 "수용" 규모는 상주 인구수를 바탕으로 추정하는데, 인구수는 영향권에 포함되는 시골 지역의 범위를 가지고 추산하기 때문이다.

트리거는 도시의 정의뿐만 아니라, 배후지와의 관계에 따른 도시 구분법도 알려주었다.[17] 트리거에 따르면, 대부분의 산업화 이전 도시 사회는 도시국가와 영토국가로 나뉜다. 각각의 유형은 나름대로의 특성을 가진다. 도시국가는 작은 규모의 정치체로서, 전형적으로는 하나의 도시와 그리 넓지 않은 그 주변 지역으로 구성된다. 도시국가는 (여러 정치 세력이 각축을 벌이는 곳에 위치하는 경우가 많았으므로) 대체로 방어적 태도를 취했고, 도시의 농업 배후지도 인접해 있는 경우가 많았다. 그래서 도시국가의 주민 중에는 농부의 비율이 매우 높았고, 그들이 힘을 합쳐 성벽 내부의 토지를 경작하는 경우도 흔했다. 예를 들어 메소포타미아 지역의 초기 도시들은 과수원으로 유명했는데, 성벽 안쪽 공간의 3분의 2가 사실상 농지나 정원이었을 것으로 추정되기도 한다(물론 최대치를 고

---

17 B. Trigger, *Understanding Early Civilizations* (Cambridge University Press, 2003), 92-119.

려한 추정이다).[18] 이와 달리 영토국가는 비교적 안정적인 영토 안에 수 많은 도시를 거느렸다. 결과적으로 영토국가는 도시화가 덜 되는 편이 었다. 시골의 농토 가까이에서 사는 농부들이 많았고, 엘리트 계층은 평범한 사람들과 분리되는 경우가 많았다. 이와 같이 도시는 어느 유형에 속하는가에 따라서 상호 교류, 단결, 도심-배후지 경계 등 기본적인 것들이 완전히 달랐다.

트리거의 구분은 거시적 관점에서 도시를 나눈 것이다. 그러나 개별 농부의 차원에서 볼 때 도심-배후지 구분은 훨씬 더 복잡한 문제가 된다. 초기 도시 사람들은 많은 경우에 주거지 내부나 가까운 곳에 채소밭을 두고 관리했지만(영토국가의 도시 사람들도 마찬가지였다), 일상적으로 혹은 특정 계절에 따라 도시를 떠나 농경지에 딸린 농막에 나가 살기도 했다. 친족 집단이나 같은 가족 구성원 중 일부는 도시에 남아서 집을 보살폈고, 일부는 농장에 나가 농사일을 돌보거나 이동하며 가축을 길렀다. 마찬가지로 시골 농가에서는 가족 구성원 중 일부를 도시의 시장으로 보내거나 도시의 수공업 기술을 배우도록 했고, 도심에 있는 행정기관의 요구에 따라 시골을 떠나 군대에 복무하거나 노동의 의무를 수행하기도 했다. 이런 과정은 "가족" 개념이 확장됨에 따라 더더욱 복잡해질 수도 있다. 집을 비우는 기간에 서로가 대신 집을 봐주는 사람, 잠시 동안 집을 빌리는 사람, 혹은 명의만 친족인 경우도 있었다.

도시와 배후지를 공간적으로 분리하는 것은 생각처럼 쉬운 일이 아

---

18 M. van de Mieroop, *The Ancient Mesopotamian City* (Oxford University Press, 1997), 82-3.

니다. 테오티우아칸 같은 일부 도시들은 가운데 도심이 있고 그 주변을 둘러 농지가 조성된 이상적 구성을 보여주지만, 예컨대 고전 시대 마야의 도시는 전부가 농지로 구성되어 있다.[19] 최근의 연구에서는 심지어 의례용 피라미드 위에 계단식 농지가 조성된 경우도 발견되었다. 경작지는 도심을 중심으로 조성된 것이 아니라 주거지를 중심으로 배치되어 있어서, 도심에서 멀어질수록 경작지의 배열이 흐트러진 모습을 보인다.[20]

고대 나이지리아에 있었던 요루바(Yoruba) 왕국의 도시들은 더욱 흥미롭다.[21] 주거지에는 여러 건축물들이 토담으로 둘러싸여 있는데, 어떤 경우는 수십 킬로미터에 달한다. 그래서 어디가 도심이고 어디가 배후지인지 도무지 구별이 쉽지 않다. 이런 풍경은 그 사회의 집약적 농업 현실을 반영하는 것이다. 정치적 중심지에 거주한 사람들도 대부분 농사를 지었는데, 농지는 주거지와 붙어 있거나 멀리 떨어져 있기도 했다. 농업이란 드넓은 대지 위에서 벌어지는 작업이다. 그 위에서 동네나 마을이나 도시가 이동한 경우, 혹은 정치적 이유로 강제 이동을 당한 경우

---

19 W.T. Sanders et al. (eds.), *Urbanism in Mesoamerica* (University Park: Pennsylvania State University Press, 2003).
20 A.F. Chase and D.Z. Chase, 'Scale and intensity in Classic period Maya agriculture: terracing and settlement at the "garden city" of Caracol, Belize', *Culture&Agriculture*, 20 (1998), 60–77.
21 A.L. Mabogunke, Yoruba Towns (Ibadan University Press, 1962); B. Agbaje-Williams, 'Yoruba urbanism: the archaeology and historical ethnography of Ile-Ife and Old Oyo', in A. Ogundiran (ed.), *Precolonial Nigeria: Essays in Honor of Toyin Falola* (Trenton, NJ: Africa World Press, 2005), 215-40; A. Ogundiran, 'Four millennia of cultural history in Nigeria (ca. 2000 BC-AD 1900): archaeological perspectives', *Journal of World Prehistory*, 19 (2005), 152-4.

"도시의 중심지"를 찾기란 더더욱 복잡한 문제가 된다.

도시의 중심지와 네트워크로 연결된 공간적 구성을 밝히는 데 고고학에서는 갈수록 더 많은 신기술의 도움을 받고 있다. 그러나 대도시 안에 포함된 유적의 경우는 아직 예전과 같은 방식으로 발굴이 이루어지는 곳이 대부분이기 때문에, 신기술을 이용한 발굴 지역은 그만큼 제한 적일 수밖에 없다. 하지만 원거리 촬영 기술, 예컨대 항공 사진, 위성 사진, 라이다(LiDAR, 레이저를 쏘아서 반사되는 빛을 분석하는 기술)를 이용하는 고고학자들은 다양한 인공 건축물을 확인할 수 있고, 매우 광대한 지역에서 주거지나 농경지의 인프라 구조도 밝혀낼 수 있다.[22] 예를 들어 제이슨 우르(Jason Ur)는 시리아의 하부르강(Khabur river) 상류 지역에서 위성 사진을 이용하여 방사형 구조의 수많은 도로를 발견했다. 시기는 기원전 제3천년기까지 거슬러 올라가는 유적이다.[23] 이 발굴을 통하여 도시의 중심지에서 농경지와 목초지까지 이어지는 수많은 길들이 드러났다. 그리고 인간의 주거지 토양(anthrosol)에서 나타나는 특성을 활용하여 원거리에서도 주거지 유적을 발견할 수 있으며, 일정 지역 전체의 종합적 구성을 파악할 수 있다.[24] 메소아메리카의 삼림이 우거진 지역에서는 라이다(LiDAR)를 이용하는 고고학자들이 갈수록 늘어나고

---

22 D.C. Comer and M.J. Harrower, *Mapping Archaeological Landscapes from Space* (New York: Springer, 2013).
23 J. Ur, 'CORONA satellite photography and ancient road networks: a northern Mesopotamian case study', *Antiquity*, 77 (2003), 102-15.
24 B.H. Menze and J. Ur, 'Mapping patterns of long-term settlement in northern Mesopotamia at a large scale', *Proceedings of the National Academy of Sciences*, 109 (2012), 778-87.

있다. 이 기술을 이용하면 말 그대로 나무를 뚫고 신속하게 지표면의 지형 지도를 그릴 수 있다.[25] 이 지도를 이용하면 인위적으로 조성한 계단식 농지 등을 발견할 수 있고, 학자들은 소규모 집단의 분포와 밀도, 아울러 그들 주변의 농지를 더욱 정확히 파악할 수 있다.

도시-배후지 관계를 둘러싼 이 같은 방대한 고고학적 성과 덕분에 우리는 기존에 오래도록 지속되어온 획일화된 설명에 도전할 수 있게 되었다. 야훼 숭배주의에서는 도시를 시골에 대립되는 존재로 간주하면서 타락의 온상으로만 보기 때문에, 도시와 배후지 사이에 사람과 사상의 방대한 교류가 있다는 사실을 간과하게 된다. 또한 도시 주민이 직접 배후지로 가서 농사를 짓거나 특히 목축을 하는 경우도 설명하지 못한다. 그러나 우리는 지금도 잉여 농산물 관리는 전제 군주가 맡았다고 생각하고 있으며, 산업화 이전 도시에서 이러한 사례를 개념적으로 가장 분명하게 정립한 것은 바로 막스 베버의 "소비" 도시 개념이다.[26] 베버는 도시 엘리트의 권력이 배후지에서 얻은 부를 바탕으로 하며, 도시 경제의 대부분은 부를 소비하는 소수 집단에 집중되는 방향으로 설계되어 있다고 본다. 그런 의미에서 도시-배후지의 이항 대립 개념은 도시 엘리트와 일반 민중을 구분하는 근본적 자만심에서 비롯된 것이다. 소비 도시라는 개념으로 보면 고고학적으로 발굴되는 도시-배후지 교류나 배후지에 투자된 시설 등이 모두 권력자의 이익을 뽑아내기 위

---

25 A.F. Chase et al., 'Geospatial revolution and remote sensing LiDAR in Mesoamerican archaeology', *Proceedings of the National Academy of Sciences*, 109 (2012), 12916-21.
26 Weber, *The City*, 68-9.

한 것으로 단순하게 해석될 뿐이다. 그러므로 우리는 농경 작업과 도시 경관뿐만 아니라 농업 관련 정책 결정도 종합적으로 검토해보아야 할 것이다.

농업 관련 의사 결정의 관리와 통제 및 협상

야훼 숭배주의 모델에 따르면, 통치자는 농업 생산을 통제하고 상의하달 방식으로 권위를 행사한다. 의사 결정은 위계질서를 바탕으로 하는 고도로 중앙 집중화된 차원에서 이루어졌고, 생산 수단과 방식은 명령에 따라 예속 노동자에게 의무로 부과되었다고 한다. 그러나 이 같은 사례는 몇몇 극단적인 전제 군주 체제에서나 볼 수 있었을 뿐, 대부분의 초기 도시에서는 다양한 문제가 다양한 차원에서 결정되었으며 권력 관계의 복잡한 연결망을 통해 협상이 이루어졌다.[27] 그러나 어떤 경우든 도시라면 공통적으로 고민한 근본 문제가 있었다. 이 많은 인구를 어떻게 안정적으로 먹여 살릴 것인가? 관개 시설 이용이나 곡물 다양성 선택 같은 의사 결정을 제대로 했는지 파악하려면 기본적으로 운송 능력과 생산량에 주목하는 경향이 있지만, 사실 결정적 요인은 어떤 농업 시스템이든 이를 가능케 하는 사회·정치·경제적 의무 시스템이다. 그래서 의사 결정에 필요한 자연환경 요인, 기술적 요소, 사회적 제약을 검토해야 하고, 정보의 활용 능력이나 문화적 규범의 유연성이 다양한 요소들을 얼마나 강화했는지 혹은 얼마나 제한했는지를 살펴보아야 한다.

어떤 한계는 새로운 기술을 이용해서 극복할 수도 있겠지만(뒤에서

---

27 Smith (ed.), *Social Construction of Ancient Cities*, chap. 1.

다시 논의한다), 어쨌든 어떤 작물을 재배하면 가장 쉬울지, 혹은 어떤 동물을 사육하면 가장 쉬울지 결정하는 요인은 그 지방의 자연환경, 즉 강우량, 일조량, 기온, 습도, 토양의 성질 등이다. 농민이나 목축민은 평균적 조건을 고려해야 하지만 그 지방 특유의 편차도 잘 알아야 한다. 서아프리카의 사바나 같은 환경에서는 해마다 변화의 폭이 매우 큰데, 강우량이 최근 5년 평균에 절대로 미치지 못하는 해도 있다.[28] 게다가 초기 도시들은 기후 변화에 대응해야 하는 경우가 많았다. 즉 끊임없는 변화가 오히려 그 지방의 "평범한" 현실이었다.[29]

초기 도시의 농업 시스템이 작동한 곳의 자연환경을 알아보기 위해서 고고학자들은 여러 분야의 다양한 자료를 확보했다.[30] 예컨대 고기후학과 협력하여 해당 지역 기후의 변동성과 경향성을 추적하며, 다양한 방법론을 사용하고 있다. 각각의 시공간적 특수성에 따라 어떤 방법론의 적용이 적당하거나 혹은 가능하기도 하고, 어려움이 따르기도 한다.[31] 예를 들어 나무의 나이테는 그해의 강우량을 기록하고 있지만, 이를 분석하는 방법론의 적용은 특히 건조한 기후나 나무가 특별히 오래 사는 지역 등 상당히 제한적인 범위에서만 가능하다. 한편 아이스코어 (ice core)를 이용하면 전 세계적 범위에서 장기적 변화를 파악할 수 있

---

28 K.M. Baker, *Indigenous Land Management in West Africa: An Environmental Balancing Act* (Oxford University Press, 2000).
29 A. Rosen, *Civilizing Climate: Social Responses to Climate Change in the Ancient Near East* (Lanham, MD: AltaMira Press, 2007).
30 E.J. Reitz and M.L. Shackley, *Environmental Archaeology*, updated edn (New York: Springer, 2012).
31 T.M. Cronin, *Paleoclimates: Understanding Climate Change Past and Present* (New York: Columbia University Press, 2010).

다(경우에 따라서는 75만 년 전 이상도 가능하다). 그러나 특정 시기 및 특정 지역을 파악하는 데 적용하기는 어렵다.

농민과 목축민이 겪었던 자연환경의 한계를 파악하려는 고고학자에게는 그 지방 혹은 더 넓은 범위의 지역 정보가 결정적으로 중요하다. 농민은 당연히 자신이 경작하는 농경지에 대해서 가장 잘 아는 사람들로서 정보를 생산하고 교환하는 일에 참여했을 테고, 그 정보는 지역적 차원에서 수집 및 관리되었을 수 있다. 정치적 위계질서 가운데 이른바 "관리자"라는 신분의 누군가가 이런 정보를 수집하는 경우가 많았고, 그렇게 모은 정보는 제도를 만들거나 정교하게 구축된 농업 관련 정책을 관리하는 데 사용되었다.[32]

해당 지방의 자연환경도 영향을 미쳤겠지만, 대부분의 도시에서 농업 관리 시스템은 그들의 기술력에 따라 결정되었다. (기술력에는 곡물의 다양성, 동물 사육, 관개 시설, 거름, 농기구 등 폭넓은 농업·목축 기술이 포함된다.) 이러한 농업 기술은 다양한 목적, 예컨대 경작지를 늘리거나, 같은 농지에서 수확량을 늘리거나, 특정 작물 재배에 투입되는 노동력을 줄이거나, 농업 시스템의 안정성을 높이는 등에 사용되었다. 그러나 이런 기술이 실제로 아무리 잘 적용되었다 할지라도, 혹은 그 지역에 맞는 작물이 아무리 안정적이라 할지라도 곡물 재배나 동물 사육에는 언제라도 실패의 위험성이 도사리고 있었다.

2011년 리뷰에서 마스턴(Marston)은 초기 도시에서 위험을 줄이기

---

32 H.T. Wright, 'Recent research on the origin of the state', *Annual Review of Anthropology*, 6 (1977), 379-97.

위해 선택한 작물의 다양화 및 집중화 전략을 요약 및 발표했다.[33] 다양화 전략은 위험을 시공간적으로 분산시키는 방안이었다. 초기 도시에서는 거의 언제나 곡물·가축 다양성을 확대해 나갔고, 정기적으로 사냥과 채집을 통해 식량을 확보했다(일정한 관리가 개입되는 "야생"에서 확보하는 경우도 많았다). 그 지방의 기후 조건이 특수하고 변화의 폭이 한정된 경우, (특히 국지성 폭우가 쏟아지거나 홍수의 위험이 있는 지역에서는) 대개 경작지를 나누어 다양한 작물을 재배하거나 가축을 이목(移牧)하는 사례가 흔히 나타났다. 필요한 경우 식량을 확보할 수 있는 외부 지역과 안정적 거래 관계를 유지하기도 했다. 또한 곡물 농사가 잘되어서 연속적으로 수확을 해야 할 때 (혹은 특정 기후 조건에서 1년 내내 수확기가 번갈아 돌아올 때) 역시 노동력이 부족해지면 거래 관계에 있는 지역에서 도움을 얻을 수 있었다. 결국 대부분의 초기 도시들은 중심지에 상당량의 주식 곡물을 저장해두었다. 곡물 저장과 관련하여 강력한 사회정치적 목적이 따로 있는 경우가 많았지만, 흉년을 대비하고자 하는 실용적 목적도 있었다. 곡물을 저장하는 능력은 그 지역의 자연환경에 따라, 또한 곡물의 종류에 따라 달라졌다. 저장 기간을 늘리기 위하여 건조, 환기, 고양이 사육 등의 기술이 적용되었다. 간과하지 말아야 할 점은, 저장을 하기 위해서 반드시 대형 창고가 필요하지는 않았다는 사실이다. 도심지에 있는 창고라도 가정 단위로 저장이 가능했고, 소처럼 오래 사는 동물이라면 산 채로 키우는 그 자체가 저장 기능을 내포하고 있었다.

---

33 J.M. Marston, 'Archaeological markers of agricultural risk management', *Journal of Anthropological Archaeology*, 30 (2011), 190-205.

다양화 전략과 달리 집중화 전략은 같은 면적의 토지에서 생산량을 늘리는 것을 말한다. 그러나 마스턴이 지적했듯이, 이 개념을 확대해서 생산량을 늘리기 위한 노동력 투입과 토질 개량을 모두 포함시킬 필요가 있다. 잘 알려진 농업 기술들, 이를테면 여러 번의 잡초 제거, 멀칭(건초로 작물 덮어주기)과 기타 거름주기, 윤작, 물 대기, 계단밭 만들기 등은 모두 상당한 노고를 필요로 한다. 그러나 이를 통해 생산량을 확대할 수 있을 뿐만 아니라 토지 생산성도 더 오래도록 유지할 수 있다. 이런 관행들 대부분은 일개 가정 차원에서도 실행할 수 있는 일이지만, 더 큰 규모의 프로젝트, 특히 대규모 관개 시설 공사 등은 노동 통제와 위계질서 체제하에서 가능한 경우가 많다.

앞에서도 언급했듯이, 비트포겔은 초기 도시의 본질이 착취에 있다고 주장했다. 그 주장의 핵심은 관개 시설 건설에 전제 군주의 노동력 통제가 반드시 필요하다는 것이었다. 그러나 오늘날 많은 학자들은 조금 다른 전제에서 이 문제를 다루고 있는데, 농업 생산성 향상을 위해 노동 집약적 투자를 실행할 때는 중앙 집권적 관리뿐만 아니라 엘리트 주도의 생산량 증가 동기 부여가 필요하다는 입장이다. 그러나 에릭슨(Erickson)이 지적했듯이, 역사적·민속학적으로 대규모 관개 시설 사례를 살펴보면 지역 차원에서 조직된 일이었고, 지역적 통제 체제는 상당히 생산적이고 효율적이고 안정적인 편이었으며, 도시와 관련된 소규모의 관개 시설 건설이나 기타 노동 집약적 농업 인프라 건설이 반드시 상의하달 방식의 관리와 통제에 의거해 이루어졌던 것은 아니다.[34] 다시

---

34 C.L. Erickson, 'Intensification, political economy, and the farming community: in

말해서 에릭슨의 취지는, 도시 엘리트가 그들의 부나 정치적 이득을 위해 관개 시설에 투자를 하지 않았다는 말이 아니라, 도시 엘리트 주도가 분명하게 드러나지도 않았는데 관개 시설 유적만 보고 무조건적으로 도시 엘리트 주도로 해석해서는 안 된다는 의미다.

다양화와 집중화 전략은 필연적으로 성장 및 지속성 문제와 연결된다. 대부분의 도시들은 농업을 통해 순성장을 경험했다. 그리고 범위의 확대든 집중력의 강화든 투자가 증가하면 일반적으로는 농업 시스템의 생산력도 늘어난다. 이와 관련하여 보저럽(Boserup)의 유명한 이론이 있듯이, 인구압이 증가하면 농업 생산물에 대한 압력도 증가하게 마련이고, 농부는 혁신적 방안을 찾거나 더 많은 노동력을 투입하게 된다(결국 투자 대비 수익은 줄어든다).[35] 이와 달리 막스 베버가 언급한 착취적 경제 모델(extractive economy model)은 반대편 극단에 위치한다. 막스 베버에 따르면, 생산량 증가 속도는 인구 성장 속도보다 빠를 수밖에 없는데, 부유한 엘리트가 초과 이익을 극대화하려 하기 때문이다. 보저럽과 베버는 모두 농부가 되도록 수고를 최대한 아끼려 한다고 전제했다. 외부의 자극(인구압이든 권력자의 명령이든)과 상관없이 가정 단위에서나 공동체 단위에서 노동을 강화하고 생산성을 늘리려는 동기 부여는 누구도 고려 사항에 넣지 않았다.[36]

defense of a bottom-up perspective of the past', in J. Marcus and C. Stanish (eds.), *Agricultural Strategies* (Los Angeles: Cotsen Institute of Archaeology, University of California, 2006), 334-63 (340).
35 E. Boserup, *The Conditions of Agricultural Growth: The Economics of Agrarian Change under Population Pressure* (University of Chicago Press, 1965).
36 K.D. Morrison, 'The intensification of production: archaeological approaches',

도시가 농업 생산에 어떤 특수한 환경을 제공했든, 도시가 남아 있는 한 농업도 지속되었을 수밖에 없다. 농업 생산의 성공이 도시 주거지의 기원 및 성장과 밀접하게 연관되어 있었던 것과 마찬가지로, 도시가 버려지면 농업 시스템에도 문제가 따르는 경우가 많았다.[37] 그러한 문제라면 구체적으로 수확량 감소, 인구 성장을 따라잡지 못하는 농업 생산성, 확연한 흉작 등이 될 수 있는데, 대체로 기후 변동과 지속 불가능한 농업 방식 때문이며, 흔히 이 두 가지 요소가 한꺼번에 나타나는 경우가 많다.

기후 급변과 특히 몇 년 동안 지속되는 극심한 가뭄은 농업 생산량에 심각한 영향을 미칠 것이다. 그러나 가뭄이 들었다고 해서 언제나 모든 도시가 버려지는 것은 아니다. 대부분의 도시는 극심한 가뭄이나 기타 자연재해를 겪고도 살아남았다.[38] 마찬가지로 앞에서 언급한 기술과 관행은 환경 변화의 영향을 완화시켜줄 수 있으므로, 극심한 가뭄이 닥쳤을 때 어떤 도시는 다른 도시에 비해 피해를 덜 입기도 한다. 이와 달리 "과잉 농업"(토양을 과도하게 사용하면 장기적으로 침식이나 염류화 같은 과정을 통해 토양의 영양분이 상실된다)은 지속 불가능한 농업 관행의 사례로 자주 언급된다. 그러나 최근 연구에 따르면, 지속 불가능한 농업 시스템의 특징은 사회 및 환경 변화에 거스르는 것이다. 이렇게 되면 흔히 도시가 버려지고, 이런 요인들이 기술 발전을 가로막기 때문이었다.[39]

Journal of Archaeological Method and Theory, 1 (1994), 111-59.
37 J.A. Tainter, 'Archaeology of overshoot and collapse', *Annual Review of Anthropology*, 35 (2006), 59-74.
38 G.M. Schwartz and J.J. Nichols (eds.), *After Collapse: The Regeneration of Complex Societies* (Tucson: University of Arizona Press, 2006).
39 P.A. McAnany and N. Yoffee (eds.), *Questioning Collapse: Human Resilience,*

도시 사회의 "붕괴"는 많은 연구자들의 주목을 받지만, 특히 초기 도시를 연구하는 고고학에서는 실제로 농업 시스템의 지속 가능성에 대해 더 많은 목소리를 내고 있다. 주로 고고학을 통해 알려지는 도시들은 수백 년 혹은 수천 년 동안 존속했던 곳이다. 메소포타미아의 경우 영양분이 풍부했던 토양이 마침내 지력을 다하게 되었는데, 과도한 관개 시설로 염류화가 진행되었기 때문이다. 아마도 수천 년 동안 성공적으로 이어져온 집약 농업이 결국 문제를 일으켰던 것이다. 마찬가지로 고전 고대(classical antiquity)의 많은 도시들, 예컨대 아테네와 로마는 지속 가능한 농업 시스템을 유지했다. 그래서 그 주변의 농토에서는 지금도 농사를 짓고 있다.[40]

지속 가능한 생산의 차원에서 본질적인 문제는 문화적 관습과 목표가 근본적으로 농업의 방식을 결정한다는 사실이다. 그래서 다른 시공간에서는 전혀 다른 농업이 실행된다. 스톤(Stone)은 농업 시스템을 분석할 때 그의 표현대로 "사회적 기술"을 고려하는 것이 중요하다고 말했다. 특히 개인 혹은 집단이 스스로 소속된 사회에서 노동을 제공할 동기를 부여하는 능력이 중요하다는 주장이었다.[41] 지역 경제에서 궁극적으로 생산 방법과 대상을 좌우하는 요소는 수요, 정치적 목적, 의무 시스템(혹은 야훼 숭배주의의 관점에서는 압제)이었다.

Ecological Vulnerability, and the Aftermath of Empire (Cambridge University Press, 2010).
40 G. Kron, 'Food production', in W. Schiedel (ed.), *The Cambridge Companion to the Roman Economy* (Cambridge University Press, 2012), 156-74.
41 G.D. Stone, *Settlement Ecology: The Social and Spatial Organization of Kofyar Agriculture* (Tucson: University of Arizona Press, 1996), 193-4.

도시 환경에서 노동의 조직화는, 기존의 상식에 따르면 위계질서에 입각한 통치 계급의 직접 관리에 의해 만들어지는 것이었다. 고도로 중앙 집권화된 정치·경제 조직은, 고고학이나 역사학적으로 시대에 따라 가끔 그러한 사례가 없지는 않지만, 고대 정치 체제에서 흔한 경우는 아니었다.[42] 오늘날의 우리는 도시의 전형적 특징으로, 다양한 사람들이 서로 경쟁하며 동시에 목표를 공유하고 있다는 사실을 알고 있다. 그것은 경제 시스템의 여러 측면을 좌우하는 것일 뿐, 정치적 측면이 고도로 집중화되었는지 여부는 별로 상관이 없다.[43] 예를 들어 메소포타미아의 도시들은 시간이 지나면서 생산 조직의 양상이 변해갔다. 어떤 시대에는 관료 시스템이 생산 조직을 관장했고, 또 다른 시대에는 노동 집단, 특히 친족 기반의 오이코스(oikos)가 경쟁을 벌이며 농경지를 직접 소유하고 관리했다.[44] 두 경우 모두 농산물은 정치, 종교, 경제의 중요한 공공물이었다. 농산물은 관료 시스템에서 아랫사람들을 통제하는 수단이었고, 오이코스 체제에서는 장차 정치권력으로 성장할 잠재적 기반이었다. 요루바 왕국의 도시들도 마찬가지였다. 이곳의 도시는 중심에 모여 있지 않고 흩어져 있는 구조였지만 협력을 통한 농업 생산량도 상당했다. 이곳의 도시 구조는 "확대 가족 구조의 천체 모형" 같은 것으로, 사회적 관계

---

42 R.E. Blanton and L. Fargher, *Collective Action in the Formation of Pre-modern States* (New York: Springer, 2008).
43 A. Smith, *The Political Landscape: Constellations of Authority in Early Complex Polities* (Berkeley: University of California Press, 2003); Blanton and Fargher, *Collective Action*.
44 S. Pollock, *Ancient Mesopotamia: The Eden that Never Was* (Cambridge University Press, 1999), 78-148.

와 의무의 복합적 네트워크가 그 시스템의 특징이었다.[45] 친족 집단들끼리는 주거지 인근과 그 주변 지역에 접근할 수 있었다. 이를 통해 서로 중첩되는 사회적 관계가 만들어졌다. 농업 생산물이 엘리트에 의해 관리되었다는 증거는 거의 없었다(엘리트의 권력과 지위는 종교적 권위로부터 파생되는 것이었고, 잉여 생산물보다는 교역 물품과 관련이 있었다). 심지어 대규모 토목 공사도 지역별로 자체적으로 관리되었다. 도시 문제를 논의할 때 흥미로운 점 중 하나는, 최고로 중앙 집권화된 농업 경제의 사례로서 기존의 상식적인 농업 사회를 설명하는 대표적 근거였던 고대 이집트에서 도시화가 별로 진행되지 않았다는 사실이다.

과거부터 현재에 이르기까지 도시 구조 안에서의 농업 노동력 조직화의 다양성을 이해하게 되면서, 도시 건축의 위계질서를 노동력 통제의 위계질서로 보는 것은 착각이라는 사실이 점차 알려지고 있다.[46] 오히려 연구자들이 전 세계를 대상으로 연구를 진행하면서, 대부분의 복합 사회 및 도시 환경에는 수평적 요소가 포함되어 있으며, 권력 및 의사 결정 권한의 매듭이 여러 개로 나뉘어 있어서 정치적 과정에서 활발한 역할을 하게 된다는 사실을 인식하기 시작했다.[47] 상황에 따라 유동적으로 위계가 정해지는 집단 혹은 개인은 친족 기반 농업 생산 조직에서부터 자유로운 경쟁 관계의 엘리트 계층, 시장 기반을 특징으로 하는

---

45 Ogundiran, 'Four millennia of cultural history', 154.
46 C.L. Crumley, 'Heterarchy and the analysis of complex societies', in R.M. Ehrenreich et al. (eds.), *Heterarchy and the Analysis of Complex Societies* (Arlington, VA: American Anthropological Association, 1995), 1-5.
47 McIntosh (ed.), *Beyond Chiefdoms*; Blanton and Fargher, *Collective Action*; Ehrenreich et al. (eds.), *Heterarchy*.

공화국 등 다양한 차원에서 존재한다. 단일하게 굳어 있는 위계질서 속에서 개인의 노동력을 징발하는 엘리트의 경우와는 다른 것이다.

결론적으로 도시 구조에서 농업의 역할은 지역별 환경에 달린 문제다. 환경을 만드는 것은 기술 혁신과 관습이고, 환경을 운영하는 것은 문화적 가치다. 생산 방식이 상의하달식일 수도 있고, 잉여 생산물이 소규모 엘리트들에게 몰릴 수도 있다. 그러나 이런 시나리오는 규칙이라기보다 예외에 가깝다. 현실적으로 농업은 엄청난 협상의 과정이며, 다양한 사회적 단위가 다양한 방식으로 생산을 조절했다. 이러한 협상이 고전적인 권력 관계의 틀 속에서 작동했을 수도 있지만, 사실은 매우 복합적인 시스템의 맥락을 보여준다. 농업 네트워크를 바탕으로 하는 초기의 도시, 편협하고 압축적인 의사 결정은 매우 드문 사례였다. 이제 실질적인 사례 연구로 눈을 돌려볼 차례다. 이 사례에서 농업 생산은 도시적 맥락으로 조직화되고 부수적으로 도시 사회의 구조를 함축하지만, 그럼에도 전혀 다른 생산 방식을 보여줄 것이다.

사례 연구: 제니-제노(말리)

1970년대 말까지 고고학자들에게 알려진 적 없는 제니-제노는 7미터 높이로 솟아 있는 텔(tell, 인공 언덕)로서, 말리 중부에 있는 니제르 평원에 위치해 있다. 4킬로미터 거리 이내에 70개의 텔이 있는데, 모두 같은 시기에 사람들이 거주했던 유적이다. 대부분은 제니-제노와 동시대(기원 전후 시기)에 건축되었다가 기원후 1400년경 동시에 버려진 것으로 추정된다.[48] 제니-제노는 복합 도시 유적이다. 발굴지는 물론 구역 내 여러 텔이 도시의 범위에 포함되었던 것 같다. 제니-제노에서는 인접한 배후지 농업 지역뿐만 아니라 훨씬 더 먼 곳까지도 도시적 서비스와 공예품을 제공했다. 유적지의 원래 모습은 밀집된 도시의 일부였다. 니제르 충적 평야의 면적은 5만 5000제곱킬로미터에 달하는데, 제니-제노 같은 언덕(텔)이 수백 개는 존재한다.

제니-제노 유적은 수많은 직업, 수많은 공예 작업장, 수많은 "특수 집단"의 흔적이 남아 있는 복합 도시 유적이다. 매우 다양했던 당시의 장례 풍습이 이에 대한 정보를 알려주고 있다. 약 35년에 걸친 체계적 작업을 통해, 33헥타르의 면적에서 22곳의 유적지가 발굴되었다. 우리는 여기서 처음에는 상대적으로 단순했던 (이미 약 20헥타르 정도 되는) 공동체에서 기원전 3세기경 직업과 정체성이 다른 다양한 집단이 어떻게 출현했는지 그 모델을 확인할 수 있다. 이 같은 도시 구역이 출현 및 진화한 배경에는 어떤 생산력이 존재했을까? 여러 생산 집단들 (즉 실질적이거나 상징적인 공유 재산을 보유하고, 나름의 정체성을 가진 집단들)의 활발한 상호 작용이 일어났던 것만은 분명하다. 그러나 이러한 공간 구성을 초래한 사회정치적 과정이 어떤 것이었는지는 연구가 필요한 문제다.

복합 도시 제니-제노에 속하는 몇 개의 언덕(텔)도 발굴되었는데, (비록 대부분은 소규모 시험 발굴이었음에도 불구하고) 표층 유물(토기, 그물추, 제철 작업 잔류물 등)에 대한 체계적인 보고서와 도시 권역 내의 모든 유적에서 확인되는 특징(무덤, 주택 등)을 근거로 종합적인 그림이 드

---

48 R.J. McIntosh, *The Peoples of the Middle Niger: The Island of Gold* (Malden, MA: Blackwell, 1998), and *Ancient Middle Niger*.

러나기 시작했다. 특정 공예품을 집중적으로 생산한 곳도 확인되었다. 제니-제노의 공간 구성과 비교했을 때, 각각의 언덕(텔)마다 수많은 전문 활동들이 펼쳐졌던 것 같다.[49] 상대적으로 유물을 남기기 어려운 곳도 있었는데, 음식처럼 썩어 없어지는 물품을 생산했던 곳이다. 그러나 이런 곳에는 공통적으로, 혹은 거의 공통적으로 해양 포유류나 뱀 사냥, 특정 방식의 낚시, 직조(짜기) 등의 증거가 발견되었다. 해당 공간에서 수행했던 업무를 가장 분명하게 알 수 있는 유적은 철공소다. 철공소에서는 지저분하고 뜨겁고 시끄러운 일을 하며, 물리적 흔적도 매우 분명하게 남을 수밖에 없다. 예컨대 용광로, 구멍, 슬래그(광재鑛滓) 등이 남게 된다. 철 제련은 역사적으로도 그랬고 근대에도 마찬가지였지만 기본적으로 변형시키는 속성이 있기 때문에, 그 작업장은 매우 위험하고 신비로운 힘을 가진 곳으로 추앙되었다. 제니-제노에서도 마찬가지였던 것 같다. 제니-제노 유적지에서 제련 작업장은 원래 도심에 있다가 시간이 지나면서 점차 주변의 여러 위성 지역으로 확산된 것으로 드러났다.

특화된 활동 공간을 전체적으로 보자면, 여러 활동들이 일률적이지는 않았고, 공간 배열도 원칙 없이 아무렇게나 구성된 것이 아니었다. 따라서 복합 도시 제니-제노의 구조적 위계를 나타내는 것으로 해석할 수 있다. 당연히 세계 어디에서나 도시 지역에서는 구역별로 전문화된 특성이 발견되지만, 제니-제노에서는 이 같은 전문 구역들이 드넓은 지역

---

49 R.J. McIntosh and S.K. McIntosh, 'Early urban configurations on the middle Niger: clustered cities and landscapes of power', in Smith (ed.), *Social Construction of Ancient Cities*, 103-20.

에 흩어져 있었다. 뿐만 아니라 각각의 텔(언덕)은 서로 분리되어 있었다. 활동 공간이나 거주 공간 모두가 마찬가지였다. 제니-제노의 이 같은 독특한 도시 구성의 정치적 의미를 확인하는 것이, 제니-제노 유적에 대한 기존의 상식적 해석에 도전하는 첫걸음이 될 것이다.

수전 매킨토시(Susan McIntosh)는 제니-제노가 "고대의" 전형적인 도시 모델에 부합하지 않는 지점들을 분석했다.[50] 유적지와 도시 권역이 예상에서 벗어나지 않은 경우도 많았지만(중심지 형성, 인구 성장, 규모의 확대, 내부의 분업화), 예상과 달리 확인되지 않는 요소들도 많았다(식량 자원의 집중화, 분명한 수직적 계층화, 공공 건물들). 우리는 농업을 연구 주제로 하는 만큼 식량의 집중화 문제에 논점을 맞추어보도록 하겠다.

앞에서 언급한 바와 같이, 대규모 도심 지역의 형성(이는 제니-제노에도 해당된다)과 식량의 집중화가 흔히들 이야기하는 도시화의 과정이었다. 도심 구역에 거주하는 인구가 많아질수록 농업 생산력은 그만큼 늘어나야 했다. 그러나 제니-제노의 사례에서 보듯이, 도시적 맥락이 확장되는 과정에서 대규모 인프라의 건설, 상의하달식의 위계질서에 따른 조정 과정, 상당한 규모의 잉여 생산 등이 반드시 필요한 것은 아니었다.

50 S.K. McIntosh and R.J. McIntosh, 'Cities without citadels: understanding West African urbanism', in T. Shaw et al. (eds.), *The Archaeology of Africa: Foods, Metals and Towns* (London: Unwin Hyman, 1993), 622-41; S.K. McIntosh (ed.), *Excavations at Jenné-jeno, Hambarketolo, and Kaniana (Inland Niger Delta, Mali), the 1981 Season* (Berkeley: University of California Press, 1995); S.K. McIntosh, 'Modeling political organization in large-scale settlement clusters: a case study from the inland Niger delta, Mali', in McIntosh (ed.), *Beyond Chiefdoms*, 66-79.

유적지에서 발굴된 자료들을 통해 볼 때, 전문화된 식량 생산자들이 오히려 다양한 전략과 협력을 통해 도시 인구의 수요에 부응했다.

정주민이 니제르강 중류의 남부 충적 평야에 영구 정착한 때는 기원전 마지막 세기 무렵이었다. 이들은 농업, 목축, 어로가 혼합된 유리한 기술을 보유하고 있었다. 1000여 년 전부터 북쪽에 있는 사하라 지역의 강가나 호숫가 환경에 살다가, 그곳이 점차 건조해지면서 남쪽으로 내려온 사람들이다. 그들은 아프리카의 재배종 벼(Oryza glaberrima)를 가지고 남하했는데, 발아 시기나 물속에 잠기는 깊이 등을 고려할 때 그 변종이 최소한 42가지는 되었던 것 같다.[51] 벼뿐만 아니라 진주조(pearl millet, Pennisetum glaucum)와 수수(Sorghum bicolor)도 이 지역의 발굴층 위에서 1500년 동안(해당 유적지에서 사람이 거주했던 기간과 일치 - 옮긴이) 꾸준히 발견되었다(다만 비중은 상당히 작았다). 물이 빠져나간 들판에서 이러한 곡물들이 벼와 함께 자랐던 것 같다. 그들은 니제르강과 바니강(Bani river)의 주기적 범람을 농업의 이점으로 활용했던 것이다.[52] 그들은 곡물뿐만 아니라 멜론, 오크라, 가지 등의 다른 식물들도 재배했던 것 같다. 이러한 식물들은 식물고고학적으로 잘 나타나지는 않지만, 멜론이나 호리병박 씨앗이 유적지에서 발굴된 적이 있었다. 야생종 식물들(많은 종이 관리·보호·재배되었다)은 오늘날도 서아프리카 사바나

---

51 J. Gallais, *Le delta intérieur du Niger: étude de géographie régionale*, Mémoires de l'Institut Fondamental d'Afrique Noir 79 (Dakar: Institut Fondamental d' Afrique Noir, 1967).
52 J.R. Harlan and J. Pasquereau, 'Décrue agriculture in Mali', *Economic Botany*, 23 (1969), 70-4.

지대에서 일상적인 식재료로 활용되고 있다. 제니-제노 유적에 사람들이 거주하던 시기에도 작은 마을이나 도심에서 모두 이 같은 야생종 식물들을 먹었다. 도시 중심지에서 야생 기장(wild millet, *Brachiaria ramosa*) 수확의 분명한 증거가 나왔고, 이외에도 몇 가지 야생종 식물들이 더 발굴되었는데 이 또한 수확한 것으로 확인되었다. 흥미롭게도 오늘날 그 열매가 식재료로 활용되고 있는 바오바브나무, 대추나무, 여러 가지 야자나무 등을 재배했던 증거는 고고학적으로 발견된 것이 거의 없다.[53]

마찬가지로 제니-제노의 도시 구역 거주민 역시 가축을 길렀지만 야생 동물도 잡아먹었다. 소, 양, 염소를 사육했고, 일부 품종은 계절에 따라 니제르 삼각주와 그 주변 지역을 돌며 이목을 했다. 그리고 닭은 주거지 가까운 곳에서 길렀다. 또한 제니-제노의 주민들은 사냥도 했다. 충적 평야에 서식하는 동물들로 리드벅, 부시벅, 사슴영양, 코브(이상은 모두 영양의 일종)와 고니, 그리고 수많은 종류의 물고기를 잡았다.[54]

제니-제노의 식생활과 관련해서 가장 흥미로운 이야기는, 1500년 동안 같은 지역에서 연속적으로 거주하는 동안 인구와 주거지의 규모는 엄청나게 확대된 반면 식재료의 다양성 면에서는 거의 변화가 없었다는 사실이다. 2차적 곡물, 즉 조나 수수 재배가 확대되었다는 근거는 없다. 그렇다고 집중적으로 이용된 야생 기장을 증산하기 위해 노력했

---

53 S.K. McIntosh, 'Paleobotanical and human osteological remains', in McIntosh (ed.), *Excavations at Jenné-jeno*, 348-53.
54 K.C. MacDonald, 'Analysis of the mammalian, avian, and reptilian remains', and W. van Neer, 'Analysis of the fish remains', both in McIntosh (ed.), *Excavations at Jenné-jeno*, 291-318 and 319-47.

던 흔적도 없다. 전체적으로 볼 때 제니-제노에 사람들이 거주하던 기간 내내 야생 자원은 안정적으로 확보되었던 것 같다(다만 코브는 예외였을 수 있는데, 발굴 빈도가 감소세를 보였다). 야생 자원이 안정적으로 확보된 덕분에 야생 동식물을 신중하게 관리하는 실험을 해볼 기회가 주어졌다. 인구가 증가하고 도심이 강화되면서 식량 자원에서 농업의 비중이 늘고 야생의 비중은 줄어들었다. 가장 의미심장한 것은, 충적 평야에서 흔히 시도되는 홍수 통제나 관개 시스템의 흔적이 전혀 없다는 점이다. 그 대신 농민들은 회복력을 잘 이용했다. 이는 니제르강 중류의 지형이나 토질, 그리고 해마다 강우의 시기 및 정도와 홍수의 편차가 워낙 컸던 자연환경에 걸맞은 전략이었다. 전체적으로 식량 확보 시스템의 목적은 수확량을 극대화하는 방향이 아니라 안정적 소출을 기대하는 방향이었다.[55]

수전 매킨토시의 연구에서 언급했듯이, 인구가 급속도로 성장하던 시기 집중화 현상을 피하기 위한 물류 차원의 방법은 비교적 간단했다.

> 대부분의 구역에서 그들은 교환과 상호 의존성에 기반을 두고 생산 품목을 특화함으로써 식량 생산을 극대화했다. 다양화를 통한 전문화가 진행되는 동안에도 야생 자원은 변함없이 상당한 비중을 유지했다. 충적 평야에서 벼를 재배한 것도 다양화-전문화 전략의 일환이었다. 그래서 그들은 고정된 농토를 조성하여 거기서만 농사를 짓는 일을 원하지 않았다.[56]

---

55 S.K. McIntosh, 'Conclusion: the sites in regional context', in McIntosh (ed.), *Excavations at Jenné-jeno*, 360-98.

도시의 구조에서 이런 식의 전략을 구사했다는 것은 상당히 의미심장한 일이다. 이는 사회의 구조가 어떻게 만들어졌는지, 그리고 그 구조가 오랜 시간 동안의 생산 및 거래 관계를 어떻게 반영하는지를 보여주기 때문이다.

제니-제노의 도시 구역 구분(그리고 니제르강 중류에 있던 다른 여러 도시 혹은 마을의 구역 구분)을 보면 여러 가지 의문에 대한 해답을 얻을 수 있다. 다양한 전문 조직들이 어떻게 스스로의 정체성을 유지하며 대외적으로도 알릴 수 있는지, 동시에 물품이 필요할 때 다른 공급자에게 어떻게 즉시 접근할 수 있는지, 그리고 물품을 필요로 하는 사람들을 어떻게 찾아갈 수 있는지 등의 의문들이다. 이들 전문 생산 조직은 생산 품목에 따라(오늘날에도 제니-제노 거주민의 후손들에게서 지역별로 이러한 구분을 볼 수 있다. Nono 지역의 벼농사 농부, Bambara 지역의 기장류 농사 농부, Bozo 늪지대의 어부, Somono 지역의 원통형 그물을 사용하는 어부, Peul 지역의 소 사육 목부 등이다)[57] 혹은 그들이 가진 기술에 따라 정체성이 규정되었다. 수요를 예측하기가 굉장히 어려운 환경에서 이러한 구역 배열의 핵심은, 필요할 때 물품의 생산 조직에 접근할 수 있는지 여부였다.

동시에 사회정치적 의문도 있을 것이다. 즉 누가 물품의 생산과 거래를 감시하고 통제했을까? 제니-제노 도시 구역에서 집단들의 상호 이익 관계에 따라 유기적으로 작동하는 거래 시스템이 확인되었다. 어느 집

---

56 McIntosh, 'Modeling political organization', 73.
57 McIntosh, *Ancient Middle Niger*.

단이 무엇을 생산하는지 명확히 알고 있다면, 서로가 예상이 가능하고 상호 이익에 따라 거래를 한다면, 그리고 거래 규칙 위반 시 어떻게 한다는 관습이 서로의 거래 관계에 포함되어 있다면, 굳이 수직적 통제 시스템이 필요 없을 것이다. 실제로 제니-제노에서 수직적 시스템의 흔적은 존재하지 않았다. 각각의 인공 언덕(텔)은 직업적으로, 혹은 친족 관계에 따라 구성원들이 집단적으로 소유했다. 고고학적으로 확인된바 이러한 소유권이 확립되어 있었고, 그 주변 위성 지역의 발굴 유물들도 거의 예외 없이 특정 직업을 나타내고 있었다. 위기관리가 이 같은 복합적이면서도 유연한 구조의 "원인"이었을까? 아니면 거꾸로 이런 특이한 도시 구조가 그러한 "원인"을 만든 것일까? 혹은 다른 집단(생산하는 식량이나 기타 물품으로 규정되는 집단)을 받아들이는 것이 강력한 위험을 공유하는 "원인"이었을까? 그래서 사하라 지역에서 니제르강 중류의 평원으로 이주를 "가속화"했을까? 현재의 연구 단계로서는 어떤 확실한 인과 관계를 도출해내기 어렵다. 다만 분명한 것은, 제니-제노처럼 상호 의존적으로 뒤얽힌 시스템에서는 특별히 많은 잉여 농산물이 필요하지 않았다는 점이다. 그보다는 오히려 도시의 다원화 체계에서 상호 이익 관계를 극대화하는 것이 더 필요했던 것 같다.

결론

이번 장에서는 농업과 도시의 복합적 관계에 대해 살펴보았다. 시간이 지날수록 농업은 규모가 크고 밀집된 주거지가 발전할 수 있는 원동력이 되었고, 도시에서는 농업을 통제하는 데 있어 다양한 선택지가 있었다. 이러한 선택지들은 사회정치적 시스템에 따라 달라졌다. 권력과 권위가 도시와 농촌의 관계에 크게 영향을 미치는 곳도 있었고, 농업 통제의 집중과 분산 정도를 계속 협상해 나가는 도시들도 많았다. 다양한 시스템을 이해하기에 도시-시골 내지 도시-배후지 구분 개념은 문제가 있었다. 그럼에도 불구하고 이 개념은 전 세계적으로 고대 도시 사회의 역동성을 생각해볼 수 있는 계기가 되었다. 도시와 농업 관계의 근대적 이해, 즉 도시는 고도로 중앙 집중화된 시스템이고 배후지로부터 이익을 착취하며, 농업 생산물은 전제 군주의 통제 아래 도시로 제공된다는 기존의 상식은 점차 무너지고 있다.

더 읽어보기

Blanton, R.E. and L. Fargher. *Collective Action in the Formation of Pre-modern States*. New York: Springer, 2008.

Boserup, E. *The Conditions of Agricultural Growth: The Economics of Agrarian Change under Population Pressure*. University of Chicago Press, 1965.

Childe, V.G. 'The urban revolution.' *Town Planning Review*, 21 (1950), 3-17.

Cowgill, G.L. 'Origins and development of urbanism: archaeological perspectives.' *Annual Review of Anthropology*, 33 (2004), 525-42.

Fisher, C.T., S.J. Leisz, and J.F. Weishampel. 'Geospatial revolution and remote sensing LiDAR in Mesoamerican archaeology.' *Proceedings of the National Academy of Sciences*, 109 (2012), 12916-21.

Heckenberger, M.J., J.C. Russell, C. Fausto, et al. 'Pre-Columbian urbanism, anthropogenic landscapes, and the future of the Amazon.' *Science*, 321 (2008), 1214-17.

Kron, G. 'Food production.' In W. Schiedel (ed.), *The Cambridge Companion to the Roman Economy*. Cambridge University Press, 2012. 156-74.

Marcus, J. and J. Sabloff (eds.). *The Ancient City: New Perspectives on Urbanism in the Old and New World*. Santa Fe, NM: School for Advanced Research, 2008.

Marcus, J. and C. Stanish (eds.). *Agricultural Strategies*. Los Angeles: Cotsen Institute of Archaeology, University of California, 2006.

Marston, J.M. 'Archaeological markers of agricultural risk management.' *Journal of Anthropological Archaeology*, 30 (2011), 190-205.

McAnany, P.A. and N. Yoffee (eds.). *Questioning Collapse: Human Resilience, Ecological Vulnerability, and the Aftermath of Empire*. Cambridge University Press, 2010.

McIntosh, R.J. *Ancient Middle Niger: Urbanism and the Self-Organizing Landscape*. Cambridge University Press, 2005.

McIntosh, S.K. 'Modeling political organization in large-scale settlement clusters: a case study from the inland Niger delta, Mali.' In S.K. McIntosh (ed.), *Beyond Chiefdoms: Pathways to Complexity in Africa*. Cambridge University Press, 1999. 66-79.

Menze, B.H. and J.A. Ur. 'Mapping patterns of long-term settlement in northern Mesopotamia at a large scale.' *Proceedings of the National Academy of Sciences*, 109 (2012), 778-87.

Morrison, K.D. 'The intensification of production: archaeological approaches.'

Journal of Archaeological Method and Theory, 1 (1994), 111-59.

Ogundiran, A. 'Four millennia of cultural history in Nigeria (ca. 2000 BC-AD 1900): archaeological perspectives.' *Journal of World Prehistory*, 19 (2005), 133-68.

Pollock, S. *Ancient Mesopotamia: The Eden that Never Was.* Cambridge University Press, 1999.

Redman, C.L. *Human Impact on Ancient Environments.* Tucson: University of Arizona Press, 1999.

Rosen, A. *Civilizing Climate: Social Responses to Climate Change in the Ancient Near East.* Lanham, MD: AltaMira Press, 2007.

Sanders, W.T., A.G.M. de Escobar, and R.H. Cobean (eds.). *Urbanism in Mesoamerica.* University Park: Pennsylvania State University Press, 2003.

Smith, A. *The Political Landscape: Constellations of Authority in Early Complex Polities.* Berkeley: University of California Press, 2003.

Smith, M. (ed.). *The Social Construction of Ancient Cities.* Washington, DC: Smithsonian Institution Press, 2003.

Stone, G.D. *Settlement Ecology: The Social and Spatial Organization of Kofyar Agriculture.* Tucson: University of Arizona Press, 1996.

Storey, G.D. (ed.). *Urbanism in the Preindustrial World: Cross-Cultural Approaches.* Tuscaloosa: University of Alabama Press, 2006.

Trigger, B. *Understanding Early Civilizations.* Cambridge University Press, 2003.

Turner, B. and J. Sabloff. 'Classic period collapse of the Central Maya lowlands: insights about human-environment relationships for sustainability.' *Proceedings of the National Academy of Sciences*, 109 (2012), 13908-14.

van de Mieroop, M. *The Ancient Mesopotamian City.* Oxford University Press, 1997.

Weber, M. *The City*, trans. D. Martindale and G. Neuwirth. Glencoe, IL: Free Press, 1958 [1921].

_____. *Economy and Society: An Outline of Interpretive Sociology.* 3 vols. New York: Bedminster Press, 1968 [1922].

Wittfogel, K.A. *Oriental Despotism: A Comparative Study of Total Power.* New Haven, CT: Yale University Press, 1957.

Zeder, M.A. *Feeding Cities: Specialized Animal Economy in the Ancient Near East.* Washington, DC: Smithsonian Institution Press, 1991.

케임브리지 세계사 03
농업과 세계사 1
농업 이후의 사회 변화

2021년 7월 15일 1판 1쇄

그레이엄 바커·캔디스 가우처 편집
류충기 옮김

펴낸곳 : (주)소와당笑臥堂 | 신고 번호 : 제313-2008-5호
주소 : (03994) 서울시 마포구 연남로 13(영상빌딩 3층)
전화 : (02)325-9813
팩스 : (02)6280-9185
전자우편 : sowadang@gmail.com

저작권자와 맺은 협의에 따라 인지를 생략합니다.
값은 뒤표지에 적혀 있습니다.
잘못 만든 책은 서점에서 바꾸어 드립니다.

ISBN 978-89-6722-031-0 94900
ISBN 978-89-6722-028-0 94900 (세트)